ANNALES
DE LA VILLE D'AGEN

POUR FAIRE SUITE

A L'ABRÉGÉ CHRONOLOGIQUE DES ANTIQUITÉS

PAR NOËL-JOSEPH PROCHÉ

Bibliothécaire de la Ville d'Agen

PUBLIÉES

PAR M. AD. MAGEN

AGEN

MICHEL ET MEDAN, LIBRAIRES

RUE PONT-GARONNE

1884

ANNALES
DE LA VILLE D'AGEN

1789 — 1819

Extrait de la Revue de l'Agenais

Tiré à cent exemplaires

ANNALES
DE LA VILLE D'AGEN

POUR FAIRE SUITE

A L'ABRÉGÉ CHRONOLOGIQUE DES ANTIQUITÉS

PAR NOËL-JOSEPH PROCHÉ

Bibliothécaire de la Ville d'Agen

PUBLIÉES

PAR M. AD. MAGEN

AGEN

MICHEL ET MÉDAN, LIBRAIRES

RUE PONT-GARONNE

1884

ANNALES
DE LA VILLE D'AGEN,
POUR FAIRE SUITE A L'ABRÉGÉ CHRONOLOGIQUE DES ANTIQUITÉS.

L'ouvrage dont nous commençons aujourd'hui la publication a, pour Agen et l'Agenais, une importance exceptionnelle. L'auteur l'a écrit jour par jour, sous l'impression immédiate et comme sous la dictée des évènements qui se produisaient. S'il se ressent peu, dans la forme, de l'agitation des esprits aux époques qu'il fait revivre (1789-1819), l'intérêt n'en est pas moins vif et peut-être cet intérêt s'accroît-il de la confiance qu'inspire la bonne foi calme du narrateur. On a là — sauf l'anachronisme — une photographie des hommes et des choses qui marquèrent en ces trente années, les plus remplies, de notre histoire.

Proché (Joseph-Noël) était-il né à Agen? Nous le croyons, sans oser l'affirmer, des recherches, non terminées, dans les registres de l'Etat civil n'ayant pas fourni de résultats. On sait, du moins, que, dès la fin du dernier siècle et pendant les dix premières années de celui-ci, il dirigeait dans la rue Saint-Antoine, une maison d'éducation, honorée de l'estime publique. Proché, qui aimait la jeunesse, fût probablement mort dans sa chaire si une occasion d'enseigner, tout en prenant le repos que l'âge rend nécessaire, ne se fût offerte à point nommé. La bibliothèque publique, fondée, à la suite de la Ré volution, aux dépens de celles que contenaient les maisons religieuses supprimées, ayant perdu son titulaire par suite de la démission de M. Lalaurencie, M. de Sevin, maire d'Agen, lui en confia la conservation. On ne pouvait faire un meilleur choix. Le nouveau bibliothécaire entra en charge en 1810. Il mit de l'ordre, autant qu'il put, dans un dépôt encore non classé et le rendit accessible de toutes façons. Peut-être se montra-t-il trop facile dans la question, si délicate et si controversée, du prêt des livres? Après sa mort, qui arriva le 30 janvier 1826, le maire d'Agen, M. de Lugat, invita, par une note insérée au *Journal de Lot-et-Garonne*, les personnes ayant reçu des volumes de la bibliothèque, à quelque époque que ce fût, à les faire remettre sur le champ, à la mairie, où il leur en serait donné récépissé. Voici, du reste, comment cette feuille (n° du 1er février) enregistre le décès de l'honorable bibliothécaire :

« Le 30 janvier est décédé à Agen M. Joseph-Noël Proché, conservateur de la bibliothèque publique de cette ville, instituteur, maître ès-arts et de pension pendant de longues années. Cet homme utile sera regretté surtout des nombreux élèves qui ont reçu de lui les premières semences du savoir et de la vertu. M. Proché a laissé en manuscrit une continuation des *Annales* ou *Ephémérides* Agenaises qui ont été commencées par MM. les abbés Argenton et Labrunie. »

Ce manuscrit va voir le jour pour la première fois. Nous le publions sans y rien changer, nous bornant à éclaircir par des notes, toujours courtes et précises, les passages du récit qui nous paraîtront réclamer ce secours.

AD. MAGEN.

ANNALES DE LA VILLE D'AGEN.

1789. — Convocation des Etats généraux. L'assemblée des trois ordres de la sénéchaussée d'Agenais, pour élire leurs députés, se tient à Agen, et commence le 12 mars dans l'église des Jacobins. MM. Dusson de Bonnac, évêque ; Malateste de Beaufort, curé de Montastruc et Fournetz, curé de Puymiclan, sont nommés députés du clergé, MM. le duc d'Aiguillon, Bourran de Villeneuve d'Agen, et Fumel-Monségur, députés de la noblesse. Pour le tiers état, MM. Escourre de Pélusat, avocat à Libos, Daubert, juge royal de Villeneuve, Renaut, avocat à Agen, Belisle, avocat à Miramont, François, cultivateur à Clairac, et Terme, cultivateur à Marmande. M. Escourre ayant refusé d'accepter, M. Boussion, médecin de Lauzun, a été nommé à sa place. Cette assemblée était présidée par M. de Laffite lieutenant-général de la sénéchaussée, commissaire du roi, en cette partie. Elle termina ses opérations le 29 mars.

Dans la nuit du 30 au 31 juillet, terreur panique en Agenais et surtout à Agen où, vers minuit, la nouvelle se répandit tout à coup que neuf mille brigands approchaient par la route de Villeneuve, qu'ils mettaient tout à feu et à sang. Le tocsin sonna de toutes parts ; le peuple, soit de son propre mouvement, soit par l'inspiration de quelqu'un qu'on n'a jamais pu découvrir, se porta en masse à la maison de Las,[1] où était l'arsenal de l'ancienne milice. Chacun y prit des armes et des habits. Personne ne s'opposa à cette incursion, ou plutôt à ce pillage. Au reste, cette frayeur fut générale dans le royaume. Elle donna lieu à la formation des gardes nationales ; telles étaient, dit-on, les vues de ceux qui surent si bien répandre cette alarme.

---

[1] Actuellement l'hospice Saint-Jacques.

La bénédiction des drapeaux du régiment patriotique d'Agen, a eu lieu le 8 septembre, sur le Gravier où un autel avait été dressé, et où M. Passelaïgue, vicaire général, a célébré la messe, et béni les drapeaux. Le colonel a prêté serment entre les mains du comité. Ce comité remplaça les anciens consuls ; il était formé de deux membres de chaque profession, ou corps de métier de la ville. Il fut créé au mois d'août 1789, et a existé jusqu'à la formation de la nouvelle municipalité qui prêta le serment civique le 18 février 1790.

Le 9 novembre 1789, promulgation, à Agen, de la loi martiale.

Le 20 novembre, parait le premier N° du *Journal patriotique de l'Agenais*, rédigé par M. Noubel, imprimeur libraire de cette ville.

1790. — Au mois de février, soulèvement des paysans dans une partie de l'Agenais, ayant à leur tête des instigateurs inconnus. Dans plusieurs endroits, ils ravagent et incendient les propriétés des ci-devant nobles ; ailleurs ils abattent les girouettes, les armoiries, eu tous les signes de féodalité ; ils brûlent même les bancs placés dans les églises. Les paysans des environs d'Agen, veulent suivre leur exemple ; ils forment un rassemblement dans la paroisse de Saint-Cyr. On envoie contre eux un détachement de gardes nationaux d'Agen ; à leur approche, les séditieux prennent promptement la fuite et se dispersent.

Ordonnance du comité municipal de la ville d'Agen du 17 janvier 1790, qui prohibe les mascarades, comme pouvant servir, dans les circonstances actuelles, à cacher des desseins dangereux et à produire le désordre ; cette ordonnance est signée par MM. Saint-Phelip, président, Benaud et Laboissière, secrétaires.

Le 19 février 1790, établissement des nouvelles municipalités. La ville d'Agen nomme pour maire M. de Laroche-Monbrun, l'aîné, chevalier de Saint-Louis, et M. Bory, avocat, procureur de la commune, onze officiers municipaux, et vingt-quatre notables. Ils prêtent serment le 28 du même mois dans l'église des Jacobins ;[1] à leur exemple, tous les citoyens prêtent le serment civique.

31 Mars 1790. MM. Fumel-Montaigu, Saint-Amans et Cessac Lacuée se réunissent à Agen, en qualité de commissaires du roi, pour l'établissement du département de Lot-et-Garonne.

---

[1] Aujourd'hui église paroissiale de Notre-Dame d'Agen.

En 1790, au moment ou chacun faisait des dons patriotiques, il parut le quatrain suivant :

> Paul songeait aux moyens de sauver sa patrie ;
> Ma femme, se dit-il, est pleine d'industrie ;
> Par tout à cause d'elle, on me fait amitié.
> On demande mon quart, je donne ma moitié.

La garde nationale de la ville d'Agen, composant un corps de plus de quatre mille hommes, a prêté le serment civique entre les mains de MM. les officiers municipaux, le 16 mai 1790. Cette cérémonie a eu lieu sur le Gravier, au milieu duquel on avait dressé un autel placé sous un pavillon orné des couleurs nationales, où la messe a été célébrée par le R. père Clément de Menat, grand carme, aumônier du régiment. Après la prestation du serment, on a entonné le *Te Deum*, et ensuite la troupe est rentrée dans la ville et a accompagné les officiers municipaux jusqu'à l'hôtel de ville, après avoir parcouru les principales rues, précédée d'une brillante musique composée des professeurs et amateurs qui s'étaient réunis, à cette occasion.

Passage des troupes bordelaises qui allaient à Montauban, pour apaiser les troubles qui agitaient cette ville, et pour secourir les patriotes qui y étaient opprimés ; mais elles ne dépassèrent pas Moissac. Tout était terminé à Montauban par la médiation des commissaires que la commune et la garde nationale d'Agen envoyèrent vers les citoyens de cette ville, et vers M. Courpon, commandant les troupes bordelaises. Ces commissaires étaient MM. Bory, procureur de la commune, Marraud, notable, de Mansonville, fils ainé, de Redon des Fosses, capitaine, et Barsalou, fils de l'aîné, volontaire, députés vers la ville de Montauban ; d'un autre côté MM. de Laroche-Monbrun, maire, Lamouroux, notable, le chevalier de Laroche-Monbrun, major, et Vigué fils, volontaire, furent députés vers le détachement de l'armée bordelaise. Ces troupes arrivèrent à Agen le 22 mai 1790, et revinrent le 1er juin ; elles rentrèrent à Bordeaux le 8 juin.

Grande inondation le 14 juin 1790. Les promenades du Gravier étaient couvertes de trois pieds d'eau.

L'Assemblée électorale du département de Lot-et-Garonne tint sa première séance le 27 mai 1790 dans l'église des Cordeliers de cette ville.[1] Le régiment patriotique s'empressa d'offrir à MM. les électeurs une garde pour veiller au maintien de l'ordre et de la tranquillité autour de la salle d'Assemblée ; ils acceptèrent cette offre et chargèrent leur président de témoigner à la garde nationale d'Agen, leur reconnaissance et leur satisfaction. Le 14 juin suivant, l'Assemblée tint sa dernière séance, et termina ses travaux en votant des remerciments à la municipalité et à la garde nationale.

MM. les électeurs du district d'Agen se réunirent le 14 juin 1790, dans l'église des Cordeliers pour procéder à la formation de l'administration du district ; M. de Sevin, l'aîné, fut nommé président, M. Cazabonne de la Jonquière, procureur-syndic.

Le 27 juin 1790, la loi martiale fut mise en vigueur à Agen, et le drapeau rouge déployé à l'occasion d'une émeute populaire qui faillit avoir des suites funestes. Un particulier de cette ville voulait expédier, pendant la nuit, un bateau qu'il avait chargé de farines, dans un moment où le peuple était alarmé sur les subsistances. Une foule considérable, composée surtout de femmes, s'assembla en tumulte sur les bords de la Garonne, arrêta les farines, et se saisit du marchand à qui on fit mille outrages, et qui certainement aurait péri, si une patrouille de la garde nationale n'eût accouru à son secours, et ne l'eût délivré des mains des séditieux. Cependant les officiers municipaux firent exécuter la loi et les farines furent expédiées, après avoir pris les précautions dictée par la prudence.

Le 25 juin 1790, la Société des amis de la constitution s'établit dans le couvent des Augustins,[2] et peu de temps après dans l'église des Pénitents-Gris, rue Fon-Nouvelle.[3]

Le 1ᵉʳ juillet 1790, les Administrateurs du département de Lot-et-Garonne s'assemblèrent, et nommèrent pour leur président M. Bory, avocat ; le lendemain, ils assistèrent en corps à la messe du Saint-

---

[1] Aujourd'hui église paroissiale de Saint-Hilaire.
[2] Aujourd'hui le couvent des Filles de Marie.
[3] Cette chapelle occupait une partie des emplacements situés à droite de la rue en allant du sud au nord.

Esprit qui fut célébrée à la Cathédrale.[1] Les Administrateurs du district d'Agen, tinrent leur première séance le 30 du même mois, sous la présidence de M. de Sevin, l'ainé.

Le 14 juillet 1790, le serment civique et fédéral fut prononcé sur le Champ-de-Mars, par tous les citoyens et par les troupes de ligne de l'arrondissement. Le soir, il y eut un banquet auquel se trouvèrent tous les ecclésiastiques séculiers et réguliers, tous les membres des corps administratifs et militaires Plus de quatre mille citoyens y soupèrent en public ; leurs mères, leurs épouses, leurs filles, faisaient les honneurs et l'ornement de la fête; la joie la plus pure animait tous les convives. Après le souper, il y eut des danses jusqu'à onze heures; tout le monde dansa, même les Capucins. Tout se passa dans le plus grand ordre. Les pauvres et les prisonniers reçurent d'abondants secours.

Le 24 juillet 1790, vers neuf heures du soir, il parut, à Agen et dans les villes voisines, un corps lumineux qui avait la forme d'une comète à queue, et chevelue. Il parcourut lentement, dans l'air, l'espace d'environ trois aunes, en laissant après lui une trainée de feu qui dura près d'une minute. Au bout de ce temps, il éclata avec le bruit et la scintillation d'une grosse fusée, en répandant une gerbe lumineuse qui éclaira aussi visiblement et plus encore que le soleil en plein midi, au point qu'on aurait pu distinguer à terre, le plus petit objet. Bientôt après, et au moment de la disparition, on entendit un roulement continu, semblable à celui du tonnerre éloigné, précédé de plusieurs explosions successives imitant des coups de canon. Ce roulement dura environ deux minutes et demie. Ensuite le temps redevint aussi calme qu'auparavant. On peut voir plus au long la description et les causes de ce phénomène dans le *Journal patriotique de Lot-et-Garonne*, du 28 juillet 1790, n° 108, p. 177.

---

[1] La cathédrale Saint-Etienne était située sur la place de la Halle. Abandonnée et à demi-ruinée dès les premières années de la Révolution, elle a été démolie vers 1830. Sur son emplacement, s'éleva la halle qu'on démolit aussi en ce moment pour faire place à un marché couvert. On verra plus loin (20 octobre 1803) que l'église collégiale de Saint-Caprais lui succéda comme église cathédrale, sous le vocable de Saint-Etienne, patron du diocèse.

Le 8 août 1790, arrivée et inauguration de la bannière fédérative apportée à Agen par les députés des gardes nationales du département de Lot-et-Garonne, à la fédération générale des Français à Paris. Cette cérémonie eut lieu au Champ-de-Mars où l'on célébra la Messe suivie du *Te Deum*. La bannière était portée par M. Lagrange, de Puymirol, chevalier de Saint-Louis.

Incendie de la maison du sieur Ratery, maître tailleur, rue des Prêtres, dans la nuit du 10 au 11 septembre 1790. Tous les bons citoyens et surtout les amis de la constitution exercèrent envers lui des actes de binfaisance, et lui facilitèrent les moyens de rétablir sa maison. Cependant il ne survécut pas longtemps à cet évènement malheureux.

Le 30 septembre 1790, les scellés furent apposés, à Bordeaux, sur les greffes et archives du Parlement, en conformité des décrets de l'Assemblée nationale des 6 et 7 du même mois.

Les chapitres de Saint-Etienne et Saint-Caprais de la ville d'Agen furent supprimés le 21 octobre 1790.

Vers la fin du mois d'octobre, des gens de la campagne du district de Marmande, se réunirent dans plusieurs paroisses, mirent en pièces ou brûlèrent les bancs des églises, résistèrent avec menaces aux autorités qui voulurent leur en imposer, et renouvelèrent les scènes dont on avait eu à gémir l'année précédente. Le Directoire du département, instruit de ces désordres, envoya aussitôt sur les lieux, un détachement du régiment de Royal-Pologne et trois brigades de maréchaussée, pour arrêter les plus coupables et les conduire dans les prisons d'Agen. Ces ordres furent exécutés; l'insurrection cessa.

Le 16 décembre 1790, installation des juges du district d'Agen, par MM. les officiers municipaux de cette ville. Cette cérémonie se fit avec la plus grande pompe. Toutes les autorités civiles et militaires y assistèrent. La messe fut célébrée dans l'église des Jacobins, et après l'installation qui se fit au Palais,[1] le cortège se rendit à Saint-Caprais où l'on chanta le *Te Deum*. Le soir, il y eut feu de joie et illumination. Le collège et toutes les écoles vaquèrent.

---

[1] Aujourd'hui l'Hôtel-de-Ville.

Le 4 janvier 1791, M. de Bonnac, évêque d'Agen, interpellé le premier de prêter le serment à la Constitution civile du clergé, s'y refusa et parla ainsi à l'assemblée : « Vous avez fait une loi ; par l'article IV, « vous avez dit que les ecclésiastiques fonctionnaires publics prête- « raient un serment dont vous avez décrété la formule ; par « l'article V, que, s'ils se refusaient à prêter ce serment, ils seraient « déchus de leurs offices. Je ne donne aucun regret à ma place, « aucun regret à ma fortune ; j'en donnerais à la perte de votre « estime que je veux mériter ; je vous prie donc d'agréer le témoi- « gnage de la peine que je ressens de ne pouvoir prêter le serment. » M. Fournetz, curée de Puymiclan, venant après M. de Bonnac : « Je « dirai avec la simplicité des premiers chrétiens ; je me fais gloire « et honneur de suivre mon évêque, comme Laurent suivit son « pasteur. »

Le 20 janvier 1791, M. de La Cépède, notre concitoyen, fut élu membre de l'administration du département de Paris. La Société patriotique d'Agen lui fit une adresse de félicitation, à ce sujet.

Le 24 janvier 1791, le régiment de Royal-Pologne, cavalerie, est arrivé à Agen, pour y rester en garnison. Il n'y en avait depuis longtemps qu'un détachement, dont une partie était à Villeneuve. Les administrations s'en sont servies, dans plusieurs occasions, pour maintenir le bon ordre.

Les premiers juges de paix élus pour la ville d'Agen, au mois de mars 1791, furent M. Saint-Phélip, ci-devant lieutenant criminel au Sénéchal, pour la section de l'Hôtel commun, et M. Marchant, ci-devant conseiller en l'Élection, pour la section de l'Hôpital.... Chacun d'eux avait six assesseurs. Ils furent nommés par les assemblées primaires, en conformité de la loi du 19 janvier 1791, sur l'organisation judiciaire.

Dans le courant du mois d'avril de la même année, des négociants et marchands de la ville d'Agen, en vertu de la loi du 18 février 1791, élurent les juges du Tribunal de commerce, séant dans cette ville, M. Lamouroux, l'aîné, fut nommé président.

Le Tribunal criminel de Lot-et-Garonne fut formé le 5 mai 1791, par l'assemblée électorale. M. Bory, président du Tribunal du district, fut nommé président du Tribunal criminel du département, et M. Mouysset, de Cassencuil, juge du district de Villeneuve d'Agen, fut nommé accusateur public. M. Bory a toujours occupé la place de président de ce tribunal, jusqu'à la suppression des Cours criminelles, en 1811.

Les électeurs de Lot-et-Garonne assemblés, le 9 mars 1791, et jours suivants, pour procéder au remplacement de l'évêque de ce département, avaient d'abord nommé M. Labarthe, prêtre de la Congrégation de Saint-Lazare et professeur au séminaire d'Agen, qui refusa d'accepter. Par un nouveau choix, les électeurs avaient porté sur le siège épiscopal, M. Gobet, évêque de Lydda ; mais on apprit bientôt qu'il avait été nommé à l'évêché de Paris. L'assemblée électorale se forma de nouveau le 1er mai 1791, et le 3 du même mois, elle nomma M. Constant, ci-devant dominicain, professeur de théologie, et premier vicaire cathédral de Mgr l'évêque de Bordeaux. Il fut sacré dans cette ville le 5 juin, arriva le 10 à Agen, où il fit son entrée avec la plus grande solennité, et fut installé le 12, dans l'église des Jacobins, en présence d'un peuple innombrable et des députés des villes du département, qui étaient venus pous assister à la cérémonie, et pour rendre hommage à ce nouveau pasteur.

Le 24 juin 1791, on apprend à Agen, par un courrier extraordinaire, la nouvelle de la fuite du roi Louis XVI. Le même jour, le Directoire du département, réuni à tous les corps administratifs, judiciaires et militaires de cette ville, prend un arrêté à ce sujet ; il invite les citoyens à rester calmes, à se pénétrer des sentiments de l'union la plus intime et à se reposer sur la vigilance de l'Assemblée nationale, pour le salut de l'Etat. La nouvelle de l'arrestation du roi à Varennes, parvient à Agen, par un autre courrier extraordinaire, le 26 juin, à deux heures après minuit.

Dans les premiers jours du mois d'août 1791, il se passa à Montignac, district de Lauzun,[1] un événement bien malheureux, au sujet du refus que faisaient les cultivateurs de payer la redevance convenue aux propriétaires, sous le nom de *rêve* ; ce qui donna lieu à des troubles, qui obligèrent les magistrats d'employer la force armée. A son approche, les séditieux se retirèrent dans le clocher et dans l'église où ils se barricadèrent, et bien loin de se rendre aux représentations qu'on leur fit, ils tirèrent du haut du clocher sur la troupe, tuèrent un cavalier de Royal-Pologne et blessèrent plusieurs citoyens. Un

---

[1] Le département de Lot-et-Garonne était alors divisé en neuf districts, savoir : Agen, Nérac, Tonneins, Casteljaloux, Marmande, Villeneuve, Lauzun, Monflanquin et Valence.

officier municipal eut son chapeau traversé par une balle. Alors la troupe de ligne et les citoyens fondirent sur les rebelles, les dispersèrent, en tuèrent quelques-uns, et arrêtèrent les plus coupables qu'ils conduisirent à Lauzun. Dès que ces détails furent parvenus à l'administration du département, elle y envoya sur le champ un renfort de cavalerie ; le tribunal de ce district fut chargé de poursuivre cette affaire, afin qu'on pût donner un prompt et juste exemple de la sévérité de la loi. On apprit bientôt après que le calme était rétabli à Montignac, et que les troupes s'étaient retirées.

Le 17 août 1791, il partit d'Agen cent douze hommes, avec un détachement de gendarmerie du régiment de Royal-Pologne, auxquel eut ordre de se réunir un nombre considérable de gardes nationales des municipalités voisines, pour se rendre à Roquecor, district de Villeneuve, où une insurrection avait éclaté, et où régnaient des divisions entre la municipalité et la garde nationale. Le Directoire y envoya, en même temps, M. Lafont de Cujula, l'un de ses membres, qui, par une conduite ferme et prudente, parvint à rétablir le bon ordre et le respect dû aux autorités. Les troupes rentrèrent à Agen le 23 du même mois.

Le 29 août 1791, assemblée électorale tenue dans l'église des ci-devant Jacobins de cette ville, sous la présidence de M. Lacuée-Cessac. Dans le même temps, M. de Lacépède fut nommé président de l'assemblée électorale de Paris, et M. Barennes, aussi natif d'Agen, président de celle de la Gironde. Ainsi, notre cité eut l'honneur de voir tout à la fois trois de ses enfants, présider les élus de trois grands départements.

C'est durant la tenue de cette assemblée, non dans celle qui se tint aux Cordeliers, l'année précédente, comme M. Labrunie l'a avancé dans ses Annales, que fut agitée, dans le corps électoral, la fameuse question de l'Alternat, fondée sur une loi de l'assemblée nationale du 1er janvier 1790, portant que « l'Assemblée de tous les électeurs du « département se tiendra pour la première fois à Agen, et alternera « dans les villes qui en seront jugées susceptibles par les électeurs, « qui pourront néanmoins proposer la fixation du chef-lieu. » D'après cette loi, toutes les villes prétendaient à l'honneur de devenir le siège de l'administration centrale, ce qui donna lieu à des discussions très vives et très tumultueuses. Enfin, après un long rapport fait par un de ses membres, l'Assemblée délibéra que « la ville d'Aiguillon, dont la situation est presque centrale, serait le siège de la prochaine assemblée de département, en 1793, sans rien préjuger sur les droits des autres villes de l'alterna¹, lesquels droits seraient jugés par la prochaine assemblée électorale. » Mais un décret de l'Assemblée nationale supprima tous les alternats, et ordonna que les administrations et assemblées de département demeureraient dans les lieux où les Directoires étaient actuellement établis. Ce décret détruisit la semence des inconvénients sans nombre qu'aurait produit l'exécution de l'arrêté du corps électoral, du 5 septembre 1791. Agen demeura le chef-lieu du département.

Le 18 septembre 1791, les électeurs du district d'Agen, réunis dans l'église des religieuses de la Visitation,¹ procédèrent au remplacement des curés non-conformistes, et à la nomination des cures vacantes dans l'étendu du district.

Le 1ᵉʳ octobre 1792, la seconde législation commence.

Le 2 octobre, l'acte constitutionnel décrété par l'Assemblée nationale, et accepté par le roi, fut solennellement proclamé à Agen, par le corps municipal. Cette proclamation fut faite successivement par M. le maire, sur les places du Palais, du Marché, du Poids de la ville et de Saint-Hilaire. Les corps administratifs civils, judiciaires et militaires assistèrent à cette cérémonie, ainsi qu'au *Te Deum* qui fut chanté dans l'église des ci-devant Jacobins, actuellement Notre-Dame. Le soir, il y eut feu de joie et illumination.

Le 8 décembre 1791, la Garonne déborda et vint jusqu'aux portes les plus basses de la ville ; mais l'inondation du 27 du même mois fut bien plus considérable ; l'eau sortit par le pont d'Angoine,² entra dans la rue Saint-Antoine, et peu s'en fallut qu'elle ne se réunit avec celle qui venait dans la même rue, par l'aqueduc de la rue Maillé. Elle remplit toutes les caves de ces quartiers, et même plusieurs sous les Cornières, quoique fort éloignées de la Garonne. Cela venait

---

¹ Cette église occupait l'emplacement du jardin de la maison Barreau, dans la rue de l'Angle-Droit qui fut ouverte plus tard dans les dépendances du couvent; il en subsiste des traces à l'angle nord-est de l'habitation.

² Bouche d'aqueduc qui s'ouvrait sous la maison Noubel, dans l'axe de la rue Moncorny.

sans doute du long séjour des eaux qui avaient filtré au travers des terres, et qui ne rentrèrent dans leur lit que le 30. Elles s'élevèrent à une hauteur qui ne fut moindre de celles où elles parvinrent le 6 avril 1770, que de deux pieds huit pouces.

C'est dans le cours de cette année, et les deux suivantes, qu'il sortit du royaume, pour passer à l'étranger, un grand nombre de personnes, et surtout de nobles mécontents du nouvel ordre des choses. La ville d'Agen, et le département de Lot-et-Garonne, en fournirent plusieurs qui, comme tous les autres émigrés, eurent bien lieu de se repentir de cette démarche. Le roi, par une proclamation en date du 12 novembre 1791, tâcha de les rappeler dans leur patrie, mais elle ne produisit aucun effet ; leurs biens furent confisqués, et vendus au profit de l'Etat.

Le 12 janvier 1792, une querelle, survenue entre quelques citoyens de la ville d'Agen, et des cavaliers du régiment de Royal-Pologne, produisit une émotion populaire des plus vives et des plus alarmantes. Pendant toute la journée, l'extrême agitation des esprits sembla préparer l'explosion qui eut lieu à l'entrée de la nuit. A cette heure, un cri soudain *aux armes, aux armes*, devint le signal du danger et annonça qu'une lutte déplorable venait de s'ouvrir entre les citoyens et les soldats. Il y eut quelques coups de fusil tirés de part et d'autre, dont heureusement personne ne fut atteint. Les corps administratifs et les officiers de la garde nationale et de la troupe de ligne se rendirent au lieu principal du désordre que leur présence parvint à calmer. Les citoyens se retirèrent dans leurs maisons, les cavaliers furent consignés dans leurs casernes. Le peuple demanda à grands cris leur départ, les corps administratifs le demandèrent eux-mêmes au roi, à qui ils adressèrent les détails de cette affaire. Ce régiment partit en effet le 13 février 1792, pour Auch. Le même jour, le premier bataillon du régiment de Champagne-Infanterie, arriva à Agen.

Le 13 janvier 1792, vers les quatre heures du matin, on ressentit dans la ville du Port-Sainte-Marie, une violente secousse, que les habitans attribuèrent d'abord aux effets d'un tremblement de terre, mais qui n'était que la commotion causée par un éboulement de terrain, dont le mouvement occasionna la ruine de plus de soixante maisons et de tous les murs de clôture, dans trois quartiers de cette ville. La terre s'entrouvrit en ces parties, jusqu'à une très grande profondeur, et le sol s'affaissa, en plusieurs endroits, de 4 à 5 pieds, au-dessous de son niveau ordinaire. Heureusement que ces effets désastreux se développèrent avec assez de lenteur, pour laisser aux habitans, le temps de connaître et de fuir le danger. La grande route d'Agen à Bordeaux, qui traversait la ville, devint impraticable, soit à cause du bouleversement du sol de la rue, soit par la crainte de voir, à chaque instant, s'écrouler les maisons qui la bordent. Les administrations du département et du district accoururent au secours des citoyens qui avaient souffert de ce désastre ; les maisons nationales furent ouvertes à ceux qui étaient restés sans asile, et l'on ouvrit une nouvelle communication hors du danger que présentaient ces écroulemens. L'Assemblée législative accorda une somme de 30,000 fr. à ceux qui avaient fait des pertes, et que cet évènement malheureux avait laissés sans asile.

Le tribunal criminel du département de Lot-et-Garonne fut installé le 25 janvier 1792. Cette cérémonie se fit avec l'appareil le plus majestueux. Le Conseil général de la commune, délégué par le roi, pour recevoir le serment prescrit aux officiers de ce tribunal, y avait invité les corps administratifs et judiciaires, l'état-major de la troupe de ligne, ainsi que les commandants de la garde et de la gendarmerie nationale. La troupe était sous les armes et escortait les nouveaux magistrats ; la musique militaire était à sa tête. MM. le maire et procureur de la Commune, M. Bory, président du tribunal et M. Saint-Amans, président du directoire du département, prononcèrent chacun un discours analogue à la circonstance.

Le 9 février 1792, les juges du tribunal criminel choisirent M. Brostaret, le fils, de Casteljaloux, l'un de leurs collègues, pour remplir les fonctions d'accusateur public, auprès de ce tribunal, en l'absence de M. Mouysset, député à l'Assemblée nationale. La ville d'Agen ne doit pas oublier les services que ce bon citoyen lui a rendus, ainsi qu'à tout le département, dans les temps orageux de la révolution. Son courage et sa fermeté l'exposèrent à de grands dangers, et s'il ne fut pas une des victimes, il peut dire au moins :

Testor...... nec tela, nec ullas
Vitavisse vices Danaum; et si fata fuissent
Ut caderem, meruisse manu.

(Virg.. Æn., *Lib. II*, v. 432.)

Dans la nuit du 6 au 7 février 1792, un citoyen de cette ville aperçut un homme sur la partie la plus élevée du couvert de l'église cathédrale,[1] et qui en détachait les planches de plomb, pour les voler. Il courut en instruire le commandant de la patrouille, qui plaça des sentinelles aux différentes issues de l'église, afin d'empêcher l'évasion du voleur. Celui-ci, se voyant découvert, fut troublé sans doute, et cherchant à se sauver, il se laissa tomber d'un des plus hauts échafaudages qui étaient dans l'église, et s'écrasa par sa chute. Ce particulier était couvreur, et l'un des plus hardis ouvriers de son état. Il expia son crime par une mort horrible. On trouva sous le sable, une forte masse de plomb roulé, qu'il était parvenu à détacher. On pensa qu'il devait avoir des complices dans ce vol, mais on n'a jamais pu les découvrir.

Le 17 février 1792, deux cents jeunes gens de la ville ou des environs d'Agen, s'engagent au service de la patrie, dans le 71ᵉ régiment d'infanterie française, ci-devant Vivarais. Leur exemple est suivi par un grand nombre d'autres jeunes gens qui se joignirent à eux en traversant le département. Obligés de passer à Paris, pour se rendre à leur corps, ils parurent devant l'Assemblée nationale au nombre d'environ trois cents ; l'un d'entr'eux, Delbourg fils aîné, d'Agen, y prononça le discours suivant :

« Législateurs, nous avions terrassé dans nos foyers l'aristocratie
« et le fanatisme ; nous y jouissions des bienfaits de la Constitution :
« vous nous avez appelés à la défense de la patrie, et aussitôt nous
« avons cru devoir prendre les armes, et venir vous donner un
« témoignage de notre dévouement. Nous nous sommes éloignés
« des frontières de notre département, parce que les hautes monta-
« gnes qui le séparent de nos ennemis, nous disputaient, pour ainsi
« dire, la gloire de les vaincre...... Les Agenais porteront dans les
« troupes de ligne l'esprit et le sentiment des gardes nationales.
« Fraternité envers les citoyens, force à la loi, respect pour ses or-
« ganes, obéissance aux règles et à la discipline militaires. Tels sont
« nos devoirs ; telle sera la règle invariable de notre conduite. Rare-
« ment la victoire abandonne les drapeaux de la liberté ; nos enne-
« mis ne l'obtiendront qu'au prix de notre sang, et alors notre sort
« nous paraîtrait encore digne d'envie. Empressés de nous réunir

---

[1] Il s'agit toujours de l'église Saint-Etienne.

« aux frères d'armes que nous avons adoptés, nous n'abuserons pas
« plus longtemps de vos moments précieux. *Parler peu, frapper
« fort :* voilà notre devise. Législateurs, nous sommes trois cents ;
« placez-nous aux *Thermopyles.* »

M. Lacépède, né à Agen, présidait alors l'Assemblée, il répondit à ses concitoyens :

« Cette enceinte a déjà retenti des applaudissements donnés à
« votre patriotisme. A peine la loi sur les recrutements fut-elle par-
« venue dans la ville qui vous a vu naître, et où je me félicite d'avoir
« aussi vu le jour, que vous fîtes, avec empressement, ouvrir le
« registre de la municipalité, pour y inscrire vos noms. Les législa-
« teurs de la France reçoivent avec transport votre serment. Ils
« permettent à une voix qui vous est connue, d'exprimer leur satis-
« faction et leur reconnaissance. Ils comptent sur vous pour défen-
« dre et soutenir leur ouvrage. Ils sont persuadés que, si les
« circonstances nécessitaient le signal du combat, votre valeur en
« ferait celui de la victoire. L'Assemblée vous invite aux honneurs
« de sa séance. »

Le **4 mars 1792**, émeute populaire à Agen, par suite de divers attroupements qui avaient eu lieu les deux jours précédents, à cause de la cherté du pain ; les cloches des Grands-Carmes [1] et des Jacobins sonnèrent le tocsin. Les hommes et les femmes se portèrent en foule à la maison commune, demandant avec des cris séditieux et menaçants, la diminution du pain. Les officiers municipaux prirent toutes les mesures exigées par les circonstances pour apaiser ces troubles; la garde nationale et la troupe de ligne prirent les armes, des détachements furent postés autour de l'hôtel-de-ville et en différents quartiers de la ville. Le drapeau rouge fut déployé, mais tout fut inutile, rien n'en imposa aux séditieux ; ils arrêtèrent même les tambours qui battaient la générale. Les officiers municipaux, ayant voulu sortir, pour proclamer la loi martiale, et dissiper les attroupements, furent forcés de rentrer ; les soldats de la garde nationale

---

[1] Le couvent des Grands-Carmes occupait l'emplacement actuel de la rue des Carmes (à l'extrémité de celles du Temple et des Arènes) y compris celui des maisons qui ont été construites le long et des deux côtés de cette rue.

et de la troupe de ligne, méconnaissent l'autorité des magistrats et au lieu d'obéir à leurs ordres, ils serrent les baïonnettes et lèvent en l'air les crosses des fusils, joignant leurs cris à ceux du peuple mutiné. Les officiers municipaux furent obligés de céder, et firent publier sur le champ, le prix du pain à trois sous la livre, comme le peuple l'avait demandé; alors il fut satisfait et se retira. Les officiers municipaux n'eurent cette condescendance que pour éviter de plus grands malheurs, ils étaient informés que la nuit suivante, on devait faire la visite des greniers, et vraisemblablement le pillage s'en serait suivi. Le lendemain, toutes les autorités civiles et judiciaires s'assemblèrent à l'hôtel du département où il fut arrêté que la diminution sur le prix du pain n'aurait lieu que pour les pauvres qui la demanderaient, que le prix courant serait porté au taux relatif à la valeur du blé, et qu'il ne serait fait qu'une espèce de pain. Cependant, comme la loi avait été violée, le tribunal criminel fit les poursuites nécessaires, et les coupables furent punis.

Le lendemain, 5 mars, autre scène non moins dangereuse, au sujet d'une certaine quantité de blé que M. Grave avait vendu, et qu'il faisait embarquer au port de Goux, près Colayrac. Le peuple en fut informé, sonna le tocsin et y accourut en foule. Deux officiers municipaux se rendent aussitôt sur les lieux, accompagnés d'un grand nombre de bons citoyens qui leur servaient d'escorte, et malgré tous les obstacles qu'ils rencontrèrent, ils parvinrent à faire mettre sur un bateau, non seulement le blé vendu, mais encore tous les grains que M. Grave avait dans son grenier, et le firent porter à Agen. Le peuple le força à y venir lui-même, et il fut exposé, pendant tout le voyage aux menaces et aux outrages les plus insultants. On parvint cependant à le sauver et à l'introduire dans sa maison.

Ce fut dans l'affaire du 4 que M. Lomet, ingénieur du département, et capitaine d'une des compagnies de la garde nationale, ayant voulu faire quelques représentations aux insurgés, s'exposa à leur fureur et aurait été leur victime, sans le secours de Jean Himounet, dit *Frisat*, charretier, aidé des citoyens Berrou, horloger, Gauthier, couvreur, Diché cadet et Desbarrats fils, dit Condom, serrurier, qui, au péril de leurs jours, l'arrachèrent des mains des séditieux. Le Directoire du département, ayant été informé du courage et du dévouement que ces citoyens avaient montré dans cette occasion, indiqua, à ce sujet, une fête civique, dans laquelle Himounet reçut, au nom de la patrie, une couronne de chêne, et ses quatre coopérateurs, des témoignages solennels de la reconnaissance publique. Cette cérémonie eut lieu le 5 juin suivant, sur le Gravier. Tous les corps administratifs et judiciaires, les états-majors des corps militaires y furent invités. Là, le maire de la ville d'Agen posa sur la tête de Jean Himounet, en présence de toute la commune, la couronne de chêne dont nous avons parlé, attachée sur un cercle d'argent, par un ruban aux couleurs nationales, avec cette inscription : « Cette couronne a été décernée au nom de la patrie, l'an IV « de la Liberté française, à J. Himounet, pour avoir sauvé la vie » à un citoyen. »

Le Conseil général de la commune décida qu'il serait fait des billets de confiance de cinq sous, de dix et de vingt, pour la somme de vingt mille livres, pour l'échange des assignats de cinq livres. Cette délibération fut prise le 5 mars 1792. Ces billets furent, peu de jours après, en émission et bientôt suivis d'une autre émission de quarante mille livres.

Le 14 mars 1792, les Consuls d'Agen avaient, avant la révolution, des robes de damas, très amples, mi-parties de blanc et de noir, avec des chaperons des mêmes étoffe et couleurs, qu'ils portaient dans les cérémonies. Ces robes ayant été supprimées et remplacées par des écharpes aux trois couleurs, blanc, rouge et bleu, elles furent vendues avec les chaperons au Directoire du département, qui en fit faire un dais pour la Cathédrale.

Le 14 mars 1792. Les consuls d'Agen avaient, avant la révolution, des robes de Damas très amples, mi-parties de blanc et de noir, avec des chaperons des mêmes étoffes et couleurs, qu'ils portaient dans les cérémonies. Ces robes ayant été supprimées et remplacées par des écharpes aux trois couleurs, blanc, rouge et bleu, elles furent vendues avec les chaperons, au directoire du département qui en fit faire un dai pour la cathédrale.

Dans le mois d'avril 1792, il fut établi douze gardes champêtres chargés de veiller aux possessions de la commune et des propriétaires dans l'arrondissement de la municipalité.

Vers la fin du mois de mai, les noms des rues d'Agen furent changés. On supprima ceux qui portaient les noms des particuliers et de quelques ordres religieux des deux sexes. Plusieurs reprirent les noms qu'elles avaient anciennement, d'après le cadastre. On donna à d'autres des noms analogues à la révolution, dont quelques-uns furent encore changés quelque temps après. A la même époque, on obligea tous les propriétaires de maisons à les faire numéroter, pour l'ordre de la police et le logement des gens de guerre.

6 mai 1792. Proclamation solennelle de la déclaration de guerre faite au roi de Hongrie et de Bohême, de la part du roi des français et au nom de la nation. Cette proclamation fut faite, en exécution d'un arrêté du département, sur les principales places de la ville, par la municipalité escortée d'un détachement de la garde nationale, d'un autre du régiment de Champagne, de la gendarmerie, et précédée de la musique des deux corps.

Le 14 juillet 1792. Renouvellement du serment fédératif, sur le Champ de Mars, par deux députés de la commune, nommés en conseil général et un député par cent citoyens, entre les mains du président du district.

Tous les citoyens, tous les officiers et soldats du régiment de Champagne le prêtèrent entre les mains du maire. Après la prestation du serment, la municipalité fit planter, au milieu du Champ de Mars, un peuplier d'Italie surmonté du bonnet, symbole antique de la liberté. Ce bonnet était en fer blanc et peint en rouge. Le vent l'ayant renversé quelque temps après, la municipalité délibéra qu'il serait placé au-dessus de la girouette du clocher Saint-Etienne. Cette opération fut différée par la difficulté de l'exécuter. L'année suivante, le clocher détruit par ordre des représentants du peuple, on ne laissa subsister que la tour qu'on voit encore au-dessus des toits de la Cornière,[1] à côté de l'ancienne cathédrale. Ce fut au-dessus de cette tour que le bonnet fut placé au bout d'une pique à laquelle était attaché un large pavillon de drap aux trois couleurs, qu'on a vu longtemps flotter. Le tout a été détruit par le temps.

Le 18 juillet 1792. Publication d'un acte du corps législatif, portant que la patrie est en danger. La municipalité exige de tous lesmarchands qui vendent de la poudre et du plomb, une déclaration de la

---

[1] La maison dont cette base de l'ancien clocher couronne la toiture, appartient depuis longtemps à la famille Brunel. Le banc de pierre où se vendait le poisson, il y a encore peu d'années, longeait la façade de cette maison et celle de sa plus proche voisine, ancienne propriété de la famille Labesque, aujourd'hui à M. Pouyagut.

quantité qu'ils ont de ces deux articles, dans leurs boutiques et magasins, avec défense d'en vendre ni livrer à personne, sans permission écrite du corps municipal. On s'occupe ensuite des mesures de sûreté, et des moyens de se procurer des canons pour la défense de la ville et du district.

4 août 1792. Le régiment de Champagne part pour Vienne, département de l'Isère.

Le 8 septembre 1792. Quelques volontaires d'un bataillon de la Rochelle, qui étaient arrivés dans la matinée, s'étaient permis d'enlever le carcan planté sur la place du marché [1] et de le porter à la rivière. Ils avaient, outre cela, insulté plusieurs citoyens, il se forma des attroupements pour fondre sur eux ; on parlait de battre la générale. Le Conseil général ayant été informé de ces mouvements s'assembla sur le champ et requit le commandant de la garde nationale de faire prendre les armes aux cinq compagnies de grenadiers. Le commandant des Rochelais fut prié de se rendre à la maison commune. Le maire se plaignit à lui de la conduite de ses soldats et l'invita à les contenir. Cet officier se plaignit, à son tour, qu'on avait frappé un des siens. Les torts réciproques furent reconnus ; les deux corps se donnèrent le baiser de paix et firent la patrouille ensemble.

Le 23 septembre 1792, un bataillon de Nantes arrive à Agen et part le 25 dudit. Il avait deux pièces de canon, et se rendait à l'armée du Midi.

Les assemblées primaires, sans distinction de citoyens, nommèrent des électeurs, les 26, 27 et 28 août 1792, pour le choix des députés à la convention nationale. L'assemblée électorale se tint à Nérac; elle commença le 2 septembre ses opérations et les termina le 28.

Autre assemblée électorale tenue à Casteljaloux le 11 novembre 1792 et jours suivants, pour le renouvellement des corps administratifs et judiciaires du département de Lot-et-Garonne.

---

[1] Le carcan, poteau peint en rouge et muni d'un anneau de fer, était placé à l'entrée de la place du marché, un peu en avant de la librairie de M. Allègre.

L'Ere de la République française commença le 22 septembre 1792.

Au commencement du mois de septembre, on désarme toutes les personnes qu'on croyait suspectes et ennemies de la Révolution ; on renferme celles qu'on jugeait les plus dangereuses. Il y avait plusieurs maisons de réclusion ; les ci-devant nobles étaient renfermés au collège ;[1] les prêtres aux ci-devant religieuses de Paulin[2] ou au séminaire ; les dames et religieuses, à l'hôpital Delas ;[3] on fait des visites domiciliaires dans les maisons des reclus ; on efface toutes les armoiries qui paraissaient au dehors ou sur les tableaux ; on coupe, on arrache celles qui tenaient aux tapisseries ; on oblige même les perruquiers à effacer le manteau ducal peint sur leurs enseignes. L'armorial de la ville d'Agen est enlevé dans tous les lieux où il était apparent. Tout cela se faisait par les ordres d'un comité appelé Révolutionnaire ayant sous son commandement une compagnie qui portait le même nom.[4]

Le 13 septembre 1792. Le conseil général de la commune, sur la demande de la société populaire, délègue deux de ses membres pour se transporter dans les maisons et jardins qui avoisinent l'église des pénitents gris, où la société tient ses séances, pour s'assurer si aucun

---

[1] Ce collège, dirigé par les Jésuites (1591-1762), par les Jacobins (1762-1767), par des prêtres séculiers (1767-1781), enfin, par les Oratoriens, à cette dernière date, occupait tout le local de la place où se tient le marché de la volaille et des maisons avec jardins qui l'entourent. Il avait une assez belle chapelle dont le clocher, surmontant l'entrée principale de l'établissement, était situé sur la ligne de prolongement de la rue Grande-Horloge, vers le milieu du mur de clôture.

[2] Elles s'étaient établies à Agen en 1619 dans le quartier qui a conservé leur nom. Leur local comprenait tout le côté de la place Paulin où se trouvent les immeubles de MM. de Lassalle, Despans, etc., etc., et sur la rue Pontarique, l'ancienne maison Laboubée. Elles appartenaient à l'ordre de de Notre-Dame et suivaient la règle de saint Ignace.

[3] Hospice Saint-Jacques actuel.

[4] Dans cet article, tout ce qui regarde les reclus et les maisons où ils furent renfermés, se rapporte au mois de septembre de l'année suivante. Jusqu'alors on n'avait que désarmé et consigné les suspects. Le comité et la compagnie révolutionnaire ne furent formés qu'en 1793 (*Note de Proché*).

malveillant n'y pratique pas quelque mine nuisible aux membres de cette société.

Le 30 septembre 1792. Prolamation à Agen du décret de la Convention nationale, qui supprime la royauté en France et établit la République.

Au mois d'octobre 1792, en exécution de la loi du 18 août précédent, qui supprime toutes les congrégations et corps religieux, et de celle du 10 septembre suivant, le district fait des inventaires de tous les effets qui se trouvent dans les couvents des deux sexes, dans les chapelles des trois compagnies de pénitents,[1] et dans celle de l'ermitage. Toute leur argenterie est portée au district, sous l'autorité du Directoire du département.

Le 3 décembre 1792. Les assemblées primaires nommèrent deux Juges de paix pour la ville : M. Lacuée l'aîné, pour la section de la maison commune, et M. Lafaugère père, pour celle de l'hôpital Saint-Jacques.[2] Elles nommèrent aussi six assesseurs et un greffier pour chaque Juge de paix.

Le 9 décembre 1792, et jours suivants, les mêmes assemblées procèdent à l'élection du Maire, du Procureur de la commune, de son Substitut, de onze officiers municipaux et de vingt-quatre notables. M. Lafont du Cujula fut élu maire; M. Barsalou fils aîné, procureur de la commune, et Raymond Noubel, substitut.

Le 21 janvier 1793, mort de Louis XVI.

Le 31 janvier 1793, tous les corps constitués de la ville d'Agen, sur

---

[1] Trois confréries de pénitents s'étaient établies à Agen en 1600, sous l'épiscopat de Nicolas de Villars. Les Blancs avaient leur chapelle dans la vaste maison de la rue Saint-Antoine, qui fait exactement face à la rue Londrade; les Bleus, dans la rue Saint-Jérôme, vis-à-vis la maison Tropamer; les Gris, dans l'impasse Sainte-Quitterie, au bout de la rue du Temple et plus tard dans une dépendance de l'habitation actuelle de M. Rotch Barsalou, au coin de la rue Font-Nouvelle et de la rue des Augustins.

[2] L'hôpital Saint-Jacques occupait tout le pâté de maisons que délimitent la rue des Martyrs, la rue Saint-Jacques, la rue Saint-Jolifort et la place Sainte-Foy.

l'invitation du Directoire du département, se réunissent dans une de ses salles, d'où ils se rendent dans l'église des ci-devant Jacobins, et font serment d'abjurer toute espèce de royauté, de dictature, etc.

La commune d'Agen possédait autrefois toutes les îles, prés et terres qui bordent la Garonne, depuis les piliers de l'ancien pont,[1] jusqu'à l'embouchure du ruisseau qui vient du moulin de Saint-Georges, et qui s'étendent en largeur jusqu'au grand chemin, à l'exception de quelques jardins qui appartenaient à des particuliers, et qui étaient situés derrière leurs maisons Ces îles et terres donnaient à la commune un revenu d'environ mille livres. Elle fut obligée de les vendre au commencement de février 1793, pour acquitter des dettes contractées par les anciens consuls.

Le 18 février 1793, débordement de la Garonne; l'eau vint, par l'aqueduc de la rue Maillé, jusques sur la porte de M. Argenton.[2] Les allées du Gravier et de Saint-Antoine en étaient couvertes. Le lendemain, 19, le mur de ville qui servait de clôture au jardin des ci-devant Cordeliers,[3] appartenant actuellement à la gendarmerie, tomba en dehors, étant encore baigné par les eaux de la Garonne.

Le 16 mars 1793, écroulement d'une grande partie du rocher sous Bellevue, au-dessus de Prouchet. Les débris couvrirent les vignes voisines; quelques gros quartiers roulèrent jusqu'au grand chemin.

Le 20 mars 1793, un bataillon du département de l'Aude arrive à Agen; les volontaires se portent devant plusieurs maisons, les escaladent, enlèvent les girouettes, et arrachent les autres marques de féodalité. Le commandant ayant été invité à se rendre à l'hôtel commun, observe que sa troupe n'a péché que par un excès de patriotisme,

---

[1] Le pilier en question est resté encastré dans la portion du quai qui sert de base aux deux obélisques de la passerelle, sur la rive droite de la Garonne. On appelait, il y a à peine trente ans, quartier des Iles ou plutôt *les Iles*, les terrains, alors couverts d'oseraies, compris entre le Gravier et le ruisseau de Courborieu qui baigne l'établissement des Petites-Sœurs.

[2] Actuellement à Mme veuve Lapoussée.

[3] La caserne de gendarmerie, construite vers 1840, occupe en partie l'emplacement du monastère des Cordeliers ou Frères mineurs de l'observance, qui s'étaient établis à Agen vers 1348. Le boulevard a été ouvert sur leur propriété, à partir de l'église paroissiale de Saint-Hilaire qui était leur chapelle conventuelle.

et qu'elle avait voulu détruire des signes abolis par la loi. Le Maire lui représente que c'était aux corps constitués et non aux militaires, à exécuter les lois, et que, si les volontaires s'étaient aperçus de ces signes qui devaient être anéantis, ils devaient se borner à les dénoncer à la municipalité. Cette affaire n'a pas d'autre suite.

Le 26 mars, 1793, il partit 500 hommes de cavalerie et deux mille hommes d'infanterie, qui s'étaient rassemblés à Agen, de tous les districts de Lot-et-Garonne, pour aller au secours du département de la Vendée, qui était en proie aux rebelles. Ces troupes revinrent le 7 avril 1793, ayant reçu contre-ordre à Bordeaux, où l'on apprit que les troubles étaient apaisés. Mais ayant recommencé bientôt après, elles se remirent en marche le 29 avril, et restèrent dans la Vendée pendant la guerre qui a désolé si longtemps ce malheureux pays.

Le 28 mars 1793, arrivée des citoyens Garraud et Paganel, commissaires de la convention nationale, pour hâter le recrutement des armées de la République. Le Conseil général nomme une députation de six membres pour faire une visite à ces représentants qui, le lendemain, se présentent à la commune. Le citoyen Garraud, portant la parole, assure le conseil général de la confiance qu'inspire aux commissaires, le patriotisme des autorités constituées de la ville d'Agen. Le maire répond que les représentants de la ville d'Agen seront toujours empressés à faire exécuter les lois et à seconder les intentions des commissaires. Ces citoyens se retirent accompagnés par une députation du Conseil général.

Le 14 avril 1793, fête de la fraternité. Le but de cette fête était de réunir tous les citoyens par les sentiments de la fraternité, et de leur inspirer l'amour de la patrie. Il n'en fut célébré aucune à Agen, pendant les temps de la révolution, avec plus de pompe et de solennité. La société des amis de la constitution de 1790 l'avait demandée aux autorités qui y assistèrent toutes en corps. Comme le programme de cette fête fut imprimé, je n'en donnerai pas les détails : je me bornerai à dire que les neuf bataillons de la garde nationale de la ville et de la campagne y parurent en armes, avec leurs drapeaux, précédés d'un énorme faisceau, symbole de l'union et de la force ; et qu'on vit, pour la première fois, les piques que la municipalité avait fait fabriquer et distribuer à ceux qui n'avaient pas d'autres armes. Ces troupes entrèrent par la Porte-du-Pin où elles s'étaient rassemblées et formées, traversèrent la ville, prirent en passant la société populaire, la municipalité, les autres corps constitués, sortirent par la porte Saint-Antoine et se rendirent sur le Champ-de-Mars, où après un discours prononcé par le maire, on planta l'arbre de la fraternité à l'une des extrémités du carré, et à l'endroit même où était placé l'autel qu'on avait dressé pour la célébration de cette fête.[1]

Le 26 avril 1793, une députation des élèves du collège se présente au Conseil général de la commune, et vient abjurer toute distinction, jusqu'à celle qui était le signe de leurs succès. Elle dépose sur le bureau les croix d'argent, dont ces jeunes gens font don à la patrie.

Le lendemain, 27, d'autres jeunes gens, se présentent devant le même conseil, et demandent qu'il leur soit permis de former une compagnie, sous le nom d'*élèves de la patrie*, pour le maintien de la liberté et de l'égalité. Le maire loue leur bonne volonté, et propose de consulter, à ce sujet, le district qui applaudit au civisme de ces jeunes gens, et se rend à leur demande. En conséquence, ils s'organisent en compagnie, sous la direction de trois anciens militaires. Le 4 mai suivant, ils se rendent en armes à la cathédrale où leur drapeau tricolore est béni par le citoyen Constant, évêque. Ils y avaient été accompagnés par les mêmes vétérans.

Le 2 mai 1793, les Conseils généraux de département et de district et de commune sont mis en permanence par décret de la Convention nationale du 18 mars 1793.

Dans le courant du mois de mai 1793, toutes les cloches excédant le nombre d'une par clocher, sont descendues et dégarnies ; toutes

---

[1] La promenade du Gravier, remaniée en 1867, sous l'administration de M. Noubel, a conservé son ordonnance première. La partie centrale, qu'ornent aujourd'hui deux jardins séparés par un bassin à jet d'eau, formait une pelouse rectangulaire sur laquelle on marchait librement, dont la verdure se flétrissait vite et où le piétinement produisait incessamment de grandes irrégularités de niveau. La garde nationale y manœuvra aussi de tous temps. C'est à l'extrémité de cette pelouse, dite Champ-de-Mars, c'est-à-dire vis-à-vis la rue des Acacias, dite aujourd'hui, rue Palissy, que s'élevait l'autel dont parle Proché ; (là aussi on s'en souvient, fut dressée l'élégante estrade où eut lieu la distribution des prix à la suite du concours régional de 1870.) Cette promenade justement renommée a dû à ses belles dimensions et au pittoresque de son site d'être à toutes les époques le théâtre des fêtes officielles et des réjouissances publiques.

les pièces d'artillerie, de bronze ou de cuivre qui ne sont pas propres à la guerre, dans l'étendue du département, sont envoyées à la fonderie de Toulouse, pour en faire des canons, par arrêté du directoire du département du 28 avril 1793, sur une réquisition du général Servan, commandant l'armée des Pyrénées.

Le 7 mai 1793, un courrier extraordinaire arrivé dans la nuit, apporte une loi sur les subsistances et une autre relative aux secours à accorder aux pères, mères, veuves et enfants des défenseurs de la patrie.

Le 10 mai 1793, on se servit, pour la première fois, à Agen, de la guillotine, instrument du dernier supplice sur un émigré de Marmande nommé Rives-Moustié. On l'avait déjà employée à Monflanquin, le 18 octobre précédent, sur deux assassins nommés Mascard, frères ; et à Nérac, quelques jours après, sur un malheureux qui avait fait noyer sa mère dans un vivier. Cet instrument tire son nom de son inventeur appelé Guillotin, médecin de Paris.

Le 8 juin 1793, on apprit à Agen les dissensions qui régnaient dans la Convention nationale, les événements des 31 mai, 1 et 2 juin ; que la Convention était comprimée par un parti composé d'anarchistes et désorganisateurs, surtout par la Commune de Paris ; que plusieurs députés de la Gironde et autres avaient été arrêtés. A cette nouvelle, la société populaire s'assembla et prit la résolution de ne se déclarer pour aucun parti, mais de se réunir à tous les bons citoyens pour sauver la patrie. On reçut en même temps des adresses de plusieurs grandes villes qui, prévoyant les maux que ces fatales divisions pouvaient causer à la chose publique, proposaient diverses mesures pour sauver l'État des dangers qui l'environnaient, et pour venger la souveraineté nationale outragée par quelques scélérats. Une de ces mesures était de former une nouvelle Convention, qui se serait réunie dans une ville centrale de France, avec une force capable de faire respecter ses décrets. Dans cet état de choses, la société populaire envoya des commissaires dans les départements circonvoisins, pour en connaître l'esprit public, et auprès des sociétés affiliées de Lot-et-Garonne pour les inviter à envoyer des députés à Agen, afin de se concerter ensemble sur un objet aussi important, et sur les moyens à prendre dans une telle crise. Cette assemblée où se trouvèrent les membres de toutes les autorités constituées de la ville, tint ses séances pendant trois jours, les 16, 17 et 18 juin. Après des débats longs et orageux, il fut délibéré que le Conseil général du département serait constitué en commission populaire de salut public, à laquelle seraient adjoints un membre de chaque district, le Président du tribunal criminel, l'accusateur public et un député des communes de chaque chef-lieu de district; que cette commission subsisterait pendant que durerait le danger de la patrie, qu'elle était autorisée à prendre toutes les mesures et à faire toutes les dépenses nécessaires pour maintenir la République, l'ordre et la tranquillité, et que le département de Lot-et-Garonne agirait de concert avec les autres départements. Sur ces entrefaites, un courrier extraordinaire apporte une adresse de la Convention aux Français, avec un décret qui déclare traîtres à la patrie, les administrateurs magistrats du peuple, juges et tous les fonctionnaires publics qui auront pris ou signé des arrêtés tendant à armer les sections du peuple les unes contre les autres, ceux qui provoqueront ou favoriseront des rassemblements, et menace de poursuivre comme tels les chefs et instigateurs des troubles. Ce décret qui fut bientôt suivi de quelques autres de cette espèce empêcha que les révolutions prises dans l'assemblée tenue à Agen, n'eussent leur effet. Au reste, comme tous les détails de ce qui se passa à cette époque ont été imprimés et répandus avec profusion dans cette ville et dans le département, je me borne à en donner un court aperçu.

Le 1er juillet 1793, un courrier extraordinaire envoyé de Perpignan par les administrateurs de ce département, porte la nouvelle que les Espagnols ont pris le fort de Bellegarde et sont entrés sur le territoire français. Ces administrateurs demandent de prompts secours en hommes, en vivres et munitions de toute espèce.

Le 11 juillet 1793, on publia à Agen l'acte constitutionnel présenté au peuple français par la Convention nationale, le 24 juin, an deuxième de la République. Toutes les autorités assistèrent à cette publication qui se fit sur toutes les places. L'esprit de cet acte se trouve en substance dans un des derniers articles, conçu en ces termes : « La Constitution garantit à tous les Français l'égalité, la li-
« berté, la sûreté, la propriété, la dette publique, le libre exercice
« des cultes, une instruction commune, des secours publics, la liberté
« indéfinie de la presse, le droit de pétition, le droit de se réunir en
« sociétés populaires, la jouissance de tous les droits de l'homme. ».
En tête de l'acte constitutionnel, est la déclaration des droits de l'homme et du citoyen, proclamée par la Convention, en présence de l'être suprême. Je citerai l'article 6 : « la liberté est le pouvoir qui

« appartient à l'homme de faire tout ce qui ne nuit pas aux droits
« d'autrui ; elle a pour principe, la nature ; pour règle, la justice ;
« pour sauvegarde la loi ; sa limite morale est dans cette maxime :
« ne fais pas à un autre ce que tu ne veux pas qu'il te soit fait. »

Le 10 août 1793, fédération du district d'Agen. Cette cérémonie eut lieu sur le Champ-de-Mars où un autel était dressé. Là, après un discours prononcé par le président, les corps constitués et des députés de toutes les communes du district firent, pour la première fois, le serment de l'unité et de l'indivisibilité de la République. Les musiciens chantèrent l'air fameux des marseillais : *Allons enfants de la patrie*, et la cérémonie fut terminée par le refrain : *Ça ira*.

Le même jour, la bannière fédérative du département de Lot-et-Garonne fut brûlée. Cette superbe bannière, signe représentatif de la fédération du 14 juillet 1790, qui, de tous les Français, ne devait faire qu'une seule famille ; cette bannière que nos députés avaient apportée à Agen, où elle avait été reçue avec tant de témoignages d'allégresse ; qu'on conservait avec tant de soin dans les archives du département ; dont l'inauguration avait été faite avec tant de pompe, d'éclat et de magnificence ; que tant de citoyens avaient juré de défendre jusqu'à la dernière goutte de leur sang ; cette même bannière fut trainée et déchirée dans les rues, et ses restes furent brûlés sur le Champ-de-Mars, au lieu même ou elle avait paru si brillante, le 14 juillet 1791. — *Sic transit gloria mundi*.

Le 30 août 1793, on reçoit à Agen un décret de la Convention nationale du 23 du même mois, qui déclare que tous les Français sont en réquisition permanente, pour le service des armées ; que les jeunes gens iront au combat ; que les hommes mariés forgeront les armes et transporteront les subsistances ; que les femmes feront des tentes, des habits, et serviront dans les hôpitaux ; que les enfants mettront le vieux linge en charpie ; que les vieillards se feront transporter sur les places publiques, pour exciter le courage des guerriers, prêcher la haine des Rois et l'unité de la République ; que les maisons nationales seront converties en casernes et les places publiques, en ateliers d'armes ; que le sol des caves sera lessivé pour en extraire le salpêtre. La levée sera générale ; les citoyens non mariés ou veufs sans enfants de 18 à 25 ans, marcheront les premiers. En vertu de ce décret, et sur la réquisition des représentants du peuple, en mission à Toulouse, il fut sur le champ organisé un bataillon dans le district d'Agen. La ville fournit dix hommes,

Dans le même temps, le directeur du département invite tous les citoyens et principalement les administrateurs, juges et commis des autorités constituées, à souscrire pour la construction d'un vaisseau de guerre qu'il veut offrir à la patrie.

Au commencement du mois de septembre 1793, plusieurs représentants du peuple envoyés par la Convention nationale pour faire exécuter ses décrets, se réunirent à Agen. Ces représentants étaient Ysabeau, Dartigoeyte, Baudot, Monestier, (du Puy-de-Dôme), Paganel, Chaudron, Rousseau, Pinet aîné, Leyris et Tallien. Ils prirent plusieurs arrêtés les 18, 19, 20 et 21 septembre. Par le premier, du 19, ils formèrent un comité qu'ils appelèrent *de salut public*, composé de six membres choisis parmi les citoyens qui leur étaient les plus dévoués, du nombre desquels était un Jacobin ou Dominicain, nommé Calmon, homme audacieux et pervers. Ils donnèrent à ce comité le droit de mettre en état d'arrestation toutes les personnes qu'il jugerait suspectes, domiciliées non seulement dans la ville, mais encore dans l'étendue du district d'Agen, et firent défense à toute administration, tribunal ou autre autorité de le troubler dans ses fonctions. Un autre arrêté du 20 portait que tous les fonctionnaires civils et militaires de la ville d'Agen et du département de Lot-et-Garonne, qui avaient pris part aux mesures fédératives des 17, 18 et 19 juin précédent, seraient destitués, et qu'il serait, sur le champ, procédé à leur remplacement. Il fut défendu aux administrateurs de sortir de la ville d'Agen, avant d'avoir fourni les renseignements qui devaient leur être demandés par les représentants du peuple. Par arrêté du même jour, le citoyen Brostaret, accusateur public, fut destitué de ses fonctions, pris dans sa maison et traduit, par mesure de sûreté générale, dans la maison de réclusion à Auch, à cause, est-il dit, de ses talents et de l'influence qu'il avait sur les bons sans-culottes si faciles à séduire. Par un quatrième arrêté, tous les jeunes gens ou hommes veufs, sans enfants, depuis vingt-cinq ans jusqu'à trente-cinq accomplis, non travaillant à la culture des terres, non ouvriers ou artisans (ceux qu'on appelait *muscadins*), sont requis et appelés à marcher au secours de la patrie : « les
« biens des citoyens requis et qui ne se présenteront point au jour
« indiqué, seront mis sous le sequestre, et les noms de ces citoyens
« seront imprimés et affichés avec cette indication : Liste des
« lâches qui ont refusé de servir la patrie ».

Le même jour, 20 septembre, la société populaire ayant témoigné du mécontentement, et protesté contre les mesures prises au sujet du citoyen Brostaret et autres, ses représentants prirent un arrêté par lequel ils déclarèrent la société dissoute, firent apposer les scellés sur tous ses registres, et après l'avoir épurée, et en avoir banni ceux qu'ils appelaient les modérés, l'ayant enfin formée et composée à leur gré, ils firent fermer le local qu'elle occupait, et la transférèrent dans l'église de l'ancien collège. Ainsi les fondateurs de cette société qui jusqu'alors, par le bon esprit qu'ils avaient su y répandre, avaient maintenu la paix et le bon ordre, non seulement dans la ville d'Agen, mais encore dans tout le département, en furent rejetés et relégués à la barre où ils étaient exposés aux railleries, aux injures et aux menaces d'une poignée de factieux qui ne respiraient que le désordre et le pillage. Ils n'osaient même pas s'en absenter, par la crainte d'un sort plus fâcheux. Je puis parler de tout cela savamment, *quorum pars fui*.

La première séance de cette nouvelle société se tint dans l'église du collège, le 21 septembre; les représentants y assistèrent, et après un discours analogue à la nouvelle installation, et dans lequel les proscrits ne furent pas ménagés, il fut délibéré qu'il serait célébré une fête à cette occasion. Cette fête eut lieu le dimanche suivant. Tous les membres marchaient sur deux rangs, portant chacun un outil ou un attribut propre à l'agriculture, aux arts ou aux métiers. On y voyait plusieurs bannières, dont chacune portait une des inscriptions suivantes : *Vive la République! Vive la Montagne! Vivent les sans-culottes! A bas les royalistes, les fédéralistes, les Girondins!* On y portait encore le tableau de Marat, tué par Charlotte Corday. Le cortège dirigea sa marche par les différentes rues qui aboutissent à la place publique. On affecta de le faire passer devant le local où l'ancienne société tenait ses séances. Il s'y arrêta, et, sur-le-champ, on entonna le couplet de l'hymne des Marseillais, qui commence ainsi : « Tremblez tyrans et vous perfides », etc. On arrive enfin sur la place, où était dressé un bûcher; là, on livra aux flammes tous les tableaux qu'on avait retirés des églises, ceux qui représentaient des rois ou des princes, ou qui retraçaient quelques vestiges de la féodalité, en un mot, tous ceux qu'on avait trouvés dans les maisons des particuliers et au château d'Aiguillon.[1] Tous

---

[1] De la galerie de tableaux qu'y avait formée, sous Louis XV, le duc de Richelieu, sont sortis les beaux portraits et les admirables gouaches

ces tableaux, dont quelques-uns étaient des chefs-d'œuvre, **avaient été portés sur un tombereau qui suivait le cortège. On y remarquait** le portrait de Louis XV, représenté en grand, le sceptre à la main, placé sur le devant du tombereau. On brûla en même temps tous les papiers seigneuriaux, féodaux, procès-verbaux fédéralistes du département, et ceux de l'ancienne société populaire.

Les représentants, sur le point de se séparer pour se rendre dans les divers départements où ils étaient délégués, chargèrent Tallien et Paganel de l'exécution des arrêtés qu'ils venaient de prendre à Agen. En conséquence, Tallien, dans une assemblée publique qu'il tint le 25 septembre, dans l'église des ci-devant Carmélites, actuellement celle du collège,[1] renouvela toutes les autorités, destitua tous les administrateurs et fonctionnaires qui avaient pris part aux arrêtés des 17, 18 et 19 juin dernier, comme fédéralistes et ennemis du bien public, et les remplaça sur le champ par d'autres qui avaient manifesté jusqu'alors des sentiments énergiques et révolutionnaires. La liste des destitués et des remplaçants fut imprimée ; elle est assez connue. Je me bornerai à dire que le citoyen Lafont, maire d'Agen, fut remplacé par le citoyen Géraud, chirurgien ; les citoyens Barsalou fils aîné, procureur de la commune, et Noubel, substitut, par les citoyens Fontanié, notaire, et Barsalou, fils de Louis. Le lendemain, 26, la nouvelle municipalité fut installée.

Tous ceux qui la composaient prêtèrent le serment qui suit : « Je « jure de maintenir de tout mon pouvoir, la liberté, l'égalité, l'unité « et l'indivisibilité de la République, ou de mourir à mon poste en la « défendant ; de remplir, avec zèle et courage, les fonctions qui me « sont confiées. Je jure une haine et une guerre éternelle aux Rois,

---

(celles-ci de Van Blarenbergue), qui décorent les salons de l'Hôtel de la Préfecture ; de là aussi la copie ancienne de *Saint-Jean au Désert* (Raphaël), *la Nymphe et le Satyre*, et *Diane et Actéon* (de Largillière), *la distribution des pains* (de Subleyras), qu'on voit au musée d'Agen.

[1] C'est la chapelle actuelle du Lycée, seule partie qui reste des bâtiments du collège fondé en 1810 dans le local où les Carmélites s'étaient établies en 1629 et qui devint, en 1790, le siège de l'administration du département, puis l'Hôtel de la Préfecture.

« aux Tyrans, aux Dictateurs, à tout individu qui voudrait usurper
« la souveraineté du peuple, et aux fédéralistes. »

Cette installation fut faite, et le serment prêté en présence des citoyens Laliman, de Marmande, et Fraigneau, de Cahusac, commissaires nommés par Tallien. Toutes les autorités administratives et judiciaires du département furent renouvelées de la même manière.

Bientôt après, en exécution des arrêtés précédents, les maisons de réclusion furent remplies de ci devant nobles ou personnes vivant noblement, des pères, mères, enfants ou parents d'émigrés, de prêtres réfractaires et de tous ceux qui parurent suspects. Jusqu'alors les arrestations avaient été faites par des gendarmes; mais comme ils ne pouvaient y suffire, on forma une compagnie appelée révolutionnaire, composée des gens d'élite dans la classe des sans culottes, et qui s'acquittait avec zèle des commissions qu'on lui donnait; on y joignit une troupe à cheval pour se porter dans les campagnes. Les nobles et autres suspects furent renfermés dans l'ancien collège, où est maintenant la place du roi de Rome;[1] les prêtres dans le couvent des ci-devant religieuses de Paulin; (là était aussi le vertueux frère Eyméric, hermite, le seul des frères qui fût resté à Agen, après leur expulsion de Saint-Vincent. Etant tombé malade, il fut transporté à l'hôpital, où il est resté jusqu'à sa mort, arrivée en 1809), les femmes et filles à la manufacture Delas, maintenant dépôt de mendicité. Chacune de ces maisons avait un concierge qui surveillait soigneusement les reclus confiés à sa garde, et empêchait qu'ils ne communiquassent, même par lettres, avec les personnes du dehors; il fouillait dans les plats où l'on apportait leurs vivres, et s'il découvrait quelque chose qui lui parût suspect, il en faisait le rapport au comité révolutionnaire, qui avait succédé au comité du salut public, ou plutôt il n'avait changé que de nom; car c'étaient de là que partaient toujours les mandats d'arrêt contre ceux qu'on dénonçait, ou qu'on soupçonnait ennemis de la République.

---

[1] Cette place dont le nom a changé avec chaque gouvernement que la France s'est donné, qui s'est appelée *Place du Collège*, du *Roi de Rome*, *Bourbon*, d'*Orléans*, de *la République*, est restée pour la masse de la population, la place de *la volaille*, à cause du marché très fréquenté, qui s'y tient depuis un siècle.

On exigea que tous les citoyens se tutoyassent; celà ne pouvait être autrement sous le règne de la liberté et de l'égalité. On ne pourrait croire combien le *tu* et le *toi* firent des progrès en peu de temps. Les jeunes gens tutoyaient les vieillards ; les commis, les employés subalternes employaient cette espèce de familiarité à l'égard des administrateurs; les maitres mêmes le permettaient à leurs domestiques, et n'auraient pas osé le leur défendre.

Quoique toutes les distinctions fussent abolies, cependant les sans-culottes portaient à la boutonnière, une médaille en cuir ou maroquin. (Il est tombé entre mes mains une de ces médailles en cuivre jaune, que j'ai donnée à M. de Saint-Amans.) [1] Elle était ovale, on lisait sur un des côtés : *sans culottes*, et sur le revers : *La République ou la mort*. Cette médaille était une espèce de sauvegarde contre les poursuites du comité révolutionnaire ; aussi était-elle recherchée avec grand soin, et il était difficile de l'obtenir. Les dames mêmes la portaient. Quelques-unes l'achetèrent bien cher, et avec cette décoration, elles étaient aussi fières que la chevalière d'Eon.

Aux croisées des sans-culottes, on voyait flotter des petits drapeaux de drap aux trois couleurs. On lisait sur toutes les portes en gros caractères: *La République ou la mort*; mais comme tous les citoyens voulaient paraitre sans-culottes, ils firent tous mettre la même inscription.

On acheva de détruire, à la ville et à la campagne, les tours, tourelles, pavillons et murs garnis de créneaux. Les pont-levis furent abattus; les fossés qui environnaient les châteaux furent comblés

---

[1] Jean Florimond Boudon de Saint-Amans, né à Agen en 1747, mort le 28 octobre 1841. Nommé commissaire par le Roi en 1790 pour l'établissement du département de Lot-et-Garonne, puis successivement membre du Directoire départemental et du Conseil Général, il était, au moment de sa mort, secrétaire perpétuel de la Société d'agriculture, sciences et arts d'Agen, depuis l'an 1810. On lui doit, entre autres importants ouvrages d'histoire naturelle, La *Flore Agenaise* (Agen, 1821) et dans un autre ordre d'idées, une *Histoire ancienne et moderne du département de Lot-et-Garonne*, en 2 vol. in 8°, publiée par le plus jeune de ses fils, en 1836. — Saint-Amans avait été professeur d'histoire naturelle à l'École centrale du département.

De grosses taxes furent imposées aux personnes riches. Les autres furent invitées à échanger leur argent pour des assignats, qui alors perdaient beaucoup. Il y avait, à cet effet, un bureau ouvert chez le Receveur général. Peu de citoyens osèrent s'y refuser. Outre cela, on apporta de toutes parts à la municipalité et à la société populaire, des *dons patriotiques* en argent, assignats, linge, batterie de cuisine, etc. Les militaires décorés de la croix de Saint-Louis et à qui il était défendu de porter cette marque de leur bravoure, ou de leurs longs services, vinrent la remettre sur *l'autel de la patrie*. On imagine bien que le cœur n'avait pas grande part à toutes ces démonstrations de patriotisme, et qu'elles étaient inspirées par la terreur qu'on avait su répandre dans tous les esprits.

Vers ce même temps, la société populaire obligea tous les administrateurs, juges et autres fonctionnaires publics à porter la moustache. Celui qui s'y serait refusé aurait risqué d'être destitué.

Tous les citoyens nés en pays étranger furent tenus de demander à la municipalité une carte d'hospitalité, conformément à la loi du 6 septembre 1793.

Les journées des ouvriers de tous les états furent taxées. On mit un maximum sur toutes les marchandises sans exception, sur les draps, toiles, cuirs, etc., sur les comestibles; sur les viandes, même sur les saucissons et boudins; sur toute espèce de volaille; sur les fruits et légumes, raisins, oignons, choux, etc. Les marchands et débitants furent obligés de livrer leurs marchandises au prix fixé par le conseil général de la commune. Aussi les boutiques furent bientôt pleines de gens qui, avec des assignats, allaient se pourvoir des articles dont ils avaient besoin ou qui leur faisaient plaisir. Ce maximum fut très préjudiciable à plusieurs marchands de cette ville. Le peuple l'appelait la loi salutaire du maximum, car c'était en vertu d'une loi qu'il avait été établi; il ne fut levé qu'au mois de décembre 1794.

Cependant les grains étaient fort rares; il était bien difficile de s'en procurer, même en les payant fort cher; on était alarmé pour les subsistances; le peuple était inquiet. On visita les greniers; on obligea les personnes qui en avaient de les porter sur la place, aux jours de marché. Il fallait y tenir une forte garde pour empêcher que les grains ne fussent enlevés par le peuple qui y accourait en foule.

A cette même époque, toutes les églises furent fermées; on ne les ouvrit que pour y établir des écuries ou des greniers à foin, des ateliers de salpêtre furent placés dans celles des ci-devant religieuses du Chapelet[1] et des Pénitents blancs. On avait renfermé, comme nous l'avons déjà dit, les prêtres qui avaient refusé de prêter le serment prescrit par la constitution, appelés *réfractaires*, les autres, appelés *constitutionnels* ou *conformistes*, avaient vécu tranquillement jusqu'alors ; mais bientôt on leur interdit toutes les fonctions de leur ministère, et on les força à se retirer dans le chef-lieu de leur district, et à y rester sous la surveillance des autorités. Presque tous remirent leurs lettres de prêtrise sur les bureaux des sociétés populaires ou des conseils généraux de leurs communes. A Agen, les ci-devant nobles remettent leurs titres de noblesse. Les avocats, médecins, chirurgiens, les orfèvres même apportent leurs diplômes, titres ou lettres de maîtrise, pour être brûlés à la fête de la *raison* qui devait être bientôt célébrée.

Plusieurs prêtres constitutionnels se marièrent. Il faut cependant avouer que très peu le firent par goût, et que les autres s'y décidèrent par crainte et pour se dérober à la persécution.

Après les mesures prises à l'égard de tous les prêtres, il fut défendu d'observer les dimanches et autres fêtes de l'église ; il fut ordonné de ne reconnaître d'autre jour de repos que le *décadi* qui était le dixième jour de chaque décade ; il y en avait trois par mois. On ne reconnaissait d'autre calendrier que le républicain, décrété le 4 frimaire an II (24 novembre 1793), qui abolit l'ère vulgaire pour les usages civils, et ordonna qu'à l'avenir tous les actes publics seraient datés suivant la nouvelle organisation de l'année.[2]

---

[1] Le couvent du Chapelet occupait tout l'emplacement compris entre la rue des Amours, la rue Saint-Caprais au point où elle aboutit à cette rue, le côté Est de la place Saint-Caprais jusqu'à l'ancienne maîtrise, et la rue Font-Nouvelle. La rue Neuve-du-Chapelet a été ouverte sur ses dépendances. Les religieuses du Chapelet suivaient la même règle et portaient le même habit que les Dominicaines d'aujourd'hui.

[2] Ce calendrier fut observé environ douze ans ; un sénatus-consulte du 22 fructidor an XIII, ordonna que le calendrier grégorien serait remis en usage dans tout l'empire français, à compter du 1er janvier 1806.

(*Note de Proché.*)

Les baptêmes, mariages et sépultures ne furent plus des actes religieux, mais purement civils. Les municipalités seules demeurèrent chargées de recevoir et de conserver, dans des registres particuliers, les actes destinés à constater les naissances, mariages et décès, conformément à la loi du 20 septembre 1792. A Agen, il y avait quatre officiers publics ; on allait faire chez eux les déclarations des naissances et des décès ; les mariages se faisaient à la commune, par l'officier public de la paroisse de l'un des époux. Plusieurs sans-culottes apportèrent leurs enfants à la société populaire, où le président leur donnait le baptême républicain. J'ai vu une fois cette cérémonie, voici comment elle se fit : Le père de l'enfant, sans-culotte très prononcé, déposa le nouveau-né sur le bureau du président ; un drapeau tricolore flottait sur le berceau. « Je dépose, dit-il, mon fils « dans le temple de la liberté, pour qu'il y reçoive, en présence de « l'Eternel, le baptême républicain. » « Citoyens, répondit, le prési-« dent, s'adressant à l'assemblée, cet enfant présenté par son père, « sur l'autel de la patrie, offre à tous les républicains un exemple « qui doit être imité. Il professe les vrais principes de la raison ; en « homme libre, il ne veut plus d'intermédiaire entre l'être suprême « et l'homme..... Disons à ce citoyen et à sa femme qu'ils ont bien « mérité de la philosophie et de la raison. » Après ces mots, on sortit l'enfant du berceau, décoré du bonnet de la liberté[1] soutenu par le parrain et la marraine. Le président lui parla ainsi : « Justice, vérité, « voilà les premiers devoirs de l'homme. Patrie, humanité, ce sont « les premières affections. Le baptême que je te donne est le seul « qui convient à un républicain, sois-lui fidèle. » Le président prit ensuite l'enfant entre ses bras, lui donna le baiser fraternel, de même qu'au père, au parrain et à la marraine ; il en donna deux encore au père, au nom de la société, pour les transmettre à la mère.

---

[1] Ce bonnet était rouge ; il était regardé comme le symbole de la liberté. Le président et les membres de la société populaire en étaient affublés. Le maire, les officiers municipaux, tous les administrateurs et les juges le prenaient pendant leurs séances. Quelques citoyens et des enfants le portaient dans les rues.

(*Note de Proché*).

On chanta plusieurs couplets analogues à la fête, avec le refrain, *ça ira* ; puis on consulta l'assemblée pour savoir quel nom on donnerait à l'enfant. Après une longue discussion sur le choix de ce nom, on s'arrêta à celui de Marat. La sage-femme reçut alors l'enfant des mains du président et l'apporta à sa mère, avec le même cortège qui l'avait accompagné dans la salle. On baptisa de la même manière plusieurs enfants auxquels on donna des prénoms qui, dans le calendrier républicain, avaient remplacé les noms des saints qui se trouvent dans l'ancien. On donnait à un garçon le nom de Tonneau, de Dindon, de Grillon ou de Pissenlit, etc., et à une fille, celui de Caille, de Betterave, de Truffe ou de Vesce. *Risum teneatis*.

La porte du Pin fut démolie et mise dans l'état où elle est actuellement, dans le mois de septembre 1793.

Elle avait été construite originairement entre deux grosses tours qui portaient les arcades de la porte. On voit encore les restes d'une de ces tours, à droite en sortant.

Mort de Marie-Antoinette d'Autriche, reine de France, femme de Louis XVI, le 26 octobre 1793.

Par arrêté du département du 3 décembre 1793, toutes les matières d'or, de vermeil, d'argent, de cuivre, plomb, fer et autres métaux qui se trouvent dans les temples et les églises de tous les cultes, sont envoyées au district, qui fait passer l'or et l'argent à la trésorerie nationale ; et les matières de cuivre, d'étain et autres à la fonderie de canons, à Montauban, en exécution d'un décret de la Convention nationale, du 13 brumaire an II (3 novembre 1793). C'est aussi à Montauban que furent envoyés les débris de toutes les cloches [1] des églises de la ville d'Agen et du district. Une partie de cette matière a été employée à faire les gros sous qui sont en circulation.

Fête de la Raison, célébrée le 20 frimaire, an II (10 décembre 1793). Les églises étaient profanées, les autels, renversés, les dimanches et fêtes religieuses, supprimés. On ne s'assemblait que les jours de décade, dans la salle de la Société populaire qu'on appelait le Temple de la Décade. Cependant il fallait instruire le peuple de tant

---

[1] Voir la note de la page 41.

de changements, de toutes ces innovations. Tel était le but de la fête de la Raison, qui fut célébrée avec beaucoup d'éclat et de pompe. On avait choisi, pour représenter la Raison, une des plus belles femmes de la ville ; elle était vêtue de blanc, parée de fleurs et de guirlandes, entourée d'une troupe de jeunes filles, tenant aussi des guirlandes en leurs mains.

Elle était suivie d'une troupe d'enfants, de mères de famille et de vieillards. On avait dressé, au milieu du Champ-de-Mars, un autel à l'Etre suprême, et à côté une estrade assez élevée. Dès que le cortège y fut arrivé, le maire conduisit sur l'estrade la citoyenne qui représentait la Raison, et qui, se prêtant à contre-cœur à cette cérémonie burlesque, ressemblait à une victime qu'on allait immoler. Le maire lui présenta des parfums qu'elle fit brûler sur l'autel ; elle descendit ensuite et foula aux pieds ce qu'on appelait les *hochets du despotisme et de la superstition*, qu'on livra aussitôt aux flammes.

Pendant ce temps là, on chanta plusieurs hymnes à l'honneur de la liberté, de l'égalité et de la Raison, avec le refrain *ça-ira*. Avant et après la cérémonie, il fut prononcé des discours où les orateurs déraisonnèrent tout à leur aise, et où ils proférèrent contre la religion, les rois et les prêtres, tous les outrages, tous les blasphèmes que peut inspirer le délire du sans-culottisme et de l'impiété. Le cortège se retira ensuite ; dès qu'il fut rentré, le plus ancien des vieillards donna, au nom de l'Assemblée, le baiser fraternel à la citoyenne qui venait de représenter la Raison, et qui vit, avec bien du plaisir, la fin du rôle qu'on lui avait fait jouer.

Le clocher de l'ancienne cathédrale Saint-Étienne,[1] fut détruit à la fin de l'année 1793, par ordre du représentant Paganel. C'était, sans contredit, le plus beau monument de la ville d'Agen. La flèche,

---

[1] On a déjà lu, sous la date du 14 juillet 1792 (p. 19), quelques détails sur ce clocher. L'auteur le décrit ici avec une complaisance qu'explique son admiration, partagée d'ailleurs par ses contemporains, pour ce monument d'un goût contestable, dont Brécy, a donné, d'après une aquarelle du temps, une exacte reproduction dans les *Esquisses historiques, archéologiques et pittoresques sur Saint-Etienne d'Agen*. (Agen, 1836, in-4°.)

construite en bois, avait cent pieds de haut, d'une grosseur proportionnée, et allait en diminuant jusqu'au sommet; elle était de forme pyramidale et carrée, ayant aux angles une petite flèche, aussi en forme de pyramide, haute de vingt pieds. Tout l'ouvrage était couvert d'ardoises. Le chapitre le faisait réparer soigneusement tous les ans. Chaque face du carré avait trente pieds à sa base. Il y avait cinq cloches de grandeur inégale ; la plus grosse pesait environ cent quintaux ; elle avait été fondue en 1726 par Jean Dumas, de Milhaud. On lui donna mille francs pour refondre la vieille cloche qui était cassée, pesant 95 quintaux ; on y ajouta 12 quintaux de fonte. Elle devait être sonnante le 15 juin. Acte passé le 1er avril 1726 entre Mgr Hébert, évêque, et ledit Dumas, par Barénes, notaire. On sait par tradition que, lorsque la matière était en fusion, un grand nombre de spectateurs, et surtout les chanoines, jetèrent dans le fourneau une très grande quantité de pièces d'argent, des coupes, des vases, des plats et autre vaisselle de la même matière. Cette cloche avait un son majestueux qui causait une commotion religieuse, dans les solennités, mais qui était terrible et effrayant, lorsqu'elle sonnait l'agonie. On employait huit hommes pour la mettre en branle. La seconde et la troisième cloche, sans être aussi grosses que la première, avaient aussi un très beau son. La quatrième s'appelait la *carémale*, parce qu'elle servait particulièrement pendant le carême, à appeler les chanoines, les prébendés et les fidèles aux offices divins. On l'entendait de très loin, parce qu'elle avait un son clair et perçant, et qu'elle était la plus élevée. La dernière, vulgairement appelée *Lou Repiquet*, prévenait qu'on allait sonner et appelait les hommes qui faisaient le service du clocher, la veille et les jours de fêtes solennelles. La charpenterie ou beffroi sur lequel étaient posées les cloches, était formé de grosses poutres de chêne très bien liées, et quoique cet édifice fût construit depuis plus de deux cents ans, il paraissait neuf, parce que, comme je l'ai déjà dit, il était soigneusement réparé et entretenu par le chapitre. Lors de sa construction, il fut couvert de petits morceaux de bois en forme d'écailles ; il n'était couvert d'ardoise que depuis environ quatre-vingt-dix ans.

Le beffroi de ce clocher, semblable à celui de Saint-Caprais, fut réparé en 1502. Il fut couvert en ardoises, et remanié à neuf en 1618. M. de Gélas était alors évêque d'Agen.

Lorsque toutes les cloches sonnaient à la volée, flèche était en mouvement et formaient des ondulations qui allaient en augmentant, jusqu'à la croix qui la surmontait ; on la voyait, avec la girouette, agitée d'une manière très sensible ; ce qui prouvait sa solidité et son équilibre, mais elle ne restait pas que d'inquiéter les habitants du voisinage.

Tous les Agenais virent avec le plus grand regret la destruction de cette flèche, qui était regardée comme la plus belle et la plus hardie qui existât en France ; mais personne n'osa s'intéresser à sa conservation, ni faire la moindre démarche pour empêcher un tel acte de vandalisme, tant les esprits étaient engourdis alors par la terreur. Cependant la difficulté de descendre les cloches faillit sauver tout l'ouvrage, mais sa dernière heure était venue ; un représentant avait résolu sa destruction ; « le culte étant aboli, les cloches étaient inutiles ; » il ordonna qu'elles fussent cassées en place, et qu'on jetât les morceaux dans le cloître qui était au dessous. C'était ce qu'il demandait, pour envoyer la matière à la fonderie de canons. Tout le reste fut abandonné aux entrepreneurs, le bois, le fer et l'ardoise sur lesquels ils firent de grands profits. On leur donna outre cela treize cents francs pour indemnité, et afin qu'ils accélérassent le travail, une partie du bois fut employé à faire les crèches qu'on établit dans plusieurs églises de la ville. J'avais omis de dire que l'escalier pour monter au clocher de Saint-Etienne est dans la tour qui existe encore.

Les cloches de la Collégiale Saint-Caprais, il y en avait quatre à peu près de la même grosseur que celles de Saint-Etienne, furent descendues à peu près dans le même temps et de la même manière, c'est-à-dire qu'elles furent cassées et jetées sur la place.[1] Celles de tous les couvents des religieux et religieuses eurent le même sort et furent envoyées à la fonderie, de sorte que de tant belles cloches dont la ville d'Agen était pourvue, il n'en reste que deux petites, savoir : celle de la cathédrale actuelle, qui était à l'ancien collège,

---

[1] On rapporte que lorsque le maréchal de Richelieu fit son entrée à Agen en 1759, parvenu au coin de Saint-Caprais, rue Molinier, et se trouvant entre les sonneries de Saint-Etienne et celles de la Collégiale, dont toutes les cloches étaient à la volée, il en témoigna sa surprise.

(*Note de Proché.*)

et celle de Notre-Dame d'Agen, qui était la seconde de la chapelle du Bourg.[1] Tous les détails que j'ai donnés relativement au clocher de Saint-Etienne, m'ont été fournis par Gautier, couvreur, qui a été chargé de son entretien, jusqu'au moment de sa destruction. J'y étais monté moi-même très souvent, dans ma jeunesse, et j'avoue franchement que, lorsque toutes les cloches sonnaient à la fois, j'aurais désiré être bien loin. Au reste, cette crainte m'était commune avec tous ceux qui n'étaient pas habitués à ce branle, et surtout au bruit que faisaient les tenons des poutres, en sortant et en rentrant dans les mortaises.

Monestier (de la Lozère) arrive à Agen le 22 ventôse an II (12 mars 1794). Il s'était arrêté quelques jours à Marmande, où il avait pris un arrêté en date du 27 pluviôse an II (15 février 1794), par lequel il chargeait toutes les autorités de faire détruire sur le champ les signes de féodalité, qui n'avaient pas encore disparu, et déclarait confisqués au profit de la République tous les édifices et autres objets « sur lesquels, est-il dit dans l'arrêté, il paraîtra des signes de « royauté et armoiries des maisons qui peuvent encore blesser la « vue des républicains, sur le sol de la liberté ; il faut enfin que tous « ces restes disparaissent d'une manière que, s'il est possible, il n'en « reste plus la mémoire à des hommes libres ». Tel fut le début de ce représentant du peuple dans le département de Lot-et-Garonne.

Le 15 du même mois de mars, il procéda à l'épuration des autorités constituées, après avoir préalablement consulté le vœu du peuple dans le sein de la Société populaire, régénérée par les représentants

---

[1] Proché se trompe ; une troisième cloche fut épargnée, celle de la Grande-Horloge, fondue à Agen en 1497 et dont le poids était de 32 quintaux et 30 livres, d'après un contrat d'obligation (DD. 23.) conservé dans les archives de l'Hôtel-de-ville d'Agen. Cette cloche, dont la démolition de la halle a causé le déplacement, est en ce moment, et provisoirement, déposée dans la cour du Musée. Elle porte une inscription en caractères gothiques, une représentation de la Vierge-Mère et la reproduction en deux exemplaires, dont un sans légende, du grand sceau et du contre-sceau de la ville d'Agen, usités depuis l'année 1343. (Voir dans la *Revue de l'Agenais*, n° de janvier-février 1882), une notice de MM. Magen et Tholin, intitulée : « La Place de la Halle à Agen; édifices qui ont existé sur son emplacement; cloche de l'ancienne horloge ».

qui l'avaient précédé. Il fit peu de changements à leurs opérations. Il régénéra la Société populaire et exigea que chacun de ses membres présentât, sur le bureau, la quittance de ses contributions, sans quoi il ne pouvait obtenir une carte d'entrée. Cette épuration se fit le 17 germinal an II, et jours suivants.

Ce Monestier n'était pas méchant, mais il était faible ; sans vice, comme sans vertu, et il se laissait mener par ceux qui, dès son arrivée, s'étaient emparés de lui et ne cessaient de l'entourer. Nous devons nous féliciter de l'avoir eu préférablement à plusieurs de ses collègues qui commirent tant d'horreurs dans d'autres départements.

Le 6 avril 1794, il prit un arrêté par lequel il permettait aux fonctionnaires destitués et autres citoyens, même aux ci-devant nobles qui avaient été exclus des Sociétés populaires par Tallien, d'y rentrer, s'ils étaient pourvus d'un certificat de civisme, postérieur aux époques des 31 mai, 1 et 2 juin 1793. Mais les choses changèrent bientôt de face : un autre de ses arrêtés du 18 avril 1794, annulle tous les certificats de civisme, donnés aux ci-devant nobles des deux sexes, « charge les municipalités et comités de surveillance, de les faire « mettre en arrestation, tant ceux qui ont obtenu leur mise en « liberté, que ceux qui n'ont pas encore été reclus ; sont exceptés les « enfants au-dessous de l'âge de quatorze ans accomplis et les « mères allaitant leurs enfants, dont la surveillance cependant est « recommandée aux officiers municipaux. »

Le 19 germinal an II (8 avril 1794). Le Conseil général de la commune d'Agen, considérant que les murs qui cernent la ville arrêtent les courants d'air que la situation de la ville exige, et contribuent à rendre l'air insalubre et mal sain, que d'ailleurs ces mêmes murs retracent des signes de féodalité, qui doivent disparaitre du sol de la liberté; qu'on pourrait employer les matériaux à ferrer le nouveau chemin de Pont-du-Casse, ou à paver les rues de la ville, délibéra que ces murs seraient démolis jusqu'aux fondements, ainsi que toutes les portes et tours qui y sont adossées. Cette délibération fut approuvée le 24 germinal par le représentant Monestier qui ordonna de plus que les bastions, créneaux, murs ou remparts, et autres objets qui rappelaient la féodalité, tant dans l'intérieur, qu'à l'extérieur de la commune d'Agen, seraient détruits de suite. Ces divers ordres furent bientôt exécutés; depuis ce temps-là il n'existe que la partie des murs, et les tours qui sont au nord de la ville, qu'on a bien écrêtées, ces trois dernières années.[1]

Le 15 avril 1794, on publia à Agen le décret de la Convention nationale qui mettant hors de la loi, les aristocrates et les ennemis de la Révolution, ordonne que les citoyens seront armés au moins de piques, et que le tribunal révolutionnaire sera mis, sur le champ, en pleine activité. C'est en vertu de ce décret, qu'il est tombé tant de têtes sur les échafauds, qu'il a péri tant de personnages illustres par leur naissance, leurs talents et leurs vertus. Le tribunal criminel de Lot-et-Garonne siégeant à Agen, jugeait aussi révolutionnairement, il a condamné six émigrés du département, qui étaient rentrés en France; une loi le défendait sous peine de mort. Les représentants délégués dans le département de la Gironde, avaient établi à Bordeaux un tribunal présidé par un scélérat, nommé Lacombe; on sait combien de sang il a fait répandre dans cette ville; *animus meminisse horret.* Nous fûmes longtemps menacés de son arrivée; la liste des proscrits était prête, tous les esprits étaient glacés d'effroi, mais le ciel détourna de nous ce fléau: *Dis aliter visum.....* Le féroce Lacombe, digne de mille morts, fut bientôt après condamné au dernier supplice; mais le peuple ne le crut pas assez puni, il l'arracha des mains des bourreaux, et déchira son corps par morceaux, après l'avoir traîné dans les rues de la ville.

---

[1] Depuis le temps où Proché écrivait, la plupart de ces tours déjà écrêtées, ont disparu. *Etiam periere ruinæ.* Des huit qui flanquaient la courtine au nord de la ville, il ne reste plus que l'ancienne tour *de la Bretonnerie*, enclavée dans la maison Villot, vis-à-vis la gare des marchandises. Au sud on a conservé, ouvertes toutefois ou plutôt éventrées, celle qui forme l'angle-droit du boulevard Sylvain-Dumon, sur le cours de la Porte-du-Pin, et, à l'entrée de la rue Saint-Martial, la tour dite *du Bourreau*, autrefois tour *de Marmande;* à l'ouest enfin, une seule a survécu, l'ancienne tour *de la Poudre* à l'extrémité de la belle terrasse qui clot, vers la rue Palissy, la propriété de MM. Calmels. C'est, en somme, quatre tours sur vingt-deux que le mouvement expansif de la ville a respectées depuis la fin du dernier siècle. Pour ce qui est des murs, on n'en voit guère de fragments notables que ceux qui limitent au sud la prairie de M. Moutou, derrière les nouvelles écoles, depuis l'ancienne église Saint-Hilaire (aujourd'hui Droguerie centrale du sud-ouest), jusqu'à la place des Augustins.

Le 18 avril 1794 (29 germinal an II). L'administration du département, sur l'invitation de la Société populaire, met en réquisition, pour la réparation des routes, tous les citoyens n'ayant aucune profession et n'exerçant aucun métier, les femmes et les filles depuis l'âge de douze ans jusqu'à cinquante ; déclare que ceux qui s'y refuseront, seront regardés et traités de suspects ; en conséquence, tous les citoyens requis, les dames, et les jeunes filles se rendirent, pendant plusieurs jours, sur la grande route de Layrac, avec des paniers, corbeilles, pioches, pelles, brouettes, rateaux et autres objets qui avaient été mis en réquisition, pour réparer ce chemin. On avait même établi des piqueurs chargés de veiller sur les ouvriers et ouvrières, de diriger leur travail, et de leur assigner leur poste. Ils tenaient, outre cela, une note exacte de ceux qui ne se rendaient pas à l'atelier, ou qui cherchaient à se soustraire au travail.

Ce n'était pas assez d'avoir cassé toutes les cloches de la ville, pour les envoyer à la fonderie des canons. On demanda encore les plaques des cheminées. Chaque propriétaire de maison ne pouvait en garder qu'une. Il fut nommé des commissaires, pour chaque quartier, chargés d'en faire la levée. Cependant, sur l'observation qui fut faite, que cette matière n'était pas propre à l'objet auquel on la destinait, la réquisition fut retirée. Les habitants de la paroisse Saint-Hilaire et quelques autres qui avaient eu affaire à des commissaires actifs et diligents, avaient déjà remis leurs plaques qui avaient été déposées dans la cour de la commune. On leur permit de les reprendre, mais elles étaient presque toutes en morceaux, ou tellement dégradées, qu'on les abandonna, en grande partie.

Les prêtres insermentés étaient dans la maison de réclusion, toujours soigneusement gardés et surveillés, lorsqu'il arriva un ordre de les envoyer à Bordeaux, d'où ils devaient être conduits à Rochefort, et de là embarqués avec plusieurs autres, et déportés à la Guyane. On les fit donc sortir le 15 mars 1794, à l'exception de ceux que leur âge et leurs infirmités mettaient hors d'état d'être déportés. Un bateau les attendait au bord de la rivière ; ils y furent traduits par la compagnie révolutionnaire, et suivis d'une foule de peuple qui chantait et dansait, au son des instruments. On ne se contenta pas de leur faire essuyer mille outrages, on leur enleva plusieurs effets, entre autres leurs manteaux et leurs matelas, dont ils s'étaient munis pour le voyage. Ces prêtres, à leur arrivée à Bordeaux, furent renfermés au fort du Hà ; ils y restèrent longtemps, parce que les mers n'étaient pas libres, et qu'on craignait qu'ils ne fussent enlevés par les Anglais. Quelques uns moururent dans ce fort, entre autres M. l'abbé de Véronne, descendant de Scaliger. Les autres y demeurèrent jusqu'au 9 thermidor, époque à laquelle ils retournèrent chacun dans le lieu de leur naissance.

Les subsistances diminuaient de jour en jour, les représentants en mission auprès de l'armée des Pyrénées, ne cessaient de faire des réquisitions qui nous enlevaient tous nos grains. Le 8 mai 1794, l'administration du département prend un arrêté qui réduit tous les individus à un quart de livre de pain par jour, ordonne qu'il sera fait des visites dans toutes les maisons, surtout dans celles des personnes riches, et qu'on ne leur laissera que la quantité de pain, ou farines nécessaires pour six jours; que le reste sera porté dans des greniers communs, ainsi que les fruits secs, comme prunes, noix, etc. Toutes ces mesures alarmaient le peuple ; il souffrait, mais personne n'osait se plaindre. Le moindre mouvement, le moindre murmure aurait compromis non seulement celui qui aurait témoigné du mécontentement, mais encore toute la ville. A la fin du mois de décembre 1793, la ration de chaque individu fut fixée à demi livre, et celle des personnes qui travaillaient à une livre. Le 18 mars 1794, elle fut portée à trois quarts; mais le 2 avril, d'après un recensement fait par ordre de Monestier, elle fut réduite à un quart et demi. Dans cet état de choses, on envoya une députation aux représentants qui étaient à Bayonne, pour les prier d'accorder des secours à notre département; on savait qu'ils avaient une grande quantité de grains, puisque, en vertu de leurs réquisitions, ils en recevaient de toutes parts; on en nourrissait même les chevaux. « Quoi, disent-ils aux « députés, les habitants de Lot-et-Garonne ne sont pas encore réduits « à manger de l'herbe ? » Telle fut la réponse qu'ils eurent la cruauté de faire, et qu'il fallut dévorer sans se plaindre. La ration diminua toujours, de sorte qu'au 15 juin 1794, elle n'était que de deux onces. Les choses en restèrent à ce point jusqu'après la moisson. Il y avait dans la ville d'Agen, quatre bureaux où des commissaires nommés par la municipalité, faisaient la distribution du pain aux citoyens de leurs quartiers, suivant le nombre des individus qui composaient chaque famille. Le pain était noir, pesant et très mauvais ; il y entrait fort peu de blé; c'était un mélange de grains les plus vils, négligés, en grande partie dans les coins des greniers.

« La terreur et l'échafaud sont à l'ordre du jour, et menacent,

« jusqu'à ce qu'il n'en existera plus, tous les conspirateurs, les en-
« nemis et les mécontents de la Révolution ». Tel est, mot à mot, le
premier article d'un arrêté du représentant Monestier, pris à Dax
le 14 mai 1794, suivi de quelques autres bien propres à remplir l'objet qu'il se proposait, c'est-à-dire, à répandre l'effroi dans tous les
esprits.

Par un de ces articles, toutes les autorités constituées étaient
mises sous la surveillance des Sociétés populaires qui avaient le droit
de destituer les fonctionnaires qui n'étaient pas à leur gré, de présenter des candidats à leur place, et de dénoncer à l'accusateur public, ceux qui leur paraissaient négliger l'observation des devoirs et
des intérêts du peuple. Cet arrêté, dont on sait que Monestier n'était
pas le rédacteur, fut pris à l'occasion de certains troubles qui
s'étaient élevés dans le département des Landes. Néanmoins, il fut
rendu commun à celui de Lot-et-Garonne. Bientôt la guillotine fut
placée sur la place publique d'Agen, au grand déplaisir des habitants,
à l'exception de ceux qui se réjouissaient d'un spectacle aussi horrible. Voudra-t-on croire qu'il y en eut d'assez insensés, pour aller se
faire inscrire à la municipalité, en qualité de *vengeurs du peuple*.
C'est ainsi que, pour mieux légitimer la parfaite égalité, ils appelaient
les exécuteurs des jugements criminels. Dès que l'échafaud, avec tout
son appareil fut dressé, on craignit plus que jamais l'arrivée de Lacombe, on savait qu'il était dans l'intention de venir, et qu'il avait
dit *qu'il ferait transporter la guillotine au milieu du Gravier, pour
être plus à portée de faire jeter les corps morts à la rivière*. Bénis-
sons les évènements qui empêchèrent que ce monstre n'exécutât
son exécrable projet ; où plutôt rendons grâce à la Providence qui
n'a pas voulu que notre ville fût souillée par de telles horreurs.

Le même représentant prit à Dax, le 24 mai 1794, un arrêté relatif
à l'entier anéantissement du fanatisme, à la célébration des fêtes
décadaires et à la régénération de l'esprit public ; il ordonne que dans
toutes les communes il y aura un temple à l'Être suprême ; qu'il sera
établi dans quelqu'une des églises suprimées ; que l'inscription du
temple *à la Raison* sera remplacée par celle-ci : à l'*Être suprême*;
que les fêtes décadaires y seront exactement observées ; que le
20 prairial, il sera célébré une fête en faveur de l'Être suprême, où
tous les bons citoyens seront tenus d'assister ; que dans les fêtes décadaires, il sera prononcé, par les membres des diverses autorités,

des discours relatifs au culte dû à l'Être suprême, à l'immortalité de l'âme, à l'amour de la patrie et aux évènements qui servent aux succès de la Révolution ; que ceux qui célébreraient le jour de dimanche par leur oisiveté, par une parure affectée, seront privés, ce jour-là, de la ration de pain qu'ils ne gagnent pas par leur *désœuvrance*, ou payeront une amende proportionnée à leurs facultés, applicable aux pauvres, où à la réparation des temples décadaires. Celui d'Agen fut établi dans la chapelle des cy-devant Pénitents gris, où la Société populaire était rentrée depuis quelque temps.

Le 20 prairial an ıı (8 juin 1794), fête en l'honneur de l'Être suprême et de la nature. C'est une des plus belles qui aient été célébrées à Agen pendant la Révolution ; elle commença sur la promenade triangulaire de la Porte-du-Pin, au milieu de laquelle on avait élevé un amphithéâtre pour recevoir toutes les autorités constituées. Les arbres qui l'entouraient étaient ornés de guirlandes de verdure et de fleurs, entremêlées de rubans tricolores. Dès que le cortège fut arrivé, le Président du département prononça un discours dans lequel il fit sentir les motifs qui avaient déterminé cette fête, et invita tous les citoyens à honorer l'Auteur de la nature. A ces mots, le peuple fit retentir les airs de ses cris d'allégresse. Ensuite, le cortège se remit en marche, et après avoir traversé toute la ville, il sortit par la porte Saint-Antoine et se rendit au Champ-de-Mars qui ce jour-là, porta le nom de Champ de la Réunion. Un autel était dressé auprès de l'arbre de la liberté ; là, les pères et leurs enfants jurèrent de ne quitter les armes qu'après avoir anéanti les ennemis de la République ; les filles promirent de n'épouser que des hommes qui auraient servi la patrie. Ces promesses et ces serments étaient exprimés par des couplets analogues à la fête, dont le peuple répétait la finale. Enfin, tous les citoyens, après avoir rendu hommage à l'Auteur de la nature, se confondent et s'embrassent. On fait plusieurs décharges de mousqueterie et on n'entend plus qu'un cri général, vive la République ! Le cortège rentra dans la ville par la Porte Neuve.

Le représentant Rome passe à Agen le 7 messidor an ıı (25 juin 1794). Il assista le soir à la séance de la Société populaire ; il y parla avec assez de modération, il pesa cependant sur la nécessité des mesures de vigueur qu'on employait alors. Il fut guillotiné à Paris quelque temps après le 9 thermidor ; on dit qu'il est l'auteur du calendrier républicain. Quelques-uns assurent qu'il se tua lui-même.

Garreau, autre représentant, arrive le 11 messidor (27 juin 1794). Il met en réquisition les brides, sangles et courroies des particuliers, qu'il fait expédier sur-le-champ pour l'armée des Pyrénées Les chevaux furent également requis plusieurs fois pour la même destination. Ils étaient payés en assignats à l'estimation des experts nommés par les administrateurs du département.

9 Thermidor an II (27 juillet 1794). Les papiers publics ont donné dans le temps tous les détails de cette journée, ainsi que les discussions qui eurent lieu dans l'Assemblée nationale, depuis le moment où le trop fameux Robespierre, par un discours séditieux et pervers, y arbora l'étendard de la rébellion qu'il avait organisée dans le club des Jacobins; on sait à quels hommes il avait confié les plus importantes fonctions; comme il était parvenu à pervertir la municipalité de Paris; et qu'une coalition atroce formée entre les membres de cette municipalité et la Société des Jacobins, allait remettre tous les droits du peuple dans les mains de ce scélérat hypocrite,[1] et sanguinaire. Il n'entre pas dans mon sujet de faire l'histoire de la Révolution, j'écris les annales d'Agen. Je me bornerai donc à dire que la partie saine de la Convention, anéantit les projets de cet ambitieux et préserva la France des malheurs qui la menaçaient. Un décret mit hors de la loi tous les conspirateurs. Robespierre fut arrêté et périt sur l'échafaud, après avoir été bafoué et mutilé par le peuple. Ses complices essuyèrent successivement le même sort. La nouvelle de cet heureux événement fut apportée à Agen par un courrier extraordinaire. On ne voulait pas d'abord y ajouter foi, on n'osait pas se livrer à la joie qu'elle devait causer, tant les esprits étaient alors dans la stupeur ! On craignait que ce ne fût une ruse pour augmenter le nombre des coupables et des victimes; mais une lettre écrite par les représentants du département aux administrateurs, qui confirmait cette nouvelle, vint dissiper tous nos doutes, et permit aux citoyens de faire éclater les transports de la plus vive allégresse; *Ergo omnis longo solvit se Teucria luctu*. Dès ce moment, les échafauds furent abattus; à la terreur succéda l'espoir d'un meilleur avenir ; les maisons de réclusion furent ouver-

---

[1] La fête à l'Etre suprême était une de ses conceptions, pour en imposer au peuple. (*Note de Proché.*)

tes, on osa se parler, se confier à ses amis, en un mot les esprits furent plus tranquilles. Cependant ces changements ne s'opérèrent que peu à peu; la liberté ne fut rendue aux reclus, qu'après diverses formalités. On exigeait d'eux des certificats de civisme; et à ce sujet, je me rappelle que l'un d'eux, M. Bertin Rio's, interrogé, avant de sortir, sur ce qu'il avait fait pour la République. « J'ai, répondit-il, acheté la pendule des Grands-Carmes. » On regarda l'achat de cet effet national comme un acte de civisme; il fut mis en liberté.

Comité dramatique formé à Agen, sous les auspices de la Société populaire, au mois de thermidor an II. Vers la fin de juillet 1794, un des membres de la Société proposa à l'Assemblée de prendre des moyens pour qu'il fût joué sur le théâtre de la Commune, des pièces patriotiques, observant que c'était un des moyens les plus propres à instruire le peuple en l'amusant; il demanda en conséquence qu'il fût nommé un comité de cinq membres, chargé de faire une liste des citoyens et citoyennes à qui ils croiraient des talents suffisants pour jouer soit dans la comédie, soit dans la tragédie ou l'opéra. Ce comité fut nommé sur le champ et présenté à l'Assemblée qui l'approuva, et donna au comité le droit de requérir les personnes capables, et de dénoncer à la Société celles qui refuseraient d'apprendre les rôles qui leur seraient distribués. Mais tous ceux qu'on avait choisis firent les choses de bonne grâce, aussi furent-ils bientôt en état de paraître sur la scène, et le 6 septembre 1794, ils firent leur début par *La Mort de César*, et *Le Tu et le Toi* ou *La Parfaite égalité*, comédie de circonstance. On joua d'abord des pièces patriotiques, ou faites pendant la Révolution, telles que *Brutus*, *Caius-Gracchus*, *Les Dragons et Les Bénédictins*, etc. Mais à mesure que les acteurs se formèrent et prirent de l'ensemble, *Mahomet*, *Le Barbier de Séville*, *Les trois sultanes*, *l'Honnête criminel*, *La belle Arsenne*, *Zémire et Azor*, *Nina* et plusieurs autres pièces très estimées, firent partie de leur répertoire. On accourait en foule aux représentations; la salle était toujours pleine. Je ne parlerai pas du talent des acteurs et des actrices en particulier, tous faisaient plaisir, tous étaient applaudis, parce qu'on voyait que tous faisaient des efforts, pour bien remplir les rôles qui leur étaient confiés. D'ailleurs tout s'y passait avec la plus grande décence, et il ne s'y est jamais commis une action, ni tenu un propos qui pût choquer les bonnes mœurs. Au reste les entrées n'étaient pas gratuites; le prix des places était fixé. Personne n'entrait sans payer, même les parents des acteurs; et, comme le produit des recettes devait tourner au bénéfice des pauvres, les citoyens riches étaient invités à donner au-delà du prix ordinaire. Les recettes étaient faites par des hommes d'une probité reconnue, qui le lendemain des représentations, en faisaient la distribution aux indigents. Le théâtre avait, au commencement, de mauvaises décorations, on savait qu'il y en avait de très belles au château d'Aiguillon. Au mois d'octobre 1794, le comité députa un de ses membres, auprès des représentants qui étaient à Bordeaux, pour les leur demander; elles lui furent accordées, et bientôt elles furent à Agen. Elles sont encore au théâtre de la nouvelle salle.[1]

L'orchestre était très bien composé, on y comptait toujours près de vingt musiciens, tant professeurs qu'amateurs; les professeurs étaient payés. Quant aux amateurs, ils se faisaient un plaisir de venir exercer leurs talents, et de se rendre exactement aux répétitions. Le maître de musique était J.-B. Mignot, dont le zèle et les soins furent d'un grand secours au comité dramatique, pour monter les opéras; il se prêtait de la meilleure grâce à apprendre les rôles aux acteurs qui n'étaient pas musiciens.[2]

Cet établissement s'est soutenu pendant quatre ans, c'est-à-dire, jusque vers la fin de 1798. Il avait été formé sous les auspices de l'égalité, il a fini avec ce système.

Le 24e régiment des chasseurs à cheval est arrivé à Agen, le 12 nivôse an III (1er janvier 1795) pour y rester en cantonnement. Il est parti le 20 juillet suivant pour Orthez, d'où il est revenu le 3 septembre ; il est reparti peu de jours après.

---

[1] Il faudrait un autre comité dramatique pour les faire réparer, elles en ont bien besoin (1816). — Elles ont été réparées en 1817 et 1818, par les soins de M. Lugat, maire. (*Note de Proché.*)

[2] Il faut rendre justice à Mignot; personne dans Agen n'était plus propre que lui, à ordonner, comme musicien, une fête, une cérémonie publique, un bal. Il se mêlait un peu de poésie, faisait des chansons, improvisait même des couplets qui inspiraient la gaieté dans les festins. Outre cela, on écoutait, avec plaisir, les morceaux de musique, qu'il composait et faisait exécuter aux Pénitents gris par les confrères qui les chantent encore dans leurs fêtes. Mignot, a donné, à la vérité, dans de grands écarts pendant la Révolution, mais il n'avait pas fait fortune, et on l'a pardonné avant sa mort arrivée au mois d'avril 1811. (*Note de Proché.*)

Le 7 germinal an III (27 mars 1795) les représentants Boussion et Treilhard arrivent à Agen. Ce dernier, par un arrêté du 14 germinal, qui se ressentait des *idées libérales* qui commençaient à se propager, et dont on éprouvait déjà les douces influences, réorganisa et épura les autorités constituées ; il remit en place la plupart des citoyens qui avaient été destitués par Tallien : et tous les habitants d'Agen et du département virent avec la plus grande satisfaction des hommes distingués par leur patriotisme, leur probité et leurs lumières, rétablis dans des fonctions dont ils n'avaient pas mérité d'être aussi indignement éloignés.

Cependant, les amis de la terreur n'étaient pas entièrement abattus par les mesures qui avaient été prises contre eux, à la suite des événements du 9 thermidor ; ils tâchèrent plusieurs fois de se relever, et de rétablir leur domination sanguinaire. Le 12 germinal an III, éclata une conspiration qui s'étendait sur tous les points de la République, mais elle fut étouffée par le courage de la Convention nationale qui, pour empêcher à l'avenir de pareils mouvements, ordonna, par un décret du 21 germinal, le désarmement de tous ceux qui avaient participé aux horreurs commises sous la tyrannie qui avait précédé le 9 thermidor. Les représentants en mission dans les départements furent chargés de l'exécution de ce décret, mais, comme il n'y en avait pas, à cette époque, dans le Lot-et-Garonne, les administrateurs des districts en furent chargés. Le désarmement eut lieu dans celui d'Agen, à la fin du mois d'avril 1795.

Etablissement, dans toute la République, des nouveaux poids et mesures, d'après une loi du 18 germinal an III (7 avril 1795). Personne n'ignore qu'avant cette loi, il existait, sur ces objets, une variété qui occasionnait de grandes difficultés, et quelquefois même des contestations, entre les citoyens d'un même district. Cette loi a obvié à tous ces inconvénients. Cependant, quoique tout le monde reconnût l'utilité de ce nouveau système, il a éprouvé des obstacles. Les anciens usages, ou plutôt la vieille routine, mais plus que tout, les noms dérivés du grec, difficiles à prononcer et à retenir, qu'on a donnés aux nouveaux poids et mesures, ont empêché, malgré tous les efforts des administrations, et la surveillance de la police, que cette loi n'ait eu, même encore, une entière exécution. Les marchands et débitants conservent les anciens poids et mesures dont ils se servent en cachette, et tiennent ostensiblement les nouveaux dont ils se servent rarement. On s'y accoutuma cependant peu à peu ; on se familiarisa avec le nouveau vocabulaire, et bientôt, sans doute, on jouira des avantages que présente cette opération importante. Le gouvernement y voit un grand avantage pour le peuple, et il ne cesse d'en recommander l'exécution aux préfets.

Louis XVII, fils de Louis XVI, est mort le 8 juin 1795.

Les églises qui étaient fermées depuis environ deux ans, furent rouvertes à Agen, au mois de juin 1795, en vertu d'une loi du 11 prairial an III. Comme elles avaient été profanées par les divers usages auxquels elles avaient servi, elles furent *rebénies* par M. Constant, évêque, ou par d'autres prêtres qu'il avait délégués. Nous avions, avant la Révolution, vingt-quatre églises, elles ont été réduites à sept, savoir celles de Saint-Caprais, Sainte-Foi, Saint-Hilaire, la Chapelle de Notre-Dame-du-Bourg, l'Hôpital et les Orphelines. Celle des Dominicains [1] n'a été ouverte que huit ans après, comme je le disais en son lieu; et jusqu'à ce moment, le service de la paroisse Saint-Etienne s'est fait dans la chapelle du Bourg, où il se faisait autrefois, lorsque l'église et le Chapitre de Saint-Etienne existaient. Le curé et ses vicaires y remplissaient toutes leurs fonctions, y faisaient tous les offices. Au reste, les sept églises dont je viens de parler, ne furent pas ouvertes le même jour, elles ne le furent qu'à mesure qu'on les eut nettoyées, purifiées et disposées pour le service divin. La première messe fut dite à Saint-Hilaire le 28 juin 1795. M. Ladavière, alors curé de Saint-Caprais, y fit le service, jusqu'à ce que son église fût prête. Le père Monier, ci-devant cordelier, lui succéda, et en fut le pasteur jusqu'à l'installation du nouveau clergé, en 1803. A cette époque, M. Argenton, neveu, en fut nommé curé.

Le 27 juillet 1795, on célébra à Agen et dans toute la République, l'anniversaire du 9 thermidor, conformément à la loi du 2 pluviôse précédent.

La porte du Pont-Long,[2] et le pavillon qui était au-dessous ont été

---

[1] Actuellement Notre-Dame des Jacobins ou, dans le langage ordinaire des Agenais, *Les Jacobins*.

[2] Ce *Pont-Long*, autrefois *Pont-de-Garonne*, était formé de quatre arches de hauteur décroissante. Il se terminait, du côté de la ville, par une haute et large tour crénelée, ayant des meurtrières à sa partie supérieure et, au bas, une porte voûtée. Du côté du Gravier s'élevait une petite tour carrée, ou plutôt un pavillon, précédé d'un ravelin.

démolis au mois d'octobre 1795. La descente qui conduit sur les promenades a été mise dans l'état où elle est actuellement par les soins de M. Lomet, ingénieur, qui fit aussi ouvrir, dans le même temps, la rue qui passe sur le terrain de l'église des Capucins [1] et conduit à la porte Saint-Louis.

A la même époque, on commença à combler le long et profond fossé de ville qui s'étendait depuis le haut de la Plate-Forme, jusqu'à la porte Saint-Louis.[2] Cet ouvrage s'est fait lentement, on y a construit un aqueduc sur lequel on a fait de beaux jardins, et l'ancien mur qui bordait ce fossé est couvert par des maisons qu'on y a fait bâtir, ce qui rend cette avenue régulière et agréable, au lieu qu'auparavent, on ne voyait qu'un précipice très dangereux, surtout pendant la nuit.

Le faubourg de la Porte-Neuve était autrefois presque désert; le couvent, le jardin, et le pré des Petits-Carmes en occupaient la moitié. Il y régnait même, tous les ans, des fièvres occasionnées par des eaux verdâtres qui croupissaient dans la rue, pendant l'été. Aujourd'hui il peut prétendre, par sa position, aux plus hautes destinées. Depuis que la préfecture y a été transférée en 1810, la rue a été très bien pavée, les eaux n'y croupissent plus, il n'y a plus de maladie épidémique. Ce faubourg renferme déjà plusieurs édifices remarquables, savoir : l'hôtel de la préfecture, la manufacture de toiles à voile,[3] la caserne; il est voisin de l'évêché, de la manufacture de Las, où est le dépôt de mendicité, et des allées de la Plateforme. On y

---

[1] Il s'agit de la *rue de la Paix* dont la rue *Saint-Louis*, qui existait avant elle, semble aujourd'hui le prolongement. La maison de M. d'Auzac, rue Calamène, avec son jardin, et celle de M. Delard, rue de la Paix avec toutes ses dépendances, représentent les deux tiers de l'emplacement du couvent des Capucins, dont il ne reste actuellement que l'étage voûté sous lequel passe la rue.

[2] Tous les immeubles de la rue *Palissy*, qui sont à l'exposition du sud, ont été construits sur le fossé de ville. Quelques-uns ont pour façade postérieure des restes de l'ancienne muraille.

[3] Cette maison a été bâtie par M. Vigué père, ancien juge, qui la vendit à M. le comte de Lacépède; celui-ci la revendit au ci-devant duc de Narbonne. Après sa mort, le département l'acheta à ses héritiers, pour y loger cet évêque. (*Note de Proché.*)

trouve encore la maison et la manufacture de M. Lamouroux, établies sur le local des ci-devant Petits-Carmes,[1] qui renferment une vaste prairie, qui sera traversée par une rue qu'on va ouvrir depuis la Porte Saint-Louis jusqu'au Gravier, et par une autre dans le sens contraire ;[2] le plan est tracé, les emplacements sont fixés et vendus à divers particuliers qui vont s'empresser d'y faire bâtir, non comme dans l'intérieur de la ville, mais d'une manière régulière, et sur l'alignement conforme au plan. Outre cela, ce faubourg aboutit au grand pont qu'on construit dans ce moment sur la Garonne, et c'est le chemin pour s'y rendre de la ville. Je crois donc ne pas trop avancer, en disant que le faubourg de la Porte-Neuve, sera le quartier le plus beau et le plus florissant d'Agen. Notre ville est vieille, décrépite, ce quartier la revivifiera.

Assemblées primaires tenues le 20 fructidor an III, et jours suivants, pour l'acceptation de la Constitution de l'an III (1795) et la nomination des électeurs.

Le garde nationale d'Agen, qui auparavant était composée de cinq bataillons, fut réduite à un seul, au mois de septembre 1795 ; la plupart des jeunes gens qui la composaient, étaient partis pour les armées. Les nouveaux officiers de ce bataillon, prêtèrent serment, sur le Champ-de-Mars, le 13 septembre, 27 fructidor an III.

Assemblée électorale tenue à Agen, commencée le 20 vendémiaire an IV (12 octobre 1795). Ses opérations furent terminées le 27 vendémiaire. Le même jour 20 vendémiaire, arrivée d'un courrier extraordinaire, portant la nouvelle qu'une nouvelle conspiration pour anéantir la Convention nationale, avait été découverte et déjouée.

Les assignats, à cette époque, étaient tombés dans un tel discrédit, il en avait été répandu une si grande quantité, que le sac de blé coûtait 1,000 livres ; le vin, 40 liv. le pot ; la viande, 20 liv. la livre ; une canne de buche, 1,200 liv. ; le cent de fagot, 700 l. ; la chandelle, 50 l. la livre ; un faix de sarment, 16 l. ; une paire de souliers, 150 l. ; la graisse d'oie, 60 l. ; le savon, 80 l. ; une pêche, 24 l., et les autres

---

[1] Actuellement la caserne d'infanterie, dont l'entrée principale donne sur la rue *Lamouroux*.

[2] C'est la rue *des Acacius*, devenue depuis une quarantaine d'années, rue *Palissy*.

denrées à proportion. Le prix de tous ces objets alla toujours en augmentant, jusqu'à ce que, en exécution d'une loi du 16 pluviôse an v (4 février 1797), le papier monnaie cessa d'avoir cours forcé entre particuliers, à partir du 1er germinal suivant.

Nouvelle division et diminution du territoire des communes, en vertu de la loi du 21 fructidor an III; celle d'Agen perdit alors sa juridiction sur plusieurs paroisses qui l'environnent, dont plusieurs furent érigées en communes; elle fut réduite à l'arrondissement qu'elle a actuellement, par une délibération du Conseil général de la commune du 7 brumaire an iv (28 octobre 1795). Agen avait auparavant dans son territoire les paroisses de Monbusc où est le Passage, Dolmayrac, Sainte-Rafine, Saint-Pierre de Gaubert, La Capellete, Renaud, Boé, Sainte-Radegonde, Saint-Vincent-des-Corbeaux, Saint-Ferréol, Cassou, Saint-Denis Sainte-Foi-de-Jérusalem, Foulayronnes, Mérens, Serres, Artigues, Paulliac, Saint-Julien, Saint-Martin-de-Metgé, Monbran, Caissac, Saint-Cirq, Monréal L'ancienne municipalité se trouve maintenant divisée en neuf communes, savoir : Agen, le Passage, Saint-Cirq, Foulayronnes, Saint-Hilaire, Boë, Bajamont, Bon-Encontre, et le Pont-du-Casse. Chacune d'elles a un maire particulier. Elles sont encore dans le canton d'Agen.

Le 20 brumaire an iv (11 novembre 1795) installation de l'Administration municipale composée suivant la nouvelle Constitution. Agen eut sept officiers municipaux. M. Joseph Raymond fut élu président et M. Menne, commissaire provisoire du Directoire exécutif. Officiers municipaux, les citoyens Senbauzel, Noubel, Barsalou cadet, Fizelier avocat, Andrieu du poids et Barbier-Lasserre. Le citoyen Andrieu, un des administrateurs municipaux, est nommé pour constater l'état civil des citoyens, dans l'étendue de la commune. Auparavant, il y avait un officier public pour chaque paroisse de la ville et de la campagne.

En conformité de la même Constitution de l'an III, il fut nommé, pour la première fois des commissaires de police. La ville était divisée en deux sections; la commune et l'hôpital Saint-Jacques. Chacune avait son commissaire chargé de la police et du bon ordre. Les deux premiers furent les citoyens Dutrouilh aîné, pour la section de la commune, et Lavergne l'aîné, pour celle de l'hôpital Saint-Jacques.

Le 18 novembre 1795, un particulier de Buzet vendit un millier de fayssonnat, pour le service militaire, à raison de trois mille cent livres le cent, en assignats, rendu à l'hôpital de Las.

La gendarmerie, qu'on nommait autrefois maréchaussée, fut établie dans le couvent des ci-devant Cordeliers,[1] au mois de décembre 1795. Depuis ce temps-là leur église sert à renfermer de la paille et du foin, pour les chevaux des gendarmes.

L'Administration municipale, dans sa séance du 25 novembre 1795, prit un arrêté par lequel, reconnaissant que c'est aux soins assidus du citoyen Redon des Fosses, que la commune d'Agen est redevable des superbes promenades qui ornent son territoire, dont les voyageurs admirent la magnificence, et qui, par leur fraîcheur, procurent aux habitants de cette ville, un délassement aussi agréable qu'utile à leur santé, le nomma commissaire inspecteur de ces promenades, et l'autorisa à faire, aux frais de la commune, toutes les réparations et plantations qu'il jugerait nécessaires.

Le 21 frimaire an IV (12 décembre 1795) le citoyen Noubel est installé en qualité de commissaire du Directoire exécutif, près l'Administration municipale d'Agen, ayant été nommé par arrêté du Directoire, du 24 brumaire précédent.

1796. La commune avait, depuis plusieurs années,[2] trois pompes de différente grandeur, mais elles avaient été si fort négligées, qu'elles étaient presque nulles. L'Administration municipale, dans sa séance du 26 janvier 1796, ordonna qu'elles seraient promptement réparées, ce qui fut exécuté par les soins de l'architecte de la commune, qui demeura chargé de leur entretien, et de les tenir toujours en bon état. Depuis ce temps, elles sont prêtes à servir, en cas d'incendie. Il a été formé, il y a environ quatre ans une compagnie de pompiers, uniquement occupés de ce service, tous citoyens habitants de la ville ; ils sont obligés de faire jouer, une fois tous les mois, les pompes sur le bord de la Garonne, et d'accourir, au premier signal d'alarme, au lieu où elles sont déposées, pour les conduire où le besoin l'exige. Ce service les dispense de celui de la garde nationale, excepté dans les cas extraordinaires.

---

[1] Voir la notre 3 de la page 23.

[2] C'est en 1772 qui furent faites les pompes, avec cent paniers goudronnés pour servir aux incendies. (*Note de Proché.*)

Fête nationale célébrée en mémoire de la *punition* du dernier roi des Français!!! Cette fête eut lieu le 25 pluviôse an IV (13 février 1796), sur le Champ-de-Mars. On y avait élevé un autel auprès de l'arbre de la liberté, de manière que l'arbre paraissait sortir du milieu de l'estrade, et ombrageait l'autel. Là, toutes les autorités constituées, séant en la commune d'Agen, la garde nationale, les vétérans, le 24e régiment de chasseurs à cheval; les notaires, et tous les citoyens salariés par la République, après plusieurs morceaux de musique exécutés par l'orchestre placé sur un amphithéâtre, et un discours prononcé par le président du département, déclarèrent successivement et individuellement, en présence de tout le peuple, « être « sincèrement attachés à la République, et vouer une haine éternelle « à la royauté. » La cérémonie finie, les autorités se retirèrent, accompagnées par la musique qui, pendant la marche, jouait l'air : *Ça ira*.

Fête de la jeunesse célébrée le 10 germinal an IV (30 mars 1796). Cette fête avait pour but d'inspirer aux jeunes gens de l'un et de l'autre sexe, l'amour des vertus et des devoirs de leur âge. Tous les habitants de la commune, les instituteurs et institutrices des écoles primaires ou particulières, avaient été précédemment invités à aider l'Administration municipale dans la recherche des actes de civisme, de piété filiale, de bienfaisance et de bonne conduite des enfants et des jeunes gens qui fréquentaient leurs écoles. Le président proclama, sur le Champ-de-Mars, le nom du jeune citoyen qui avait fait la meilleure action et mit sur sa tête, une couronne de fleurs, qui était le prix des vertus. Il proclama également ceux qui en avaient le plus approché, et leur donna un bouquet de fleurs. Il y eut des prix pour l'exercice de la course ; les vainqueurs reçurent, des mains du président, un panache, aux trois couleurs, et d'autres, une cocarde nationale. L'après midi, le peuple se réunit aux administrateurs municipaux dans la cy-devant église des pénitents gris. Les amateurs de musique y exécutèrent un concert, il y fut lu des discours civiques. La fête fut terminée par des danses qui se prolongèrent jusqu'à la nuit. Les pères et les mères de famille étaient particulièrement chargés d'y maintenir l'ordre et la décence; la fête de la jeunesse devait être aussi la fête de l'innocence et de la pudeur.

Le canton de Tournon et autres environnants étaient remplis de déserteurs ou de réfractaires qu'il n'était pas possible de faire partir pour les armées; leur nombre grossissait tous les jours, ils formaient même des rassemblements qui commençaient à donner des inquiétudes. On craignait une autre Vendée. Le département, après avoir usé de tous les autres moyens qui étaient en son pouvoir, se détermina à y envoyer 400 cents hommes de la garde nationale, choisis dans divers cantons et 60 gendarmes. Cette troupe commandée par le capitaine de la gendarmerie, accompagné des citoyens Barsalou aîné et Lamarque membres du Directoire du département, partit d'Agen le 11 avril 1796, se rendit par Villeneuve à Tournon où fut établi le quartier général; elle fut bien reçue partout, et particulièment par les habitants de Tournon qui se réunirent à elle, pour aller poursuivre et arrêter les rebelles. Il en fut pris un très grand nombre qui furent conduits à Agen, et ensuite à leurs corps respectifs. Un fort détachement les mena à Agen. Le reste de la troupe marcha alors vers Montaigut,[1] Roquecor et Fumel, où il en fut pris également beaucoup. La troupe revint à Tournon; elle y trouva deux pièces de canon qu'on avait fait venir de Montauban, avec des cannoniers pour les servir; mais elle furent inutiles, parce qu'on n'éprouva aucune résistance. Le général Dessolles s'y rendit aussi pour inspecter la troupe et donner des ordres, s'il était nécessaire. Après ces expéditions, elle revint à Agen où elle fut licenciée.

Au mois de mai 1796, les amateurs dramatiques font réparer l'ancienne salle des spectacles qui menaçait une ruine prochaine, après y avoi été autorisés par l'Administration municipale; les dépenses faites à ce sujet furent prises sur le produit des recettes.

Le 25 du même mois, le louis d or valait 8,500 liv. en assignats, et le franc métallique 400 l. C'était sur ce cours envoyé de Paris, toutes les semaines, que se faisaient les ventes et achats, en argent ou en papier monnaie.

Fête des époux, le 10 floréal an IV, Elle fut célébrée dans la salle des Pénitents Gris par les deux administrations municipales de la ville et du canton, réunies pour cet objet en présence de toutes les

---

[1] Montaigut, aujourd'hui chef-lieu de canton de l'arrondissement de Moissac (Tarn-et-Garonne) appartenait alors au département de Lot-et-Garonne, ainsi que les cantons de Valence-d'Agen et d'Auvillars. Ils en furent distraits par un décret du Sénat conservateur en date du 2 novembre 1808, comme on le verra à cette date, dans la suite de ces Annales.

autorités constituées qui avaient été invitées à y assister. Après un discours prononcé par un des présidents, et des hymnes patriotiques accompagnés de la musique, on proclama les pères et mères qui avaient fourni le plus grand nombre de défenseurs à la patrie, dans la guerre de la liberté. Le président remit à chacun des parents proclamés un exemplaire de l'acte Constitutionnel, comme la conquête de leurs enfants et le gage de la liberté. Des orateurs prononcèrent des discours sur la morale des époux et sur les obligations sacrées que la patrie et la nature leur imposent. Le cortège se rendit ensuite sur le Champ-de-Mars où la fête se termina par des jeux et des danses.

Le lendemain de cette fête, dans la matinée, il fut trouvé plusieurs inscriptions contre-révolutionnaires attachées aux arbres des promenades. Elles furent apportées au commissaire du Directoire exécutif, qui en dressa procès-verbal; il l'envoya à l'accusateur public près le tribunal criminel, afin qu'il fît les poursuites nécessaires. Toutes les recherches furent inutiles. On ne put découvrir les auteurs.

Le grand chemin d'Agen à Cahors, par le Pont-du-Casse et Tournon a été commencé au mois de mai 1796. Cet ouvrage a été souvent interrompu, aussi est-il peu avancé, quoique tout le monde soit d'accord sur l'importance de cette route. En 1812, elle n'est pas encore parvenue à la maison de Bonnel,[1] appartenant à M. le chevalier Sevin.

Fête de la Reconnaissance et des victoires, célébrée le 10 prairial an IV (29 mai 1796) par l'Administration municipale. Elle avait pour but de perpétuer dans tous les cœurs le souvenir des triomphes de la liberté sur l'esclavage. Outre les parents des défenseurs de la patrie, on y invita aussi les militaires blessés dans les combats; ce fut à eux particulièrement que s'adressèrent les discours prononcés de-

---

[1] Ce manoir, siège d'une ancienne seigneurie, avait appartenu à la famille d'Estrades, qu'illustra, sous Louis XIV, Godefroy, maréchal de France. Vendu au détail, il y a environ trente ans, avec les terres qui en dépendaient, il est aujourd'hui habité par des paysans, qui l'ont amoindri de toutes façons et rendu méconnaissable. *Sit transit gloria mundi.*

vant l'autel de la patrie par le président et autres orateurs. Les chants et les danses civiques terminèrent la fête.

Le 2 messidor an iv (20 juin 1796). Conformément à l'arrêté du Directoire exécutif du 7 floréal dernier, l'Administration municipale forme une colonne mobile, composée de 160 hommes, prise dans la garde nationale sédentaire, destinée à assurer le maintien de l'ordre public et l'exécution des lois.

Les assignats sont échangés contre des mandats, le 27 juin 1796.

Le 7 messidor (25 juin 1796), il fut présenté à la municipalité, par un des membres qui la composaient, un projet pour aliéner et élargir les rues de la ville d'Agen. Ce projet fut adopté,[1] il est même suivi; lorsqu'il s'agit de construire quelque maison, ou d'en réparer la façade, mais l'entière exécution en sera longue.

Il existait toujours deux partis bien prononcés, celui des patriotes et celui des aristocrates. Les premiers chantaient l'*Hymne des Marseillais*, les autres, le *Réveil du peuple*. On tenait des propos séditieux. Il se formait des rassemblements sur les promenades, on se faisait réciproquement des menaces. Les autorités furent obligées de prendre des mesures pour étouffer le ferment de la discorde. Cela n'empêcha pas le duel qui eut lieu le 24 thermidor an iv (11 août 1796) entre deux jeunes gens qui, après une vive querelle, passèrent de l'autre côté de la Garonne, accompagnés chacun d'un second. L'un d'eux fut tué par son adversaire.

Comme la fête de la jeunesse avait été célébrée au printemps, celle des vieillards devait trouver sa place à la fin de l'année. Elle eut lieu le 10 fructidor, dernier mois de l'année républicaine. Dès le matin, un groupe de jeunes gens, précédés de la musique, ornèrent de feuillages les portes de six citoyens ou citoyennes des plus âgés de la ville, choisis par l'Administration municipale ; de ce nombre était M. Redon père, l'auteur et le conservateur de nos promenades.

---

[1] D'autres l'ont été depuis, et, selon toute apparence, d'autres le seront encore, et bien du temps s'écoulera avant que des rues suffisamment élargies et des maisons régulièrement alignées donnent à la ville d'Agen, vue autrement que du dehors, un aspect digne de son importance commerciale.

Tous les vieillards âgés de plus de soixante ans furent invités, par une proclamation, à concourir à la célébration de cette fête qui eut lieu aux ci-devants Pénitents-Gris. Dès que les autorités y furent assemblées, le président de la municipalité, ayant à ses côtés les vieillards dont j'ai parlé ci-dessus, prononça un discours sur le respect dû à la vieillesse, et posa ensuite sur leur tête une couronne de verdure. La musique exécuta des airs analogues à la fête, Dans l'après-midi, on se rendit en cortège, sur le Champ-de-Mars, où il y eut, pour la jeunesse, des danses et un exercice de course. Les vieillards couronnés le matin, y eurent une place d'honneur, et distribuèrent les prix aux vainqueurs. Ils furent reconduits dans leurs maisons par la garde nationale et la musique ; ensuite le cortège se sépara.

La porte Saint-Georges[1] fut détruite au mois d'octobre 1796. C'était par là qu'on entrait autrefois, en venant de Bordeaux, suivant le bas du rocher et passant sur le pont du moulin de Saint-Georges, jusqu'à ce qu'en 1752, on fît la route qui traverse les allées, et le beau pont sous lequel passent les eaux du moulin.[2] Vers la même époque fut aussi ouverte la rue qui conduit de la rue Fon-de-Raché sur les allées Saint Antoine ; il fallut, pour cet objet, abattre une partie des murs de la ville,[3] et acquérir de M. Dubois négociant, un jardin situé au bas des murs. Il lui fut concédé, en échange, du ter-

---

[1] Elle était située, non à l'extrémité de la rue de ce nom, mais presque vis-à-vis de la rue *Cago-l'auco*, ruette dont il ne reste aujourd'hui qu'un petit tronçon entre la maison Laurent et la maison Couturier. Le mur de ville, qui borne au nord les maisons du boulevard Scaliger, au-dessus des jardins à niveau très bas dont la verdure égaie encore ce quartier, marque la ligne extérieure de cette porte, dont la défense était très forte.

[2] Ce pont a été refait, à 75 mètres environ plus près de la ville, quand la construction du Pont-canal a nécessité le remaniement ou plutôt le bouleversement de cette partie du faubourg ; il traverse la route nationale d'Agen à Bordeaux, presque vis-à-vis de la rue-neuve Saint-Georges et du Chemin de Saint-Georges, qui en est la continuation du côté de la Garonne.

[3] La rue Font-de-Raché, partant de la rue Caillou, finisssait au mur de la ville, dont un fragment d'aspect très solide est encore visible à l'entrée de la rue des Charretiers. On l'allongea, en 1796, de tout l'espace compris entre cette rue et le cours Saint-Antoine, soit d'environ 50 mètres.

rain à côté des allées, appartenant à la commune. On y a depuis bâti quelques maisons, avec la précaution d'élever le sol pour les préserver des inondations ordinaires.

En 1796, il fut établi des écoles centrales dans tous les départements de la République;[1] celle de Lot-et-Garonne fut installée à Agen le 21 novembre, dans l'hôtel du ci-devant évêché. L'enseignement consistait dans le dessin, l'histoire naturelle, les langues anciennes, les mathématiques, la physique et chimie, la grammaire générale, les belles-lettres, l'histoire et la législation. On avait fait pour toutes ces parties un choix d'excellents professeurs,[2] cependant n'y avait que très peu d'élèves. Les seules écoles de dessin et de mathématiques étaient suivies, toutes les autres étaient presque désertes. Il faut l'avouer, le défaut d'ordre et de discipline, dans cet établissement, a été le principal obstacle au bien qu'il aurait pu faire. L'école centrale a subsisté sept ans.

Auprès de l'école centrale étaient une bibliothèque et un jardin

---

[1] L'enseignement était divisé en trois sections : la première, destinée aux élèves âgés de moins de douze ans, embrassait le dessin, l'histoire naturelle, les langues anciennes et vivantes ; dans la seconde, qui s'ouvrait aux élèves ayant atteint leur quatorzième année, on enseignait les mathématiques, la physique et la chimie expérimentales ; il fallait être âgé de seize ans pour prendre rang dans la section supérieure, dont le programme comprenait la grammaire générale, les belles-lettres, l'histoire et la législation. On voit que, l'instruction religieuse exceptée, on parcourait dans les écoles centrales, naturellement plus ou moins bien, le cercle entier des connaissances humaines. Comme dans les lycées, d'ailleurs, la clôture de l'année scolaire se faisait par la distribution des prix en séance solennelle et publique.

[2] Le général de brigade Duvigneau, Saint-Amans, Sevin l'aîné, constitués en jury spécial, eurent à choisir les professeurs. Voici les noms de ceux-ci, d'après le registre n° 45 du Directoire du département : 1 section. Dessin, Parfait-Lumière ; histoire naturelle, Saint-Amans ; langues anciennes, Pérès.— 2e section : mathématiques, Louis Puissant ; physique et chimie expérimentales, Lomet. — 3e section : grammaire générale, Godailh ; législation, Caylar ; belles-lettres, Jarente. Le professeur d'histoire n'est pas indiqué ; ce fut plus tard J.-J. Lacoste. Plus tard également, Huart remplaça Jarente aux belles-lettres, puis Pérès aux langues ; plus tard enfin Laroche aîné eut les belles-lettres, et Phiquepal, la législation.

des plantes, qui appartenait autrefois au Séminaire, et qui a été réuni à l'hôtel de la préfecture. Il était très bien entretenu pendant que l'école centrale était en activité, par les soins de M. Brie, jardinier, sous la surveillance de M. Saint-Amans, professeur d'histoire naturelle, qui y faisait des démonstrations de botanique à ses élèves; ils avaient enrichi ce jardin de toutes les plantes étrangères qu'ils avaient pu se procurer.

La bibliothèque placée dans une des plus vastes salles de l'école centrale, était composée de tout ce que les dépôts littéraires des districts du département avaient pu fournir d'utile et de curieux, de tous les livres trouvés dans les couvents des religieux supprimés, surtout des bénédictins, et dans les maisons et châteaux des émigrés. Elle avait ensuite été enrichie de quelques bons ouvrages nouveaux, envoyés par le gouvernement.[1] Après la suppression de l'école centrale, la bibliothèque fut mise à la disposition de la municipalité d'Agen, qui la laissa provisoirement dans le même hôtel devenu en 1806, le palais de la 11e cohorte de la Légion d'honneur. L'Empereur, à son passage à Agen en 1808, la donna à la commune qui la fit transférer dans un local dépendant de l'hôtel de la mairie, ayant

---

[1] Un catalogue rédigé par Proché en 1817 — au moment où il venait d'achever ses annales, — porte à 11,553 le nombre des volumes de la bibliothèque d'Agen. L'abbé Labrunie, qui en avait fait en 1792 le premier et le meilleur inventaire, n'en avait compté que 7,802. Le fonds inventorié par ce prêtre aussi consciencieux qu'instruit provenait exclusivement des établissements religieux supprimés et relevait à peu près uniquement de la théologie et autres sciences ecclésiastiques ou religieuses. Il s'accrut dans la suite, comme l'indique Proché, des livres confisqués aux émigrés, notamment de l'importante collection du château d'Aiguillon et des dépôts littéraires des districts, qui furent versés à Agen quand on y fonda l'Ecole centrale. C'est à cette double cause d'accroissement qu'il faut surtout attribuer la différence qui existe entre les chiffres des deux inventaires; car, à la date où Proché écrivait, la part des envois de l'Etat était à peine sensible. Depuis cette époque, au contraire, elle constitue régulièrement le plus important et le plus clair des acquisitions de la bibliothèque. On peut voir, en comparant les renseignement fournis à ce sujet par la série des *Annuaires du département de Lot-et-Garonne*, que les évaluations qu'ils contiennent sont purement approximatives.

son entrée sur la petite place de la commune. Elle est ouverte au public depuis le 3 décembre [1] 1810.

Anniversaire de la fondation de la République le 1" vendemiaire an v (22 septembre 1796). Cette fête était célébrée tous les ans, au même jour, par l'Administration centrale qui y présidait et qui donnait à cette solennité, tout l'éclat que les localités pouvaient comporter. Les corps civils et militaires, les jurys d'instruction publique, les instituteurs, avec leurs élèves, y étaient invités. L'ouverture de l'année était annoncée à minuit précis par une salve d'artillerie ; le lever du soleil était annoncé de la même manière. Les autorités constituées assemblées au département se rendaient à la porte d'entrée de la grande salle, pour ouvrir les portes de l'année (c'était l'église des cy-devant Carmélites). Au milieu des autorités constituées, était porté l'acte constitutionnel de l'an III, par deux vétérans et deux défenseurs retirés par suite de leurs blessures. Le président frappait à la porte du temple de l'année ; il était ouvert sur le champ, au bruit d'une salve d'artillerie et des cris de : *Vive la République*. Pendant que le cortège entrait et se plaçait, la musique exécutait l'hymne : *La Victoire en chantant nous ouvre la barrière*, etc. Le président annonçait l'objet de la fête, par un discours civique ; on se rendait ensuite, en ordre, auprès de l'autel de la patrie. Là le président recevait l'acte constitutionnel des mains des vétérans, et lisait au peuple la déclaration des droits et des devoirs, et le premier acte de la Constitution. Le jury d'instruction déclarait publiquement les noms des citoyens du département qui avaient contribué, par leurs écrits, à l'établissement de la République. Après cette cérémonie, le cortège rentrait dans le même ordre. L'après midi, il revenait sur le Champ-de-Mars, où il y avait des courses à pied et à cheval, des jeux et des danses. Au reste toutes les fêtes que j'ai rapportées ci-dessus, devaient aussi être célébrées tous les ans, aux mêmes époques.

---

[1] Delsoert fut chargé de la conservation de la bibliothèque à l'Ecole centrale. Devenue propriété communale, la bibliothèque eut pour conservateurs successifs : 1º Delsoert-Lalaurencie, de 1802 à 1810 ; 2º Proché, de 1810 à 1826 ; 3º J.-B. Pérès, de 1826 à 1840 ; 4º P. Platelet, déjà pourvu du titre et des fonctions de bibliothécaire adjoint, de 1840 à 1868 ; 5º Coutelle, de 1868 à 1871 ; 6º A. Pozzy, de 1871 à 1881.

Un assassinat horrible fut commis dans la nuit du 24 au 25 octobre 1796, dans l'auberge du Plaçot, commune de Fargues, canton de Damazan. L'hôtelier, sa femme et sa servante et un boulanger voisin qui lui portait le pain, furent égorgés par cinq personnes, trois hommes et deux femmes. Leurs signalements ayant été envoyés sur le champ, un de ces scélérats, nommé Carrière fut arrêté à Moissac d'où il fut conduit à Nérac, où la procédure fut instruite. Il fut ensuite traduit à Agen où il fut condamné à mort. Environ deux ans après, un des complices nommé *La Perle*, perruquier, qui s'était sauvé en Espagne, revint à Damazan, croyant sans doute qu'on ne faisait plus suite de cette affaire. Il fut pris, et reconnu pour être un des auteurs du crime ; il périt sur l'échafaud. On n'a plus entendu parler des trois autres.

La diversité des opinions religieuses et politiques troublait souvent la tranquillité publique, et malgré toutes les mesures de police que prenaient les autorités, il se formait presque tous les jours des rassemblements sur les promenades et dans les autres lieux publics. Les jeunes gens surtout y paraissaient avec des bâtons ferrés ou noueux désignés sous le nom de *Juges de paix*, et des cannes à lance. Ils se disaient des injures, se faisaient des menaces. Les cheveux en cadenettes offusquaient les républicains, qui regardaient cela comme un signe de ralliement. L'Administration municipale voulant prévenir les suites fâcheuses de ces désordres et mettre fin à ces querelles, prit un arrêté le 3 germinal an v (23 mars 1797), par lequel elle défendit les rassemblements et le port de toutes ces armes et bâtons, menaçant de traduire devant les tribunaux compétents ceux qui contreviendraient à son arrêté. Les deux commissaires de police furent chargés de veiller plus particulièrement au bon ordre et à la tranquillité. Cette mesure produisit un bon effet.

Les assemblées primaires, aux termes de la Constitution de l'an III, se formaient, de plein droit, tous les ans, le 1er germinal, pour nommer les électeurs et renouveler la moitié des officiers municipaux qui étaient sortis, pour la première fois, par la voie du sort. En l'an v, cette opération se fit au commencement de germinal. M. Raymond, un des sortants, fut réélu par le peuple et continué président par ses collègues. Les nouveaux officiers municipaux prêtèrent serment et furent installés le 1er avril 1797.

1797, an V. — Assemblée électorale tenue à Agen le 20 germinal. Elle nomma des députés au Conseil des anciens et à celui des cinq cents, un juge au tribunal de cassation, M. Marraud, de Monclar, et un membre pour la haute cour, M. Raymond d'Agen. Cette cour devait connaitre des crimes d'Etat ; je ne crois pas qu'elle ait jamais été convoquée.

A cette époque, c'est-à-dire au mois d'avril 1797, la livre de pain coûtait, en papier-monnaie, quatre francs, et, en numéraire, trois sous ; la viande, poids de seize onces à la livre, sept francs quatre sous, en papier ; en argent, six sous ; l'avoine, soixante-quinze francs le boisseau, en papier, et trente-trois sous en argent. Le prix était ainsi fixé pour la fourniture des étapes aux troupes cantonnées sur notre territoire.

Le 3 juin 1797, on apprend à Agen que, par suite des succès glorieux remportés par l'armée du Rhin et de Moselle, les préliminaires de paix avaient été signés avec l'empereur d'Autriche. Cette nouvelle est publiée le même jour, avec solennité par toutes les autorités réunies, dans les divers quartiers de la ville.

Au commencement du même mois, l'Administration municipale rétablit sur les tentes et baraques qui se construisent pendant la foire, sur le Gravier et autour des promenades, un droit dont la perception était interrompue depuis quelques années et dont le produit était destiné à l'entretien des promenades, savoir : pour les tentes et baraques en première ligne sur le quinconce, 12 fr.; tentes à café et à terraille, 6 fr.; bancs sur le quinconce, 3 fr.; tentes à vendre du vin, depuis Saint-Louis jusqu'à la fabrique de M. Lamouroux,[1] 1 fr. 10 sous; les autres au-dessus de ladite fabrique, 1 fr.; différents bancs sur le Gravier, 10 sous. Le prix de ces diverses places a été augmenté depuis ce temps-là, et, en 1811, le Maire a affermé les divers terrains sur lesquels se tiennent les foires d'Agen, pour la somme de 1,750 fr.

Les bureaux de bienfaisance établis dans les quatre paroisses de la ville, pour fournir aux pauvres des secours à domicile, ainsi que celui connu sous le nom de *bureau-bouillon des pauvres*,

---

[1] La caserne actuelle donnant sur les rues Lamouroux et Palissy, anciennement Couvent des Petits-Carmes. Voir p. 54, note 1.

furent réunis pour ne former à l'avenir qu'un seul et même établissement destiné à fournir aux pauvres des secours à domicile. Les biens et revenus de ces divers établissements furent mis sous la régie et administration d'une Commission nommée par l'Administration municipale. Cette réunion se fit au mois de juillet 1797. Le bureau du bouillon des pauvres fut établi en 1737 par lettres-patentes, enregistrées à la municipalité d'Agen. Il était régi, avant la Révolution, par une administration composée de l'Evêque ou d'un vicaire général, qui y présidait, des quatre curés de la ville, d'une prieure ou sous-prieure, de quatre assistantes et d'un trésorier qui avait voix délibérative.

Les amateurs dramatiques de cette ville se trouvant forcés par l'éloignement de quelques membres de leur société, de renoncer à leurs exercices, remettent à la municipalité les costumes, décorations et autres effets du théâtre d'Aiguillon, qui avaient été mis à leur disposition par les représentants du peuple, alors en mission dans le départements. L'Administration nomme un de ses membres pour, de concert avec le comité dramatique, dresser un état et inventaire de ces objets[1] et en décharger les amateurs, ainsi que du reçu qu'ils en avaient fait à l'Administration du ci-devant district d'Agen. Décembre 1797.

1798, an VI. — Le 15 nivôse an VI (4 janvier 1798), en exécution d'un ordre du Ministre des finances, il fut fait chez tous les négociants et marchands de la ville, une visite exacte et générale, pour la recherche des marchandises anglaises prohibées par une loi du 10 brumaire dernier. Cette visite fut faite par les officiers municipaux et commissaires de police, qui firent mettre le scellé sur toutes les marchandises qui furent reconnues venir du territoire anglais.

Réjouissances, le 9 janvier, au sujet de la paix conclue avec l'em-

---

[1] Cet inventaire, qui existe aux Archives du département, sera prochainement publié dans la *Revue de l'Agenais*. Proché, qui faisait partie de l'association des auteurs dramatiques, avait été adjoint comme assesseur, avec Diché et Leyniac, ses collègues, à Joseph Raymond que l'Administrtion municipale avait spécialement délégué pour dresser ledit inventaire.

pereur d'Autriche. Plusieurs décharges d'artillerie, beaucoup de musique, un feu de joie, en un mot, tout ce qu'on a vu dans les fêtes précédentes.

La fontaine du Gravier a été mise dans l'état où elle est actuellement, au mois de février 1798, par les soins de M. Lomet, ingénieur, qui en avait été chargé par l'administration municipale. Cette fontaine est très commode, surtout lorsqu'en foire du Gravier, la Garonne est sale, bourbeuse et que le Tarn y a mêlé ses eaux, ce qui arrive très souvent vers la fin du printemps, à la suite de quelque orage ou de la fonte des neiges sur les montagnes. Il est fâcheux que le bassin et le tuyau en soient aussi bas, parce qu'au moindre débordement, ils sont obstrués, et qu'il y reste une grande quantité de vase et de petites pierres qu'il faut enlever à grands frais. Mais tout le monde n'y perd pas ; car, s'il n'est pas possible de se servir de l'eau de la fontaine, en temps de foire, les marchands de vin en vendent une plus grande quantité, parce que des gens de la campagne qui sont sur le Gravier, n'ont pas d'autre moyen de se désaltérer.[1]

---

[1] Cette fontaine, d'une architecture très simple, — deux pilastres surmontés d'un fronton, — était située vis-à-vis de la belle maison de MM. Calmels de Puntis, dans l'ancien fossé de ville, qui a été supprimé vers 1866. On y descendait par un escalier de pierre d'environ cinq ou six marches. On conserve aux Archives un rapport de M. Lomet sur les travaux de réparation réclamés par cette fontaine qui, très abondante autrefois, ne donnait plus qu'un mince filet d'eau. A ce rapport, est jointe une lettre qui nous paraît intéressant de reproduire sans y rien changer.

A Agen, le 25 thermidor an VI de la République.

A. F. LOMET

Aux citoyens administrateurs municipaux de la commune d'Agen.
Citoyens,

« Plusieurs personnes donnant essor à leur génie m'ont envoyé des inscriptions proposées pour la fontaine que vous vennez de faire construire. Les voici :

Par le Professeur de belles lettres de l'école centrale.

Comme cette onde fugitive
Tes jours coulent, portés sur les ailes du tems :
Tu me les dois, Français : ta patrie attentive
En observe, apprécie et compte les instans.

Fête de la souveraineté du peuple, célébrée le **28 mars 1798**. (Loi du 3 pluviôse an VI.) Les législateurs voulaient, par cette solennité, graver dans l'âme du peuple français le sentiment de sa dignité, de ses droits, de sa puissance, lui rappeler les obligations qu'il a à rem-

---

Autre, *par un anonyme*.

Du temps je suis l'image
Et nous coulons tous deux :
Mais un jour dans sa rage
Ce type dangereux
Détruira cet ouvrage
Que l'on établissait pour nos derniers neveux.

Autre, *par l'ancien curé de Monbran*.

Tinge manus, faciemque lava *sitimve* levato (faute)
Omnibus his, cives, civibus, unda fluo.... (vers superbe).

Toutes ces inscriptions sont trop longues et ne pouvoient être gravées faute d'espace suffisant. Je devois au zèle des auteurs de vous en rendre compte....... mais en outre qu'elles n'ont ni le caractere qui convient au style lapidaire ni une supériorité d'invention digne d'être transmis a la postérité, il seroit je crois pour le moins inconvenable d'entasser sur le petit espace dont nous pouvons disposer d'aussi longues et aussi froides tirades à peu près insignifiantes.

Je vous propose celle-cy comme plus simple et admissible dans tous les pays et dans tous les siecles pour de semblables monument de la petite espèce ; elle s'arrange simetriquement dans le fronton triangulaire :

A

L'UTILITÉ PUBLIQUE

AN VI DE LA RÉPUBLIQUE FRANÇAISE

Si vous l'approuvéz, veuillez me le faire connoitre. J'en tracerai moi-même les caractères avec soin et comme il convient. Car c'est chose fort délicate que ces sortes d'écritures. Il faut une habitude consommée pour les tracer d'une maniere bien pure. Au reste, je les peindrai avant qu'on ne les grave et ainsi vous jugerez de leur effet avant de passer outre. »

Salut et fraternité,

Lomet.

plir et les sages précautions qu'il doit prendre pour déjouer les complots et éviter tous les pièges, en opposant aux manœuvres perfide, de ses ennemis le calme d'un patriotisme éclairé, le faisceau d'une union républicaine et la bonté des élections qui anéantissent à jamais les espérances coupables des tyrans royaux et des tyrans populaires. Le vœu du gouvernement était que, dans cette journée mémorable, toutes les opinions, tous les intérêts se confondissent dans le besoin commun d'une paix intérieure, d'une confiance réciproque, d'un oubli généreux de toutes les haines et d'un attachement sincère à la cause de la liberté. L'Administration municipale chargée de cette fête, lui donna tout l'éclat et toute la magnificence dont elle était susceptible et que comportaient les localités. Trente vieillards choisis par la municipalité marchaient au milieu des autorités constituées, précédés des quatre jeunes gens qui avaient montré le plus de sagesse et d'assiduité dans les écoles publiques. M. Martinelli père, l'un des vieillards, homme distingué par ses vertus, ses talents et les diverses places qu'il avait occupées dans la magistrature, porta la parole, au nom du peuple, auprès de l'autel de la patrie, et adressa aux magistrats les paroles contenues dans l'arrêt du Directoire exécutif, relatif à cette fête. L'après-midi, le cortège se rendit sur le Champ de Mars où il y eût des courses et autres jeux. Des prix furent distribués aux vainqueurs par les vieillards.

A cette époque, tous les cultes étaient permis, mais une loi du 7 vendémiaire an IV sur la police des cultes, prohibait tout signe extérieur d'un culte quelconque. Le 19 mars 1898, le Commissaire du Directoire exécutif près l'Administration municipale fit un réquisitoire portant qu'il existait encore des croix sur plusieurs églises, ainsi que dans les cimetières de la ville, et demanda qu'elles fussent enlevées ; ce que l'Administration fit exécuter sur le champ.

Les assemblées primaires se tinrent, suivant l'usage, au commencement du mois de germinal ; les officiers municipaux furent renouvelés conformément à la loi du 28 germinal an V; ils furent installés le 1er floréal suivant, au son de la cloche et au bruit de l'artillerie de la ville. Le citoyen Castelnaud, l'un des officiers municipaux nouvellement élus, fut nommé par ses collègues Président de l'Administration, place qui équivalait à celle de Maire.

Il existait un puits très ancien au bout de la rue du Pont-Long, presque au détour de celle qui mène au Gravier, devant la maison de M. Barret. Ce puits obstruait la voie publique et ne fournissait qu'une eau très peu abondante et très mauvaise. Les voisins en demandèrent la démolition et le comblement à la municipalité, offrant de le faire à leurs frais, ce qui leur fut accordé au mois de mai 1798. Ce puits était couvert et bâti en forme de pyramide. On voit encore la place où il était; elle n'a pas été pavée, et le terrain y est affaissé.

Les écoles publiques et particulières étaient visitées, tous les ans, par les officiers municipaux, en conformité d'un arrêté du Directoire exécutif. Le but de ces visites était de s'assurer que les instituteurs et institutrices élevaient les enfants qui leur étaient confiés, suivant les principes républicains. Dans le mois d'avril, deux institutrices ci-devant religieuses, ayant déclaré aux commissaires examinateurs qu'elles ne voulaient pas se conformer à l'arrêté du Directoire, leurs écoles furent fermées par ordre de l'Administration centrale. Quelques autres se fermèrent volontairement.

Une nouvelle rue fut ouverte, au mois de juillet 1798, dans l'intérieur du ci-devant couvent et du jardin des religieuses de l'Annonciade, où lui donna le nom de *l'angle droit*[1] et à celle qui avait été ouverte ou mois d'octobre 1795, sur le local des Capucins, le nom de la rue de *la Paix*.[2]

Les barrières établies aux approches des villes, et sur les grandes routes, furent placées dans le mois de juillet 1798, et la perception de la taxe pour l'entretien des routes commença le 1er thermidor an VI (19 juillet 1798). Il y en avait quatre autour de la ville d'Agen : à Rouquet, pour la route de Bordeaux; à Gaillard, pour celle de Villeneuve; à la Porte du Pin, pour celles de Toulouse et Tournon; et au-dessus de la demi-lune du chemin de Layrac, pour celle d'Auch et Bayonne. Il y avait un bureau, avec un receveur, à chacune de ces barrières. Ce nouveau droit excita d'abord des mécontentements, et éprouva quelques difficultés surtout de la part des voituriers, des meuniers et des habitants de la campagne; mais enfin il fallut s'y soumettre. On s'y accoutuma et on paya. Les barrières furent suppri-

---

[1] Voir la note 1 de la page 12.
[2] Voir la note 1 de la page 53.

mées par une loi du 22 septembre 1806, et le droit qu'on percevait sur les voitures de toute espèce, chariots, charrettes, chevaux et mulets, fut remplacé par celui des quatre sous sur chaque livre de sel, pour l'entretien des routes.

Les assemblées primaires et électorales furent troublées en l'an VII, par la diversité des opinions. Il existait toujours deux partis bien prononcés. Les républicains craignaient que les royalistes n'eussent le dessus dans les élections; ceux-ci avaient les mêmes appréhensions de la part des républicains, ce qui donna lieu à une scission entre les citoyens, de sorte que les assemblées furent doubles. On assure que l'impulsion en fut donnée par le Directoire exécutif, qui gouvernait alors. Quoi qu'il en soit, on consulta le Corps législatif qui déclara les opérations des assemblées mères, seules valables. Cette difficulté avait retardé l'installation des nouveaux officiers municipaux, qui n'eût lieu que le 22 août 1799 (1799, an VII). Le citoyen Fizelin, avocat, fut nommé président de l'Administration municipale. Ils prononcèrent, tous individuellement le serment civique prescrit par la loi du 12 thermidor an VII, dont voici la formule : « Je jure de « m'opposer de tout mon pouvoir au rétablissement de la royauté « en France et à celui de toute espèce de tyrannie. Je jure fidélité à « la République et à la Constitution de l'an III. » Tous les fonctionnaires étaient obligés de jurer aussi qu'ils n'avaient signé aucun acte séditieux.

L'octroi municipal fut établi à Agen, en conformité des dispositions de la loi du 11 frimaire an VII, pour la dépense des hospices civils et des secours à domicile, ainsi que les dépenses municipales et communales non couvertes par le produit des centimes additionnels. Ces dépenses s'élevaient, en 1799, à la somme de 44 ₶ 270, et la recette à celle de 13 ₶ 163 fr. L'octroi municipal établit un droit d'entrée sur tous les animaux qu'on conduit à la boucherie, sur le vin, le pain, le bois de chauffage et de charpente, différents charbons, les matériaux venant des carrières ou des tuileries. Ce droit commença à être perçu vers la fin de l'année 1800. Le règlement et le tarif faits à cette occasion sont du 28 brumaire an IX (13 novembre 1800). En 1812, au mois d'avril, il a été aussi établi un droit d'octroi sur les huiles, savons, chandelle et eaux-de-vie, pour subvenir à de nouvelles dépenses dont la Commune est chargée, entre autres celle de douze mille francs qu'elle paye annuellement pour le traitement du principal et des professeurs du Collège.

Au mois de mai 1799, il s'éleva presque au même instant des troubles dans plusieurs communes des départements voisins, et dans celui de Lot et-Garonne ; ces troubles étaient occasionnés par les mécontents, les conscrits et les réquisitionnaires qui refusaient de se rendre à leurs corps ou qui les avaient désertés. Ils abattaient les arbres de la liberté et se portaient à d'autres excès très alarmants. Des renseignements parvenus au département annonçaient que les cantons d'Auvillars, Valence et Castelsagrat,[1] étaient remplis d'insurgés qui arrêtaient les voyageurs et pillaient les maisons des personnes qui ne leur donnaient pas ce qu'ils demandaient, et qu'aux environs d'Agen, des Communes se proposaient de se porter à un pareil brigandage. Les chefs furent signalés. On les surveilla, et l'Administration s'occupa des moyens de les réprimer et d'étouffer le feu de la révolte. Les principaux coupables furent dénoncés aux tribunaux, qui en condamnèrent plusieurs à mort, pour effrayer les autres ; mais ils étaient cachés, et cette mesure ne produisit aucun effet, non plus que les diverses proclamations qui furent faites. Alors on leva des troupes dans le département ; chaque district fournit des compagnies avec lesquelles on forma une petite armée soutenue par des brigades de gendarmerie et un détachement de hussards, commandée par le général Vidalot, de Valence, auquel étaient adjoints deux membres du Directoire du département. Cette troupe se rendit à Auvillars ; elle fut répartie dans les Communes voisines. On fit alors une nouvelle proclamation pour engager les rebelles à rentrer dans le devoir ; elle fut inutile. Cependant le Gouvernement instruit de ces désordres qui augmentaient d'une manière effrayante et qui avaient gagné une partie du midi de la France, fit rendre une loi portant la peine de mort contre tout déserteur et réquisitionnaire qui n'iraient pas joindre leurs corps. Cette loi en fit partir plusieurs, d'autres furent pris ou rentrèrent au sein de leurs familles ; enfin le mal fut apaisé pour un instant, mais il recommença bientôt. Le 26 juillet, une patrouille composée de deux brigades de gendarmerie et de quelques hussards, fut attaquée, dans le canton d'Auvillars, par une troupe de mutins qui étaient en embuscade derrière une haie et qui firent feu, tuèrent

---

[1] Voir page 56, à la note.

un gendarme d'Agen, blessèrent les deux brigadiers et deux hussards. L'un des deux brigadiers eut son cheval tué sous lui. Après cette action, ils se réfugièrent dans un bois voisin, sans avoir éprouvé aucune perte. Comme le mal allait toujours croissant, il fallut augmenter le nombre des troupes; le 9 août, le 12e régiment de hussards arriva; on forma des compagnies franches pour parcourir les frontières du département, et rétablir la tranquillité en comprimant les malveillants, qui, profitant des échecs qu'avaient éprouvés nos armées au dehors et des vives inquiétudes où l'on était sur le sort de la République, ne cessaient de semer partout l'esprit de discorde et de rébellion. On fit venir des canons de Bordeaux, de Toulouse et de Bayonne; on forma à Agen une compagnie de canonniers; on envoya des détachements jusqu'à Beaumont, où s'était formé un rassemblement considérable. Toutes ces mesures en imposèrent aux insurgés; ils s'aperçurent qu'une plus longue résistance serait inutile; ils mirent bas les armes et se dispersèrent. Presque tous se rendirent aux armées et le calme se rétablit peu à peu.

Les assemblées décadaires se tenaient depuis longtemps dans l'église de l'ancien Collège, auprès de la place qui porte en ce moment le nom du *Roi de Rome* [1] (actuellement, 1814, place Bourbon). Mais ce local ayant été vendu à divers particuliers, le temple décadaire fut transféré à Saint-Caprais, où se faisait aussi le service divin, à des heures différentes. Ce changement eut lieu au mois d'août 1799.

La République venait d'essuyer de grands revers au dehors et faisait pressentir de nouveaux déchirements dans l'intérieur. Le général Bonaparte, qui était en Égypte, ayant été informé de cet état de choses, prit la résolution de revenir en Europe. Il ne confia son dessein qu'au général Berthier. Il donna ordre au contre-amiral Gantheaume d'armer deux frégates et deux autres petits bâtiments, sans lui faire connaître son projet, qu'il n'exécuta qu'après avoir assuré la possession de la haute et basse Égypte, et la solde de l'armée pour un an. Il adressa ensuite un billet cacheté à tous ceux qu'il voulait emmener, avec ordre de ne l'ouvrir qu'à tel jour, à telle heure, sur le bord de la mer. Le 22 août fut le jour fixé; tous ceux

---

[1] Voir page 32, à la note.

qui avaient reçu le billet se rendirent au lieu désigné, ouvrirent chacun leur billet, et trouvèrent l'ordre de s'embarquer tout de suite. Ils ne perdirent pas un moment, laissant leurs effets dans leur logement et leurs chevaux sur le rivage. Arrivés à bord des bâtiments préparés pour le voyage, on fit l'appel, deux étrangers furent reconnus et remis à terre. On leva l'ancre, on mit à la voile, mais les vents contraires ne permirent de sortir de la rade d'Aboukir que le 24. En partant, le général Bonaparte laissa un paquet à l'adresse du général Kléber, qui ne devait être ouvert que 24 heures après son départ. Ce paquet renfermait sa nomination pour commander l'armée dans toute l'Égypte, en son absence, et pour donner le commandement de la haute Égypte au général Dessaix. Bonaparte après avoir demeuré quatre jours à Ajaccio, en Corse, sa patrie, arriva le 16 vendémiaire an VIII (octobre 1799) à Saint-Rapheau, près Fréjus, où il se rendit avec sa suite à travers un peuple immense accouru de toutes les communes circonvoisines, et faisant retentir l'air des cris de : Vive la République ! Vive Bonaparte !

Le 9 octobre, il quitta Fréjus, pour se rendre à Paris avec le général Berthier et trois savants qu'il ramenait avec lui. Ce fut à Paris que les généraux Bonaparte et Moreau firent connaissance ; ils ne s'étaient jamais rencontrés auparavant. Aussitôt que Bonaparte fut arrivé à Fréjus, le Directoire en fit part aux deux conseils du Corps législatif, qui accueillirent le message par des cris de : Vive la République. Depuis son arrivée à Paris jusqu'au 18 brumaire an VIII (9 novembre 1799). Bonaparte se mit à murir et à préparer le projet de révolution qu'il devait opérer, conjointement avec plusieurs membres du Directoire, du Conseil des anciens et de ceux qui désiraient de mettre un terme à tant de secousses politiques, et d'affranchir la France le 17 octobre 1799. L'Administration municipale fit annoncer cette nouvelle par des décharges d'artillerie et le son de la cloche de la maison de Ville.

J'ai déjà eu occasion de parler de l'aqueduc construit sur l'ancien fossé de ville, depuis la Porte-Neuve jusqu'à celle de Saint-Louis.[1] Ce fut à la fin de 1799 que l'Administration municipale autorisa les

---

[1] Voir page 54, note 2.

particuliers qui avaient des maisons et jardins le long de ce fossé, à construire, à leurs frais et dépens, cet aqueduc ; elle leur accorda toute la partie du terrain dont il serait recouvert, à la réserve de la partie qui serait nécessaire pour l'établissement de la grande voirie et d'une allée sur l'accotement de la route.

Les allées de la Plate-forme furent aussi plantées au commencement de cette année, par les soins de M. Castelnaud, alors président de l'Administration. Ce terrain était autrefois très bas et de niveau avec la grande route qui le borde au midi et les jardins qui l'environnent. En 1738, année disetteuse, les consuls le firent élever à la hauteur où il est maintenant, en y faisant transporter tous les décombres et terres entassés dans les rues et carrefours de la ville ; ils employèrent à cet ouvrage les pauvres de tout sexe et de tout âge en état de travailler, et leur procurèrent ainsi le moyen de subsister. La Plateforme est le lieu le plus élevé des alentours d'Agen et une de ses promenades les plus agréables. Les plus forts débordements ne peuvent l'atteindre ; on y respire un air pur et sain. C'est là que les habitants d'Agen, après s'être promenés, en été, sur les allées du Quinconce ou sur le gazon du Gravier, vont passer les soirées et se réfugier vers le coucher du soleil, pour éviter le serein que cause la proximité de la rivière. Les dames surtout paraissent avoir de la prédilection pour la Plateforme ; il est aisé d'en deviner la raison : c'est que cette promenade étant plus à découvert et moins ombragée, elles peuvent mieux y étaler leurs grâces qui sont enfouies sous les arbres touffus du Gravier.[1]

---

[1] Les allées de la Plateforme occupaient à peu près l'emplacement de la promenade actuelle de ce nom. Elles étaient plantées d'ormeaux et se terminaient, du côté de l'ouest, par une banquette en pierres, percée de deux ouvertures. Le triangle allongé dont la rue de Strasbourg forme la base et dont les coins sont, au nord, le cours Trénac, au sud, la route nationale n° 21, comprenait à peine vingt maisons éparses ; encore étaient-ce des maisons habitées par de pauvres gens, travailleurs de terre allant en journée. Il y avait là des vacants en friche et quelques jardins. C'était un quartier désert et presque champêtre. La vue de la plaine et des coteaux gracieux qui dominent la Garonne vers Moirax, Boé et Layrac, non arrêtés par les constructions qui se sont élevées depuis (la prison départementale, entre

Mlle Contat, célèbre actrice du Théâtre-Français, arriva à Agen au mois de septembre ; elle y donna huit représentations avec une très bonne troupe que nous avions alors, dirigée par le sieur Paban. La première représentation eut lieu le 20 septembre, et la dernière le 6 octobre suivant. La salle fut toujours pleine, même trop petite ; on accourait de toutes les petites villes voisines. Mlle Contat partit très satisfaite des habitants qui, de leur côté, se félicitaient d'avoir pu admirer les talents d'une actrice aussi distinguée.

Le 18 brumaire an VIII (17 octobre 1799) fut et sera toujours pour la France une époque remarquable. Ce fut dès ce moment qu'elle commença à respirer et à entrevoir le calme, la tranquillité et la paix, après dix ans d'orages révolutionnaires. C'est au général Bonaparte qu'il était réservé de consolider l'édifice dont il avait préparé les matériaux par ses victoires, d'anéantir toutes les factions et de faire triompher la République de tous ses ennemis, tant au dedans qu'au dehors. Cette journée mérite d'être notée parce qu'elle se rat-

---

autres, et le Palais de justice), se déployait aux yeux des promeneurs d'une manière agréable. Tout cela est bien changé depuis le remaniement qui fut fait vers 1855 ou 1856, sous l'administration préfectorale de M. J. Ducos. On a de beaucoup agrandi la promenade ; elle est plus coquette, mais l'air manque, comme écrivait dernièrement dans la *Revue de l'Agenais* (cahier de mars-avril) un de nos amis, qui a beaucoup d'esprit, ce qui est son moindre mérite. Il nous permettra de le citer. « Assurément la Plateforme est moins gaie que le Gravier. Des allées courtes et des arbres inégaux, mal peignés, mal brossés, à la jeunesse malingre, de petites pelouses aux lignes sèches, un bassin délabré qui filtrerait un fleuve pour le plaisir de rester à sec ; des murs pour encadrement : voilà tout l'espace, toute l'ombre, tout le décor, toute la fraîcheur, toute la vue de près ou de loin. C'est toutefois une promenade intime à certaines heures, quand disparaît cette foule, toujours la même, des jours de musique, dilettanti sérieux, femmes essayant l'effet d'une robe neuve, jeunes gens correctement cravatés, troupiers guindés sous leur uniforme et personnages graves en redingottes graves. » — Ajoutons, en ce qui concerne le serein, que l'opinion de Proché et de ses contemporains a conservé toute sa force, du moins en théorie. On médit beaucoup du Gravier, mais on s'y rend en foule le dimanche, les jours de fête et même les jours ouvrables. Et, quoi qu'on dise et quoi qu'on pense, il en sera toujours ainsi, parce qu'il est rare de trouver une promenade plus commode, plus aérée et plus charmante.

tache par son importance à une des époques les plus célèbres de notre histoire. Lorsque Bonaparte arriva en France, il la trouva dans un état déplorable. La Représentation nationale était vendue, en grande partie, au pouvoir directorial, qui sacrifiait tout pour conserver une autorité dont il abusait ; une banqueroute universelle menaçait d'engloutir toutes les fortunes, de ruiner toutes les familles. La vénalité et le désordre dévoraient le Corps social. Le soupçon et la peur planaient sur toutes les têtes. Tout était à l'encan ; la justice n'était plus qu'un mot, le patriotisme qu'un masque, la liberté qu'un fantôme, la vertu qu'un mensonge. L'État ressemblait à un homme ivre qui chancelle et qui ne peut plus se soutenir; les intrigues et les conspirations se pressaient autour de nous. Les uns voulaient un prince étranger, les autres un dictateur. Plusieurs voulaient nous replonger dans le vague des mesures arbitraires. La nation était dégoûtée et trahie, le but de la Révolution manqué, les fruits de nos travaux, de nos sacrifices, de nos victoires anéantis. L'extérieur présentait un aspect effrayant ; nos conquêtes perdues en Italie; nos armées découragées et devenues la proie des fournisseurs ; la paix devenue impossible, à moins qu'elle ne fût déshonorante. Tel était le tableau que présentait la République française dans les premiers jours de l'an VIII (1799). Une crise paraissait nécessaire, inévitable ; tous les français sentaient le besoin impérieux d'un meilleur ordre de choses et la nécessité de reconstruire l'édifice politique sur des fondements plus solides. Au milieu de ce cahos, la fortune ramena Bonaparte à Paris.

Sa réputation remplissait tout le monde ; c'était le seul homme qui pouvait étouffer tous les partis ou les concilier, procurer à la France la paix intérieure et extérieure et faire cesser l'anarchie. A son arrivée, les chefs de toutes les factions se pressèrent autour de lui pour se fortifier de son suffrage. Mais Bonaparte se décida à couper le nœud gordien et à fixer sur sa tête une immense responsabilité en saisissant d'une main hardie les rênes du gouvernement ; il se concerta avec quelques membres du conseil des anciens ; le 18 brumaire fut décidé. Ce jour-là, le Corps législatif fut transféré à Saint-Cloud, en vertu d'un décret de ce même Conseil, qui chargea le général Bonaparte de l'exécution et mit à sa disposition les gardes du Corps législatif et toutes les troupes qui étaient autour de Paris. Les membres du Directoire, informés de ce mouvement, s'aperçurent que leur règne était irrévocablement fini ; l'un d'eux fit sa démission, les autres se retirèrent. Alors le général fit plusieurs proclamations aux armées, aux troupes stationnées autour de Paris et aux citoyens, qu'il invitait à rester tranquilles et à ne pas se livrer aux suggestions des ennemis du bon ordre, leur assurant que les mesures que l'on prenait seraient suivies du rétablissement de l'ordre intérieur, de la restauration de la liberté, et de l'affermismissement de la République.

Le 19, le Conseil des Cinq-Cents étant assemblé à Saint-Cloud, Bonaparte arriva dans la salle, sans armes, accompagné de quelques grenadiers, on se presse autour de lui, on le repousse, on le menace d'un poignard ; un des députés voulut en frapper le général ; un grenadier para le coup et en fut blessé au bras. Lucien Bonaparte, président du Conseil des Cinq-Cents, parvint, avec beaucoup de peine, à se faire entendre ; on l'interrompt par des cris, par des menaces ; il quitta le fauteuil. Alors Bonaparte ordonna aux grenadiers de faire évacuer la salle. Plusieurs députés se sauvèrent avec précipitation et sautèrent par les fenêtres ; en cinq minutes la salle fut vide. Il se rendit ensuite au Conseil des Anciens qu'il engagea à faire promptement usage de tous leurs moyens pour sauver la patrie. Bonaparte sort de la salle ; le Conseil se forme en Comité général et crée provisoirement une commission composée de trois consuls : Siéyes, Roger-Ducos et Bonaparte.

Ce grand mouvement du 18 brumaire, se termina comme celui du 9 thermidor, dans l'espace de vingt-quatre heures. Bientôt après, le gouvernement provisoire s'occupa d'une nouvelle constitution. Bonaparte fut nommé premier consul, Cambacerès et Le Brun second et troisième consuls. Ils prirent sur le champ les rênes du gouvernement. Cette constitution fut publiée à Paris le 24 frimaire an VIII (15 décembre 1799). Un courrier extraordinaire la porta à Agen le 19 décembre. Elle fut soumise à l'acceptation du peuple. En conséquence, des registres furent ouverts à la Commune, auprès des tribunaux, chez les juges de paix et notaires ; on y exprimait son vœu par écrit, pour *oui* ou pour *non* La constitution fut acceptée dans tout le département de Lot-et-Garonne, à la presque unanimité ; elle fut publiée à Agen, le 21 décembre 1799.

Le 5 janvier, an VIII (1800), un bataillon auxiliaire composé de 1,400 hommes du département de Lot-et-Garonne, part d'Agen pour Lyon. M. Falagret fils aîné, était un des officiers de ce corps.

Vers la fin de ce mois, on commença à démolir la vieille cathédrale Saint-Etienne, d'où l'on sortit une quantité immense de très belles pierres, et autres matériaux ; une partie, comme nous avons déjà eu occasion de le dire, servit à faire la digue à pierres sèches qu'on construisit en 1803, à la suite de celle qui est bâtie au bout du Gravier, au-dessus du grand pont qu'on vient de commencer ;[1] le reste fut vendu à des habitants de la ville. Il ne resta donc, de cet ancien édifice, que la nef du milieu qu'on voit encore et qui paraît neuve, quoique bâtie depuis environ sept ou huit cents ans ; quelques uns prétendent qu'elle l'a été par les Anglais.[2] Le pourtour seul fut détruit. Le terrain ayant été, dans la suite, déblayé et aplani, M. le Maire y a fait planter des acacias au commencement du mois de Février 1811. Il est à remarquer que, quoique ce terrain soit très pierreux, aucun de ces arbres n'a manqué la première année ; ils sont de la plus belle venue.[3]

---

[1] La digue dont Proché dit qu'elle était « au-dessus du grand pont qu'on vient de commencer » existe encore, protégeant contre la Garonne la prairie plantée de peupliers qui s'étend entre le fleuve et la façade ouest de l'hospice Saint-Jacques. Celle qui défend la promenade du Gravier fut construite de 1827 à 1828 par les soins de M. de Lugat, alors maire d'Agen. La digue en pierres sèches dont il est question dans le passage auquel se rapporte cette note, a disparu dans le travail général d'endiguement qui fut exécuté sous le règne de Louis-Philippe, M. Sylvain Dumon, notre compatriote, étant ministre des travaux publics. Elle était, s'il nous en souvient, située entre les deux autres, vis-à-vis de la caserne, entre la rue de Roques, aujourd'hui rue Lamouroux et la rue des Acacias, aujourd'hui rue Palissy.

[2] Cette idée, longtemps répandue à Agen et acceptée sans contrôle, n'a, croyons-nous, d'autre fondement que la découverte, faite au-dessous du portail, à une époque assez ancienne, de monnaies d'Edouard III et du prince noir, frappées après 1356. Or, comme dit M. Tholin, avec l'autorité qui s'attache à ses travaux, « la forme lancéolée des archivoltes, l'emploi du pilier français et du pilier normand nous reporteraient même au commencement du XIIIe siècle, si l'église de Saint-Etienne appartenait aux régions du Nord ; mais on peut admettre, l'Agenais étant en retard de trente ou cinquante ans, que l'édification de la Cathédrale date, vraisemblablement, du milieu du XIIIe siècle. » (*Etudes sur l'architecture religieuse de l'Agenais*, page 195.)

[3] Ces acacias dont l'élégante ramure parait si agréablement les ruines imposantes de l'église, figurent dans les dessins qui ornent les *Esquisses*

Du côté de Duras, Eymet et autres cantons voisins, il s'était rassemblé, comme sur plusieurs autres points de la France, des troupes de brigands connus sous le nom de chauffeurs, tous déserteurs ou réfractaires. Ils pillaient et brûlaient les maisons de ceux qui leur refusaient de l'argent, leur arrachaient le poil de la barbe, les sourcils, leur faisaient brûler les pieds à petit feu. Le département y envoya bientôt une force armée composée de gardes nationaux et de gendarmes à cheval. La ville d'Agen fournit trente hommes qui partirent, le 18 février, pour Marmande où était le rendez-vous pour l'organisation des troupes destinées à cette expédition qui fut assez longue. Les hommes fournis par les divers arrondissements étaient relevés tous les mois; on parvint enfin à disperser les scélérats. On en prit plusieurs qui furent conduits à Bordeaux ou à Agen, où ils furent jugés et condamnés à mort.

Le 25 février 1800, mort de Mme de Secondat-Montesquieu dans sa maison située près la porte Saint-Antoine.[1] Cette dame, recommandable par son esprit et par ses vertus, était la fille du président Montesquieu de Bordeaux, l'illustre auteur de *L'Esprit des Lois*; on sait qu'elle lui a souvent servi de secrétaire.

Le 10 février, toutes les autorités de la ville d'Agen prêtèrent serment au nouveau gouvernement. Ce serment était conçu en ces termes : « Je jure d'être fidèle à la Constitution. »

Le 21 mars 1800, on apprend que M. Pieyre fils, natif de Nimes, a

---

historiques, archéologiques et pittoresques sur Saint-Etienne, ancienne cathédrale d'Agen, par M. H. Brecy. Nous les avons vu tomber avec ces ruines elles-mêmes en 1836, pour faire place à la Halle qui, à son tour, vient de disparaître. Leur croissance sur un sol engraissé de nombreuses sépultures avait été très rapide et leurs dimensions étaient vraiment remarquables.

[1] L'hôtel de Secondat-Montesquieu a été vendu, il y a environ vingt-cinq ans, et partiellement démoli. Il n'en reste guère qu'un cinquième, dans la rue Londrade, dépendant de la maison Bousquet qui porte le n° 12 sur la rue Saint-Antoine. La maison voisine, numérotée 8, a substitué sa plate et sotte façade à une haute et large tour carrée, partant d'une galerie en balustrade de la fin du XVI° siècle, dont les violiers et les pariétaires rajeunissaient tous les ans la vieillesse.

été nommé préfet du département de Lot-et-Garonne. Il arrive à Agen le 18 avril suivant et est installé le lendemain au département.

Le 24 avril, le château du général Vidalot, situé auprès de Valence, est incendié. Il y était avec son père, sa femme et sa sœur. Cette dernière périt dans les flammes. Les auteurs de ce crime n'ont pu être découverts ; on a soupçonné des conscrits et des réquisitionnaires du pays.

Le 25 mai, installation des quatre conseillers de préfecture MM. Boussion, médecin, de Lauzun ; Grenier, de Frespech ; Vignes, de Sos, arrondissement de Nérac, et Menne père, d'Agen. M. Lafon du Cujula, ex-législateur, arrivé récemment de Paris, nommé secrétaire général de la Préfecture, est installé en cette qualité.

On avait appris officiellement, le 27 avril, que M. Raymond avait été nommé, par le premier Consul, maire de la ville d'Agen, M. Chaudordy, notaire, et M. Dutrouilh aîné, négociant, adjoints. Les deux derniers furent installés le 25 mai 1800, par M. le Préfet, devant qui ils prêtèrent le serment prescrit par la loi du 21 nivôse dernier. M. Raymond ne put être installé ce même jour pour cause de maladie ; il ne le fut que le 19 du mois de juin suivant. On lui rendit tous les honneurs dus à sa qualité de Maire.

Le tribunal d'appel séant à Agen, dont les départements du Gers, du Lot et de Lot-et-Garonne forment l'arrondissement, fut installé par M. le Préfet, dans la salle du palais de justice [1] : M. Lacuée aîné, président ; M. Bergonié, vice-président ; M. Mouysset, de Casseneuil, commissaire du gouvernement, et dix-neuf juges. Cette installation eut lieu le 21 juin 1800.

Le tribunal criminel fut aussi installé le même jour et dans le même lieu. M. Bory père, président ; M. Canuet, avocat, commissaire du gouvernement, et deux juges ; un jury composé de quinze citoyens, dont trois suppléants, complétait ce tribunal.

Le tribunal civil et de police correctionnelle composé d'un président, de quatre juges, deux suppléants, un commissaire du gouver-

---

[1] Voir page 8, à la note.

nement et un greffier, fut installé le même jour, M. Falagret, président, M. Garric, commissaire du gouvernement. Le tribunal d'appel avait aussi un greffier, M. Mathieu, ancien greffier du Sénéchal et Présidial d'Agen. Celui du tribunal criminel fut M. Lespès aîné.

Réjouissances et illuminations à Agen, le 29 juin 1800, au sujet de la victoire remportée à Marengo, en Italie, par le premier Consul, Bonaparte; le 14 juin, journée à jamais mémorable, parce qu'elle a influé sur les destinées non seulement de ce général, mais encore de la France, de l'Europe, on peut même dire du monde entier.

Le Maire de la ville d'Agen, voulant prévenir les accidents qui arrivaient chaque année, par l'ignorance des nageurs ou par leur imprévoyance, prit un arrêté, le 16 juillet 1800, pour indiquer les lieux de la Garonne où les citoyens pouvaient se baigner sans danger et sans inconvénient pour la décence publique.

En conséquence, des piquets furent plantés sur le bord de la rivière, depuis le ruisseau de Riols, qui sert de limites au territoire de la commune, jusque dans la direction de l'angle de la maison de la veuve Castan, portant ces mots gravés sur un écriteau : *Bon à baigner* ou *Précipice*; l'usage du bain fut interdit sur le reste du territoire de la commune. Il fut défendu aux baigneurs de courir à nu sur la berge de la rivière. Le commissaire de police resta chargé de tenir la main à l'exécution de cet arrêté, qui fût aussi spécialement recommandé à la sollicitude et à la vigilance des instituteurs primaires et particuliers et aux maîtres de pension ; il leur en fut adressé un exemplaire pour être affiché dans leurs écoles. Cette sage mesure subsista deux ans; on la négligea ensuite. Il est vrai que, depuis cette époque, le nombre des noyés a beaucoup diminué, ce qu'on doit attribuer à l'intrépidité avec laquelle les jeunes gens et même les enfants vont maintenant à l'eau, car les précipices sont toujours les mêmes. J'ai vu tout récemment quelques-uns de nos jeunes Agenais qui, après s'être essayés quatre ou cinq fois dans la rivière, encouragés par leurs camarades, sont montés sur le pilier [1] et se sont précipités, sont revenus à terre pour remonter sur le pilier et se précipiter encore. Bientôt après ils ont heureusement passé la Garonne à la nage.

---

[1] Voir page 23, note 1.

M. Thomasson, directeur de l'Enregistrement et des Domaines nationaux, acquéreur de la maison des ci-devant Religieux Dominicains, voulant avoir aussi l'église, la chapelle et la sacristie du même couvent, présenta une pétition au Ministre des Finances, pour obtenir l'ordre de lui en passer acte de vente. Cette pétition renvoyée au Préfet du département fut ensuite adressée au Maire d'Agen qui, vu l'insuffisance du nombre des églises de la ville, réduit au nombre de quatre, au lieu de vingt-cinq qu'elle avait auparavant, fut d'avis qu'il fût déclaré par le Conseil d'Etat n'y avoir lieu d'ordonner la vente demandée. Le sieur Thomasson fut débouté. L'avis du Maire est daté du 30 juillet 1800. Environ deux mois après, plusieurs citoyens présentent au Maire une pétition tendant à obtenir la jouissance de cette église, ainsi que celle des ci-devant religieuses du Chapelet,[1] pour l'exercice du culte catholique. Elles leur furent accordées, conformément aux lois du 11 prairial an III et du 7 vendémiaire an VII, qui remettent aux habitants des villes et communes, pour l'exercice de leurs cultes, les églises dont ils étaient en jouissance pour le même objet, au 1er vendémiaire de l'an II, à moins qu'elles ne soient affectées à quelque service public. Cependant l'église des Dominicains n'a été ouverte que que sept ans après, comme nous le verrons en son lieu, et celle du Chapelet sert encore (en 1814) de magasin à fourrage.

Le 21 septembre 1800, sur un arrêté du Préfet, il part d'Agen un détachement de la colonne mobile, composé de soixante hommes, sous le commandement de M. Bory fils, pour aller se joindre à d'autres troupes destinées à réprimer le brigandage qui se renouvelait sur différents points du département et sur ceux de la Dordogne, de la Haute-Garonne et du Gers.

Le Préfet du département de Lot-et-Garonne écrit au Maire d'Agen, qu'il vient d'apprendre officiellement que la paix générale va se traiter dans un congrès à Lunéville, que les préliminaires en sont déjà signés. Cette nouvelle est sur le champ publiée dans toute la ville, et répand la joie dans le cœur de tous les habitants qui, depuis longtemps, soupiraient après cette paix. La publication eut lieu le 29

---

[1] Voir page 35, note 1.

septembre 1800. On tira, à cette occasion, les quatre pièces de canon qui étaient à la Préfecture et dont le nombre est maintenant réduit à deux.

Les mois de Juillet et d'Août de cette année furent très secs; il fit une chaleur très vive. Le ciel était d'airain, il ne tomba pas une goutte de pluie, pendant soixante jours, à Agen ni dans les contrées voisines, ce qui fut très préjudiciable à la vigne. On ne fit qu'une très petite récolte en vin.

1800, an IX. — Les droits d'octroi commencèrent à être perçus à Agen. Le 3 nivôse an ix (24 janvier 1801), conformément à la loi du 27 frimaire an viii, il fut établi quatre bureaux pour cette perception à l'entrée de la ville, savoir : à la Porte du Pin, à la Porte Saint-Louis, à la Porte Saint-Antoine et à la Porte Sainte-Foi. Celui de Saint-Louis a été transporté depuis ce temps-là, auprès de la cale où est le passage des bateaux.

Les confréries des Pénitents subirent le sort des corporations et congrégations religieuses qui furent supprimées en 1791. Leurs biens, leurs chapelles, ornements et autres effets des sacristies furent vendus au profit de la nation. Lorsque le calme eut succédé à l'orage et que le libre exercice des cultes fut rétabli, les Pénitents cherchèrent à se rétablir et à reprendre leurs anciennes fonctions. Les trois compagnies s'assemblèrent donc, chacune de leur côté, et pensant bien que personne ne les blâmerait de faire revivre des établissements dont le but était de réciter l'Office divin, de secourir leurs confrères indigents, de les veiller dans leurs maladies, et de les ensevelir après leur mort, ils s'attachèrent aux églises qui leur convenaient le mieux ; les blancs choisirent l'église Saint-Hilaire,[1] parce que la plupart de leurs confrères sont dans cette paroisse; les bleus se retirèrent à la chapelle du Bourg, où se faisait provisoirement le service de Saint-Etienne, et où ils restèrent jusqu'à ce que l'église des ci-devant Dominicains eut été réparée et ouverte aux fidèles, après avoir été consacrée sous le nom de Notre-Dame. Les gris firent leurs offices à Saint-Caprais, jusqu'à ce que Sainte-Foi fut en état de recevoir l'exercice du culte. Depuis ce temps-là, c'est-à-dire depuis la fin de

---

[1] Voir page 6, note 1.

1800, les trois compagnies sont encore dans les mêmes églises. Peu de temps après, elles hasardèrent de reprendre leurs sacs, d'abord pour les sépultures, et ensuite dans leurs processions; elles furent même admises à celle que fait le Chapitre, le jour de la Fête-Dieu, à laquelle elles assistent encore et marchent après le corps des métiers. Cependant ils ne sont que tolérés par Mgr l'évêque Jacoupy, qui ne peut pas les autoriser. Ce Prélat, ainsi que deux Préfets, MM. Pieyre et de Villeneuve, ont souvent écrit au Ministre des Cultes pour l'informer de l'état de choses, et lui demander son avis relativement aux pénitents, mais en même temps ils ont toujours donné des notes favorables sur leur compte. Aussi le Ministre n'a jamais exigé l'exécution rigoureuse de la loi à leur égard, et a laissé à M. le Préfet la faculté de les laisser exister, tant que l'ordre public ne serait pas compromis. Si des malveillants ou de ces personnes inquiètes qui voudraient abolir tout ce qui tient à la religion, lui ont écrit contre eux, les lettres ont été renvoyées à M. le Préfet, qui n'en a fait nulle suite.[1]

1801, an IX. — Les diligences de Bordeaux et de Toulouse étaient fréquemment arrêtées vers le commencement de l'année 1801, par des partis de mécontents armés qui pillaient les voitures et enlevaient surtout l'argent destiné au Trésor public; bientôt après ils dépouillèrent les voyageurs. Ces arrestations avaient lieu du côté de Valence et sur les côtes de Malause.[2] Les autorités firent tout ce qui était en leur pouvoir pour faire cesser un tel désordre; un arrêté du Préfet du 4 janvier 1801 ordonne que les diligences seront escortées par des gendarmes à cheval et par quatre soldats commandés par un caporal,

---

[1] Des trois confréries de pénitents, blancs, bleus et gris, dont l'étrange costume et l'émulation musicale attiraient la foule aux jours de procession, aucune n'a résisté au souffle d'indifférence pour les démonstrations extérieures du culte qui s'est fait sentir en 1848 et s'est depuis tant accentué. Extrêmement populaires dans notre région, elles sont aujourd'hui complètement oubliées.

[2] On lira, à sa date, dans la suite de ces Annales, l'aventure de la diligence de Bordeaux à Toulouse, laquelle fut arrêtée, entre Moissac et Malause, à une heure de la nuit, par un seul homme, aidé de mannequins (10 juillet 1877).

placés sur l'impériale armés de mousquets et munis de cartouches. Les mêmes mesures furent prises pour les routes d'Auch et de Villeneuve ; mais comme elles ne produisirent pas l'effet qu'on en attendait, on y envoya des gardes nationaux. La ville d'Agen fournit cent hommes qui partirent pour Valence, le 12 Octobre 1801. Ces troupes, de concert avec la gendarmerie, prirent neuf des principaux de ces brigands, qui furent traduits dans les prisons d'Agen ; ayant été mis en jugement, ils furent tous acquittés par un jury trop indulgent. Le Ministre de la justice, voyant avec peine une pareille impunité, les fit arrêter par mesure de sûreté générale et transporter en Amérique. Dès cet instant, les routes furent libres, on y voyagea tranquillement.

Au mois de Février, il arriva des prisonniers napolitains parmi lesquels étaient un grand nombre d'officiers ; ils furent placés dans la maison des ci-devant cordeliers. Des prisonniers autrichiens les suivirent de près ; ceux-ci étant plus nombreux furent dispersés dans les chefs-lieux de district, où l'on était bien aise de les avoir pour les occuper aux travaux de la terre. Ceux qui étaient destinés pour Agen furent mis à l'ancien séminaire qui, depuis, a été converti en caserne. Ces prisonniers restèrent encore longtemps après la paix faite avec l'Autriche, ils passèrent même au service de la France, du consentement, dit-on, de leur souverain, mais au grand déplaisir de ces prisonniers qui firent la plus grande résistance. On ne peut se rappeler qu'avec indignation, la manière atroce avec laquelle ces malheureux furent traités. Croira-t-on que des français puissent se porter à cette férocité ? Ces allemands étaient tous d'une belle taille, remarquables par leur propreté, quoiqu'ils n'eussent que de mauvais habits, adroits, industrieux à se procurer quelque argent, au moyen de petits ouvrages qu'ils faisaient en bois ou avec de la paille. Tout le monde les voyait, les employait même avec plaisir. Un jour, c'était le 2 avril 1801, on les attira, sous prétexte d'une revue, sur les allées Saint-Antoine, vis-à-vis l'auberge de Mme Castan.[1] Là, le général Darnaudat (il était arrivé à Agen le 1er mars 1801) leur annonça qu'il avait ordre de les faire partir pour Bordeaux, à l'exception de leurs

---

[1] Aujourd'hui hôtel du Petit-Saint-Jean.

chefs sous-officiers. Aussitôt ils s'écrièrent tous, en leur langage, qu'ils ne partiraient pas sans leurs chefs. On essaya la douceur, les remontrances, les menaces ; tout fut inutile, ils persistèrent dans leur résolution. On leur donna des coups de plat de sabre, ils se serrèrent le plus fortement qu'ils purent et formèrent un groupe impénétrable, criant toujours et demandant qu'on les renvoyât dans leur patrie. Le général se retira et les livra aux gendarmes et autres militaires qui devaient les conduire. Ceux-ci irrités de leur résistance, sans nul égard pour le droit des gens, tombèrent sur ces hommes désarmés, les frappèrent avec furie à grands coups de bâton et de plat de sabre.

Comme ce moyen ne réussissait pas, on fit venir un détachement de chasseurs qui, dirigeant leurs chevaux avec force sur ces Allemands ainsi rassemblés, parvinrent à les séparer, en renversèrent et blessèrent plusieurs sous les pieds des chevaux. Ce fut dans cet état qu'on les fit mettre en route, accablés de coups, de fatigue et de faim. Les blessés furent mis sur des charrettes ; on conduisait les autres comme des animaux, frappant ceux qui allaient trop lentement. Jamais peut-être il ne se passa une scène aussi cruelle autour de la ville d'Agen ; dès que la nouvelle de cet évènement y fut répandue, les habitants firent éclater leur mécontentement. Le maire en dressa procès-verbal, fit même une enquête à ce sujet. Le général fit mettre en prison quelques militaires ; des gendarmes furent changés de résidence. On regarda cette punition comme suffisante, les droits de l'humanité assez vengés, et le vœu des citoyens d'Agen entièrement satisfait. Les prisonniers Allemands arrivés à Bordeaux, furent incorporés dans un régiment et embarqués, dit-on, pour l'Amérique.

Une maladie épidémique qui s'était déclarée l'année précédente, dans les prisons, régnait encore ; quelques prisonniers avaient péri, plusieurs étaient malades. Tous les médecins et chirurgiens de la ville furent assemblés à l'hôtel de la mairie et priés de délibérer sur les moyens de prévenir la contagion et de faire cesser le mal. Leur avis fut que l'air avait besoin d'être désinfecté et renouvelé. Pour cet objet, les prisonniers furent traduits dans l'église des ci-devant Dominicains où ils étaient gardés par douze hommes remplacés tous les jours, et servis par des guichetiers. Pendant la nuit, ils étaient renfermés dans la sacristie où l'on visitait exactement leurs fers. Le jour, ils avaient la faculté de se promener dans le fond de l'église, du côté du levant ;[1] cette partie était fermée par une barrière. Un arrêté du préfet du 5 février avait d'abord autorisé le maire à faire transférer les prisonniers dans les écuries nationales de Saint-Louis ;[2] on jugea ensuite qu'elles n'étaient pas sûres, et qu'il faudrait une garde plus nombreuse; on préféra donc les mettre dans l'église des Dominicains, comme plus solide et plus commode pour la garde. Ils y furent conduits le 15 février 1801. La loi du 4 vendémiaire an VI condamnait à un an de fers un gardien qui aurait laissé échapper un condamné à la peine de fers, soit qu'il eût connivé, soit qu'il n'eût été que négligent. Il était donc essentiel de prendre les plus grandes précautions. Les réparations des prisons étant terminées, on y ramena les prisonniers guéris, et en bon état. Depuis ce temps-là, il n'y a pas eu de maladie.

Décès du citoyen Dutrouilh aîné, adjoint du maire d'Agen, le 27 janvier 1801. Chargé de la visite des prisons, qu'il faisait très exactement, il y contracta la maladie dont je viens de parler, et dont il mourut en peu de jours, à la fleur de son âge, laissant une veuve inconsolable, et trois enfants en bas âge, hors d'état de sentir encore cette perte. C'était un homme bien fait, très aimable, et surtout excellent citoyen ; il était généralement aimé et estimé, aussi fut-il vivement regretté de tous ceux qui le connaissaient. Il fut un des députés de la garde nationale d'Agen à la grande fédération en 1790.

---

[1] C'est par là qu'on entre actuellement dans l'église de Notre-Dame des Jacobins. L'autel était de ce côté, comme c'est l'usage dans les églises chrétiennes. S'il est aujourd'hui au couchant, c'est qu'au rétablissement du culte, cette église ayant été faite paroissiale, M. Champier, qui en fut le premier curé, jugea que l'entrée serait plus commode par le côté où arrivent les habitants des places et des rues qui formaient la nouvelle paroisse. De là, la *désorientation*, certainement regrettable, de ce remarquable édifice.

[2] Les magasins à bois de M. Jounqua et la maison de M. Laborde, sur la place Saint-Louis, occupent l'emplacement de ces écuries, qui avaient été construites par Bernard de Foix et de La Valette, 2e duc d'Epernon, gouverneur de la Guyenne. Il y a cinquante ans, on appelait encore ce quartier *les Ecuries du Roi*.

Il fut ensuite commissaire de police, et s'acquitta très bien des fonctions délicates de cet emploi.

1801, *an IX* — M. Bory, fils, avocat et avoué près le tribunal civil d'Agen, est installé le 19 mars en qualité d'adjoint du maire, en remplacement de M. Dutrouilh décédé.

Publication de la paix avec l'Autriche. Grandes réjouissances à ce sujet; distribution de pain aux pauvres; feu d'artifice; 200 billets donnés gratis pour l'entrée au spectacle, surtout aux anciens militaires; repas donnés par le préfet, et par le général d'Arnaudat, ce dernier de 80 couverts chez Mme V° Castan, à 24 fr. par tête. Cette publication se fit le 9 avril 1801.

Au commencement du mois de mai, Mlle Clairville, cantatrice très estimée du théâtre de Bordeaux, vient à Agen donner quelques représentations, avec la troupe de Saint-Romanville. Le public aurait joui plus longtemps du plaisir de l'entendre, si des jeunes étourdis n'eussent troublé le spectacle, ce qui obligea le maire à interdire la salle pour quelque temps.

M. Marraud, ci-devant avocat, ex-membre de la Cour de cassation, juge de la Cour d'appel d'Agen, nommé accusateur public près le tribunal criminel du département de Lot-et-Garonne, sur la démission de M. Canuet, est installé en cette qualité le 18 mai. Ce magistrat a occupé cette place jusqu'à la fin de l'année 1810, époque à laquelle il fut frappé d'apoplexie. Malgré tous les remèdes qui lui ont été faits, il est resté incapable de remplir aucune fonction publique. Il est mort le 7 avril 1816.

La 92e demi-brigade d'infanterie arrive à Agen, pour y rester en garnison. Le 22 juin, elle reçoit ordre de partir le 14 août suivant pour le Portugal. Elle revient à Agen le 14 novembre. Elle y est mise au complet.

An X. — Le système décimal des poids et mesures, ordonné par la loi du 1er vendémiaire an IV, et renouvelé par un arrêté des consuls de la République du 13 brumaire an IX, est mis en exécution le 1er vendémiaire an X (23 septembre 1801). Malgré les instructions données par le préfet, malgré les tarifs et les tables de comparaison entre les anciennes et nouvelles mesures, ce système a bien de la peine à s'établir chez les particuliers. On reconnaît cependant qu'il est préférable à l'ancien, et le gouvernement, qui y tient parviendra, malgré l'habitude, à le généraliser.

Fête dans toute la France au sujet des préliminaires de paix avec l'Angleterre et les puissances coalisées. *Te Deum* et grandes réjouissances à Agen ; spectacles, bals, festins, décharges d'artillerie, cloches, illuminations (22 octobre 1801).

M. Raymond, maire de la ville d'Agen, meurt le 21 novembre. On lui rend les honneurs funèbres dus à la place qu'il occupait. M. Raymond avait de l'esprit et toutes les qualités pour être un bon administrateur, mais on lui reproche d'avoir eu peu de zèle pour les intérêts de la commune.

Les habitants de Lot-et-Garonne, les Agenais surtout, passent pour aimer passionnément le jeu. Cette funeste manie a causé, dans ces derniers temps, la ruine ou le dérangement de plusieurs familles. Pour arrêter ce mal, M. le Préfet prit un arrêté le 16 septembre 1801, par lequel il défend les jeux de hazard, tels que la masse aux dés, le blanc et le noir, le trente et quarante etc, sous peine, de la part de ceux qui donneraient à jouer ces jeux, d'être poursuivis correctionnellement.

Le maire fit aussitôt publier et placarder cet arrêté dans les lieux accoutumés, aux portes des auberges, des cafés et des maisons destinées aux réunions. Le commissaire de police fit les perquisitions nécessaires pour s'assurer de son exécution. Ces mesures ne produisirent pas un grand effet ; on jouait en cachette ; ce qui obligea les autorités à s'adresser au ministre de la police générale, qui autorisa le maire à payer des surveillants pour découvrir les lieux où l'on jouait. On en découvrit en effet, mais on usa d'indulgence envers les coupables. Cependant la fureur du jeu s'est apaisée, ce qu'il faut attribuer plutôt au défaut d'espèces, qu'à la crainte des peines.

Débordement de la Garonne le 6 décembre 1801, à la suite de grandes et longues pluies. L'eau a couvert le gazon du Champ-de-Mars, sans couvrir la grande route du côté de la fontaine.

Foire de Saint-Antoine, établie par arrêté des consuls du 19 thermidor an IX, tenue pour la première fois à Agen, le 21 frimaire an X (12 décembre 1801). Il fit un temps affreux pendant ces trois jours.

Autre débordement plus considérable que le précédent le 30 décembre. Tout le Gravier fut couvert. L'eau vint par l'aqueduc de la rue Mailhé jusque sur la porte de M. Argenton, médecin.[1]

1802. *An X.* — M. Sevin aîné, est nommé maire de la ville d'Agen, en remplacement de M. Raymond, le 17 frimaire an x (8 décembre 1801). Il prête serment de fidélité à la République devant M. le Préfet du département le 6 janvier 1802, et est installé le lendemain par les deux adjoints, MM. Chaudordy et Bory, fils.

Troisième débordement le 20 février 1802, qui a couvert le Gravier et les promenades. Le 22 la Garonne était rentrée dans son lit, les pluies abondantes l'ont faite ressortir dans la nuit du 23, et revenir au point où elle était la veille. Ce débordement a duré huit jours. Un si long séjour des eaux a causé de grands dégâts dans les campagnes voisines de la rivière, il a emporté beaucoup de terrain et plusieurs ormeaux du Gravier, au bout du quinconce. Les pauvres ont beaucoup souffert ; le maire leur a fait distribuer du pain et du bois, surtout à ceux qui avaient eu de l'eau dans leurs maisons.

Quatrième débordement le 9 mars 1802. Il a égalé celui du 6 décembre précédent, moins trois pouces.

Une grande partie du rocher qui fait coin au haut de la Coste-Drète au-dessus et vis-à-vis la maison de Dangosse, est tombé le 6 avril, et a roulé par morceaux jusqu'à mi-coteau. Les vignes voisines ont été très endommagées.

Les jours de repos pour les fonctionnaires publics cessent d'avoir lieu le décadi et sont fixés au dimanche par une loi du 18 germinal an x ; et les jours de congé pour les écoles, au jeudi. M. le Préfet prend un arrêté à ce sujet, qui est mis à exécution au mois de juin 1802.

Amnistie accordée à tous les émigrés non rayés définitivement

---

[1] Cette maison, dont il a été parlé à la page 10, va prochainement disparaître, emportée par le boulevard qui doit traverser la ville dans le sens de sa plus grande longueur. Son entrée est dans la rue Saint-Antoine au n° 19 et sa sortie dans la rue Maillé, près de la bouche d'acqueduc dont parle Proché.

par un sénatus-consulte du 6 floréal an x (26 avril 1802) proclamée comme loi de la République, par le premier consul. Tous leurs biens qui sont encore dans les mains de la nation, leur sont rendus, à l'exception des bois et forêts, déclarés inaliénables.

Le Concordat, ou la loi sur l'organisation de cultes, est publié le 26 avril 1802.

Gelée qui fait beaucoup de mal aux vignes, aux fruits, et aux grains de toute espèce, les 17 et 18 mai.

Départ de la 92me demi-brigade, le 8 août, pour Neufbrissac en Alsace.

Proclamation d'un sénatus-consulte qui déclare les consuls de la République à vie, le 15 août 1802 (27 thermidor, an x).

Mgr Jacoupy nommé évêque d'Agen le 17 juin 1802, par le premier consul, sacré à Paris le 18 juillet, arrive le 3 octobre, et est installé le 17 du même mois dans l'église de Saint-Caprais, en présence de toutes les autorités constituées et d'une foule immense de peuple qui était accourue des villes du département, pour voir cette auguste cérémonie. Conformément aux intentions du gouvernement, et au vœu de tous les citoyens, on lui donne toute la pompe et la solennité dont la ville d'Agen est susceptible.

La foire du Gravier avait toujours été de trois jours ; un arrêté des consuls du 19 thermidor an ix, l'avait prolongée de trois jours. La première de six jours se tint le 16 prairial an x (5 juin 1800). Depuis 1809, cette foire se tient le premier lundi du mois de juin, par un règlement du Conseil municipal qui a voulu empêcher qu'elle ne fût interrompue par aucun dimanche ni jour de fête.[1]

---

[1] La création de cette foire, qui remonte à 1610, ne s'obtint pas sans difficultés. Dans la requête qu'ils présentèrent, les consuls exposaient qu'ils n'avaient aucun marché pour les chevaux et pour le bétail, ce qui était de grand dommage au pays. Leur demande fut agréée, et la concession eut cela d'avantageux que, formulée en termes généraux, elle autorisait implicitement la vente de toute espèce de marchandises.

Cette foire devait durer du 3 mai au 11 juin ; elle fut bientôt réduite à trois jours, d'où l'on peut inférer qu'elle eût peu de succès. En 1687, pourtant, on crut devoir la rétablir en sa durée primitive pour, de nouveau, au bout de quelque temps, la réduire à trois, ce qui suffisait.

« Quelques années avant la Révolution, a dit M. Tholin (*Variétés histori-*

La régie des droits réunis a été établi dans tout l'Empire français, au commencement de cette année. M. Réguis, membre de la ci-devant Convention, en est directeur pour le département de Lot-et-Garonne; il fait sa résidence à Agen dans la maison de M. Rangouse,[1] rue Saint-Antoine, où il établit aussi ses bureaux.

Le nouveau clergé organisé d'après les arrêtés du gouvernement des consuls, a été installé le 20 octobre 1803, par Mgr Jacoupy évêque. Les curés ont prêté serment sur l'Evangile en présence du Préfet et des autres autorités, dans l'église Saint-Caprais, qui, à l'avenir, sera la Cathédrale, et portera le nom de Saint-Etienne, patron du diocèse.

La digue à pierre sèche faisant suite de celle qui est au bout du Gravier, au-dessous de la manufacture de Las, a été faite dans les derniers mois de l'année 1803, des pierres provenant de la démolition de l'ancienne cathédrale. L'endroit où elle a été construite était un précipice, il y avait vingt pieds d'eau, d'où l'on peut juger quelle quantité de pierre il a fallu employer pour cet ouvrage qui a vingt-huit toises de longueur. On y a enfoui avec le moellon, de superbes quartiers. L'intérieur de la digue, au-dessus du niveau de la Garon-

---

ques sur l'Agenais, les officiers municipaux adressèrent une requête à Fleury pour obtenir un retour à la concession de 1610. Ils faisaient valoir l'importance de leur foire en des paroles qu'il est bon de citer : « Il s'y rend, disent-« ils, un grand nombre de marchands du Limousin, qui viennent s'y « pourvoir de bestiaux destinés à fournir les boucheries de Paris. On y vend, « pareillement, une grande quantité de toiles pour le Languedoc, la Provence « et l'Espagne. Le nombre des marchands génois qui portent des objets d'une « utilité première augmente chaque année et généralement toutes sortes de « denrées y trouvent un débit assuré. » Ce tableau était exact et il l'est resté longtemps. Dans le premier tiers de ce siècle, le mouvement imprimé par la foire était véritablement considérable. Il n'y avait pas, dans les maisons des rues Saint-Antoine, Garonne, Pont-de-Garonne, Saint-Louis, etc., de chambre, si simple fût-elle, que les hôtelier n'eussent louée d'avance pour y loger les *forains*. Dans ces quartiers, bon nombre de marchands agenais trouvèrent avantage à louer même leur magasin, déménageant leur marchandise et suspendant pour huit jours leur commerce, tant le prix que leur offraient les marchands étrangers était rémunérateur. La création des chemins de fer, en mettant les grandes villes à la portée de tous les acheteurs, a pour toujours clos cet état de choses.

[1] La maison Argenton, avait, d'abord, appartenu à la famille Rangouse.

ne, est rempli de gravier pris sur la rive opposée du fleuve, qu'on transportait sur des bateaux.

Le dixième régiment des hussards, commandé par le colonel Lassole, est arrivé à Agen le 16 novembre 1803. Il est parti le 12 décembre pour Saint-Omer.

Le 21 février 1804, courrier extraordinaire portant la nouvelle que les généraux Moreau, Pichegru, Georges et autres avaient formé une conspiration pour renverser le gouvernement. On sait quelles furent les suites de cette affaire. Les conjurés, ou du moins leurs chefs, furent arrêtés. Pichegru fut trouvé étranglé dans sa prison. On fit courir le bruit qu'il s'était détruit lui-même. Moreau fut condamné à deux années d'emprisonnement ; il fut ensuite exilé et passa avec sa famille dans les Etats-Unis de l'Amérique. Les puissances alliées contre Napoléon le firent venir en 1813, pour être aidées de ses conseils et de son grand nom ; mais ayant été dangereusement blessé à la bataille de Wurtchen, auprès de Dresde, le 27 octobre de cette même année, il mourut peu de jours après. Il a été généralement regretté.

La foire appelée des Jambons, établie hors la Porte-Neuve, s'est tenue pour la première fois, le 5 germinal an XII (26 mars 1804). Elle commencera toujours le lundi de la semaine sainte, et durera trois jours.

Napoléon Bonaparte est élu empereur des français par le sénat le 18 mai 1804. On apprend cette nouvelle à Agen le 25 par une dépêche adressée à M. le Préfet par le ministre de l'Intérieur. Grandes réjouissances à ce sujet ; décharges des canons et des couleuvrines de la ville ; toutes les cloches à la volée ; bal, comédie gratis, couplets chantés par les acteurs et les spectateurs avec le plus grand enthousiasme, à l'honneur de l'Empereur.

L'ancienne salle des spectacles a été démolie jusqu'aux fondements dans le mois de juillet 1804, pour être reconstruite. On a commencé à bâtir la nouvelle à la fin de septembre. La première pierre a été posée le 4 octobre par M. de Sevin, maire, qui a mis sous cette pierre une inscription et quelques pièces d'argent à l'effigie de l'Empereur.

Le 7 octobre, il est parti d'Agen seize gardes nationaux du département de Lot-et-Garonne, nommés par M. le Préfet et commandés par M. Lugat, pour assister au couronnement de l'empereur Napoléon. Ils avaient une bannière qui a été portée par le sieur Bouchou, perruquier de cette ville, officier retiré. En même temps sont partis les premiers fonctionnaires publics, tant civils que militaires, appelés à Paris pour le même objet. M. Lacuée, premier président, et M. Mouysset, procureur général de la Cour d'appel ; Mr Jacoupy, évêque ; M. le préfet ; M. Godailh, membre du Corps législatif ; M. Bory, président, et M. Marraud, procureur général de la Cour criminelle ; M. St-Amans, président du Conseil général du département ; MM. Grenier et Lécussan, présidents de canton ; M. Cornier, capitaine de la gendarmerie, etc. Les présidents, procureurs généraux et Mgr l'Evêque ont eu dix francs par lieue de poste. Les présidents de canton n'ont pas été défrayés par le gouvernement.

L'empereur Napoléon-Bonaparte est sacré et couronné à Paris, le 11 frimaire an XIII (2 décembre 1804) par le pape Pie VII, qui arriva le 28 novembre 1804. Il n'y eût jamais d'assemblée aussi nombreuse et aussi brillante que celle qui assista à cette cérémonie. Napoléon fut couronné roi d'Italie le 26 mai 1805.

1805. — *Te Deum* chanté à Agen le 17 février 1805 au sujet du couronnement de l'empereur. Une fille est mariée avec un militaire retiré, aux frais de la commune.

L'Empereur entre dans Vienne, capitale de l'Autriche, le 22 octobre 1805, après la bataille qu'il avait remportée à Wagram.

M. Gérard Lacuée, fils second, colonel du 59ᵉ régiment d'infanterie est tué le 8 octobre 1805, à l'affaire du pont de Gunzbourg.[1]

Le premier numéro d'un journal, rédigé par M. Rauly, de Montauban, défenseur officieux, résidant à Agen, paraît le 23 septembre 1805, intitulé *le Messager de Lot-et-Garonne*, sous les auspices de M. Pieyre, préfet, qui oblige tous les maires du département à s'abonner à ce journal, pour y prendre connaissance de ses arrêtés qu'il y insèrera.

Le 6 octobre 1805, jour de foire à Tournon, il arriva un évènement

---

[1] On verra plus loin que la ville d'Agen, pour conserver le souvenir de ce brave soldat et de son frère qui fut aussi colonel, donna le nom de *Rue des Colonels* à la rue partant de la place de l'Hôtel-de-Ville et aboutissant à la rue de Cat.

bien malheureux. Environ 200 personnes étaient réunies dans une des salles hautes de la maison commune,[1] pour voir un spectacle de marionnettes, au moment où il allait commencer, le plancher s'est abattu sous le poids des spectateurs. Plus de cent personnes furent plus ou moins blessées. Les soins les plus prompts leur furent donnés, personne ne périt. Deux seulement furent en grand danger, et restèrent longtemps malades.

Le général Lamartillière, nommé à la Sénatorerie de l'arrondissement de la Cour d'Agen, est arrivé dans cette ville le 20 mai 1805. On lui a rendu les honneurs prescrits par le décret qui crée ces charges. Il a logé chez Mme Castan, au faubourg Saint-Antoine.

Dans la nuit du 17 novembre 1805, un violent incendie se manifesta à la tannerie du sieur Broc, située près du pont du moulin de Cajarc ; elle fut réduite en cendres. Le feu s'était déjà communiqué à celle du sieur Louis Barsalou. On fut obligé d'en abattre une partie pour sauver celles qui étaient contiguës. On ignore quelle a été la cause de ce désastre, qui aurait eu des suites bien plus funestes sans les prompts secours qu'y portèrent toutes les classes des citoyens, surtout les pompiers et les charpentiers, encouragés par l'exemple des fonctionnaires chargés de la police.

Firmin Forcade, jeune homme âgé de 22 ans, natif et habitant de Layrac, empoisonna, le 25 novembre 1805, son père, sa mère, son frère et une servante, avec de l'arsenic qu'il jeta dans une soupe. Le père et la mère en moururent. Il fut jugé au mois d'avril 1806 par la Cour criminelle d'Agen qui le condamna à mort, le 20 de ce mois. Ce malheureux se pourvut par devant la Cour de cassation qui renvoya l'affaire à la Cour criminelle de Bordeaux dont l'arrêt rendu au mois de décembre 1806, fut conforme à celui d'Agen. Firmin se pourvut encore en cassation, mais son pourvoi fut rejeté ; il fut exécuté à Bordeaux le 11 février 1807, après avoir resté deux ans dans les prisons.

---

[1] L'Hôtel-de-Ville de Tournon avait dû être très mal réparé, car il était fissuré de toutes parts et menaçait ruine, quand M. le docteur Roux, maire et conseiller général, en prit à cœur la reconstruction dès longtemps résolue et toujours pendante. Un bâtiment d'une simplicité élégante, ayant au rez-de-chaussée une halle spacieuse, a, depuis trois ans, remplacé celui dont le mauvais état provoqua l'accident signalé par Proché.

Débordement de la Garonne le 13 janvier 1806. Il y avait cinq pieds d'eau sur le Gravier et environ trois pieds dans la rue Font-de-Raché.

Le 1er janvier 1806, par un décret de l'Empereur, le calendrier républicain cessa d'être suivi, l'ancien est remis en usage.

M. de Brahancam, chevalier de l'ordre du Christ du Portugal, épousa une des filles de M. le comte de Narbonne, ce mariage s'est fait à Agen, le 17 février 1806.

L'inoculation de la vaccine, inventée par le docteur Jenner, anglais, commence à être pratiquée en France, au commencement de cette année, pour l'extinction de la petite vérole ; mais ce n'est pas sans avoir éprouvé de grandes difficultés que le gouvernement est parvenu à la faire adopter, surtout de la part de quelques empiriques qui, considérant plus leur intérêt particulier que le bien de l'humanité, ont tâché de décrier la vaccine et ont composé des écrits qui tendaient à la représenter comme très dangereuse, ou au moins comme inutile. Mais l'expérience a démontré le contraire ; la vaccine a prévalu, et la pratique en est devenue générale.

M. Christophe de Villeneuve-Bargemont, de Draguignan, département du Var, sous-préfet de Nérac, nommé préfet du département de Lot-et-Garonne, à la place de M. Pieyre, qui passe à celui du Loiret, est arrivé à Agen, venant de Nérac, le 14 avril 1806, escorté par la gendarmerie qui s'était portée au devant de lui, et par une nombreuse cavalcade, composée de citoyens de Nérac et de tout cet arrondissement, qui ont voulu lui donner cette marque de leur affection et du regret qu'ils avaient de le perdre.[1] M. de Villeneuve a été installé le même jour, par le conseil de préfecture, et complimenté par toutes les autorités de la ville.

La foire d'Agen, dite du Gravier, a été fixée au premier lundi du

---

[1] M. Christophe de Villeneuve-Bargemont publia en 1807 une intéressante NOTICE HISTORIQUE SUR LA VILLE DE NÉRAC, *ses environs, le château des ducs d'Albret qui fut longtemps le séjour des rois de Navarre et particulièrement d'Henri IV, roi de France, sur les événements qui s'y sont passés et sur les hommes illustres qui sont nés dans cette contrée ou qui l'ont habitée.* (Agen, imprimerie de Raymond Noubel. 1 vol. in-8°.)

mois de juin et aux cinq jours suivants, par un arrêté de M. le préfet du 25 janvier 1806, approuvé par le gouvernement.

Le 14 mai 1806, vers cinq heures du soir, un ouragan terrible traversa la ville et le canton d'Agen. Il ne grêla point, mais la pluie qui tomba par torrents, inonda plusieurs quartiers de la ville, et fit beaucoup de ravages dans la campagne. Le même jour, un orage épouvantable éclata sur le canton de Villeréal ; les vignes, les seigles, les blés et menus grains furent hachés sous les coups d'une grêle très forte, et si abondante, que le lendemain les fossés en étaient encore pleins L'orage dura près d'une heure. Les journaux nous ont appris que le même jour, un violent orage avait aussi éclaté à Paris, et y avait causé de grands dégâts.

Mission donnée dans l'église Sainte-Foi d'Agen, par M. Miquel, prêtre, au mois de mai 1806, finie le 30 du même mois ; ce jour-là fût plantée une croix en fer, avec tous les attributs de la passion, sur la place qui est entre la porte et les promenades de la porte du Pin.[1] Elle y fut portée en procession par les trois ordres de pénitents, parmi lesquels il en avait été choisi douze de chaque compagnie qui se relevaient pour la porter. Elle était précédée d'un grand nombre de jeunes filles et femmes, vêtues de blanc, couvertes de voiles, portant des bannières et des cierges ornés de fleurs, et chantant des cantiques. Les hommes et les jeunes gens qui les suivaient chantaient des psaumes ; venaient ensuite le clergé de la ville, le chapitre cathédral, M. le maire et ses adjoints, le commissaire de police et leur cortège ordinaire. Le missionnaire, pieds nus, malgré la boue et la pluie qui tombait de temps en temps, parcourait les rangs, et veillait sévèrement au maintien de l'ordre. Après l'exaltation de la croix, monté sur le piédestal, il prononça un discours que sa voix forte porta jusqu'aux derniers rangs de l'immense multitude qui couvrait la place. La cérémonie se termina par la bénédiction que donna Mgr l'Evêque, après avoir accordé les indulgences à ceux qui, pendant le cours de l'année, viendraient faire des stations au pied de la croix.

---

[1] Cette croix, dont la situation rendait malaisée l'exécution des travaux d'embellissement projetés pour la place du Pin, a été transportée, il y a deux ans, sur la place Sainte-Foi, en regard de l'église si bien restaurée par les soins de son vénéré pasteur, feu M. Joseph Sérougne.

Le *Messager de Lot-et-Garonne* cesse d'être rédigé par M. Rauly-Bonnefon ; d'après les arrangements faits entre lui et M. R. Noubel, le journal sera à l'avenir rédigé et imprimé par ce dernier, sous le nom de *Journal de Lot-et-Garonne*. Le premier numéro paraît le 8 mars 1806. Cette feuille a beaucoup gagné en changeant d'auteur ; aussi le nombre des abonnés a bien augmenté.

Jean Serres, dit *Printemps*, vieillard âgé de cent-onze ans, né en octobre 1696, de la commune du Pont-du-Casse, qu'il habite actuellement, a été présenté à M. le préfet le 28 juillet 1806. Cet homme avait longtemps servi dans le régiment de Périgord infanterie. Il s'était trouvé à plusieurs batailles, entre autres à celle de Guastalla, en 1734, où il reçut trois blessures. Après vingt-huit ans de service, il quitta le régiment avec le grade de caporal et une pension de retraite. A l'âge de 82 ans, il épousa une femme de 22 ans qui lui donne les soins les plus assidus. Il n'a d'autres infirmités que la perte d'un œil et la surdité. Il conserve sa tête, sa mémoire et une humeur enjouée. Il vient à pied de chez lui à Agen, toujours accompagné de sa femme. Il aime beaucoup les petits enfants dont les espiègleries l'amusent. Il a toujours mené une vie sobre et réglée. C'est à ce régime qu'il doit l'avantage d'être parvenu à un âge aussi avancé. L'empereur Napoléon, sur la demande de M. Pieyre, précédent préfet, a porté à 408 fr. la pension de 108 fr. qu'il avait eue jusqu'alors.

Un éléphant mâle, de la plus haute taille, arriva à Agen au commencement du mois de juin de cette année, on le montrait pendant la foire, dans une baraque construite sur le Gravier. Il en coûta d'abord 24 sous pour le voir, le prix baissa jusqu'à 12 centimes. J'ai lu dans le mémorial d'une famille de cette ville, qu'en 1645, au mois de janvier, on faisait voir dans une maison de la rue de la Grande-Horloge, un éléphant femelle ; on faisait payer trois sous par personne.[1]

M. le duc de Narbonne père mourut le 22 août 1806, à l'âge de 87 ans, dans sa maison, près la Porte-Neuve, qu'il avait acquise de M. le

---

[1] Le journal de M. Malebaysse fait aussi mention d'un éléphant qui passa au mois d'août 1633, et qui resta à Agen un mois et demi.

(*Note de Proché*).

comte de Lacépède, et qui est, maintenant, occupée par M⁰ʳ l'Evêque. M. le duc de Narbonne était maréchal des camps, et grand d'Espagne de la 2ᵉ classe. Il a été enterré dans le cimetière de la chapelle du Bourg. Les pauvres l'ont beaucoup regretté, car il était très charitable, surtout envers les pauvres honteux, à qui il envoyait, en cachette, des secours considérables. Les prêtres et les religieuses ont aussi trouvé chez lui, pendant les temps de la persécution, d'abondantes ressources.

Il était père de M. le comte de Narbonne, général de division, mort d'une chûte de cheval en 1813, à Glogau, en Silésie, dont il était gouverneur, après avoir été ambassadeur à Vienne, et de M. le vicomte de Narbonne, ancien colonel du régiment de la reine, cavalerie, qui demeure à Agen, depuis son retour d'émigration ; il mène une vie très retirée et pratique les vertus de son père. Mᵐᵉ la duchesse de Narbonne vit encore (1814). Autrefois dame d'honneur d'une des tantes du roi Louis XVI, Mᵐᵉˢ Victoire et Adélaïde, elle suivit ces princesses à Rome où elles s'étaient retirées, aux approches de l'ouragan révolutionnaire L'invasion de Rome les obligea à aller à Trieste où les deux princesses moururent, l'une en juin 1799, et l'autre huit mois après. Mᵐ de Narbonne resta dans cette ville, jusqu'à ce que, cédant aux instances du comte son fils, qui jouissait alors d'une grande faveur à la cour de l'empereur Napoléon, elle rentra en France en 1812, et vint joindre à Agen la comtesse sa belle-fille qui y habitait. Au bout de quelques mois de séjour, elle se persuada que l'air de ce pays ne lui était pas favorable, et se retira à Lyon, d'où je pense qu'elle se sera rendue à Paris, depuis le retour de Louis XVIII (1814).

Le 15 août, on célèbre, pour la première fois à Agen, et dans tous les départements, la fête de Saint Napoléon, que l'Empereur avait réunie à celle de l'Assomption de la Vierge. Grande solennité, discours prononcé à la cathédrale par Mgr l'Evêque ; procession à laquelle assistent toutes les autorités ; *Te Deum* après lequel on chante le *vivat in œternum*, motet de M. l'abbé Bosc, compositeur de Paris, et dirigé par M. Boquet, professeur de musique.

En exécution d'un arrêté de M. le Préfet, confirmé par le Ministre de l'Intérieur, relativement à la foire du Pin,[1] dans les années

---

[1] Cette foire, établie en 1632, s'ouvrait le 15 septembre et durait trois jours. Depuis 1879, elle commence le 1ᵉʳ lundi de ce même mois et finit le mercredi au soir.

où elle serait interrompue par le dimanche, elle sera renvoyée au lundi suivant. Cette année elle s'est tenue les 15, 16 et 17 septembre.

Les barrières placées presque aux portes des villes, et sur les grandes routes, où se percevait la taxe d'entretien des routes, ont été enlevées le 22 septembre 1806, en exécution d'un arrêté du gouvernement du 23 juin dernier. Mais en remplacement de cette taxe, il a été établi un droit sur le sel, de sorte que la mine qui coûtait cinq ou six francs, a été portée d'abord à 25 fr.; elle est montée successivement jusqu'à 45 fr. (en 1814).

M. le sénateur Lamartillière, titulaire de la sénatorerie d'Agen, arrive dans cette ville le samedi 18 octobre; il reçoit, le lendemain, la visite des corps constitués tant civils que militaires; et part le lundi 20 pour Auch.

Te Deum chanté à la cathédrale le 9 novembre, à l'occasion de la victoire remportée par les Français sur les Prussiens et les Saxons, à la bataille de Yena, le 14 octobre 1806. L'Empereur entre à Berlin le 27 octobre.

La foire de Saint-Antoine, s'est tenue le 8 octobre 1806.[1] Elle a duré trois jours, c'est la première fois qu'elle a eu lieu. Malgré la pluie et la neige qui sont tombées, on a pu s'apercevoir que cette foire prendrait, par l'affluence des gens de la campagne, et par la quantité de bétail qu'on y a amené.

Au mois de décembre 1806, MM. Ferrère et Ravès avocats de Bordeaux, connus par de grands talents, plaident devant la Cour d'Agen, sur la nullité de mariage demandée par Mlle Bellile-Phélipeaux de Miramont, contre M. de Thémines son mari. Cette affaire a fait beaucoup de bruit. Il s'était formé à Agen deux partis bien prononcés, entre lesquels il s'est souvent élevé des querelles très sérieuses; les uns s'appellaient Théministes, les autres Phélipistes. M. Ferrère plaidait pour Mlle Phélipeaux, et M. Ravès pour M. de Thémisses. La cour impériale par arrêt du 10 décembre a maintenu le mariage.

---

[1] C'est une erreur; la foire de Saint-Antoine s'est tenue pour la première fois le 12 décembre 1801, comme je l'ai déjà dit. (*Note de Proché* se rectifiant lui-même.)

Pourvoi en cassation quelque temps après ces deux époux font divorce par consentement mutuel.

Le 7 décembre 1806, célébration de la fête de l'anniversaire du couronnement de l'Empereur et de la victoire d'Austerlitz. Cette fête doit être célébrée tous les ans, le premier dimanche de décembre.

Te Deum chanté le dimanche, 8 février 1807, en actions de grâces des succès de l'Empereur sur les Russes.

Grande inondation de la Garonne les 7 et 8 février, par suite des pluies abondantes et de la fonte des neiges sur les montagnes. Il y avait environ cinq pieds d'eau sur les promenades, et quatre pieds dans la rue des Charretiers. La rivière est restée longtemps grosse, et semblait menacer d'un nouveau débordement.

Le 1er mars 1807 on apprend à Agen que le colonel Antoine Lacuée, fils aîné de M. Lacuée, premier président de la cour d'appel d'Agen, a été tué à la bataille d'Eylau, le 8 février dernier. Son frère Gérard Lacuée, colonel du 59e régiment d'infanterie, avait péri l'année dernière à l'affaire de Gunzbourg. Ces deux jeunes gens ont été généralement regrettés à cause des belles qualités qui les distinguaient, et des grandes espérances qu'ils donnaient. C'est d'eux que la rue *des Colonels-Lacuée* tire son nom ; il y a à ce sujet un décret de l'Empereur. Elle s'appelait autrefois rue de l'*Annonciade*, parce que les religieuses de ce nom y avaient leur couvent, qui occupait tout le terrain depuis le coin de la rue de l'Angle droit en remontant jusqu'à la rue du Cat, tournant à gauche, jusque vis-à-vis la maison de M. Canuet, avocat ;[1] tout cet emplacement, ou au moins une grande partie est occupé maintenant par de belles maisons qu'on vient d'y bâtir.

L'église des ci-devant Jacobins, ou Dominicains, avait servi depuis 1792, à divers usages bien différents de celui auquel elle était destinée. On en fit d'abord une écurie ; on ôta le carrelement ; on établit des crèches le long des murs, et entre les colonnes du milieu, on y renferma plusieurs fois les forçats à leur passage sur la Ga-

---

[1] Cette maison, qui a appartenu à la famille Lamer, est actuellement habitée par M. Barge, pharmacien.

ronne, et se rendant au bagne de Rochefort. Dans une occasion, une maladie s'étant déclarée dans les prisons, on eut besoin de les désinfecter ; pendant cette opération, on mit les détenus dans cette église, avec la précaution de renfermer les plus coupables dans la sacristie, où l'on plaça une forte garde. Elle avait donc grand besoin d'être purifiée et réconciliée pour être rendue à l'exercice du culte divin. Cette cérémonie eut lieu le 23 mars 1807, Mgr l'évêque y célébra la messe, assisté d'un clergé nombreux et d'une foule de fidèles, et la consacra sous l'invocation de la Nativité de la Vierge. Cette église est la seconde paroisse de la ville et s'appelle *Notre-Dame*. Je ne dois pas omettre de dire que sa restauration est due à M. Carrieu, beau-père de M. Sevin-Talives, qui fit toutes les avances pour l'entier carrellement, et qui se donna les soins de faire des quêtes dans toute la paroisse, pour subvenir aux autres dépenses. Il y en aurait encore beaucoup à faire pour achever de l'orner ; elle est bien nue et se ressent des maux du vandalisme moderne.[1]

Le 6 avril 1807, mort de M. Labrunie,[2] chanoine honoraire de la

---

[1] Cet édifice a été l'objet de bien des restaurations depuis que Proché écrivait ces lignes. De ces restaurations, quelques-unes furent détestables. On n'en veut pour preuve que le passage suivant d'une lettre à Victor Hugo, par M. de Montalembert : « A Agen, le curé de Notre-Dame, ancienne église des Dominicains, à deux nefs, d'un gothique sévère et pur, comme toutes les fondations de cet ordre, a dépensé quatre-vingt mille francs pour y faire construire, à l'extrémité de chaque nef, un monstrueux autel dans le genre Pompadour, avec volutes, gonflures et tout ce qui caractérise le bon goût du xviiie siècle ; plus une chaire en marbre creusée dans un des murs latéraux en forme de coquetier (*Du vandalisme et du catholicisme dans l'art*, page 1084 du *Dictionnaire d'Esthétique chrétienne*, de M. le chanoine Jouve, faisant partie de la collection Migne). La chaire et les deux autels que l'illustre auteur de l'*Histoire de Sainte-Elisabeth* et des *Moines d'Occident* met si justement au ban de l'art, ont survécu à l'abattage de ridicules boiseries qu'il aurait pu traiter de la même façon et dont les stalles restent comme un spécimen. Espérons que M. Debelmas, curé actuel de la paroisse, continuant l'œuvre de M. Pagua, son regrettable prédécesseur, fera régner enfin l'harmonie entre l'architecture et le mobilier de sa très curieuse église, si habilement restaurée par M. l'architecte Just Lisch.

[2] Labrunie, Joseph, a dit de lui-même, en tête d'un exemplaire manuscrit de ses *Antiquités d'Agen*, ouvrage inédit, que nous comptons publier : « Je

cathédrale, ancien curé de Monbran, âgé de 73 ans. Il est l'auteur des *Antiquités d'Agen*, 1re partie de cet ouvrage.

Le 30 du même mois, est décédé M. Martinelly, juge en la Cour d'appel, ancien avocat du roi, auprès de l'ancien sénéchal d'Agen, âgé d'environ 76 ans. C'est à ce convoi funèbre qu'on a vu se rétablir un usage interrompu depuis plusieurs années, mais exigé par la religion, les mœurs et la bienséance ; les deux fils du défunt y assistèrent, accompagnés par MM. les présidents de la Cour, et suivis d'un grand nombre de leurs parents et amis.

La reine de Hollande, Hortense-Eugénie, fille de l'impératrice Joséphine, est arrivée à Agen le 5 juin 1807, allant aux eaux de Bagnères; elle a logé chez Mme Ve Castan, elle est partie le 6. Elle voyage *in cognito*, sous le nom de Mme Brock ; elle n'a que deux berlines à sa suite ; ses domestiques sont peu nombreux.

Ordonnance de M. le maire, du 17 juin, qui défend de se montrer à nu, en se baignant, sur les bords de la Garonne, exposé aux regards du public, le long des promenades et du quai de cette ville.

Te Deum, à l'occasion de la prise de Dantzick (le 24 mai 1807), chanté à la cathédrale le 21 juin. Le général Lefèvre, qui commandait le siège de cette ville, reçoit de l'Empereur le titre de duc de Dantzick.

Les reliques de Sainte-Foi, première martyre d'Agen, qui vivait dans le IIIe siècle, avaient été enlevées, on ne sait trop comment, de l'église qui est sous son invocation, et transportées à Conques, dans le diocèse de Rodez, où elles étaient conservées dans un couvent de religieux Bénédictins. Depuis longtemps, MM. les fabriciens de la paroisse Sainte-Foi, qui sentaient l'impossibilité d'avoir tout le corps de la sainte, travaillaient à obtenir au moins un ossement. Ils y ont réussi, et, le 21 juin 1807, il a été transporté en procession, de l'évê-

---

dois me borner ici à dire que je suis né à Agen le 30 octobre 1733; qu'après avoir été professeur au collège, lorsque les prêtres séculiers y entrèrent en 1767, je fus fait par M. de Bonnac, son curé à Monbran en 1769, et que j'en suis sorti en 1791. Je puis dire aujourd'hui, en parodiant les vers de Boindin :

J'étais curé, prieur, poète, historien,
Et maintenant je ne suis rien. »

ché où il avait été envoyé de Conques, dans l'Eglise de Sainte-Foi. Le clergé de toutes les paroisses et les trois compagnies de pénitents s'étaient réunis au Chapitre cathédral. La mairie escortée par un détachement de la garde nationale présidait le cortège. Mgr l'Evèque portait lui-même la relique. dont le départ, le passage et l'arrivée furent annoncés par des salves d'artillerie. Il la déposa dans l'église de Sainte-Foi, où il célébra la grande messe ; après l'Evangile, M. Duffaut, chanoine, prononça un discours analogue à la solennité.

Entrevue de l'empereur Napoléon et de l'Empereur de Russie sur le Niémen, le 25 juin 1807 ; le 27, ils dinèrent ensemble. Le 28, le roi de Prusse se réunit à eux : le lendemain, et jours suivants, il dina avec les deux empereurs dans le palais de Napoléon. Le 9 juillet, ils signent la paix à Tilsitt, où ils restent vingt jours, et se retirent ensuite dans leurs états respectifs.

La proclamation solennelle des traités de paix avec la Russie et la Prusse, a été faite à Agen le 2 août 1807 ; le soir, la ville a été illuminée. Le son des instruments et des chants joyeux se sont fait entendre pendant presque tout le cours de la nuit. Les fêtes pour le même sujet, ont été célébrées le 15 et le 16 du même mois, avec un grand éclat et tout l'enthousiasme qu'exite un évènement aussi désiré. Cette paix est due aux succès que les français eurent à Friedland, et à la prise de Kœnigsberg ; il avait été chanté un *Te Deum* à ce sujet le 12 juillet dernier.

Jean Serres, dit *Printemps*, de qui j'ai déjà parlé, informé qu'on avait fait son portrait et qu'il était à la préfecture, fut curieux de le voir, il se rendit, pour cet effet, le 3 août, avec sa fidèle compagne, du Pont-du-Casse, pour faire une visite à M le Préfet qui le reçut. avec bonté, ainsi que madame et les jeunes demoiselles de Villeneuve qui ne pouvaient se lasser de regarder ce respectable vieillard âgé, maintenant de 112 ans. Sur sa demande, on lui présenta son portrait, « On m'a mal coiffé, » dit-il, en le voyant, et un moment après, il ajouta : « cela ne changera pas et moi.. [1] » Il s'arrêta, mais

---

[1] Ce portrait existe à la Préfecture. Printemps y est représenté en habit de Garde-Française, petits yeux un peu clignottants, nez rougeaud, bouche souriante, l'air d'un bon vieux en gaîté. L'ouvrage, au reste, est des plus médiocres.

il était aisé de comprendre ce qu'il voulait dire. Le même jour, il se retira chez lui.

M. le maire d'Agen est autorisé, en vertu d'une loi du 8 septembre 1807, à emprunter, au nom de la commune, une somme de 26,000 fr., pour faire achever la salle de spectacle. En conséquence, les travaux interrompus sont repris.

Au commencement du mois d'octobre, les cantons de Casteljaloux et de Damazan sont distraits de l'arrondissement de Marmande, et réunis à celui de Nérac, conformément à une loi du 5 septembre 1807.

Le 20 octobre 1807, vers sept heures du soir, la maison de campagne de Cambes, paroisse de Mérens, appartenant à Mme de Secondat, fut brûlée en grande partie par l'imprudence de quelques femmes qui faisaient une lessive dans une chambre dépendante de cette maison. Elle a été bientôt réparée.

M. le prince Cambacérès, archichancelier de l'empire, est arrivé à Agen le 17 novembre à deux heures du matin, il est descendu au palais de la Légion d'honneur (cy-devant évêché). A huit heures, il a donné audience aux autorités constituées ; les préfets du Lot et du Gers, ainsi que plusieurs sous-préfets s'étaient rendus aussi pour le complimenter. Après avoir déjeûné,[1] le prince pour se rendre aux désirs du peuple, a traversé à pied une partie de la ville et des pro-

---

[1] Le souvenir de ce voyage était resté, comme on va voir, agréable à Cambacérès. Je déjeûnais en nombreuse compagnie, il y a quelque vingt ans, aux environs de Penne. Un aimable vieillard était de la partie. Comme on servait un plat de goujons : « Ah ! dit-il avec un sourire, les *Cambacérès* font leur entrée. » Tous les convives comprirent, excepté moi. Mon étonnement bien naturel me valut l'explication que voici : M. de Bourran, étant député de l'arrondissement de Villeneuve-sur-Lot, avait eu l'honneur d'être placé à table, en un dîner officiel, à côté de l'archi-chancelier de l'Empire. On causa, naturellement, et à peine le député, répondant à une question, avait-il dit d'où il était, que Cambacérès, se redressant : — « De Villeneuve-sur-Lot, Monsieur ! mais c'est tout près du Boudouyssou, une rivière peu connue et qui devrait être célèbre. J'ai goûté, à Agen, les goujons qu'elle nourrit : ce sont les premiers du monde ! » Cela fut dit avec une sorte d'émotion qui donna à ce souvenir d'un estomac reconnaissant presque l'accent d'un souvenir du cœur.

menades, précédé d'une compagnie d'élite de 50 jeunes gens à cheval, et de 300 hommes de la garde nationale, ayant à leur tête une brillante musique, et accompagné des principaux fonctionnaires. Le prince est monté dans sa voiture à deux heures de l'après-midi, aux acclamations du peuple qui couvrait la route. La gendarmerie et la garde d'honneur à cheval ont escorté sa voiture. Ce prince se rend à Bordeaux pour présider l'Assemblée électorale de la Gironde. Le vieux *Printemps* a été présenté à son altesse qui s'est plu à s'entretenir avec lui. Quelques jours après, M. le Préfet a reçu un décret daté du 26 novembre, qui accorde à ce doyen des guerriers français une pension de 800 fr. reversible sur la tête de sa femme.

Le 6 décembre, on célèbre l'anniversaire du couronnement de l'Empereur et de la bataille d'Austerlitz. Après le service divin, auquel Mgr l'Evêque a officié, M. l'abbé Guillon, chanoine de la cathédrale, a prononcé un discours à la gloire des armées françaises et de l'Empereur. Ensuite on a chanté le *Te Deum*.

Mort de M. Belloc père (Jean-Jacques) docteur en médecine, âgé de près de 74 ans. Il emporte les regrets et l'estime de toute la ville. Il a composé quelques ouvrages sur l'art de guérir, dont on fait très grand cas.[1]

1808. — Au mois de mars de cette année, Mgr l'Evêque d'Agen achète la plus grande partie du cy-devant couvent des Religieuses de la Visitation, située dans la rue Porte-Neuve, pour y placer le séminaire de son diocèse. Ce prélat a trouvé dans la piété des fidèles les ressources nécessaires pour cette acquisition.[2]

Décret impérial sur l'organisation de l'Université, du 17 mars

---

[1] On lui doit une *Topographie médicale du département de Lot-et-Garonne* et un *Cours de médecine légale*, qui eut trois éditions dont la dernière parut à Paris, en 1819. Belloc était né à Saint-Maurin, en 1730.

[2] Le couvent de la visitation, dont l'évêque Hébert avait posé la première pierre le 22 avril 1713, fut acquis en l'an VI (1797-1798) aux enchères et à la criée, par M. Lanes, maître de pension, qui le revendit à des particuliers. L'un de ceux-ci céda sa portion, en 1808, avec la moitié du jardin, à l'administration diocésaine pour y établir le Séminaire, qui y est resté, et dont les possessions se sont depuis fort acccrues.

1808. L'article 134 porte qu'il sera prélevé au profit de l'Université, dans toutes les écoles de l'empire, une rétribution du vingtième sur celle payée par chaque élève, pour son instruction, à dater du 1er novembre 1808. Chaque externe payera 2 francs par mois. Ce prélèvement sera fait par le chef de chaque école, qui le comptera, tous les trois mois, au trésorier de l'Université. L'histoire ancienne et moderne n'offrent aucun exemple d'un pareil impôt; jamais aucun gouvernement n'a mis de droit sur l'instruction.

Les auditeurs près les cours d'appel ont été créés par un décret du 16 mars 1808. Leur traitement est le quart de celui des juges de la cour à laquelle ils sont attachés.

Le roi et la reine d'Espagne, qui avaient quitté leurs états, arrivent à Bayonne le 30 mai. L'empereur Napoléon, qui était au château de Marsac, près de cette ville, va leur faire une visite. Le prince des Asturies, leur fils ainé, et l'infant Don Carlos, s'y trouvent en même temps, ainsi que les ministres et plusieurs grands d'Espagne.

La croix de fer, dorée en grande partie, placée sur un piédestal en pierre, au bout de la grande allée, au-dessous de Bellevue, a été plantée le 4 juin 1808, à la suite d'une mission qui a eu lieu pendant trois semaines, dans l'église de Saint-Hilaire d'Agen. Il y a eu une procession solennelle. MM. les maire et adjoints ont assisté à cet acte religieux, qui avait attiré un grand concours de monde.[1]

Les drapeaux de la garde d'honneur formée pour le passage de l'Empereur, ont été bénis le 26 mai 1808, par Mgr l'Evêque.

L'orgue de la cathédrale, qu'on doit aux soins de M. le préfet, a été arrangé et placé par M. Turelly, musicien-organiste italien, qui l'a touché pour la première fois le dimanche 19 juin 1808, jour de la fête du Saint-Sacrement.[2]

---

[1] L'exhaussement de la route de Bordeaux, à l'occasion de la construction du pont-canal, nécessita, vers 1840, l'enlèvement provisoire de cette croix votive. Elle fut plus tard replacée, en grande cérémonie, au même point et sur un piédestal plus élégant dont la compagnie du canal latéral fournit le dessin et paya les frais.

[2] Turelly (Victor-Amédée) né à Turin en 1768, avait été élève du conservatoire de musique de cette ville et là — je le tiens de lui-même — camarade de lit

La maison de détention d'Eysses, près Villeneuve-d'Agen, est établie par un décret impérial du 16 juin 1808; vers la fin de cette année, on a commencé à y transférer les condamnés des départements des Hautes-Pyrénées, du Gers, des Landes, de la Haute-Garonne, du Lot, de la Gironde, de la Dordogne, de Lot-et-Garonne, etc.

Décret impérial concernant l'établissement des Dépôts de mendicité, du 5 juillet 1808.

L'empereur Napoléon et son épouse l'impératrice Joséphine, sont arrivés à Agen, le samedi 30 juillet 1808, à deux heures du matin, venant de Montauban. M. le Préfet était allé sur les frontières du département, pour les recevoir avec la garde d'honneur à cheval, qui s'était formée depuis près d'un mois, du moment qu'on avait su que l'Empereur devait venir à Agen. Elle était composée de quatre-vingt jeunes gens, tous en uniforme vert dragon, bien montés et équipés, commandés par M. de Secondat-Montesquieu, jeune, et par M. de Beaumont de Villeneuve-d'Agen, commandant en second. Il y avait aussi une garde à pied composée de quatre compagnies, en uniforme blanc, revers et parements vert foncé, commandées par M. le chevalier de Sevin. Ces jeunes gens étaient de divers lieux du département, ils s'étaient fait inscrire volontairement, et s'étaient équipés à leurs frais. Ils ont composé la garde de leurs majestés, pendant le séjour qu'elles ont fait à Agen. Dès qu'elles ont été auprès de la ville, leur arrivée a été annoncée par les acclamations des habitants et par une foule de citoyens accourus de toutes les parties du département, par le bruit du canon et par le son des cloches de la ville. Un superbe arc de triomphe était dressé hors la Porte-du-Pin, surmonté

---

de Cherubini qui devait aussi devenir français et célèbre. Il était bizarre, négligé de sa personne, mais bon jusqu'à la faiblesse et naïf comme un enfant. Longtemps chargé de la direction de la maîtrise, il forma d'excellents élèves, à la fois chanteurs et musiciens. Sa passion native pour son art allait jusqu'à l'oubli des soins indispensables, et il en sentait les beautés comme personne. Sous ses longs doigts maigres et sous son archet, son âme passait visiblement dans l'instrument qu'ils mettaient en jeu, que ce fut l'orgue ou bien le violoncelle. On croirait qu'Hoffman l'a deviné, car il l'a peint au vif dans je ne sais plus quel conte. Turelly est mort à Agen le 7 mars 1844.

de l'aigle impériale et décoré de trophées d'armes. Toutes les maisons étaient illuminées et ornées de tapisseries ; des guirlandes de chêne et de laurier traversaient les rues dans tous les sens et formaient comme une espèce de voûte, au-dessous de laquelle leurs Majestés passèrent avec leur suite et se rendirent au palais [1] de la 11e cohorte, préparé pour leur résidence. A dix heures du matin, l'Empereur est monté à cheval, suivi de plusieurs officiers de sa maison, de M. de Secondat, commandant de la garde d'honneur à cheval, d'une escorte de la même garde et de la gendarmerie. Comme on ignorait de quel côté il irait, toutes les rues, tous les chemins étaient couverts de personnes avides de le voir. Plusieurs ont été trompés dans leur espérance, car on n'imaginait point qu'il prendrait la route de Layrac, qu'il tournerait à gauche vers Génevois,[2] et qu'après avoir parcouru la campagne, il viendrait entrer par la Porte de Sainte-Foi,[3] passerait devant l'hôpital, la cathédrale et traverserait la place, pour se rendre par la rue Porte-Neuve, à son palais. Telle fut cependant la promenade qu'il fit. A midi, l'Empereur s'entretenait avec M. le Préfet sur la situation et les besoins du département ; ensuite toutes les autorités ont été admises à lui rendre leurs hommages. L'Impératrice, fatiguée sans doute du voyage, ne s'est point montrée ; elle n'a vu que Mme de Villeneuve. L'Empereur, pour prouver sa satisfaction des sentiments qui lui ont été manifestés par la cité d'Agen, a fait remettre à M. le maire une boîte d'or garnie de diamants. Le bon vieillard *Printemps*, âgé de 114 ans, est venu le remercier de l'augmentation de sa pension. S. M. s'est entretenue avec lui, et lui a fait donner 50 napoléons d'or. Leurs Majestés sont parties à six heures

---

[1] Aujourd'hui l'Hôtel de la Préfecture. M. Al. Paillard, étant préfet du Lot-et-Garonne, a publié dans le *Recueil des travaux de la Société d'agriculture, sciences et arts d'Agen* une histoire de ce palais destiné par Mgr de Bonnac, qui en posa la première pierre le 19 juin 1775, à servir de résidence aux évêques d'Agen, et qui abrita successivement l'Ecole centrale du département, du 10 août 1796 au 21 janvier 1803 ; la 4e cohorte de la Légion d'honneur, de juillet 1804 à janvier 1809, l'Administration départementale, c'est-à-dire la Préfecture, du 23 décembre 1810 jusqu'à nos jours.

[2] Propriété rurale de l'hospice Saint-Jacques, située vis-à-vis de cet établissement, dans le quartier de Renaud.

[3] La porte Sainte-Foy, supprimée vers 1856, se trouvait dans l'axe du boulevard à la hauteur du buffet de la gare.

et demie du soir pour Bordeaux escortées de la garde d'honneur et de la gendarmerie ; les acclamations du peuple qui remplissait le cours du Gravier, le son des cloches et le bruit du canon ont signalé le moment de leur départ. Un cheval qui s'est abattu vis-à-vis la caserne de la gendarmerie, et qu'il a fallu remplacer, a retardé un instant leur marche, ce qui a procuré aux curieux le moyen de les voir plus longtemps. On a remarqué que l'Empereur était sérieux et pensif ; cet accident est en effet bien capable de faire faire des réflexions à un homme qui, comme lui, croit au fatalisme.[1]

Le maire d'Agen placée avec la garde nationale, auprès de la croix de la mission, a offert à leurs majestés les derniers hommages d'une cité reconnaissante et fidèle. M. le Préfet les a accompagnées jusqu'à la frontière du département. On trouvera plus en détail, dans le *Journal de Lot-et-Garonne*, tout ce qui a rapport au passage de l'Empereur et les diverses harangues qui lui ont été faites par les chefs et présidents des corps constitués.

Le grand maitre du palais écrit de Rochefort, en date du **6 août à** M. le maire, que l'Empereur l'a chargé de lui remettre 6,000 fr., pour être distribués aux pauvres de la ville d'Agen. Le même jour, M. de Villeneuve préfet, M. de Secondat-Montesquieu, commandant de la garde d'honneur à cheval, et M. Dudevant, adjudant-major de la même garde, reçoivent la croix de la Légion d'honneur.

Un décret de l'Empereur, daté d'Agen 30 juillet 1808, porte qu'il sera construit un pont sur la Garonne à Agen, et un autre sur le Lot à Aiguillon. Le pont d'Agen sera placé dans le lieu le plus facile, de manière qu'il ne puisse être éloigné de la ville de plus d'un quart de lieue, en amont et en aval, c'est-à-dire, au-dessus et au-dessous. Les

---

[1] Un accident de même nature, mais qui eût pu être plus grave, se produisit à Agen, dans la soirée du 26 août 1839, pendant que le duc et la duchesse d'Orléans, accompagnés de M. Brun, préfet et de M. Baze, commandant de la garde nationale, visitaient, en voiture découverte, les belles allées du Gravier. Les chevaux s'emportèrent un instant, se dirigeant tout droit vers la Garonne. On eût quelque peine à les retenir et l'émotion fut très vive dans les groupes qui se formaient le long du trajet suivi par les princes. Un peu moins de trois ans après (13 juillet 1842) le duc d'Orléans trouvait sur la route de Neuilly la mort dont un heureux hasard et la présence d'esprit d'un cocher l'avaient préservé à Agen.

travaux commenceront dans la prochaine campagne c'est-à-dire, l'année prochaine, et doivent être achevés en 1820.

Il sera construit des cales sur le bord de la Garonne pour assurer les abords. On commencera en 1809 par celles d'Agen, du Port-Saint-Marie et de Couthures. C'est en vertu de ce décret qu'à été faite la cale qu'on voit au bout du Gravier, où abordent les bateaux du Passage, et ceux qui viennent de Toulouse.

Le marais de Brax sera desséché.[1] Cet ouvrage est aussi terminé, à la satisfaction des propriétaires voisins de ce marais dont les eaux stagnantes leur causaient, en été, des fièvres très opiniâtres et très dangereuses, et faisaient très souvent périr la plus grande partie de leur récolte.

La ville d'Agen sera mise en possession de la totalité de l'hôtel-de-ville actuel.

La Cour criminelle, le tribunal de première instance et le tribunal de commerce seront transférés dans la maison Secondat-Roquefort, située sur la place du Palais, qui sera acquise sur estimation et à dire d'experts. Quant à cet objet les choses sont encore dans le même état (en 1814) par les difficultés qu'on éprouve de la part de M. de Roquefort, pour la vente de cette masure, qui est dans cet état depuis qu'elle a été incendiée, il y a environ quarante ans, le 26 mai 1780.[2]

Les prisons seront agrandies, en y réunissant la maison de Las-Brimont, contiguë aux prisons actuelles, et dont il sera fait l'acquisition aux frais du département. La maison de Las a été achetée, les ouvrages pour les prisons étaient commencés, mais ils ont été suspendus, avec ceux qu'on faisait à la maison Daurée pour l'agrandis-

---

[1] Il l'a été en effet et il n'en reste que le nom affecté à une terre qui appartient actuellement à Mme veuve Ruau.

[2] Ce vieil hôtel dont les pans de mur noircis et les tourelles éventrées semblaient faire comme un lieu maudit, occupait une moitié de la place de l'Hôtel-de-Ville, celle au centre de laquelle s'élève actuellement le café de la Comédie. Il fut démoli en 1829 pour faire place à l'atelier de forage d'un puits artésien qui, commencé en 1830, fut arrêté par la Révolution, a une profondeur de 121 mètres.

sement du palais de justice, et qui étaient déjà bien avancés, par le désordre où se trouvaient les finances à la fin du règne de Bonaparte. Les ouvrages du grand pont ont aussi été arrêtés dans le même temps et par la même raison. Il y a lieu de craindre qu'on ne les reprendra pas de bien longtemps, et c'est bien dommage.[1]

La construction de la salle des spectacles d'Agen sera terminée dans le cours de la présente année. A cet effet, la Caisse d'amortissement est autorisée à prêter vingt mille francs à la commune d'Agen. Cet objet est rempli.

L'Empereur fait donation à la même ville, de la partie non aliénée des murs, fossés, chemins de ronde du rempart, et de l'emplacement de la *Pépinière* située hors la Porte-du-Pin, y compris le bâtiment. La même main qui avait donné ce dernier objet, l'a repris bientôt après, quand par un décret, on a ordonné la vente des biens communaux, au profit du Gouvernement.

Un secours de 50,000 fr. est accordé aux communes du département qui ont souffert de la grêle.

Les succursales d'Agen et de Sainte-Foi sont érigées en cures de 2ᵉ classe. En vertu de ce décret, le traitement des deux curés de Sainte-Foi et de Saint-Hilaire, qui n'était que de 500 fr., est porté à 1,000 fr.

L'Empereur venait de Toulouse et, passant à Montauban le 29 juillet, surpris de la beauté de cette ville, la créa chef-lieu de département, sous le nom de *Tarn-et-Garonne*. Il sera composé des démembrements des départements qui l'environnent. Le nôtre y perd les cantons de Montaigut, de Valence et d'Auvillars.[2]

Mgr l'Evêque d'Agen avait publié, le 19 juin dernier, une lettre pastorale par laquelle il invitait les fidèles du diocèse à venir au secours des deux séminaires d'Agen et d'Auch, qui n'ont pas d'autres moyens de se soutenir. Il ordonne que tous les ans, aux mois d'août et de

---

[1] Ces ouvrages ont été repris et terminés peu d'années après sous le règne de Louis XVIII, excepté ceux du pont. (*Note de Proché.*)
[2] Voir page 56.

septembre, il soit fait, par MM. les Curés, des collectes dans toutes les églises, pour fournir aux dépenses de ces deux séminaires. Ces collectes ont commencé cette année au mois de septembre.

La cherté du sucre et la difficulté de s'en procurer ont fait inventer le sirop de raisin. Plusieurs familles en ont fait pour leur usage, il s'en est même établi des fabriques en plusieurs lieux, que le Gouvernement encourage, pour faire cesser, ou du moins pour affaiblir la contrebande qui se fait pour introduire le sucre d'Angleterre, avec laquelle nous sommes depuis longtemps en guerre. Les marchands d'Agen ont fait venir de Périgueux de ce sirop, qu'ils ont d'abord vendu 20 et 24 sous; il est ensuite tombé à 16. Il a à peu près la consistance du miel et remplace très bien le sucre pour les crèmes, les œufs au lait et autres mets de cette espèce, mais non pour le café, le thé et autres liquides.

Le jeudi 13 octobre, vers huit heures du soir, le sieur Robineau, fils, armurier de cette ville, demeurant rue Garonne, était occupé à peser et à mettre en paquets une certaine quantité de poudre à feu, qu'il se proposait de vendre; sa servante l'aidait dans ce travail; une étincelle qui se détacha de la chandelle, tomba sur la poudre, qui prit feu tout à coup et causa une explosion qui se fit entendre dans tout le quartier. Les planchers des appartements du derrière de la maison et l'escalier furent déplacés. Ceux des deux maisons voisines qui appartiennent aux Sicars Lagardelle, tailleur, et Macary, orfèvre, l'une à droite, l'autre à gauche, ont été bouleversés. Le sieur Robineau et sa servante, les sieurs Macary père et fils, restèrent ensevelis sous les ruines; on les croyait entièrement perdus. Mais par le zèle et l'activité de plusieurs citoyens et surtout des charpentiers qui étaient accourus, et qui, animés par la présence de M. le Préfet et des officiers municipaux, bravèrent tous les dangers. On parvint à sortir du milieu des ruines, les sieurs Macary; le fils eut la clavicule cassée et le visage meurtri; son père eut une jambe fracturée. On entendait les cris du sieur Robineau, qui indiquaient le lieu où il était; mais il ne put être sorti de dessous les décombres qu'après deux heures d'un travail très pénible, et après avoir pris les plus grandes précautions. Il était demi-mort; son visage et son corps étaient horriblement brûlés; cependant point de fractures. La servante seule périt dans ce désastre qui aurait eu des suites bien plus funestes, si les épouses et les familles des sieurs Macary et Robineau ne s'étaient trouvées absentes dans ce moment, et si l'incen

— 116 —

die avait succédé à l'explosion. Ces trois particuliers ont été très longtemps malades, surtout le sieur Robineau. Celui-ci a été tenu de céder sa maison [1] pour indemniser ses deux voisins des dommages qu'il leur a causés, et des dépenses qu'ils ont été obligés de faire pour réparer les leurs. Je ne passerai pas sous silence un trait de courage du sieur Lami Roy, fils, sellier de cette ville. Informé qu'un enfant du sieur Macary était couché au second étage de sa maison, il s'élance au milieu des débris brûlants, monte un escalier tout ébranlé, prend l'enfant, le transporte au travers des mêmes dangers, le remet à une femme qui l'attendait sur la rue, et revient dans la maison pour se joindre à ceux qui travaillaient à déterrer Robineau.

Les cantons de Valence, Auvillars et Montaigut sont distraits du département de Lot-et-Garonne, pour être réunis au nouveau département de Tarn-et-Garonne, par un décret du Sénat conservateur en date du 2 novembre 1808, au grand regret de tous les habitants de ces cantons qui ont toujours fait partie de l'Agenais. Ils ont fait à ce sujet des représentations au Gouvernement; on n'y a pas eu égard.

Les eaux de la rivière du Tarn font grossir considérablement la Garonne, qui déborde le 11 novembre. Cinq pieds sur l'esplanade du Gravier ; près de quatre pieds dans les parties basses de la ville.

Le Ier décembre, le collège électoral du département de Lot-et-Garonne a tenu sa première séance dans l'hôtel de la Préfecture (ci-devant couvent des Carmélites). Il était présidé par M. Lacuée, premier [2] président de la Cour d'appel, en remplacement de M. le comte

---

[1] On a construit sur les ruines de cette maison celle où se trouve actuellement le magasin de chaussures de MM. Carrère et Canteloup.

[2] Jean Chrysostôme, baron de Lacuée, né au château de La Massas en 1747, mort au même lieu le 8 octobre 1824. Il avait été successivement lieutenant assesseur au sénéchal d'Agen, juge de paix, juge au tribunal civil, président de chambre, puis premier président de la Cour d'appel d'Agen. Il prit sa retraite en 1818 et fut nommé premier président honoraire. C'était un ma-

— 117 —

de Cessac, son frère, nommé par l'Empereur. Ses occupations ne lui ont pas permis de se rendre.

La nouvelle salle de spectacle d'Agen a été inaugurée le 4 décembre, jour de l'anniversaire du couronnement de l'Empereur et de la victoire qu'il a remportée à Austerlitz. On trouve de très grands défauts à cette salle ; elle manque par le plan, la construction et la disposition du local, on ne voit rien du second rang des premières et secondes loges ; on est très mal à son aise au premier rang. Il était possible de faire, avec l'argent qui a été employé à cet édifice, quelque chose de plus beau et de plus commode.[1]

Les auditeurs près la Cour d'appel ont été créés vers la fin de cette année. M. Barret-Lavedan, le fils et M. Moullié, ont été les premiers qui ont prêté serment, en cette qualité, le 13 décembre.

M. Armand-Joseph de Rangouse, vicaire général du diocèse d'Agen avant et après la Révolution, est décédé le 11 janvier 1809.

---

gistrat éclairé, impartial, d'une grande bienveillance. Sa bonté, sa bonhomie sont restées proverbiales. Il traitait les accusés, si peu intéressants qu'ils fussent, avec une familiarité patriarcale qui faisait sourire. Au début d'une session d'assises, interrogeant un malheureux qu'on soupçonnait d'un crime capital et comptant le lui faire avouer :« *Digats me nostr'amic,* lui dit-il en patois, ce qui donnait à ce nom d'ami tombant de si haut sur un tel homme plus d'étrangeté encore et de saveur. On ne s'étonnait pas de ces allures dans un temps où la simplicité des mœurs était poussée à l'extrême. De respectables magistrats allaient, comme on dit, boire bouteille, sur la porte des marchands de vin, assis entre des futailles, et le baron de Lacuée se faisait porter au Palais, où dans une voiture traînée par deux bœufs, comme les rois fainéants. Le père de celui qui écrit ces notes a été souvent témoin de ces faits. — Nous rappelons que M. de Lacuée était le père des deux colonels dont on connaît la mort glorieuse.

[1] D'importantes réparations furent faites en 1843, M. le comte de Raymond étant maire, d'après les plans de M. Bourrière, architecte du département. M. Delmas, ingénieur de la ville, fit aussi exécuter, il y a quatre ou cinq ans, des travaux qui augmentèrent le nombre des places et atténuèrent quelques inconvénients. Une restauration complète de la scène, qui est en train de se terminer, permettra d'opérer les *changements à vue,* et, par suite, de jouer les pièces dites *féeries.*

Deux centenaires. domiciliés à Agen, sont morts le même jour, 25 janvier. L'un d'eux, nommé Jean Grousset, natif de Bon-Encontre, jardinier de M. de Grave, était âgé de 104 ans. L'autre, Jean Larue, de la commune de Boé, serger, âgé de 102 ans, s'était marié, pour la cinquième fois, à l'âge de 90 ans; il est mort sans laisser d'enfants.

M. l'abbé de Fabry, d'Agen, ancien vicaire général de Saint-Omer, récemment arrivé de Russie, où il s'était retiré lors de sa sortie du royaume, a été nommé vicaire général et archidiacre du diocèse d'Agen, en remplacement de M. de Rangouse, il a été installé le 29 mars 1809.

L'hôpital de Las est désigné par un décret impérial du mois d'avril de cette année, pour recevoir le dépôt de mendicité du département.

Les départements voisins et le nôtre ont beaucoup souffert de la rigueur du froid, qui a régné depuis le commencement d'avril jusqu'au 18 du même mois. Le vent du nord a soufflé constamment. Les bords des rivières ont été pris par la glace; tout le fruit a péri; la gelée a fait beaucoup de mal aux vignes.

Te Deum chanté dans l'église cathédrale d'Agen, le 14 mai, pour rendre grâces à Dieu des victoires remportées par les Français sur les Autrichiens à Eckmulh et à Ratisbonne. Les Français sont entrés à Vienne le 12 mai 1809.

Le maréchal Lannes, duc de Montebello, natif de Lectoure, meurt le 31 mai, des suites des blessures qu'il avait reçues à Essling le 22 mai.

M. Dauront de la Palisse, ancien militaire, de la commune de Lévignac, fait donation par acte public du mois de mai 1809, au séminaire d'Agen, d'un domaine qu'il possède dans cette commune, avec réserve de jouissance pour lui et pour son épouse.

Te Deum chanté dans l'église cathédrale le 4 juin, au sujet de la prise de Vienne, capitale de l'Autriche.

Le 12 juillet, on a découvert, en fouillant dans les ruines de l'ancienne cathédrale, le tombeau d'un évêque qu'on a reconnu, à une inscription trouvée dans son cercueil, être celui de M. Claude Joly, nommé à l'évêché d'Agen le 25 avril 1664, mort dans cette ville le 21 octobre 1678. La municipalité, instruite de cette découverte, a fait recueillir avec soin les restes de ce vénérable prélat, ainsi que les attributs de la dignité épiscopale qui avaient été renfermés dans sa tombe. M. Joly est l'auteur du grand Catéchisme d'Agen publié sous le titre de *Devoirs du chrétien*.[1]

Te Deum chanté le dimanche 30 juillet, à l'occasion de la victoire remportée par les Français à Wagram le 6 juillet.

Dans le courant de ce mois, il est arrivé à Agen un grand nombre d'espagnols, prêtres ou séculiers, qui ont abandonné leur patrie à cause des troubles qui y existent, ou du refus qu'ils font de reconnaître le roi Joseph, que l'empereur Napoléon, son frère, a placé sur le trône d'Espagne, après en avoir expulsé les princes légitimes. Parmi ces exilés, sont les deux médecins du prince des Asturies, M. Ignace Jaurégui et M. Martinez, tous deux très habiles. Ils ont demeuré environ quatre ans dans cette ville, et se sont rendus très utiles aux personnes malades. Les autres médecins les appelaient dans leurs consultations.

On apprend, vers le même temps, que le Pape ayant refusé d'adhérer au décret impérial qui réunit ses états à l'Empire français, a été arrêté et conduit à Gênes avec trois cardinaux.

La cloche de Saint-Hilaire a été fondue le 25 juillet 1809 et bénie dans l'église par M. Jacoupy, évêque, le 8 août suivant. Le parrain a été M. de Sevin, maire d'Agen, et la marraine, Mme Uchard, épouse de M. Uchard, ci-devant juge en la Cour criminelle.

Le dimanche 20 août, il s'éleva une vive querelle dans l'église cathédrale de cette ville, entre plusieurs jeunes gens qui assistaient à la messe; ils se battirent et il y eut du sang répandu. M. l'Evêque en étant informé, prononça sur-le-champ l'interdiction de l'église ainsi profanée. Le lendemain matin ce prélat fit la cérémonie de la réconciliation avec toute la solennité usitée en pareil cas, en présence de

---

[1] *Les devoirs du chrétien, dressés en forme de catéchisme par Monseigneur l'Illustrissime et Révérendissime Père en Dieu, Claude Joly, Evêque et comte d'Agen, en faveur des curés et fidèles de son diocèse, etc. Agen, Jean Bru, imprimeur de Monseigneur l'Evêque et du collège, avec privilége du Roi.* (Sans date) in-12, XXIV — 416 p. Cet ouvrage a eu un grand nombre d'éditions.

son clergé et d'un grand nombre de fidèles attirés par une cérémonie sans exemple parmi eux.

Les pluies abondandes qui sont tombées pendant le mois d'août et de septembre ont fait pourrir les raisins et retarder les vendanges.

M. le comte de Valence, sénateur, général de division, arrive à Agen le 30 novembre avec sa femme et ses deux filles. Il fixe sa demeure à Valence, chez M. Despalais, pendant le séjour qu'il doit faire pour visiter ses propriétés dans le département. M. le comte de Valence a passé ses premières années à Agen Je n'assurerai pas qu'il y est né ; mais sa famille y était établie depuis longtemps. Elle habitait la maison actuellement occupée par M. Parades, gendre de feu M. de Bazon, rue Saint-Jérôme,[1] qui lui appartenait. Le père de M. de Valence était comte et avait été colonel. Il avait deux oncles, dont l'un était commandeur de Malte, et l'autre, qui résidait à Toulouse, s'appelait le marquis de Timbrune, véritable nom de la famille. M. le comte de Valence reçut à la bataille de Jemmapes, un coup de sabre qui lui abattit la peau du front sur les yeux ; il fut bientôt guéri. D'après les renseignements que j'ai pris, je puis assurer maintenant qu'il est natif d'Agen, sa mère nourrice (la veuve Bosc, à Saint-Louis) est encore vivante.

Te Deum, le 3 décembre, double fête au sujet de l'anniversaire du couronnement de l'empereur Napoléon et de la paix avec l'Autriche, signée à Vienne le 14 octobre dernier. Une jeune fille choisie par le Conseil municipal et dotée des fonds de la commune a été mariée avec un militaire retiré. La dot est de 600 fr. M. l'Evêque a fait la célébration du mariage, en présence des autorités qui avaient été invitées à cette fête.

Jean Serres, dit Printemps, meurt le 8 décembre, à l'âge de 114 ans, 1 mois, 14 jours. Il s'est éteint paisiblement et sans douleur dans les bras de son épouse, qui lui a donné ses soins jusqu'au dernier soupir.

Les travaux et réparations nécessaires pour établir le dépôt de

---

[1] Cette maison a été acquise par la famille de Parades, dont un membre, conseiller à la cour d'Agen, l'habite actuellement.

mendicité dans la manufacture de Las, ont été commencés au mois de décembre 1809. On commença aussi en même temps à préparer l'évêché pour le logement de M. le Préfet.

M. Lacuée, comte de Cessac, est nommé Ministre de l'Administration générale de la guerre, par décret du 16 décembre 1809. Il est, outre cela, membre de l'Institut de France, gouverneur de l'Ecole polytechnique, membre du Conseil privé de l'Empereur, général de la Couronne de fer, directeur de la Conscription, président de la section de la guerre.[1]

---

[1] Jean-Gérard de Lacuée, comte de Cessac, né au château de La Massas en 1752, mort à Paris le 14 juin 1841, se dévoua, dans tout le cours de sa longue carrière publique aux intérêts de son département. La ville d'Agen lui dut sa Cour d'appel. A cette occasion, l'Empereur qu'il fatiguait de ses instances, ne put s'empêcher de lui dire : « Sur ma foi, Monsieur le Ministre, si je faisais tout ce que vous voulez, je transporterais à Agen le siège de mon gouvernement. » M. de Cessac qui, ministre de la guerre, s'était fait nombre d'ennemis en poursuivant les dilapidations, tomba en disgrâce après la campagne de Russie et perdit ses emplois. La première Restauration le fit inspecteur général d'infanterie et Louis-Philippe, pair de France. Proché, dans le passage que vise cette note, tout en disant que M. de Cessac était de l'Institut de France, oublie de spécifier la classe à laquelle il appartenait. Nous ajouterons, pour le compléter, que, nommé en 1795, dans la section des sciences morales et politiques, il passa en 1803 dans celle de la langue et de la littérature françaises. M. de Cessac a publié d'importants ouvrages ayant trait à l'art militaire. En voici la liste d'après une communication de M. Jules Andrieu, si versé dans la bibliographie de la région : 1º *Guide de l'officier particulier en campagne ou des connaissance militaires nécessaires pendant la guerre aux officiers particuliers.* Paris, Louis Cellot, 1785, 2 vol. in-8º, avec planches ; 2º *Projet de constitution pour l'armée des Français* (avec Servan). Paris, 1789, in-8º ; 3º *Un militaire aux Français.* Paris, 1789, in-8º ; 4º *Le Dictionnaire de l'art militaire.* Paris, 4 vol. in-4º, avec planches, formant la partie « Art militaire » de l'*Encyclopédie méthodique* ; 5º Dans la description de la collection Labédoyère, figure au nº 579, l'indication de 84 pièces émanant de M. de Cessac et se rapportant aux années comprises entre 1791 et 1799. Elles ont ce titre collectif : *Rapports faits au nom du Comité de la guerre, Discours, Opinions et autres travaux législatifs.* — La maison de ville de la famille Lacuée, située dans la rue dite autrefois *de l'Ave-Maria*, aujourd'hui *des Colonels Lacuée*, est actuellement possédée et habitée par M. A. Montels, avocat, conseiller général du canton de Larroque-Timbault.

Le mariage de l'empereur Napoléon avec Joséphine Tascher de la Pagerie, qui avait eu lieu le 8 mars 1796, fut dissout par un sénatus-consulte du 16 décembre 1809. On a remarqué que pendant que Napoléon a vécu avec Joséphine, il a réussi dans toutes ses entreprises, et que, depuis qu'il en est séparé, il n'a presque eu que des revers.

Le 22ᵉ régiment d'infanterie de ligne est arrivé à Agen le 17 janvier 1810, allant en Espagne, composé de près de 4,000 hommes; il y a eu séjour. La plupart des habitants ont été obligés de loger quatre de ces militaires.

M. Tarry, médecin de cette ville, invente une encre indélébile et à l'épreuve de tous les agens chimiques;[1] elle est approuvée par la classe des sciences physiques de l'Institut de France. M. Tarry s'est rendu, pour cet objet, à Paris, où il a demeuré environ six mois, attendant une récompense qu'on lui avait fait espérer, il n'a encore rien reçu (1814).

A partir de 1809 et pendant deux ans, l'arrondissement d'Agen payera trois centimes additionnels, et celui de Condom quatre centimes, pour les travaux de la route d'Agen à Condom. (Loi du 27 décembre 1809.)

Les ouvrages à faire au dépôt de mendicité ont été adjugés, le 2 janvier 1810, pour la somme de 87,500 francs, au sieur Lapalme, maçon. Cet édifice n'avait pas été achevé; il n'existait que le corps de logis qui fait face à la Garonne et l'aile qui est au nord. Il n'y avait qu'un simple mur de clôture au midi et à l'est, où sera la porte d'entrée, sur l'avenue de Layrac.

Des tribunaux de commerce sont établis à Marmande et à Nérac, par un décret du 6 octobre 1809, qui règle aussi le costume des juges. Le tribunal de commerce d'Agen fut établi en 1792. M. Lamouroux père, en fut le premier président. On créa en même temps un

---

[1] *Dissertation sur les encres à écrire*, par le docteur B. H. Tarry. Agen, imprimerie Prosper Noubel, 1821, in-8° de 16 pages. Cette dissertation fut reproduite, la même année, à la suite d'un *Mémoire* du même auteur *sur la culture du prunier*, ou plutôt ces deux écrits furent brochés sous une couverture unique. Né en 1769, M. Tarry mourut à Agen le 19 avril 1833.

bureau de conciliation, composé de six citoyens, versés dans les affaires, dont les fonctions étaient de prévenir les procès entre les particuliers, en tâchant d'arranger leurs différents ; ce bureau, qui ne coûtait rien, a duré trop peu. Le tribunal de police correctionnelle était alors composé des deux juges de paix de la ville et d'un assesseur. Chaque juge de paix avait six assesseurs, dont deux l'assistaient dans les jugements soit civils, soit de simple police ; au lieu qu'aujourd'hui il juge seul. Les suppléants le remplacent en cas de maladie ou d'absence. La police correctionnelle appartient aux tribunaux de 1re instance, et la police simple aux deux juges de paix de la ville, qui alternent tous les six ou trois mois. Le commissaire de police assiste aux audiences et fait les réquisitions.

Mariage civil de l'Empereur Napoléon avec l'archiduchesse d'Autriche, Marie-Louise, le Ier avril 1810, à Saint-Cloud, le lendemain la bénédiction nuptiale leur est donnée par le cardinal Fesch, archevêque de Lyon, assisté de plusieurs cardinaux et autres prélats.

Le 23 avril, fête au sujet du mariage de l'Empereur. La commune d'Agen, en conformité d'un décret du 25 mars 1810, célèbre le mariage de deux militaires, à chacun desquels elle donne 600 francs. Cette cérémonie se fait avec solennité, en présence de tous les corps constitués et au milieu d'un concours immense de peuple. Des militaires ont aussi été mariés, le même jour et pour le même sujet, dans tous les cantons de l'Empire français.

Le Conseil municipal, dans sa séance du 12 mai 1810, a nommé M. Noël-Joseph Proché, instituteur et maître de pension, conservateur de la bibliothèque de cette ville, en remplacement de M. Delsoert-Lalaurencie, nommé inspecteur près l'Académie impériale de Cahors.[1]

Un décret impérial du 23 avril 1810, concède gratuitement à la ville d'Agen, en remplacement de l'évêché qui lui avait été abandonné en 1796 pour l'indemniser de son ancien collège aliéné au profit de l'Etat, l'ancien couvent des Carmélites, à l'effet d'y établir son collège. En conformité de ce décret, la Préfecture, qui était aux

---

[1] Voir aux pages 63-64 la note relative à la bibliothèque publique d'Agen et la série des bibliothécaires.

Carmélites, a été transportée, vers la fin de cette année, à l'Évêché, et le collège fut établi, au mois de novembre de l'année suivante, au couvent des ci-devant religieuses Carmélites.

Le célèbre Rode, de Bordeaux, l'un des premiers violons de l'Europe, donne un concert à Agen le 6 juin. Une assemblée nombreuse et brillante y assiste ; les amis de la musique y ont accouru de toutes les parties du département, et tous les spectateurs ont admiré les qualités éminentes de ce virtuose qui a eu lieu aussi d'être satisfait de la recette.[1]

Le 6 juillet solennité funèbre et religieuse dans l'église cathédrale d'Agen, consacrée à la mémoire du maréchal Lannes, duc de Montebello, à laquelle ont assisté tous les corps civils et militaires ; un catafalque, décoré d'attributs militaires et des emblèmes des hautes dignités dont le maréchal fut revêtu, et resplendissant de mille feux, s'élevait du milieu de la nef jusqu'aux voûtes du temple. Les militaires étaient rangés autour. Mgr l'Evêque, entouré de son chapitre et de tout le clergé de la ville, a présidé aux offices religieux et funèbres, durant lesquels des morceaux de musique et de chant, analogues à la circonstance, ont été exécutés par les musiciens de ville, sous la direction de M. Baquet. M. l'abbé Fabry, vicaire général, a prononcé l'oraison funèbre. Il est fâcheux qu'une cigale, perchée au haut de la voûte, ait souvent interrompu, par ses criailleries, l'orateur qui, par la manière dont il a témoigné son impatience, a effacé, pour un instant, dans l'esprit des auditeurs, les impressions de dou-

---

[1] Ce célèbre artiste vint habiter, sur la fin de sa vie, au château de Bourbon, entre Tonneins et Nicole. Un vieux métayer de M. J. Amblard, à qui appartient ce château, me racontait, il y a quatre ou cinq ans, la vie triste qu'y menait cet homme dont le violon avait charmé l'Europe. Une paralysie générale avait altéré ses facultés et éteint sa mémoire. Il se promenait, errait plutôt dans la belle et longue avenue qui conduit au château de Lafont, regardant vaguement la riche plaine où la Garonne se déploie et ne songeant pas un instant à l'élégante maison qu'en ce moment même on construisait pour lui à Cugnos, près de Marmande. Pendant les deux ou trois ans qu'il y passa, pas une fois il ne toucha son violon. Il mourut le 25 novembre 1833, après deux jours d'agonie, ayant été, la veille au soir, administré par le curé de Nicole.

leur que leur inspirait son discours, propre à augmenter les regrets qu'on ressentait déjà de la perte du Maréchal.

Le corps du duc de Montebello fut porté, le 2 juillet, dans l'église de l'hôtel des Invalides, où il resta exposé pendant quatre jours et transféré, le 6, en grande cérémonie, dans un caveau de Sainte-Geneviève.

La Hollande est réunie à l'Empire français, par un décret du 9 juillet 1810.

Par un décret du 18 août, reçu à Agen, le 18 septembre, les pièces de 24 sous sont réduites à un franc ; celles de douze, à dix, et celles de 6 sous, à cinq, pourvu encore qu'elles conservent quelques traces de leur empreinte. Les sous marqués de deux sous sont réduits à six liards, et bientôt après, toutes les pièces de billon sont retirées de la circulation.

Un autre décret du 12 septembre réduit les pièces d'or de 48 livres tournois à 47 fr. 20 c., celles de 24 livres, à 23 fr. 55 c., l'écu de six livres, à 5 fr. 80 c. et l'écu de 3 livres, à 2 fr. 75 c.

Le 19 septembre 1810, des voleurs ayant escaladé le mur de clôture du cimetière de la chapelle de Notre-Dame-du-Bourg,[1] s'introduisirent dans la sacristie, après avoir brisé, par le moyen d'un levier, les barreaux d'une croisée, et y volèrent deux calices d'argent et une croix plaquée aussi d'argent. Ils entrèrent ensuite dans l'église, forcèrent le tabernacle et y prirent deux ciboires, dont un était d'argent. Ils ouvrirent les troncs et armoires, qu'ils trouvèrent vides. On reconnut que ces brigands avaient bu et mangé dans l'église. S'étant aperçus qu'un ostensoir et l'un des ciboires n'étaient point d'argent, ils les brisèrent et en laissèrent les débris. Plusieurs vols du même genre avaient été commis, quelques jours auparavant, dans les départements de la Haute-Garonne et de Tarn-et-Garonne. On n'en a pas découvert les auteurs. Le 22 du même mois, M. l'Evêque réconcilia cette église profanée par le vol qui y avait été commis.

---

[1] Ce cimetière occupait, à peu de chose près, tout l'espace compris entre la place de Notre-Dame-du-Bourg, la rue Paulin, jusqu'à la maison Casse, la rue Porte-Neuve jusqu'à la rue Saint-François et celle-ci jusqu'au milieu de sa longueur. La superficie, que représentent les immeubles, bâtis ou non, de MM. Massias, Fabre Antoine et Panbrun, était d'environ 3,500 mètres.

Un décret récent ordonnait que tous les cimetières seraient établis hors de l'enceinte des villes. La commune d'Agen, après avoir longtemps discuté sur l'endroit où elle placerait le sien, choisit, enfin, un terrain contigu à l'ancien cimetière de Sainte-Foy et le long des murs de la ville, jusqu'auprès de la tour de Saint-Côme. Ce local fut entouré d'un mur de clôture qui, au nord, est baigné dans toute sa longueur, par les eaux qui viennent du moulin de la Salève. Le voisinage de ce ruisseau rend le cimetière très aquatique, de sorte que, quand on y creuse une fosse, elle est aussitôt remplie d'eau. C'est là cependant qu'il faut déposer le cercueil qui renferme le cadavre, ce qui déplaît beaucoup aux habitants. Quoiqu'il en soit, ce nouveau cimetière fut béni le 27 septembre 1810, par l'Evêque, assisté de son chapitre et du clergé de la ville, avec toute la solennité du rit pontifical. M. le Maire et ses adjoints assistèrent à cette cérémonie. Quoique ce cimetière doive être commun aux quatre paroisses, M. le Maire a obtenu que celui de Saint-Hilaire serait conservé pour les habitants de cette paroisse.[1] M. de Saint-Phélip, chevalier de Saint-Louis, a été le premier enterré dans le nouveau cimetière.

Un dépôt de mendicité est institué pour le département de Lot-et-Garonne, par décret du 9 octobre 1810. Il sera placé dans les bâtiments de l'ancien hospice de Las,[2] qui seront disposés pour recevoir trois cents mendiants de l'un et de l'autre sexe. Notez qu'après recensement fait dans toutes les communes du département, il s'est trouvé environ six mille mendiants ; et cependant le gouvernement veut détruire la mendicité. Il a été défendu de mendier dans les rues, on a fait quelques arrestations ; tout a été inutile, le nombre des mendiants n'a pas diminué. La dépense annuelle de cet établissement coûte près de cent mille francs, imposés sur le département

---

[1] La percée du boulevard Sylvain-Dumon, qui conduit du cours Saint-Antoine à la gare du chemin de fer, fit supprimer ce cimetière en 1862 ; les ossements des paroissiens de l'église Saint-Hilaire furent transportés au cimetière général de Gaillard, inauguré le 25 août 1850 et qui a dû depuis être agrandi.

[2] Il a été plusieurs fois déjà question de l'Hospice de Las. Nous renvoyons le lecteur au texte et aux notes qui concernent cet établissement de bienfaisance.

de Lot-et-Garonne. Le directeur, l'aumônier, le secrétaire, le pharmacien, le médecin, les surveillants, le garde magasin, les cuisiniers, les infirmiers, l'architecte, les lingères, etc., etc., etc., et le portier en emportent une bonne partie.

Le sieur Ravel aîné et ses frères, danseurs de corde de la première force, ont donné, le 26 octobre et jours suivants, des représentations de leurs exercices, qui ont excité l'admiration et les applaudissements des spectateurs.

M. le comte de la Martillière, sénateur, titulaire de la sénatorerie d'Agen, a cédé aux hospices de cette ville, la jouissance de tous les biens-fonds dépendants des métairies dites de la Grande-Mothe et Fontanes, situées dans l'arrondissement d'Agen et dépendantes de la dite sénatorerie, pour, par l'administration des hospices, en percevoir les fruits au profit des pauvres, jusqu'à nouvelle circonstance. L'acte de cession retenu à Auch, est du 10 octobre 1810.

M. Jacoupy, évêque d'Agen, a été nommé, au commencement du mois de novembre, membre de la Légion d'honneur et en a reçu la décoration.

La bibliothèque qui, depuis un an, avait été transférée de l'ancien évêché dans un appartement dépendant de l'hôtel de la mairie, a été ouverte au public, le lundi 3 décembre 1810.

Mandement de Mgr l'Évêque du 19 novembre, qui ordonne des prières particulières pour l'impératrice Marie-Louise, au sujet de sa grossesse.

M. le Préfet a transféré, au mois de décembre de cette année, le siège de l'administration départementale et son propre domicile du ci-devant couvent des Carmélites, à l'évêché, qui a été successivement le palais des évêques d'Agen, l'école centrale du département et le chef-lieu de la 10me cohorte de la Légion d'honneur. Ce même jour, les habitants du faubourg Porte-Neuve firent une fête et allumèrent un feu de joie pour célébrer l'époque qui place au milieu d'eux cet établissement

Par décret du 29 novembre, le tabac est mis en régie. En conséquence, tous les tabacs existant chez les cultivateurs, négociants et fabricants seront achetés par la régie des droits réunis et vendus par des débitants pourvus de licence.

Les allées d'acacias qui sont autour de l'ancienne cathédrale et du marché au blé ont été plantées dans le mois de janvier 1811. On a remarqué que, quoique ce terrain soit très pierreux, puisqu'il est le résidu des décombres d'un grand édifice, tous ces arbres ont bien réussi. On n'a été obligé d'en remplacer aucun.

Débordement de la Garonne les 15 et 16 février ; trois pieds d'eau sur la promenade du Gravier ; environ un pied dans la rue des Charretiers. Dans ces occasions, la mairie est dans l'usage de faire distribuer du pain et du bois aux malheureux qui ont souffert de l'inondation, en proportion du nombre des personnes qui composent les familles et du dommage qu'elles ont essuyé. Cette œuvre de charité a été observée.

M. Descouloubre, de Toulouse, auditeur au Conseil d'Etat, est installé le 4 mars, en qualité de sous-préfet de l'arrondissement d'Agen ; il occupe la maison de M. Parades, rue Saint-Jérôme.

Naissance du roi de Rome, fils de l'empereur Napoléon et de Marie-Louise d'Autriche le 20 mars 1811. Le 23, à deux heures de l'après-midi, un courrier extraordinaire, venant de Paris, arrive à Agen, portant cette nouvelle. Aussitôt elle est annoncée par 21 coups de canon, par plusieurs couleuvrines et par toutes les cloches de la ville qui ont sonné jusqu'à la nuit. Les pièces de canon étaient placées sur le bord de la Garonne. Le soir, illumination générale. Le lendemain, dimanche, *Te Deum* à la cathédrale et dans les autres paroisses de la ville. Jamais le peuple ne témoigna une plus grande allégresse.

La Cour prévôtale des douanes a été installée à Agen le 28 mars, par M. Vergès, conseiller à la Cour de Cassation, dans la grande salle du Palais, quoique cette Cour ne doive pas y tenir ses séances. Des discours y ont été prononcés par M. Vergès, par M. Desmirail, président et par M. Buhan, procureur-général impérial. Ensuite tous les membres ont prêté leur serment, ainsi que M. Lespès aîné, greffier. Les membres de cette Cour s'appellent assesseurs, ils sont au nombre de huit. Ils tiendront leurs séances dans la maison du sieur Auguste Barsalou, place du Roi de Rome. Cette Cour, établie par décret du 31 octobre 1810, connaît des crimes de contrebande, de fraude et de toutes les entreprises de ce genre, ainsi que des délits des employés dans leurs fonctions. Elle est également chargée de faire exécuter les lois qui prohibent l'introduction des marchandises anglaises. Il n'y a en France que sept cours prévôtales et 34 tribunaux ordinaires. La Cour prévôtale d'Agen a pour arrondissement ceux de Bordeaux, Bayonne, La Rochelle et Saint-Gaudens. Le président se nomme grand prévôt ; il siège l'épée au côté. Les assesseurs sont revêtus de robes noires, avec une large ceinture amarante. Six huissiers font le service de cette cour, leur costume est semblable à celui des huissiers des autres tribunaux.

Une manufacture de tabac est accordée à la ville de Tonneins, par un décret impérial du mois d'avril 1811.[1]

Le 20 mai 1811, la Cour impériale d'Agen, ci-devant Cour d'appel, est installée par M. le sénateur, général, comte de la Martillière, commissaire de S. M., en présence de toutes les autorités, du clergé de la ville et d'une foule de spectateurs. Avant l'installation, M. l'abbé Rous, vicaire-général, a célébré la messe du Saint-Esprit, dans la chapelle du Palais. Ensuite on s'est rendu dans la grande salle où, après un discours prononcé par M. de la Martillière, chacun des membres de la Cour a prêté serment. M. le premier Président et M. le Procureur général ont aussi prononcé chacun un discours. Le premier a invité, en terminant le sien, tous les membres de la Cour qu'il préside à ne jamais séparer les autels de l'amitié de ceux de la justice.[2] Le soir, M. le Sénateur, a donné un superbe banquet

---

[1] Cette manufacture fut organisée immédiatement dans un ancien local qu'on accommoda tant bien que mal à sa nouvelle destination ; elle fonctionna dès 1812 sous la direction de M. Arbanère, qui fut plus tard maire de Tonneins et membre correspondant de l'Académie des sciences morales et politiques de l'Institut de France. Menacée depuis et plusieurs fois dans son existence, elle a été maintenue au grand profit de la ville de Tonneins et des planteurs de la région. Elle est aujourd'hui installée dans un superbe local construit à grands frais près de la gare et dont l'aménagement intérieur se prête à tous les besoins et résume tous les progrès de l'importante industrie qui s'y exerce.

[2] On ne peut s'empêcher de sourire en lisant cette phrase si bien dans le goût du temps. La Métaphore florissait non seulement dans la poésie, ce qui était bien naturel, mais dans la prose, dans la chaire comme au barreau, dans le Temple de l'Eternel comme dans celui de Thémis. Un homme qui avait de l'esprit et du meilleur, écrivait ceci, sans broncher, dans le registre des délibérations d'une Académie de province, à propos de la réception d'un futur Procureur général qui, en attendant « soupirait » des élégies : « Le récipiendaire est introduit ; les membres font un accueil flatteur à ce jeune nourrisson des Muses. » — Le style a ses modes comme les chapeaux. « Mon

aux membres de la Cour et à plusieurs autres fonctionnaires. Le tribunal de première instance de l'arrondissement d'Agen a été installé le même jour par M. Bergognié, l'un des présidents de la Cour impériale.

La Garonne, grossie par les pluies, a débordé le 18 mai, l'eau a couvert les promenades.

Le 9 juin, *Te Deum* et réjouissances à l'occasion de la naissance du roi de Rome. Deux mariages dotés par la ville sont célébrés à Agen. M. le Préfet donne une fête à ce sujet. Feu de joie, feu d'artifice ; illumination générale. A cette époque, la place de l'ancien collège reçoit le nom de *Place du Roi de Rome*.

Ouverture du Concile national tenu à Paris, et présidé par M. le cardinal Fesch, archevêque de Lyon, le 17 juin 1811. Tous les archevêques et évêques de France et d'Italie s'y trouvent. On n'a jamais trop su ce qui avait été traité dans ce Concile ; on n'en a jamais vu le résultat.

Le dimanche, 29 juin, à la suite des pluies fortes et presque continuelles qui tombaient depuis plusieurs jours, qui avaient grossi les ruisseaux, avaient causé de grands dégâts dans les plaines et auxquelles avaient succédé des chaleurs excessives, il éclata un violent orage sur la ville d'Agen, vers midi, et dura le reste du jour. Des averses l'inondèrent à plusieurs reprises, la foudre y tomba en plusieurs endroits ; à une heure et demie, un ouvrier nommé Jean Hoillau, âgé de trente ans, placé à une fenêtre du sieur Laroche, apprêteur de draps, près le pont des Gendarmes, rue Saint-Pierre, occupé à étendre des étoffes sur une perche, fut frappé du feu du ciel et mourut sur le champ.

M. Guillou, natif d'Avignon, chanoine de la cathédrale d'Agen, secrétaire de M. l'Evêque, est mort le 16 juin, âgé de 55 ans. Ses rares talents et ses vertus bienfaisantes, le font regretter de tout le

---

style, a dit l'auteur du *Génie du Christianisme*, a teint de sa couleur bon nombre des écrits de mon temps. » On n'aime plus cette couleur, qui avait, au moins, de l'éclat. C'est maintenant Zola qui tient la corde, pour parler l'argot du jour. Combien cela durera-t-il ? Le temps de dire avec Villon : « *Mais où sont les neiges d'Antan ?* »

diocèse. L'église d'Agen doit le placer au rang de ses plus dignes ministres.

Une colonne mobile, composée de 300 hommes d'infanterie et de cinquante hommes de gendarmerie d'élite, sous le commandement d'un colonel, arrive à Agen le 23 juillet, pour être dispersée dans le département et faire partir les conscrits déserteurs ou réfractaires. Cette mesure a produit le départ d'un grand nombre d'hommes, mais aussi elle a affligé plusieurs communes qui étaient obligées de nourrir et de payer la garnison qu'on envoyait sur leur territoire.

Incendie de la maison de M. Géraud, chirurgien, rue de la Grande-Horloge,[1] dans la nuit du samedi au dimanche 4 août 1811. Un boulanger, qui habitait, comme locataire, le rez-de-chaussée, avait laissé du charbon mal éteint à côté du four. La chaleur se communiqua au plancher qui prit feu et passa bientôt aux autres appartements. Cet homme épouvanté prit la fuite avec sa femme, sans appeler au secours, et sans avertir la famille de M. Géraud, composée de cinq personnes, ni leur propre garçon, qui étaient couchés au premier et au second étage de la maison. Le feu avait déjà fait de grands ravages, lorsque M. Géraud, éveillé par son jeune fils, se leva et éveilla, à son tour, sa fille et deux femmes qui étaient à son service. Ils eurent à peine le temps de descendre à l'aide de draps de lit et de sauter par la fenêtre du premier étage dans la rue. Le fils, après avoir éveillé son père, courut au second étage pour avertir le garçon du boulanger, croyant pouvoir se sauver avec lui par-dessus les toits, car l'escalier était déjà embrasé. Malheureusement la porte se trouva fermée. Alors le garçon boulanger se décida à sauter dans la rue par la fenêtre du second étage qui était très élevé. Il est mort des suites de sa chute, après avoir longtemps souffert, à l'hôpital où il avait été transporté. Le fils de M. Géraud, ou n'eut pas le courage de sauter par la fenêtre, ou fut surpris par les flammes, il périt victime de sa généreuse pitié. Les restes de son corps furent trouvés le lendemain parmi les décombres et portés au cimetière de Saint-Hilaire. Le tocsin et les cris d'alarme ne purent avertir le public de l'incendie, que lorsqu'il était dans toute sa fureur. MM. le Préfet, le

---

[1] Cette maison était située presque à l'angle de la Cornière et de la rue Grande-Horloge, vis-à-vis de celle de M. Guérineau, droguiste.

Sous-Préfet, les Adjoints du Maire et le Commissaire de police y accoururent et encouragèrent par leur exemple les charpentiers et les citoyens de toutes les classes à empêcher que le feu ne se communiquât aux Cornières, qui sont toutes construites en bois et qui n'étaient séparées du foyer de l'incendie que par un seul mur, qui, heureusement, était solide. Outre cela, une pluie assez forte qui tomba calma le vent et rendit moins dangereuse la chute des charbons et des débris enflammés qui étaient portés dans le voisinage. On ne peut considérer qu'avec effroi le danger qu'aurait couru ce quartier, si le feu y eût pénétré.

Vers la fin du mois d'août, on a commencé sur le bord de la Garonne les premiers piquets et à établir un échafaud pour sonder le terrain à l'endroit où le pont doit être placé.

Le 1er septembre, on aperçoit une superbe comète dans la partie septentrionale du ciel ; elle fut dans son plus grand éclat au milieu d'octobre, et cessa d'être visible vers les premiers jours de décembre. On peut voir dans les journaux de ce temps-là tous les raisonnements qui furent faits au sujet de ce phénomène.

M. l'Evêque d'Agen arrive, le 17 octobre de Paris où il avait été appelé au Concile national.

Mme la duchesse de Narbonne arrive à Agen le 26 octobre 1811, venant de Trieste, où elle était restée après la mort des tantes de Louis XVI, de l'une desquelles elle était dame d'honneur. Elle venait pour habiter avec sa belle fille, femme du comte de Narbonne. Elle menait avec elle son médecin, une femme de chambre et trois laquais. Mais elle a trouvé que l'air du pays ne lui était pas favorable ; et au bout de près de deux mois de séjour, elle est partie pour Lyon.

L'ordre impérial de la Réunion a été établi par un décret du 18 octobre 1811, daté d'Amsterdam. Il est destiné à récompenser les services rendus à l'Etat dans l'exercice des fonctions administratives, judiciaires et dans la carrière des armes. La décoration de cet ordre est une croix attachée avec un ruban bleu.[1]

Mort de M. Lafont du Cujula, secrétaire général du département

---

[1] L'ordre de la Réunion a été supprimé en 1815 par Louis XVIII.
(*Note de Proché.*)

de Lot-et-Garonne, ancien membre du corps législatif, le 1er novembre 1811 ; homme recommandable par le zèle avec lequel il a rempli les diverses fonctions dont il a été chargé. Il était maire de la ville d'Agen en 1793, et ce qui fait son éloge, c'est que les représentants qui vinrent à cette époque, ne le jugèrent pas digne d'occuper cette place et le destituèrent.[1]

Le nouveau collège d'Agen a été installé et a ouvert le cours de ses classes le 18 novembre dans le ci-devant couvent des Carmélites, qui avait été disposé pour cet objet par les soins de M. Roche,[2] ci-devant oratorien, principal du Collège. M. Paulin, recteur de l'Académie de Cahors est venu présider à cette installation, à laquelle ont assisté M. le Préfet, accompagné du Conseil de Préfecture, M. le Sous-Préfet, MM. les Adjoints du maire, le Conseil municipal et plusieurs autres fonctionnaires de tous les ordres. La messe du Saint-Esprit a été célébrée par M. l'Évêque. Ensuite M. le Préfet, M. le Recteur et M. le Principal ont prononcé chacun un discours.

M. Désiré Pélissier, nommé juge de paix de la 1re section de la ville d'Agen, par décret impérial du 15 novembre, à la place de M. Cahusac, assesseur en la Cour prévôtale des douanes, est installé

---

[1] M. Lafon de Cujula a publié un *Annuaire ou Description statistique du département de Lot-et-Garonne, rédigé d'après les intentions de son Excellence le Ministre de l'Intérieur*. Agen, Imprimerie de Raymond Noubel, 1806. Un volume in-8o. Il a lu en séance, à la Société d'Agriculture, Sciences et Arts d'Agen, deux mémoires ayant pour titre, l'un : « De la musique considérée comme un art qui imite la nature. » L'autre : « De l'influence des belles-lettre sur la propagation des sciences. »

[2] Nous avons eu, vers 1830, étant élève de la pension Delmas, l'occasion de voir M. Roche, que ses élèves et ses anciens collaborateurs au collège d'Agen, appelaient toujours *le Père Roche*, en souvenir de son titre, périmé, mais non oublié, d'oratorien. C'était un petit homme vif, propret, tout de noir vêtu, en habit et culottes courtes. Il ne lui manquait que des boucles aux souliers pour figurer un tabellion de comédie, comme on les voyait au dernier siècle. Son passage à Agen, dont il avait administré le collège depuis le 18 novembre 1811, jour de l'inauguration, jusqu'à la fin de l'année scolaire 1821, fut une fête pour bien des familles, qui l'avaient fort regretté. Il paraissait âgé d'environ soixante ans et était d'un abord facile et gracieux.

dans ses fonctions et prête serment devant le tribunal de 1re instance, au commencement du mois de décembre.

C'est dans l'automne de 1811 qu'on a commencé à travailler à la côte du Grezel, dont le sommet était trop rude et trop pénible pour les voyageurs et les voitures. Il a été abaissé de 36 pieds. Cet ouvrage a duré deux ans, et a coûté près de cent mille livres. C'est avec la terre provenant de cet atelier qu'on a aplani le chemin qui mène de Gaillard à la Porte-du-Pin ; il était auparavant montueux et surtout très raboteux entre les deux ponts.

Le dépôt du 15e régiment de dragons arrive à Agen le 27 décembre; il est placé aux casernes du séminaire. Cette troupe était peu nombreuse à son arrivée ; mais bientôt elle augmenta par les conscrits qui s'y rendirent, et les chevaux qu'on y envoya de divers endroits. On les faisait manœuvrer sur le Gravier, et lorsqu'il y en avait un certain nombre d'assez exercés, on les expédiait pour l'armée. Le colonel de ce régiment était M. Valdec-Boudignon. Ce militaire avait gagné l'estime de tous les habitants d'Agen par sa douceur et par son empressement à rendre service à tous ceux qui l'employaient. Il était logé chez M. Lamouroux, aux ci-devant Petits-Carmes.

Un décret du 15 janvier 1812 ordonne qu'il sera ensemencé, en France, cent mille hectares de terre, en betteraves, pour faire du sucre avec le suc de cette plante. Le département de Lot-et-Garonne doit ensemencer 400 hectares pour son contingent. Dans le même temps, on sème aussi de la graine de pastel pour en faire de l'indigo.

Aux mois de février et de mars, il passe à Agen environ dix mille prisonniers espagnols, officiers ou soldats, dans l'état le plus pitoyable, couverts de haillons, la plupart sans chapeau ni bonnet, presque tous sans chemise et sans souliers. Le temps était affreux, la pluie était continuelle. On peut juger combien devaient souffrir ces malheureux. A leur arrivée, on les enfermait aux écuries de Saint-Louis. Là des personnes charitables leur faisaient distribuer de la soupe qu'elles leur avaient fait préparer. Ils étaient escortés par la force armée ou par des gardes nationaux qui se relevaient d'un gite à l'autre. On les conduisait du côté de la Bourgogne, où très certainement il n'en est pas arrivé la moitié. A chaque logement, il en restait dans les hôpitaux, où ils périssaient misérablement de maladie ou de lassitude. Ils répandaient partout une odeur infecte ; plusieurs même portaient un reste de fièvre jaune qui se communiquait aux personnes qui s'approchaient d'eux pour les soigner. Plusieurs en ont été les victimes à Agen, entre autres deux sœurs de l'hospice, M. Durand, médecin, et Mme Villeneuve (demeurant au quartier Saint-Louis, près les écuries) qui, après avoir fait elle-même la distribution de la soupe, se retira chez elle pour prendre du repos ; mais bientôt elle fut atteinte de la fièvre et mourut peu de jours après. Il périt dans l'hôpital d'Agen environ 200 Espagnols, autant à Villeneuve, où plusieurs personnes furent aussi victimes des soins charitables qu'elles avaient donnés à ces malheureux. On en trouva plusieurs morts sur la route, dans les fossés. Heureusement il ne faisait pas chaud, le temps était froid et pluvieux, autrement la peste était inévitable.

Aux mois de mars et d'avril, le blé et, par conséquent, le pain étaient très chers. Le blé se vendait 48 et 50 francs le sac, le pain coûtait sept sous et demi la livre. Le pauvre vivait très difficilement, ce qui excita la charité des fonctionnaires et des personnes riches, qui aidèrent la commune par des contributions volontaires, à venir au secours des indigents.

Arrêté de M. le Préfet du 19 mai, qui fixe le prix de l'hectolitre de blé à 33 fr., celui de seigle à 23 fr. 50, et le maïs à 18 fr. Au mois de juin, on cesse de distribuer du pain aux pauvres, mais on leur donna de la soupe appelée *à la Rumfort*, très bonne et très économique. Cette soupe était faite dans la cour de la mairie, où se faisait aussi la distribution, en observant de faire entrer les pauvres par la porte du côté du palais, et de les faire sortir par celle de la petite place. On fait à Villeneuve du pain avec la farine de maïs et des pommes de terre bouillies. La soupe *à la Rumfort* a été distribuée pendant environ un mois.

Le 22 juin 1812, M. le Maire reçoit les nouvelles armoiries accordées à la ville d'Agen par lettres-patentes de l'empereur du 27 avril 1812,[1] avec le diplôme qui a coûté six cents francs. La seule diffé-

---

[1] Les lettres patentes de l'Empereur fixent, comme suit, les armoiries de la ville d'Agen: « De gueules à la tour crennelée de sept pièces, chargée d'une roue, donjonnée d'un château de trois tourelles, une et deux, crennelées de trois pièces chacune, couvertes et girouettées, le tout d'or, ouvert,

rence qu'il y ait avec les anciennes armoiries, c'est que celles-ci avaient un aigle tenant dans ses pattes une légende chargée du mot *Agen*, au lieu que les nouvelles ont un coq tenant la même légende. On sait, par tradition, que l'empereur Charlemagne avait donné l'aigle à notre ville pour récompenser la bravoure et la fidélité de ses habitants. (Voyez page   .)

La plus grande partie des sœurs de l'hôpital Saint-Jean quittèrent leurs fonctions et se retirèrent ayant refusé de reconnaître une générale, nommée par l'Empereur; elles sont bientôt remplacées par d'autres sœurs envoyées par le Gouvernement, qui sont installées le 22 mai.

On fait un fossé large et profond autour de l'emplacement que doivent occuper les matériaux et les ouvriers qui doivent travailler

---

ajouré et maçonné de sable, adextré d'un coq d'argent, tenant dans ses pattes une légende du même, chargée du mot AGEN de sable : franc quartier des villes de seconde classe, qui est, à dextre, d'azur, chargé d'un N d'or, surmonté d'une étoile rayonnante du même ; pour livrée, les couleurs de l'Écu. — Les ornements consistent en une couronne murale, à créneaux d'argent pour cimier, traversé en fasce d'un caducée contourné du même, auquel sont suspendus deux festons servant de lambrequins, l'un à dextre, d'olivier, l'autre à senestre, de chêne, aussi d'argent, noués et rattachés par des bandelettes d'azur. » — M. de Lugat, maire d'Agen, obtint, en 1818, des lettres patentes de confirmation des armoiries de la ville, « telles qu'elles avaient été accordées par les rois, nos prédécesseurs, » est-il dit dans ce document qui les détermine ainsi : « De gueules, à un aigle volant de profil d'argent, tenant de ses deux pattes une liste du même, sur laquelle est écrit : Agen, en lettres capitales de sable, posé à dextre ; et une tour d'or, couverte en pavillon de trois pièces girouettées du même, et posée à sénestre. » Voir dans la *Revue de l'Agenais*, janvier-février 1882, p. 91, la représentation gravée du sceau de la ville, et du contre-sceau, usités depuis l'an 1243 : *La place de la Halle à Agen, édifices qui ont existé sur son emplacement, cloche de l'ancienne horloge*, par MM. Magen et Tholin ; voir aussi : *La bannière d'Agen*, par M. J. de B. de Laffore, dans le *Recueil des travaux de la Société d'agriculture, sciences et arts d'Agen*, 1re série, t. VI, p. 332 et suiv.

et immédiatement après la barrière en planches et trois grandes portes.

Le sieur Devèze, ferblantier de cette ville, propriétaire des bains du Gravier, augmente, embellit et met cet établissement dans l'état où il est maintenant ; vers le mois de juillet, il double le nombre de baignoires. Il avait acquis ce local du sieur Lorrain, à qui la municipalité l'avait concédé par sa délibération du 19 janvier 1780 et qui y avait placé quelques bains, après y avoir fait construire une faible cloison en briques. C'était auparavant un pilier de l'ancien pont, pareil à celui qui existe encore au bord de la Garonne.

Le Pape arrive le 20 janvier 1812 à Fontainebleau, où il doit faire sa résidence.

La ville de Bordeaux était, ainsi que la nôtre, réduite à la plus grande disette. Les pauvres surtout y souffraient beaucoup. Le Sous-Préfet de cette ville vient à Agen le 23 juin, croyant y trouver quelque ressource ; mais, nous voyant aussi embarrassés que les Bordelais, il alla vers Astaffort et Auvillars, où il fit quelques achats de blé, qui étaient bien loin d'être proportionnés aux besoins.

Mme Saqui, de Paris, fameuse danseuse sur la corde tendue, où l'on peut dire qu'elle fait des prodiges, arrive à Agen, le 20 juillet. Elle y donne plusieurs de ses exercices avec ses associés, dans la salle des spectacles, où elle a été très suivie à toutes les représentations. On ne pouvait se lasser d'admirer son adresse, sa force et son agilité.

Le mur qui est autour de la fontaine du Gravier a été bâti en 1812, pour empêcher que le bassin ne soit plus obstrué par la quantité de cailloux qui y étaient transportés à la suite des orages et des pluies abondantes, par les eaux qui viennent de la Porte du Pin et des ruisseaux qui y aboutissent.[1]

---

[1] Voir pages 68-69 la note relative à cette fontaine.

Les travaux pour la construction du pont d'Agen, sur la Garonne, se continuent avec activité depuis qu'on a achevé de sonder le fond et que l'on a trouvé le tuf sur lequel doivent être assises les fondations des culées et des piles. On a déjà transporté sur l'emplacement fermé par le fossé et la barrière en planches une grande quantité de bois de chêne et de pin, de moellon et de grosses pierres qu'on tire des carrières de Moirax. Au reste, la barrière qui a été établie autour de l'atelier, a pour objet d'empêcher que les ouvriers ne soient détournés par les curieux et qu'on n'enlève les outils et les matériaux. Les entrepreneurs du pont sont deux frères nommés Boucheron, de Saintes. Ils ont aussi entrepris la construction du pont d'Aiguillon, auquel on travaille en même temps. Le 22 septembre, ils ont posé la première pierre moellon sur le tuf, qui doit former le lit destiné à recevoir la grille en bois de chêne, sur laquelle doit être construite la première culée du pont d'Agen.

Le 3 août, la grêle causa les plus grands ravages dans les communes de Gontaud, Fauguerolles et autres lieux circonvoisins. Jamais, de mémoire d'homme, on n'avait vu des grêlons d'un si gros volume et d'un si fort poids. On en pesa plusieurs de 2, 3 et 4 livres. Les habitants de Gontaud furent obligés de se mettre sous les lits pour éviter les atteintes des grêlons qu'écrasaient les toitures et pénétraient dans les appartements. Toutes les tuiles furent brisées. La façade des maisons exposées au vent avait des empreintes semblables à celles que pourraient faire des coups de fusils chargés à balle. Le même orage s'étant dirigé vers Monflanquin et Fumel, la grêle qui tomba dans ces cantons, durant quinze minutes, enfouit le maïs, abîma les vignes, brisa les châtaigniers et abattit toute espèce de fruits. Les moindres grêlons étaient de la grosseur d'un œuf de poule. Ce désastre s'est étendu jusqu'à Limoges, les lettres qu'on a reçu de cette ville en offrent le tableau le plus déchirant.

Le chemin vicinal du vallon de Courborieu a été réparé dans l'automne de cette année ; il a été pavé en pierre au printemps de 1813. Cet ouvrage a été fait au moyen d'un dixième imposé sur les contributions directes de la commune. Ce n'était l'avis ni de M. le Maire ni du Conseil municipal, qui ne regardaient pas ce chemin comme d'un intérêt général pour la commune d'Agen. Le Ministre de l'Intérieur fut consulté, il décida, sur l'avis de M. le Préfet, que au pont de la Garonne. Cet ouvrage s'est fait au mois de mai, l'ouvrage serait fait aux frais de la commune. Il a coûté dix mille francs.[1]

M. le Sire, natif de Besançon, a été ordonné prêtre, à l'âge de 60 ans, par M. l'Evêque d'Agen, le 19 septembre 1812. Il avait d'abord servi dans le régiment de Lorraine-infanterie. Il continua son service pendant la Révolution dans la 92e demi-brigade de Ligne, qui a longtemps été en garnison à Agen ; il parvint au grade de chef de bataillon. On l'a souvent vu, sur le Gravier, commander les évolutions de son régiment. Son âge et ses blessures l'ayant obligé à demander sa retraite, il l'obtint avec la croix de la Légion d'honneur. Alors il se retira dans la maison curiale de Monbusq, qu'il avait achetée au district d'Agen. Mais, ennuyé de mener une vie oisive et voulant se rendre utile de quelque manière, il prit la résolution d'apprendre la langue latine et d'embrasser l'état ecclésiastique. Il parvint, par un travail assidu et par les soins du maître qu'il avait choisi, à surmonter les dégoûts de cette étude, et fut en état, au bout de seize mois, d'entrer au séminaire, dont il suivit les cours pendant quinze mois, et fut fait prêtre bientôt après. M. l'Evêque l'envoya, en qualité de vicaire, auprès du curé de Castillonnès, et le nomma ensuite curé de Ferrensac, paroisse du même canton. M. le Sire est mort vers la fin du mois de février 1817, au dépôt de mendicité où il était en qualité d'aumônier depuis environ un an.

La première pierre du pont d'Agen a été posée le 7 novembre 1812, à 4 heures après-midi, par M. le Préfet, avec la plus grande solennité, en présence de tous les fonctionnaires de l'ordre administratif, du colonel au 15e régiment de dragons commandant le département, des officiers de la garnison, du corps municipal. La garde nationale et la compagnie de réserve, précédées de la musique, accompagnaient le cortège auquel s'était réuni un grand nombre de magistrats et autres principaux citoyens. La première pierre est placée à l'angle de la

---

[1] Comme cet ouvrage n'a pas été entretenu, le chemin est dans un état pire qu'auparavant (1823).

(*Note de Proché*).

culée qui fait face au nord. M. le Préfet a déposé dans un creux qu'on y avait pratiqué une boîte de plomb renfermant plusieurs pièces de monnaie à l'effigie de l'empereur Napoléon et, en outre, une plaque de cuivre sur laquelle a été gravée une inscription dont voici la copie :

Sous le règne de Napoléon Ier
Empereur des Français,
Roi d'Italie,
Protecteur de la confédération du Rhin,
Médiateur de la confédération Suisse ;
Pendant que ce grand homme
Rétablissait la Pologne
Et s'avançait victorieusement en Moscovie,
Les fondations du Pont d'Agen
Furent commencées.
S. M. avait marqué son séjour à Agen,
Le 30 juillet 1808,
Par ce bienfait, et plusieurs autres,
Accordés
Au département de Lot-et-Garonne,
Par son décret impérial du même jour.
La première pierre de ce grand monument
A été posée le 11 octobre 1812,
Sous le ministère
De Son Excellence le comte de Montalivet,
Sous l'administration
Du comte Molé,
Directeur général des ponts et chaussées,
Par le baron Cristophe de Villeneuve-Bargemont,
Membre de la légion d'honneur,
Préfet du département de Lot-et-Garonne,
Accompagné de
L. Rolland, secrétaire général ; Boussion, Vignes,
Menne, Grenier, conseillers de préfecture ;

E. D'Escouloubre, auditeur au Conseil d'Etat,
Sous-préfet d'Agen,
J. C. Sevin, maire ; Chaudordy, Bory, adjoints.,
En présence de
J. B. Baron Lacuée, premier président de la Cour impériale ;
J. Jacoupy, évêque d'Agen ;
Desmirail, Grand-Prévot ;
Mouillié, président du tribunal de première instance ;
R. Noubel, président du tribunal de commerce ;
Boudinhon-Valdec, colonel du 15° dragons, commandant le département ;
B. Saint-Genis, ingénieur en chef, et J. Ladevèse, ingénieur
Ordinaire au corps impérial des ponts et chaussées,
Directeurs des travaux du Pont d'Agen.

Les nommés Yot et Laforêt, convaincus de meurtre commis auprès de Castelmoron-sur-Lot, avaient été condamnés à Agen, pendant la tenue des dernières assises, le premier à la peine de mort, le second aux fers à perpétuité, à l'exposition et à la flétrissure. L'arrêt de la Cour portait que l'exécution de ces malheureux serait faite sur la place de Castelmoron. Ils y furent traduits par la gendarmerie le 12 novembre 1812. Yot, extrêmement sensible à la honte de subir sa peine en présence de ses compatriotes, était tombé dans un état apoplectique, il était privé de tout sentiment lorsqu'il reçut le coup fatal.

Te Deum, en actions de grâces des victoires remportées par les Français sur les Russes, particulièrement à la bataille de la Moskowa donnée le 7 septembre. Les Français entrent le 14 à Moskowa ; cette ville est incendiée par les Russes. Ce *Te Deum* est chanté à Agen le 11 Octobre 1812.

Rétablissement de la fondation de M. Casse, agenais, mort au Cap français, en 1783.[1] Tous les deux ans, à partir de 1813, une fille pau-

---

[1] Un ex-voto, représentant en assez grandes dimensions un navire avec tous ses agrès, a été longtemps suspendu à la voûte de l'église Notre-Dame

vre choisie dans la paroisse de Lacapelette-Renaud, limitrophe d'Agen, recevra une dotation de 100 fr. Le Conseil de fabrique de la paroisse de Notre-Dame, à laquelle a été réunie celle de La Capelette, est chargée de faire le choix de la jeune fille.

M. Barthélemy Lami-Belloc, médecin, est mort le 14 Novembre à l'âge de 35 ans, d'une fièvre maligne qui l'a emporté en très peu de jours. Ses talents dans l'art qu'il professait et ses vertus privées le font généralement regretter.

La première pierre du pont de Bordeaux a été posée le 6 Décembre 1812, par M. le Préfet de la Gironde.

Un froid extraordinaire se fait sentir pendant six jours du mois de Novembre. La liqueur d'un thermomètre de Réaumur exposé au Nord est descendue, le 21 Novembre, à 3 degrés au-dessous de zéro.

     le 22 id. à 2 degrés au-dessous de zéro.
     le 23 id. à 3   id.
     le 24 id. à 3 1/2 id.
     le 25 id. à 3   id.

le 26, le vent ayant cessé de souffler du Nord, la liqueur est remontée à 6 degrés au-dessus de zéro.

Vers les premiers jours du mois de Décembre, commencèrent en Russie les grands froids qui firent périr un très grand nombre d'hommes et de chevaux, et causèrent tous les désastres dont il est fait mention dans le mémorable bulletin contenant les détails du mouvement de la grande armée sur Dwina. Presque toutes nos troupes et celles de nos alliés furent détruites par le froid ou par le fer des cosaques qui ne cessaient de les harceler et de leur couper les vivres. Napoléon se sauva avec quelques officiers de sa garde qui l'escortèrent jusqu'à Paris, où il arriva le 18 Décembre 1812.

---

des Jacobins: il était l'expression des craintes et des espérances de cet agenais, en grand danger de périr dans un voyage sur mer. On l'a, croyons-nous, mis de côté à l'époque où feu M. le curé Paga, fit exécuter la décoration murale de ce curieux édifice.

Les nommés Milleret et Cayla de Beauville, convaincus du crime d'assassinat sur la personne du nommé Desplats, aussi de Beauville, sont condamnés à la peine de mort, par la Cour d'assises, tenue à Agen, au mois de Décembre 1812. Leur pourvoi en cassation ayant été rejeté, ils furent exécutés le 15 Février suivant, hors la Porte du Pin,

L'inauguration du dépôt de mendicité a été faite le 2 Janvier 1813 par M. le Préfet qui a prononcé un discours dans lequel il a fait l'éloge des fondateurs et bienfaiteurs de cet hospice. M. Lacoste, directeur du dépôt, dans celui qu'il a prononcé ensuite, a tâché de combattre quelques opinions qui tendraient à faire craindre que ces établissements ne fussent insuffisants pour l'entière extinction de la mendicité. M. Roux, vicaire-général et son clergé ont ensuite béni la chapelle sous l'invocation de Saint-Christophe, et y ont célébré la messe.

Les deux poteaux plantés sur la place du Marché de cette ville, y ont été mis au commencement du mois de Janvier 1813, pour y attacher les condamnés aux fers et à la flétrissure. Des poteaux pareils existaient à la même place avant la Révolution ; le collier appelé *carcan* y restait toujours attaché. Ils furent arrachés, comme je l'ai déjà dit, en 1794, par des soldats d'un bataillon nantais, qui mirent à leur place des branches de saule pour représenter l'arbre de la liberté. Depuis ce temps-là on exposait les condamnés sur un échafaud mobile.

Un sénatus-consulte du 13 Janvier 1813, met 350 mille hommes à la disposition du Ministre de la guerre. Le contingent du Lot-et-Garonne, pour cette levée, est de 500 hommes ; celui de l'arrondissement d'Agen est de 131 hommes. Le Conseil municipal d'Agen offre quatre cavaliers armés et équipés ; les fonctionnaires de la ville, 4 ; M. le comte de Lacépède envoie la somme de mille francs pour un, ce qui porte à 9 le nombre des cavaliers offerts par la ville d'Agen. Les jeunes gens autres que ceux qui sont appelés par le décret, sont invités à s'enroler volontairement. Les besoins étaient pressants ; il s'agissait de réparer les pertes que nous avions faites lors de la malheureuse expédition de la Moskowa.

Le 25 Janvier, signature du concordat de Fontainebleau entre le Pape Pie VII et l'empereur Napoléon, pour faire cesser tous les différends qui s'étaient élevés à l'occasion des affaires de l'Eglise. D'après un mandement de Mgr l'Evêque, un *Te Deum* est chanté le 7 Février, pour le rétablissement de la paix de l'Eglise. La première entrevue du Pape avec l'Empereur avait eu lieu à Fontainebleau le 19 Janvier.

Les ponts d'Agen et d'Aiguillon qui, d'abord, devaient être construits, les piles en pierre et les travées en bois, seront construits entièrement en maçonnerie, à cause de la rareté et de la cherté du bois. Ce nouveau décret est du 5 Février 1813.

Entre autres dons que l'Empereur avait faits à la ville d'Agen, lors de son passage, il lui avait concédé le terrain connu sous le nom de Pépinière, avec les bâtiments qui en dépendent, situé hors la Porte du Pin. Mais, d'après un décret du 20 Mars 1813, qui ordonne l'aliénation de quelques parties des biens communaux, cet objet fut vendu et acquis par M. Mouysset, procureur général de la Cour impériale. Il appartenait autrefois à l'ordre de Saint-Lazare, dont on voyait, avant la Révolution, les armoiries gravées sur une pierre au-dessus de la porte de la maison. Monsieur, frère du roi Louis XVI, en percevait alors le revenu.

Depuis quelque temps, il se commettait, dans la ville d'Agen, pendant la nuit, des vols et des tentatives de vol, qui alarmaient les habitants. On a essayé de s'introduire dans le magasin des MM. Barsalou frères et dans la maison de M. Lemaître, receveur-général, rue Porte-Neuve.[1] Les voleurs ouvraient les contrevents en les perçant ou à l'aide de leviers et autres instruments dont quelques-uns ont été trouvés sur les lieux. Ils étaient sur le point d'entrer, le 28 Septembre 1812, dans l'un des bureaux de M. Lemaître, après avoir forcé une des barres de fer de la croisée, lorsque celui-ci, s'étant éveillé au bruit qu'il avait entendu, les obligea, par ses cris, à prendre la fuite. On eut des soupçons sur quelques personnes qu'on avait vues, la veille, rôder dans le voisinage, et qui, d'ailleurs, avaient une mauvaise réputation. Elles furent arrêtées et mises en accusation. L'un d'eux, habitant de cette ville, fut convaincu

---

[1] Cette maison est aujourd'hui et depuis longtemps annexée aux bâtiments du Petit-Séminaire, dans la rue Porte-Neuve.

d'avoir fait partie de cette bande de voleurs, et condamné à douze ans de travaux forcés et au carcan. Les autres furent mis en liberté, faute de preuves.

Sénatus-consulte du 3 Avril, qui ordonna la levée de 180,000 hommes pour augmenter les armées actives. Le contingent du département de Lot-et-Garonne est de 646 hommes.

Depuis le 17 Janvier de cette année, il n'était tombé de la pluie que deux fois et en très petite quantité. Le temps était aussi sec, les routes étaient couvertes d'autant de poussière que dans les plus grandes chaleurs de l'été. On désirait la fin de cette sècheresse, on craignait qu'elle ne fût très nuisible à la récolte, car les blés ni aucune plante ne poussaient presque point. Enfin, il a commencé à pleuvoir le 26 avril. Les craintes qu'on avait ne se sont pas réalisées. Le récolte a été très abondante en toute espèce de grains et de fruits. Les arbres en étaient tellement chargés que la plupart des branches ont été cassées sous leur poids.

Victoire remportée le 2 Mai par les Français à Lutzen, sur les Russes et les Prussiens, commandés par l'empereur Alexandre et le Roi de Prusse. On compte qu'il a été tiré à cette bataille 150,000 coups de canon. La nouvelle en est arrivée à Agen le 13 Mai. Elle a été annoncée par de nombreuses salves d'artillerie et par le son de la cloche de la mairie.

Le 30 Mai, *Te Deum* chanté au sujet de la victoire remportée à Lutzen dont je viens de parler, en exécution des ordres de S. M. l'Impératrice, reine et régente, et du mandement de Mgr l'Evêque.

Décret impérial du 22 Mai, rendu sur le champ de bataille de Wurtchen, en Lusace, après la victoire remportée sur les Russes et les Prussiens, portant qu'il sera élevé, sur le mont Cenis, un monument comme un témoignage de la reconnaissance de l'Empereur envers ses peuples de France et d'Italie. Ce monument devait coûter 25,000,000 ; il n'a pas été commencé. Au reste, la victoire remportée à Wurtchen fut suivie d'un armistice conclu le 4 juin, qui dura jusqu'au 17 août, époque de la reprise des hostilités et de la déclaration de guerre de l'Empereur d'Autriche.

MM. de Sevin aîné, Chaudordy père et Bory fils ayant été renouvelés dans les charges de maire et adjoints de cette ville, par décret impérial du 3 Avril dernier, ont été installés le 30 Mai par M. le Préfet qui s'est rendu, pour cet effet, à la mairie, accompagné du

Secrétaire-général, du Sous-Préfet et du Conseil de préfecture, escorté par la compagnie de réserve. Le corps municipal y était déjà rassemblé. M. le Préfet, après avoir prononcé un discours analogue à la cérémonie, a reçu le serment du Maire et des adjoints. De là le cortège s'est rendu à la cathédrale pour assister au *Te Deum*, qui a été chanté ce même jour, comme je l'ai déjà dit, au sujet de la victoire de Lutzen.

Le 28 Juin et jours suivants, les habitants de la ville d'Agen sont invités à aller voir, à l'Hôtel de la Mairie, un plan de cette ville, sur lequel est tracé le projet de rectification d'alignement adopté par le Conseil municipal le 2 Février dernier. Les personnes qui auraient des réclamations à faire contre quelques parties de ce projet, pourront les adresser au Maire avant le 15 Juillet. Il s'écoulera bien des années avant que ce plan soit entièrement exécuté. Aligner la ville d'Agen est une chose impossible à moins de la rebâtir.

La première pierre du pont d'Aiguillon a été posée le 1er Août 1813 par M. le Préfet de Lot-et-Garonne.

Un caisson destiné à recevoir la première pile du pont d'Agen, a été mis à l'eau sur pilotis le 20 Juin 1813. La pile a été commencée peu de jours après.

Un décret impérial rendu à Dresde le 29 Août érige le collège d'Agen en lycée.[1] Ce décret n'est jamais parvenu à Agen.

Au commencement du mois de Juillet, il arrive à Agen plusieurs familles espagnoles qui avaient quitté leur patrie, après l'expulsion du roi Joseph Bonaparte dont elles avaient embrassé le parti. Elles fuyaient pour éviter le mauvais traitement qu'elles auraient certainement essuyé de la part de leurs compatriotes du parti opposé, qui, après une longue et cruelle guerre, avaient reconquis leur territoire et leur indépendance, avec l'aide des anglais, commandés par le général Wellington, et qui auraient puni très sévèrement tous ceux

---

[1] Un nouveau décret, également impérial, consacra, cette fois définitivement, la même érection à quarante et un ans d'intervalle, en 1854. En cette même année, une loi, fut votée le 30 Mai, autorisant la ville d'Agen à emprunter 450,000 fr. pour la construction de son lycée qui devait en coûter plus du triple. L'ouverture de ce magnifique établissement eut lieu le 8 Novembre 1858.

qui avaient accepté des places du roi Joseph. Ces familles ont resté à Agen jusqu'au mois de Février suivant; les unes sont allées à Bordeaux ou à Cahors, les autres à Bergerac ou à Périgueux.

Elles sont revenues bientôt après, en plus grand nombre, elles y sont encore en 1816. C'est une charge pour la France qui les nourrit. Les officiers reçoivent la demi-solde de leur grade.

Le 15e régiment de dragons est parti d'Agen, le 15 Juillet ; il se rend à Toul, département de la Meurthe.

Te Deum chanté le 26 Septembre au sujet des avantages remportés sous les murs de Dresde, dans les journées des 26 et 27 Août dernier par les Français sur les troupes russes, prussiennes et autrichiennes. Ce fut dans la journée du 26, que le général Moreau fut blessé, il mourut peu de jours après, *multis flebilis*.

Le 6 Septembre 1813, après quelques orages, la Garonne a augmenté tout-à-coup et avec tant de rapidité qu'elle a renversé les sonnettes et les échafaudages du pont, elle a emporté une grande quantité de pieux plantés et beaucoup d'autre bois qui devaient servir au pont. Une seconde crue arrivée le 24 Octobre, a détaché le second caisson qui était déjà à l'eau et prêt à être placé pour la seconde pile. Il s'est arrêté auprès des moulins qui sont à l'embouchure du ruisseau de Saint-George,[1] d'où il a été remonté avec beaucoup de

---

[1] L'embouchure du ruisseau de Saint-George (dit *la Masse*), fut déplacée à l'époque où se fit le Pont-Canal ; elle était située à peu-près autant au delà de ce pont qu'elle l'est aujourd'hui en deçà. Les moulins dont parle Proché, étaient des moulins à nef, comme ceux que Blaise de Monluc fit lancer en Décembre 1549, contre le pont de bateaux construit par les huguenots devant le Port-Sainte-Marie. Une vue cavalière d'Agen, faite en 1648, montre trois de ces moulins, amarrés au bord de la Garonne, au quartier Sainte-Catherine, actuellement quai Saint-Antoine. Nous nous souvenons d'avoir vu le dernier de ces engins pittoresques dont le bruit sec et régulier égayait la solitude des *Iles*, à peine troublée par les pêcheurs à la ligne ou les marmots en quête de hannetons. Ces îles (*Las Illos* en patois) consistaient en une saulaie basse et touffue, enfermée entre la Garonne, le ruisseau de Saint-George et celui de Courborieu. C'est le terrain, actuellement cultivé en prairies ou planté de peupliers, qui longe la rivière au-dessous de Rouquet, du chemin de Saint-George à Dangosse. Il n'est, à vrai dire, qu'une presqu'île, et encore !

difficulté, à cause de sa masse énorme. Ces caissons sont construits en poutres et madriers de chênes. Quoique plusieurs pieux emportés par ces deux crues aient été arrêtés et ramenés à bord, on estime le dommage à environ 6,000 fr. Les travaux du pont ont été suspendus à cette époque, faute d'argent.

Dans la nuit du 20 au 21 Octobre, des voleurs s'introduisent, au moyen d'une effraction, dans la boutique du sieur Bouchou, Mathieu, orfèvre et joailler, demeurant sous la Cornière, vis-à-vis la Grande boucherie. Ils dérobent une grande quantité d'ouvrages d'or et d'argent, comme calices, ostensoirs, ciboires, couverts, colliers, chaînes de montre en or, anneaux, croix, bracelets, pendants d'oreilles, etc. On n'a pu découvrir les auteurs de ce vol.

Le 18 Octobre, bataille donnée entre Dresde et Leypsic. La défection des troupes Bavaroises, Saxones et Wurtembergeoises qui passent du côté de l'ennemi, et tournent les armes contre les Français, le pont de Leypsic qu'on fait sauter avant l'instant qui avait été prescrit, et qui fait tomber une partie de nos troupes au pouvoir de l'ennemi, obligent les Français à se retirer sur Erfurt et vers le Rhin; mais, avant de passer ce fleuve, ils furent forcés de se battre le 30 Octobre, à Hassau contre les Bavarois et les Autrichiens, sur lesquels ils remportèrent une grande victoire qui leur procura le moyen de passer librement.

Le général Gaussard arrive à Agen au commencement du mois de Novembre et prend le commandement du département de Lot-et-Garonne.

L'empereur était arrivé à Paris le 9 Novembre 1813, trouva des adresses de toutes les villes de France, qui, par l'organe de leurs magistrats, offraient le sacrifice de la vie et des biens de tous les habitants. Le 11 du même mois, il paraît un décret portant qu'il sera perçu trente centimes additionnels au principal de la contribution foncière, des portes et fenêtres et des patentes de 1813, payables par tiers dans les mois de Novembre et Décembre de la présente année, et Janvier 1814; que la contribution sera perçue au double pour l'année 1813, et que ce doublement sera levé dans les termes fixés ci-dessus; qu'il sera perçu deux décimes par kilogramme de sel, etc., etc. Un sénatus-consulte du 15 Novembre, ordonne la levée de trois cent mille conscrits. Le contingent de Lot-et-Garonne, dans cette levée, est de deux mille hommes destinés pour l'armée d'Espagne.

Débordement de la Garonne le 22 Décembre 1813. Les parties basses de la ville ont été inondées. Les promenades ont été couvertes jusqu'au 24 inclusivement.

Par décret impérial du 29 Décembre 1813, des cohortes de grenadiers sont formées dans les villes pour maintenir la tranquillité et donner main-forte à l'autorité publique. La ville d'Agen aura une cohorte de grenadiers forte de 300 hommes, divisés en 4 compagnies. Les hommes seront choisis parmi les propriétaires les plus imposés, les négociants patentés, ceux qui exercent une profession utile, et les fils des uns et des autres. Ils doivent s'armer, s'habiller, s'équiper à leurs frais ; ils ne peuvent se faire remplacer. Les cohortes peuvent, en cas de besoin, être requises par le préfet et le maire ; ceux qui les composent ont droit à une indemnité, lorsqu'ils sont obligés de découcher.

Décret impérial du 26 Décembre 1813 qui nomme des commissaires extraordinaires pour être envoyés dans les divisions militaires de l'empire français. Ils seront chargés d'accélérer les levées de la conscription et de la garde nationale, de prendre des mesures pour s'opposer aux progrès des ennemis, pour défendre les places contre leur invasion, et toutes celles qu'exigeront les circonstances et le maintien de l'ordre public. Ils pourront faire des proclamations, prendre des arrêtés et former des commissions spéciales, etc. etc.

M. le comte de L'Apparent, sénateur, est envoyé à Périgueux, chef-lieu de la 20e division, où se trouve le département de Lot-et-Garonne ; il sera accompagné de M. Lahaye de Cormenin, auditeur au Conseil d'Etat.

Vers le milieu du mois de Décembre 1813, les troupes ennemies pénètrent en France et font une invasion dans le département du Haut-Rhin.

L'allée d'acacias, depuis la Porte-Neuve jusqu'à la porte Saint-Louis, a été plantée par les soins de la mairie, dans le mois de Janvier 1814.[1]

---

[1] Le boulevard, alors presque désert, où ces arbres furent plantés, en reçut le nom de *rue des Acacias*, lequel fut changé en celui de rue Palissy, vers 1842, au temps où la rue *Daurée* devenait la rue de Cesssac, la rue *de Roques*, rue Lamouroux, et la rue *des rondes Porte-Neuve*, rue Lacépède.

M. le comte de l'Apparent arrive à Périgueux le 4 Janvier ; il fait une proclamation qu'il adresse aux départements comprenant la 20e division.

Mandement de Mgr l'évêque d'Agen du 31 Janvier, qui d'après une lettre de S. M. l'Empereur et Roi, ordonne qu'il sera fait des prières à l'occasion de la guerre, et que jusqu'à la paix, il y aura tous les dimanches, à vêpres, exposition du Saint-Sacrement.

Au commencement du mois de Février, il passe dans cette ville environ six mille hommes de vieilles troupes d'infanterie et de cavalerie qui avaient été détachées de l'armée d'Espagne et qui allaient à grandes journées à celle du nord ; d'autres passèrent par Bordeaux, ce qui affaiblit beaucoup l'armée d'Espagne, et donna un grand avantage aux Anglais, qui passèrent le Bidassoa et entrèrent en France, sous le commandement du général Wellington. Bayonne est mis en état de siége.

Le 6 Février, la cohorte urbaine de grenadiers de la ville d'Agen, formée en exécution du décret du 17 décembre dernier, composée de 3,000 hommes, a été définitivement organisée par M. le préfet, le général Gaussard, commandant du département, et par M. le maire. M. le préfet a fait reconnaître pour chef de la cohorte, M. de Basignan père, ancien colonel du génie, qui ensuite a procédé à la reconnaissance des autres officiers, savoir : M. Auguste Falagret, adjudant ; MM. Lugat, Dauzac et Basignan fils, capitaines.

Le 10 Février, M. le comte de L'Apparent arrive accompagné de M. de Cormenin, auditeur ; il est descendu à l'hôtel de la Préfecture. On lui a rendu tous les honneurs dus à son rang. Il a reçu la visite de plusieurs fonctionnaires. Le soir, les amateurs de musique lui ont donné une sérénade. Le dimanche, 13 du courant, il a passé en revue la cohorte urbaine et, après avoir pris des arrêtés relatifs aux contributions et à l'organisation des cohortes des autres arrondissements de ce département, il est parti le mercredi 16 pour Périgueux.

Le 18 Février, entre minuit et une heure, le feu a pris dans les écuries de l'hotel du Petit Saint-Jean, chez Mme Castan, faubourg Saint-Antoine ;[1] comme elles étaient séparées du corps de logis, on

---

[1] Aujourd'hui hôtel Bonneville.

est parvenu à le préserver de l'incendie; mais la grange, qui était remplie de paille et de foin, les écuries et un pigeonnier adjacent ont été totalement brûlés. Les secours ont été prompts et très bien dirigés, et il n'est pas arrivé d'autre accident facheux. On accuse de cet incendie le domestique d'un officier espagnol logé dans la maison, qui a pris la fuite dans le tumulte.

Dans le courant de ce mois, la France se trouve dans les circonstances les plus critiques. L'ennemi est maître de presque tous les départements du Nord et de l'Est; il se livre de fréquents combats, avec de grandes pertes de part et d'autre ; les habitants ont à souffrir des Russes, des Autrichiens, des Prussiens et surtout des Cosaques qui commettent toute sorte de dévastations et d'excès. D'un autre côté, les Anglais et les Portugais pénètrent dans les départements qui avoisinent les Pyrénées ; bientôt ils arrivent de Mont-de-Marsan, se dirigeant vers Bordeaux, s'étendent jusqu'à Nérac et Condom. Plusieurs personnes et des familles entières viennent chercher un asile dans les villes situées sur la rive droite de la Garonne. Les Bayonnais surtout se retirent à Agen. Cependant l'ennemi approche, les Agenais commencent à craindre pour eux-mêmes. M. le préfet prend un arrêté, le 9 mars, relatif à la formation d'un corps franc composé d'anciens militaires, gardes-champêtres et de tous les hommes de bonne volonté, sous les ordres du général Gaussard, pour repousser les partis ennemis qui tenteraient de franchir les rivières et pour toutes les opérations militaires qui seraient jugées utiles à la défense du pays ; tout le département devait contribuer à fa formation de ce corps. Les événements subséquents ont empêché l'exécution de cet arrêté et rendu ces mesures inutiles.

Le général Despeaux, commandant la 20ᵉ division, arrive à Agen le 6 mars pour aviser aux moyens de s'opposer aux progrès des Anglais, qui déjà faisaient des incursions jusques sur les bords de la Garonne et du Lot, de sorte que le service des postes et des diligences était interrompu depuis Bordeaux jusqu'à Toulouse. Tout le monde était en alarmes, on craignait surtout que les Espagnols, qui avaient à se plaindre de nos troupes, ne fussent à la suite des Anglais, et qu'ils n'exerçassent de cruelles représailles sur nous. Le général Despeaux fait venir de Toulouse, par la Garonne, plusieurs pièces de canon, avec des caissons pour l'artillerie et l'infanterie, escortés par cent canonniers. Ces pièces, rangées sur le Gravier. comme dans un parc, y ont resté environ trois mois à compter du

23 Mars, jour de leur arrivée. Le 24, deux pièces furent envoyées au Passage de Layrac avec des munitions ; on savait que les Anglais étaient entrés à Auch le 20. Deux pièces de huit furent aussi envoyées à Aiguillon pour garder le passage du Lot. Le bruit courait que l'ennemi se proposait de le forcer, et de se rendre par cette route dans notre ville. Cependant on commençait à se rassurer, on avait connaissance de la conduite que tenaient les Anglais dans les villes où ils entraient, on savait qu'ils n'y faisaient aucun mal, qu'ils payaient exactement et généreusement tout ce dont ils avaient besoin.[1] En un mot, on vivait dans une telle sécurité, d'après le bien qu'on en disait, que tous les habitants, les dames surtout, par esprit de curiosité, désiraient qu'ils vinssent à Agen. Mais elles n'eurent pas cette satisfaction ; une convention passés entre le général Soult, qui commandait en chef l'armée d'Espagne, et le général Anglais Wellington, ne leur permettait pas de venir sur la rive droite. Il passa cependant quelques-uns de leurs officiers qui étaient à Astaffort et à Layrac, mais en bien petit nombre, et après avoir obtenu la permission du général Gaussart qui, se souvenant qu'il était au service de l'Empereur, ne l'accordait pas de trop bonne grâce. Les soldats des régiments que nous avions ici, ne les voyaient pas de bon œil : c'étaient des ennemis qu'ils venaient de combattre avec acharnement, ils murmuraient hautement et, s'ils eussent osé, ils leur auraient fait un bien mauvais parti.

Lorsque l'ennemi eut envahi les départements des Pyrénées, le sénateur L'Apparent, qui était à Périgueux, écrivit à notre préfet et à toutes les autorités civiles et judiciaires de sortir du départemen , et de faire transporter auparavant leurs archives dans ceux du Lot ou de la Dordogne ; tous les registres ou papiers de la préfecture, des

---

[1] Les rares survivants des Agenais de 1814 n'ont pas oublié l'effet de la belle monnaie d'or, que les *ennemis habillés de rouge* répandaient sur leur chemin, sans trop se faire prier. La langue populaire s'en est peut-être aussi quelque peu souvenue. Le mot *Esterli*, employé comme adjectif, servait encore, à Agen, aux environs de 1830, de qualification laudative à tout objet de consommation dont la qualité était reconnue parfaite. J'ai entendu des cuisinières, dégustant je ne sais quel plat, le déclarer gravement *Esterlin*. Si ce mot, sous cette forme, a précédé dans notre langage populaire, l'invasion de 1814, je n'ai pu en trouver la trace dans aucun glossaire ni dans aucun texte.

sous-préfectures, de l'administration de l'enregistrement, des ponts et chaussées, de la cour impériale, de la cour prévôtale des douanes, des droits réunis, etc. furent enfermés dans des boucauds, des caisses et expédiés par des rouliers sur Caylus et Figeac. Nous vimes passer dans le même temps, les archives du département des Landes, qu'on avait eu bien de la peine à traîner à travers les sables qu'elles avaient eu à traverser, et qu'on envoyait aussi dans le département du Lot. On fit bientôt revenir les unes et les autres par suite des évènements qui approchaient. Le préfet, les chefs des administrations, et les membres de tous les corps judiciaires étaient sur le point de quitter la ville d'Agen, quelques-uns même étaient déjà partis, lorsque nous apprimes, le 5 Avril, par un estafette venant de Cahors, tout ce qui s'était passé à Paris les 29 et 30 Mars. On reçoit en même temps une lettre imprimée du général de Caen, commandant en chef l'armée de la Garonne, au général Despaux, portant que l'empereur Napoléon avait été forcé d'abdiquer pour lui et ses héritiers, les titres d'Empereur des Français et de roi d'Italie ; que le Sénat avait prononcé sa déchéance et celle de sa famille ; que le chef de la maison des Bourbons et sa dynastie sont rappelés et doivent remonter sur le trône de France ; que le peuple français et l'armée étaient déliés du serment de fidélité envers Napoléon Buonaparte qui se retirait à l'île d'Elbe, avec une pension de six millions, que la plupart des généraux et des principaux fonctionnaires de l'Etat ont donné ou envoyé leur adhésion aux actes du Sénat, que le corps législatif y a pareillement adhéré, et qu'il vient d'être formé un gouvernement provisoire, en attendant l'arrivée du roi Louis XVIII. Ces nouvelles sont confirmées par un général anglais passant à Agen, avec un officier français, et allant de Bordeaux à Toulouse pour annoncer que la paix était faite (ils ne purent arriver assez tôt pour empêcher la malheureuse affaire qui eut lieu le 10 Avril, sous les murs de Toulouse) avec toutes les puissances du Nord, que les Empereurs de Russie et d'Autriche et le roi de Prusse étaient nos amis, et que Louis XVIII a été proclamé roi à Paris. M. le sénateur comte de L'Apparent, dans une lettre adressée à M. le préfet, confirme encore le contenu de la lettre de M. le comte de Caen. « Nous devons, dit ce dernier, cesser toute espèce « d'hostilités, puisque nos ennemis sont devenus nos amis ; en « conséquence de ce nouvel ordre des choses, toutes communications « doivent être libres. » Aussitôt le général Gaussard, suivant les ordres qu'il avait reçus fait lever les postes qu'il avait établis sur les rives de la Garonne et du Lot. On rétablit la liberté des communications et de la navigation qui était interrompue, de sorte que Bordeaux commençait à en souffrir beaucoup. Les détachements anglais et portugais stationnés sur le bord de la Garonne et dans les villes situées sur la rive gauche, se retirent et se réunissent à leur armée.

Dès que ces évènements si inattendus furent connus dans Agen, les habitants firent éclater toute la joie qu'inspirent l'image de la paix, et l'espérance de voir disparaître la foule des maux qui affligeaient la patrie. Le drapeau blanc fut arboré à l'hôtel de la Mairie. L'artillerie et le son des cloches de la ville annoncent au loin cet heureux évènement. La cohorte urbaine se réunit et prend la cocarde blanche, les citoyens suivent cet exemple; on s'embrasse, on se félicite; les cris de : *Vive le roi! Vive la paix!* retentissent de toutes parts. Un spectacle gratuit est donné au peuple. On savait que S. A. R. M. le duc d'Angoulême était entré et avait été très bien reçu à Bordeaux, le 12 Mars, avec les troupes Anglaises. Le corps municipal de la ville d'Agen vote une adresse à ce prince qui lui est apportée par une députation composée de MM. de Sevin, maire, Assolent et Barsalou jeune, conseillers municipaux. Le 14 Avril Mgr l'Evêque accompagné de M. Rous, son vicaire général, part pour Bordeaux, afin d'offrir à Son Altesse, ses hommages respectueux et ceux du clergé de son diocèse. La cohorte urbaine député aussi six de ses membres pour porter à M. le duc d'Angoulême, l'hommage de la fidélité et du dévouement de la cohorte et de la garde nationale d'Agen à Sa Majesté Louis XVIII; ces députés étaient MM. Lugat, Dauzac et Basignan fils, capitaines; MM. Bonot, Rangouse aîné et Cruzel, pharmacien, lieutenants; plusieurs autres membres de la cohorte se joignirent à eux. Ces diverses députations furent reçues par M. le duc d'Angoulême avec cette bonté qui caractérise la famille des Bourbons. Ce prince invita Mgr l'évêque d'Agen et M. le maire à dîner.

M. Saint-Vincent Bory, natif d'Agen,[1] colonel de la légion des Lan-

---

[1] Bory de Saint-Vincent, né en 1780, avait, à l'époque où le prend ce récit, témoigné d'une activité d'esprit peu commune. Le goût de l'histoire naturelle lui était venu de bonne heure, par la fréquentation des Saint-Amans, des Vivens, des d'Audebart de Ferussac, des Chaubard et des Lamouroux. Attaché comme naturaliste à l'expédition du capitaine Baudin, qui partit en 1800, il publia, en 1803, des *Essais sur les îles fortunées et l'antique Atlantide* (un vol. in-4°) et un an plus tard, un *Voyage aux îles d'Afrique*

des, arrive le 11 Avril. Il était envoyé de Toulouse par le général Soult pour organiser une compagnie de partisans, qu'on se proposait de former dans le département, et destinée à fatiguer et à piller l'ennemi. Il reçoit bientôt l'ordre de ne pas s'occuper de cette levée qui devenait inutile, d'après le nouvel ordre des choses. M. Bory obéit, mais sa présence fut très utile pour le maintien de la tranquillité de notre ville, surtout dans l'affaire dont je vais rendre compte :

Un nommé Florian,[1] chef d'une troupe de partisans, composée de déserteurs, la plupart étrangers, était venu à Agen le 13 avril pour conduire un officier anglais qu'il avait pris auprès de Nicole ; il le présenta au général Dépaux, qui, d'après les nouvelles qu'on avait, fit mettre l'anglais en liberté. A sa sortie, il fut accompagné par une foule de peuple qui s'était rassemblée et qui croissait à mesure qu'on approchait du faubourg Saint-Antoine, où il était logé. On entendait de toutes parts les cris de : *Vive le roi! Vive les anglais!* Comme cet homme réclamait la somme de 4,000 fr. qu'il accusait Florian de lui avoir prise, le peuple se porta devant l'auberge où il était logé, et voulait le forcer à la rendre. Florian soutint fortement qu'il n'avait pris que sa montre, qu'il y était autorisé par les lois de la guerre, qu'il n'avait pas pris l'argent qu'il demandait. Le peuple ne cessait de crier à la porte de l'auberge; Florian et sa troupe se voyant menacés, semblent se mettre en défense, les cris redoublent. Le préfet,

---

(3 vol. in-8, avec atlas). Ces publications qui révèlent à la fois un observateur et un lettré, lui valurent le titre flatteur de correspondant de l'Institut. Ce n'est pas le lieu de raconter sa vie qui fut agitée, féconde, et se termina en 1846 ; on la trouve, au reste, esquissée dans tous les recueils biographiques, Qu'on permette seulement à un homme qui a eu plusieurs fois l'occasion de le rencontrer à Paris, chez Chaubard, leur compatriote, de dire qu'il avait infiniment d'esprit et qu'il accueillait les jeunes gens avec une grâce vraiment attirante.

[1] M. Bladé, correspondant de l'Institut de France, a commencé, dans cette Revue, il y aura bientôt deux ans, le récit des exploits de cet aventurier. Ce récit, pris *ab ovo*,— trop haut peut-être, selon nous,— s'est, nous ne savons trop pourquoi, arrêté à la préface. La suite en est attendue avec l'intérêt qui s'attache à un épisode curieux de notre histoire locale et au talent connu du narrateur.

qui avait été instruit de ce désordre, arrive avec les adjoints de la mairie, les bons citoyens se réunissent aux autorités ; M. Saint-Vincent Bory fut aussi bientôt rendu ; à leur arrivée, tout s'appaisa. Le préfet obligea Florian à partir sur le champ. Il l'accompagna jusqu'à Rouquet avec quelques autres personnes ; sa troupe ne tarda pas à le suivre. Cette scène, déjà très sérieuse, aurait eu des suites funestes, si on n'y eût bientôt mis ordre.

Le préfet, à son retour, fut accueilli aux acclamations du peuple qui l'accompagna chez lui, en criant : *Vive le roi ! Vive M. le Préfet !* Dès ce moment, un grand nombre de citoyens prit la cocarde blanche ; le drapeau blanc fut arboré à une des croisées de l'Hôtel de la mairie. On fit plusieurs décharges d'artillerie. Cependant, pour prévenir toute espèce de commotion, la cohorte urbaine prit les armes ; chaque compagnie resta à son poste pendant vingt-quatre heures. On craignait aussi que Florian ne revînt dans la nuit, et ne troublât la tranquillité. En conséquence, on établit un poste du 130ᵉ régiment à Rouquet, avec ordre d'arrêter tout ce qui paraîtrait suspect.

Le 15 Avril, il arrive environ 500 hommes de divers corps avec deux pièces de canon de 8 ; ces militaires, qui voyaient avec peine le tour que prenaient les choses, ou plutôt instigués par leurs officiers, témoignent leur mécontentement de la cocarde blanche ; ils veulent la faire quitter aux membres de la cohorte et aux autres citoyens qu'ils rencontrent. Les habitants sont alarmés, les boutiques sont fermées, on n'ose presque pas sortir. Cependant, la bonne contenance qu'on leur oppose et surtout les précautions que prenait M. le préfet, le général et la mairie, empêchent que cette affaire n'ait des suites fâcheuses, et que notre ville ne soit le théâtre d'une scène sanglante.

Quoique tout parût calmé, le lendemain 16, M. Baradat un de nos meilleurs jurisconsultes, passant dans la rue de la poste aux lettres, rencontra un soldat, qui, après quelques propos, lui arracha la cocarde qu'il avait au chapeau, M. Baradat indigné de ce procédé, le frappe rudement à la tête avec sa canne. Le sang coule abondamment, le soldat tire son sabre et le lève pour se venger. M. Baradat se jette courageusement sur lui, le désarme, et se retire en emportant le sabre et le shako du soldat. Le peuple, qui s'était rassemblé, arrêta celui-ci, et le conduisit chez M. Saint-Vincent Bory qui blâma la conduite de ce soldat, et lui ordonna de se rendre en prison. Le sabre et le shako lui furent rendus.

Le même jour, 16 Avril, la cohorte urbaine précédée de tambours et de la musique porta à la préfecture un drapeau qu'elle avait fait faire, sur lequel on lisait ces mots : *Vive Louis XVIII! Vive la paix! Vive le préfet! Vive la mairie!* Ce drapeau blanc fut placé sur la porte de l'hôtel de la préfecture.

Nous ne connaissions cependant encore que par des voies indirectes, ces grands évènements. Les couriers n'arrivaient pas. Nous n'avions aucune nouvelle de Paris, les esprits n'étaient pas bien rassurés. Outre cela, le général ayant sous ses ordres huit cents hommes, quelques pièces de canon avec des munitions, semblait douter des bruits qui se répendaient ; il maintenait les postes sur la rive droite de la Garonne, à Layrac et à Aiguillon. (Je me suis trop hâté de dire qu'il les avait fait lever.) A Agen, il n'était permis à personne de passer la rivière, après six heures du soir, pour empêcher, disait le général, toute communication avec l'ennemi, qui occupait la rive gauche. Cinq ou six officiers anglais se présentèrent au Passage dans la matinée du 17 Avril. Le général en ayant été informé par un des soldats, qui était de poste auprès de la cale, fit donner ordre aux Anglais de se retirer, ce qu'ils firent en assurant qu'ils reviendraient sur le soir en plus grand nombre. Cependant ils ne parurent pas au grand déplaisir des Agenais qui les auraient bien accueillis, parcequ'ils savaient qu'ils n'avaient pas intention de faire du mal, et qu'ils se comportaient bien dans tous les lieux où ils étaient cantonnés.

Enfin le même jour 17 Avril, vers dix heures du matin, le courier de Bordeaux arrive. Le laurier dont sa voiture était ornée, remplit tous les cœurs de joie. On l'accompagne jusqu'au bureau de la poste, aux cris de : *Vive le roi! Vive la paix!* qui ne cessèrent que lorsqu'on commença à distribuer les dépêches. On espérait de bonnes nouvelles, on ne fut point trompé. Toutes les lettres qu'on reçut de Paris confirmèrent que cette capitale était tranquille, que les empereurs de Russie et d'Autriche et le roi de Prusse y étaient entrés en amis ; que les routes et les communications étaient entièrement libres ; que Napoléon avait abdiqué le trône, qu'il avait été conduit à l'île d'Elbe où il devait demeurer, et que Louis XVIII, et toute la famille des Bourbons arriveraient bientôt en France. Le courier apporta aussi les journaux dont on était privé depuis bien des jours. M. le Préfet reçut officiellement la constitution faite par le gouvernement provisoire ; il la transmit sur le champ à la mairie qui la fit publier à cinq heures de l'après-midi sur toutes les places et dans les lieux accoutumés de la ville. La cohorte prit les armes, elle escortait la mairie et le préfet qui assista à cette cérémonie avec le Conseil de préfecture, ainsi que le Conseil de la commune. J'ose avancer que dans aucune occasion, ni avant, ni pendant le temps de la Révolution, on n'a vu dans Agen, un aussi grand concours de peuple, jamais on n'a montré tant d'enthousiasme, jamais on n'a fait éclater une aussi vive allégresse. On n'entendait de toutes parts que les cris de : *Vive le roi ! Vive la paix !* mêlés au son des cloches et au bruit de l'artillerie. Le cortège se retira sur la place de la mairie, après avoir accompagné le préfet à son hôtel. On observa que le général Gaussard et la troupe de ligne n'en faisaient point partie ; mais les soldats se joignirent au peuple et témoignèrent leur joie en réunissant leurs acclamations à celles des citoyens ; plusieurs d'entr'eux se pourvurent de cocardes blanches, au risque d'être blâmés de leurs officiers qui ne voyaient pas avec plaisir ce nouvel ordre de choses. Leurs opinions qu'ils manifestaient hautement, et qui s'accordaient avec celles de quelques uns de nos concitoyens, causèrent quelques alarmes à notre ville, mais cette même Providence qui avait tout disposé pour le salut de la France, fit échouer tous leurs projets. Tout se passa sans trouble et sans tumulte. Le soir du même jour, au signal de la cloche, toute la ville fut illuminée ; il n'y eut pas de maison qui ne fut éclairée en dehors. Plusieurs personnes se distinguèrent par les grands préparatifs qu'elles avaient faits pour ce sujet, par les inscriptions et les devises dont elles avaient orné leurs maisons, mais elles furent un peu contrariées par le vent.

Arrêté du gouvernement provisoire du 4 Avril 1814, qui ordonne que tous les emblèmes, chiffres et armoiries qui ont caractérisé le gouvernement de Buonaparte, seront supprimés et effacés partout où ils peuvent exister. Ces ordres furent bientôt exécutés. La commune d'Agen reprend ses anciennes armoiries. L'Aigle est substitué au Coq.[1]

Buonaparte part de Fontainebleau pour l'île d'Elbe, le 22 Avril, escorté par quatre généraux des puissances alliées ; il s'embarque

---

[1] Voir pages 448-449, une note relative aux armoiries de la ville d'Agen.

le **28** du même mois à Saint-Rapheau, près Fréjus. On peut se rappeler qu'il débarqua dans ce même lieu, à son retour d'Egypte.

Le roi Louis XVIII fait son entrée à Paris le jeudi 5 Mai.

Ce fut le 20 Avril que les archives et tous les papiers qu'on avait envoyés dans le département du Lot, rentrèrent à Agen; on les remit sur le champ aux administrations et aux tribunaux. Les membres de la Cour impériale qui étaient partis, d'après les ordres du sénateur L'Apparent, reviennent aussi. La Cour s'assemble et prend le nom de *Cour royale*. Son premier acte fut d'envoyer une députation au duc d'Angoulême; elle était composée de MM. Delong, président, Cassagnolles, Podenas, Chapelle, conseillers, Phiquepal fils, auditeur, et Rivière, avocat général.[1] Cette députation partit pour Bordeaux le 18 Avril 1814.

Les archives des Landes repassent pour revenir dans leur département. Les préfets de Pau et de Mont-de-Marsan, qui s'étaient retirés à Agen au commencement du mois de mars, à la première nouvelle qu'ils eurent des évènements, étaient revenus à leur poste. Les marchands rouvrent, avec sécurité, leurs boutiques qu'ils avaient fermées, ils déballent et étalent les marchandises qu'ils avaient cachées. Les citoyens retirent leur or, leur argent et leurs effets les plus précieux qu'ils avaient enfouis, dans la crainte qu'ils ne devinssent la proie des ennemis. En un mot, la foudre révolutionnaire est éteinte, le trône de Saint-Louis est relevé, son auguste famille a reparu sous les plus heureux auspices, Louis le Désiré règne paisiblement sur le trône de ses ancêtres.

Le 19 Avril 1814, le *Te Deum* a été chanté dans l'église cathédrale en actions de grâces des bontés de la Providence, qui vient de rétablir les Bourbons sur le trône de leurs pères. Toutes les autorités

---

[1] La plupart de ces magistrats étaient destinés à occuper de hauts grages dans l'ordre de leur fonction. M. Delong fut premier président en la Cour d'Agen, de 1818 à 1828; M. Cassagnolles, grand-père de M. le premier président Drême et de MM. les conseillers Emile et Louis de Calmel-Puntis, fut premier président en la Cour de Nîmes, de 1848 à 1833; M. Chapelle fut président de chambre en la Cour d'Agen, de 1836 à 1845; M. Phiquepal dirigea le parquet de la même Cour, en qualité de procureur général, de 1848 à 1849. M. Rivière l'avait précédé dans cette charge de 1818 à 1830.

civiles et militaires y ont assisté, escortées par la cohorte urbaine et par les troupes de la garnison. Les cris de : *Vive Louis XVIII ! Vive la paix !* se sont mêlés aux chants religieux, et ont fait longtemps retentir les voûtes du temple. C'est à cette cérémonie où l'*Exaudiat* a aussi été chanté, que le mot *Ludovicum* a été substitué pour la première fois à celui de *Napoleonem*.

M. de Villeneuve, préfet et M. Godailh, membre du Corps législatif partent le 20 Avril pour aller voir M. le duc d'Angoulême, à Bordeaux. M. de Sevin arrive le même jour à Agen; il assemble le conseil municipal vers six heures du soir, et lui fait part de l'accueil favorable qu'il avait reçu de ce prince avec qui il avait eu l'honneur de dîner, ainsi que M. Jacoupy, notre évêque.

Le 21 Avril, le général Gaussart, d'après les ordres qu'il avait reçus, prend la cocarde blanche et la fait prendre à toutes les troupes stationnées dans le département. Après une revue des divers corps qui se trouvaient à Agen, tous les conscrits de l'an 15 sont congédiés en vertu d'un arrêté du gouvernement provisoire, qui les autorise à se retirer dans leurs familles.

Les diligences de Bordeaux et de Toulouse, dont la marche était suspendue depuis près d'un mois et demi, reprennent leur cours ordinaire ; elles arrivent l'une et l'autre à Agen, le 22 Avril.

Mgr l'évêque d'Agen arrive de Bordeaux le 23 Avril, ainsi que M. le préfet. Celui-ci part le lendemain, 24, pour Casteljaloux, afin de recevoir, sur la frontière du département, M. le duc d'Angoulême qui va à Toulon, passant par Condom et Auch ; il accompagne le prince jusqu'à Condom. Mgr l'évêque s'y rend pour le même sujet.

Le 24 Avril, la cohorte urbaine et toutes les troupes, tant d'infanterie, que de cavalerie, qui se trouvent à Agen, assemblées au champ de mars, font le serment d'obéissance et de fidélité au roi Louis XVIII en présence de M. le comte de Preissac[1] délégué à cet effet, par M. le duc d'Angoulême. M. le général Gaussart donne connaissance aux troupes du changement qui s'est opéré, il prononce la formule

---

[1] Père de M. Paul de Preissac, préfet du département de Lot-et-Garonne, du 31 décembre 1848 au 9 mai 1852.

du serment, et tous les officiers et soldats répondent par les cris de : *Vive le Roi!*

Convention faite à Paris le 23 Avril, entre M. le comte d'Artois, lieutenant général du royaume, en l'absence du roi, et les puissances alliées, relative à une suspension d'hostilités, sur terre et sur mer, et au rétablissement des rapports anciens d'amitié entre elles.

Les cours prévôtales des douanes sont supprimées le 26 Avril 1814 par un décret de Monsieur frère du roi. Les prisonniers avaient été mis en liberté à la première nouvelle de la restauration des Bourbons. La cour prévôtale se trouve encore comprise dans un article de la charte constitutionnelle qui supprime les tribunaux d'exception.

Mgr l'évêque donne un mandement pour faire chanter le *Te Deum* dans toutes les églises du diocèse, à l'occasion du rétablissement des Bourbons sur le trône de France. Cette cérémonie, à laquelle ont assisté toutes les autorités, a eu lieu à la cathédrale, le 1er mai 1814 à 11 heures du matin. Le *Te Deum* a été chanté le même jour dans toutes les églises paroissiales de la ville, après vêpres.

Dans le courant du mois de Mai, il est passé sur la Garonne environ soixante barques chargées d'Anglais qui avaient été blessés le 12 avril devant Toulouse. On les transportait à Bordeaux où ils devaient être embarqués pour l'Angleterre. Ces barques abordaient au Passage, vis-à-vis Agen, elles y restaient environ deux heures pour prendre des vivres. Elles ne pouvaient relâcher sur la rive droite, suivant l'armistice conclu entre les généraux respectifs. Il était aussi convenu que les troupes Anglaises et Portugaises seraient obligées de se tenir à deux lieues de la Garonne. On voyait cependant venir de temps en temps à Agen, quelques officiers des troupes qui étaient cantonnées à Condom, à Nérac, à Auch, à Astaffort, etc. Ils venaient pour faire des emplettes, on les voyait avec plaisir, parcequ'ils payaient généreusement tout ce qu'ils achetaient. On sait qu'ils ont laissé beaucoup d'argent dans tous les lieux où ils ont séjourné, surtout à Bordeaux dont les magasins et boutiques étaient presque vides à leur départ. Ils se sont embarqués vers la fin de Mai, ou au commencement de Juin, les uns au bas de la rivière de Bordeaux, les autres dans les ports d'Espagne, sur des vaisseaux qu'on leur avait envoyés d'Angleterre.

M. le duc d'Angoulême était parti de Bordeaux, comme je l'ai déjà dit, pour aller à Toulouse, par Casteljaloux, Condom et Auch, ce prince avait promis de visiter la ville d'Agen à son retour. Il arriva, en effet, le samedi 7 mai à 6 heures du soir. Le temps était superbe. Il entra par la porte du Pin où il fut reçu et harangué par M. le maire. Toutes les rues où il devait passer étaient couvertes de voiles, et ornées de guirlandes de verdure, de linge artistement rangé, de drapeaux blancs avec des inscriptions ou devises dont plusieurs étaient très bien faites, et toutes exprimant l'amour des Agenais pour le roi, le duc d'Angoulême, son épouse et la famille des Bourbons. Le prince avait quitté sa voiture auprès de Bon-Encontre ; il entra dans la ville à cheval, à très petits pas, de sorte qu'il mit près d'une heure à la traverser, voulant, sans doute, laisser le peuple jouir du plaisir de le voir. M. le préfet et le général Gaussart étaient l'un à sa droite et l'autre à sa gauche, tous deux à cheval, escortés par la cohorte urbaine et un corps nombreux de gendarmerie sur le derrière. On s'attendait que le prince entrerait à la cathédrale et que le *Te Deum* y serait chanté ; tout était disposé pour cet objet. Mgr l'évêque l'attendait avec son clergé, une forte garde était aux portes pour arrêter la foule, plusieurs personnes étaient déjà placées et avaient payé leurs chaises vingt sous ; mais le prince jugea qu'il était trop tard, il continua sa marche. Mgr l'évêque, en ayant été informé, sortit de la cathédrale avec toutes les personnes qui avaient attendu, et qui se réunirent à la foule immense du peuple. Le prélat vint alors attendre Son Altesse au bout de la rue qui mène à celle des Arènes, et après avoir présenté ses hommages au prince qui s'était arrêté, on le vit quelques instants après, dépouillé de ses habits pontificaux, se joindre au cortége du prince et l'accompagner à pied jusqu'à la préfecture. Le prince saluait tout le monde d'un air affable et satisfait ; il était aisé de voir combien il était sensible aux acclamations du peuple qui l'accompagnait, et qui se pressait autour de lui, ne pouvant se rassasier du bonheur de le voir. Outre l'escorte dont j'ai déjà parlé, il y avait encore cent jeunes gens de la ville à cheval, ayant une ceinture blanche, et un panache blanc à leurs chapeaux ; ils étaient allés au devant du prince, jusqu'à la première porte, avec d'autres jeunes gens qui se destinaient à la garde du roi, et plusieurs cavaliers de la légion des Landes. Toute cette cavalerie était commandée par M. le comte de Preyssac. Les troupes de ligne, en garnison dans cette ville, étaient placées une partie hors la Porte du Pin, et l'autre hors la Porte-Neuve, disposées de manière qu'elles bordassent la haie, maintissent le bon ordre, et rendissent au prince tous les honneurs militaires qui lui étaient dus. Des salves d'artillerie, le son de toutes les cloches de la ville, la musique de la cohorte urbaine, les tambours, les trompettes, les acclamations de tous les citoyens ne cessaient de se faire entendre, et tous ces signes de la joie publique redoublèrent, lorsque Son Altesse, après avoir reçu les clefs de la ville de M. le maire, les lui remit en lui disant : « Oui, je « prends ces clefs, mais c'est pour vous les remettre. Je ne puis les « déposer en de plus dignes mains. » Deux pièces de canon servies par des artilleurs de Toulouse, placées sur la Plateforme, et l'artillerie de la ville ne cessèrent de faire des décharges jusqu'à ce que le cortége fut entré à l'hôtel de la préfecture. Le prince y entra vers les six heures et demie du soir ; ce magnifique édifice avait été élégamment décoré ; le drapeau blanc flottait sur la principale porte.

La garde du palais avait été confiée, dès le matin à la cohorte urbaine ; elle faisait son service de concert avec un détachement de troupes de ligne. La garde intérieure fut confiée aux jeunes gens de la ville qui, sous le commandement de M. le comte de Preyssac, s'étaient formés en cavalcade, pour aller au devant du duc d'Angoulême. Entré dans les appartements, il donna successivement audience aux divers Corps et Autorités, à Mgr l'Evêque et à son clergé, aux curés et vicaires qui entrèrent ensemble, M. de Cours, chanoine, portant la parole ; à M. le général Gaussart, avec les officiers de la garnison, ceux de la gendarmerie, et de la cohorte urbaine ; à M. de Preyssac à la tête des gardes royaux ; à la cour Royale présidée par M. le baron Lacuée ; à M. de Villeneuve-Bargemont, préfet du département, accompagné du Conseil de préfecture ; au Conseil général, présidé par M. Barsalou aîné ; à M. de Sevin, maire de la ville, et à ses adjoints, à plusieurs autres maires du département, et à tous les chefs des autres administrations. Vers huit heures du soir, S. A. se mit à table, à laquelle il admit Mgr l'Evêque d'Agen, M. le Préfet, M. le général Gaussart, M. de Sevin maire, M. le colonel Basignan, commandant de la cohorte urbaine, et M. le major Bory-Saint-Vincent.

Vers dix heures, le prince monta en voiture, pour se rendre au bal qui lui avait été offert, dans la salle des spectacles, par le maire et le corps municipal de la ville d'Agen. Toutes les dames d'Agen s'y étaient rendues dans la plus élégante parure ; les jeunes gens de la ville et des environs y avaient été invités. On y vit aussi un général et plusieurs officier Anglais qui étaient venus de Nérac et d'Astaffort pour assister à cette fête. La salle avait été artistement décorée par les soins des membres du conseil municipal, nommés à cet effet. A l'arrivée du prince, les danses furent suspendues, et l'orchestre fit entendre les airs *Vive Henri IV, Où peut-on être mieux ?* La salle retentissait des cris mille fois répétés : Vive le Roi ! Vive M. le duc d'Angoulême ! Vive Madame Royale ! Le prince parut prendre la part la plus vive à cette fête ; il se retira vers minuit, après avoir salué l'assemblée et alla prendre quelques moments de repos. La cohorte urbaine lui servit d'escorte, et les rues qu'il traversa étaient, comme toutes celles de la ville, illuminées de la manière la plus brillante. On voyait partout des guirlandes, des couronnes, des fleurs, des tentures, des drapeaux, des devises. Toutes les rues étaient remplies d'une foule de peuple qui se promenait, en chantant et en donnant des marques de la plus vive allégresse.

Le lendemain, jour de dimanche, S. A. après avoir entendu la messe dans une des salles du palais, qui avait été disposée à cet effet, célébrée par Mgr l'évêque d'Agen, et après avoir pris un repas frugal, monta en voiture, vers six heures du matin, avec MM. de Guiche, d'Escars et M. de Villeneuve, préfet, qui l'accompagna jusqu'aux limites du département. En traversant les allées du Gravier, le prince témoigna la satisfaction que lui causait le coup d'œil offert par cette promenade, et dit à plusieurs reprises que, dans le cours de ses voyages, il en avait pas vu d'aussi belles. Il s'éloigna en témoignant de vifs regrets sur ce que la brièveté de son séjour à Agen, ne lui avait pas permis de visiter les divers établissements que cette ville renferme, surtout la manufacture de toiles à voile et le dépôt de mendicité. On a su que S. A. était arrivée le même jour, sur le soir à Bordeaux. La relation de son passage dans le département de Lot-et-Garonne, a été imprimée, avec les divers discours qui lui furent adressés par les chefs des autorités, ce qui nous dispense d'entrer dans de plus longs détails.

Les trois compagnies de Pénitents de la ville d'Agen chantent le 8 Mai le *Te Deum*, au sujet de l'heureux événement qui a rétabli la famille de Bourbon sur le trône de France. Les blancs et les gris se sont rendus à cet effet dans l'église de Notre-Dame (ci-devant des Dominicains), où les bleus, qui se trouvent en année de poête, font leur service.

Le 130e régiment d'infanterie arrive à Agen le 23 Mai 1814 ; il est caserné au Dépôt de mendicité d'où l'on avait fait sortir les mendiants pour y placer les militaires blessés à la bataille donnée près

Toulouse le 10 Avril dernier. Les mendiants sont renvoyés dans leurs communes respectives.

Quelques jours avant l'arrivée de Louis XVIII (le 3 Mai 1814), M. le comte d'Artois, son frère, qui l'avait précédé, avait, par un acte du gouvernement provisoire, du 22 avril 1814, envoyé des commissaires dans toutes les Divisions, afin de répandre une connaissance exacte des événements qui avaient rendu la France aux Bourbons, et de prendre toutes les mesures nécessaires pour l'établissement et l'action du nouveau gouvernement. M. le général Marescot est envoyé dans la 20e division; il arrive le 8 mai à Périgueux qui en est le chef-lieu, et se rend à Agen le 28 du même mois. Le lendemain, jour de la Pentecôte, il assiste au *Te Deum* chanté à la cathédrale au sujet du retour de la famille des Bourbons sur le trône; ce *Te Deum* avait été ordonné par une lettre du roi a Mgr l'Evêque. Toutes les autorités y ont assisté en corps. Mgr l'Evêque a officié dans cette cérémonie.

Le 7 Mai, un violant incendie a consumé entièrement le moulin du Basacle, à Toulouse.

Le 22 Mai, on a ressenti, vers onze heures du matin, une secousse de tremblement de terre, à Marmande, à Aiguillon et à Clairac. Les oscillations ont duré de deux à trois secondes. Le même jour, vers la même heure, on a ressenti à Pau le même tremblement de terre ; les secousses ont été plus violentes, elles ont duré six secondes et ont causé plusieurs accidents fâcheux. On a remarqué que le temps était orageux, mais calme.

M. Phiquepal père, ancien avocat au barreau d'Agen, et qui a rempli des fonctions distinguées dans l'ordre administratif et judiciaire, est mort à Agen le 25 mai, laissant après lui une réputation de savoir et de probité.

Le 2 juin, M. Marescot passe en revue toutes les troupes qui étaient en cantonnement à Agen et dans le département; elles avaient été rassemblées ici dans cet objet. Ce même jour, le général Dauttane, inspecteur de l'infanterie, donne des congés de réforme aux blessés et à tous les militaires qui, d'après le traité de Paris, doivent rentrer dans leurs pays qui ne font plus partie de l'Empire français. La cohorte urbaine passe aussi en revue devant les généraux Marescot et Dauttane.

Mort de l'Impératrice Joséphine, première femme de l'Empereur Napoléon, dans le château de Malmaison, prés Paris, le 29 Mai 1814.

Signature du traité de paix entre la France et les puissances alliées, le 30 Mai 1814.

Un arrêté du préfet en date du 28 Mai, prescrit la célébration d'une cérémonie funèbre dans toutes les communes du département en l'honneur de leurs Majestés Louis XVI, Louis XVII, Marie-Antoinette et Madame Elisabeth. Mgr l'Evêque donne un mandement à ce sujet. Ce service expiatoire se fit dans la cathédrale, le lundi 6 juin. Toutes les Autorités y assistèrent, escortées par la cohorte urbaine et les troupes de la garnison. La Cour royale était en robe rouge, chacun des membres ayant un crêpe autour de la toque. Au milieu de la nef, s'élevait, à une grande hauteur, un catafalque d'une structure noble et imposante, somptueusement illuminé. De la tombe royale qu'on avait figurée au faite de ce monument, comme renfermant les cendres des augustes victimes, sortaient plusieurs tiges de lys, sur lesquels venait se placer une couronne qui paraissait descendre du ciel. Des vieux militaires, la plupart anciens gardes du corps, décorés de la croix de Saint-Louis, s'étaient placés au coin du monument. Les personnes des deux sexes dont la foule occupait la vaste enceinte, étaient vêtues de noir. Un nombreux clergé s'était joint au Chapitre de la cathédrale et entourait Mgr l'Evêque qui officiait dans cette triste cérémonie. La messe a été chantée à grand chœur, par les meilleures voix de la ville. M. Fabry chanoine et vicaire général a prononcé l'oraison funèbre, et a arraché des larmes à tous les auditeurs. Ce jour, les spectacles ont été fermés, aussi bien que toutes les boutiques et tous les magasins, quoique en temps de foire.

Le 15 Juin, MM. les curé et fabriciens de Saint-Hilaire ont aussi célébré un service solennel pour le repos de Louis XVI, etc., avec autant de pompe que le local le permettait. Il y avait un grand nombre de prêtres et de séminaristes. M. le maire et ses adjoints y ont assisté.

Quelques jours après, la paroisse Notre-Dame (ci-devant des Dominicains), a fait le même service.

Les trois compagnies des pénitens l'ont célébré le 15 Juillet 1814, dans l'église de Sainte-Foi ; deux jours auparavant MM. les curé et fabriciens de cette paroisse avaient fait leur service. Leur sarcophage était construit d'après le plan de celui de la cathédrale, il était très bien décoré et éclairé. Les Pénitens-Gris, qui font leur service dans cette église, ont profité de ce monument et avec l'agrément de M. le curé et fabriciens, ils ont célébré pour Louis XVI, etc., un service funèbre auquel ils ont invité les deux autres compagnies de Pénitens, M. le maire et ses adjoints. Le chœur était composé des meilleures voix des trois compagnies Les Pénitens-Gris n'ont fait, à cette occasion, d'autre dépense que celle du luminaire. On lit dans le journal de Lot-et-Garonne qu'ils ont fait le catafalque et ses ornements ; on n'en sera pas surpris lorsqu'on saura que le rédacteur est un de leurs zélés confrères. Un journaliste se permet quelquefois d'altérer la vérité, mais un historien doit toujours la dire.

Mort de M. Fonfrède, docteur en médecine, le 12 juin 1814. C'était un homme recommandable par ses talents, sa probité et son zèle à soigner les malades. Son père avait aussi exercé la médecine et était mort dans un âge avancé.[1]

Le 15 Juin on a publié, à Agen, la conclusion de la paix signée à Paris, le 30 mai, entre le roi de France et les empereurs d'Autriche et de Russie, les rois d'Angleterre et de Prusse. Le cortège, précédé de la musique, était composé de M. le Préfet, du général comman-

---

[1] Jean-Alain Andrieu, leur petit-fils et arrière-petit-fils, fut aussi un medecin distingué, même un des premiers du Midi. Professeur agrégé à la Faculté de Montpellier, il n'eût tenu qu'à lui d'y avoir une chaire, mais il préféra venir à Agen où sa juste renommée lui garantissait une belle clientèle. C'est en 1848 qu'il s'y fixa. Deux ans après, il était nommé membre du Jury médical et du Conseil départemental d'hygiène et de salubrité publiques. Il faut l'avoir connu comme celui qui écrit ces lignes pour se faire une idée de la profondeur et de l'étendue de son érudition médicale. Sa mémoire, il est vrai, était prodigieuse et son aptitude au travail considérable. Son faible fut un penchant trop vif à étudier, accepter, pratiquer successivement les systèmes, souvent contraires, qui agitèrent la médecine. C'est ainsi qu'on le vit passer de l'allopathie polypharmaque à l'homœopathie intinitésimale. Comme le docteur Faust, de Goëthe, un de ses auteurs favoris, il avait tout creusé à fond, même la philosophie et notamment le nihilisme bouddhique. Si j'ajoute qu'il se plaisait à lire les contes d'Hoffmann, on comprendra que son esprit dut être quelque peu étrange. Quant à son cœur, il était bon au possible. — Andrieu, né à La Maison-Neuve, près d'Agen, en 1813, et reçu docteur à Montpellier en 1837, mourut à Agen le 21 août 1857.

dant le département, d'un grand nombre d'officiers, de M. le maire et adjoints, de la gendarmerie, des canonniers et autres troupes en garnison dans cette ville. Jamais la joie publique ne s'est manifestée d'une manière plus éclatante.

M. le duc d'Angoulême, pour récompenser les officiers et membres de la cohorte d'Agen, du service qu'ils avaient fait auprès de lui pendant son séjour dans cette ville, avait obtenu pour eux, du roi, qu'ils porteraient la décoration du lys. Il en donna avis à M. de Villeneuve, préfet, qui, le dimanche 26 juin, assembla la cohorte en armes sur le Champ de Mars, et après avoir prononcé un discours analogue, il distribua à chacun des membres un brevet qui les autorisait à porter cette décoration, consistant en une fleur de lys d'argent, suspendue à une couronne aussi d'argent, attachée à la boutonnière avec un ruban blanc. La cohorte a reçu en même temps de M. le Préfet, un drapeau blanc sur lequel est brodé l'écusson de France sur un fond bleu. Cette cérémonie s'est faite en présence du conseil de préfecture, du maire, des adjoints, du général et de tous les officiers de la garnison.

Le 17 Juin, le Conseil général du département de Lot-et-Garonne envoie une députation à Paris ; elle est présentée au roi qui la reçoit avec bonté, et daigne agréer les hommages de respect, d'attachement et de fidélité que la députation lui offre au nom de tous les habitants du département. Elle est ensuite présentée à Madame la duchesse d'Angoulême qui, après lui avoir fait un accueil très favorable, lui a dit entre autres choses : « M. le duc d'Angoulême m'a rapporté le « bon accueil qu'il avait reçu à Agen ; j'ai bien du regret de ne pas « m'y être trouvée avec lui. » A cette députation se joignirent, à Paris, MM. les comtes de Lacépède et de Cessac, MM. Bourran, Godailh et Dudevant, membres du Corps législatif.

Le 1er Juillet, la compagnie départementale ou de réserve a été licenciée par ordre du Ministre de la guerre. La garde nationale de Villeneuve la remplacera provisoirement pour le service qu'elle faisait à la maison de détention d'Eysses. Cette compagnie faisait son service à l'hôtel du préfet, et l'escortait habituellement dans les cérémonies publiques.

On espérait que, la paix étant faite, les droits-réunis seraient supprimés. Les princes l'avaient annoncé à leur entrée en France ; mais le roi jugeant que cet impôt était encore nécessaire, le maintint avec quelques amendements, ce qui causa des troubles et des séditions en plusieurs endroits du royaume, notamment à Bordeaux et dans le département de Lot-et-Garonne. A Villeneuve d'Agen, le peuple se porta au bureau des droits, maltraita et chassa les commis, jeta sur la rue et déchira les registres. Les autorités et la force armée ne purent arriver assez promptement pour s'opposer à ce désordre ; mais elles firent un procès-verbal de ce qui s'était passé, et l'envoyèrent au procureur général qui ordonna de faire des poursuites contre les coupables ; ils prirent la fuite ou se cachèrent ; cependant dès qu'ils apprirent que l'affaire était instruite et qu'ils allaient être jugés par contumace, ils se rendirent en prison, et furent mis en liberté par arrêt prononcé pendant les assises du mois de Décembre 1814. La sédition avait eu lieu le 22 Juin de la même année.

Mandement de Mgr l'Evêque du 5 Juillet, en vertu d'une lettre du roi, qui ordonne que le *Te Deum* sera chanté dimanche 10 Juillet dans l'église cathédrale, en actions de grâces de la paix générale. Il a été chanté en effet le 10. Toutes les autorités y ont assisté au milieu d'un grand concours de peuple qui a fait éclater la joie la plus vive, et qui a répété plusieurs fois : *Vive le roi ! Vive la paix !*

Par ordonnance du roi du 26 Juillet, M Léotard aîné a été nommé sous-préfet de l'arrondissement d'Agen. Il est installé peu de jours après. Sa demeure et ses bureaux sont chez M Reynal, rue Saint-Antoine.[1]

Les Anglais ont entièrement évacué la ville de Bordeaux vers la fin du mois de Juillet ; ils sont allés s'embarquer au bas de la rivière.

Un décret royal, ayant supprimé la fête de Saint-Napoléon, qui était célébrée le 15 Août, la sainte Vierge a joui cette année des honneurs que les chrétiens lui rendaient ce jour-là, depuis le vœu par lequel Louis XIII avait mis le royaume sous sa protection. Le Chapitre de la cathédrale, auquel s'étaient réunis les curés de la ville a fait la procession, comme elle se faisait avant la Révolution ; les principales autorités y ont assisté, la Cour royale en robe rouge. On a observé le même tour qu'autrefois et, comme à cette époque,

---

[1] Cette maison, qu'acquit plus tard la famille Daurée de Prades, appartient aujourd'hui à M. Clerc.

la procession faisait une station dans l'église des religieuses de l'Annonciade, cette église n'existant plus, la station a eu lieu dans la chapelle de Notre-Dame du Bourg.[1]

Le sieur Joanny, acteur tragique très distingué, donne plusieurs représentations sur le théâtre d'Agen. Il débute par *Coriolan* le 14 Août, et donne successivement *Othello, Zaïre, Philoctète, La partie de chasse de Henri IV, Hamlet* et *Sakespear amoureux*. A la demande du public, il donne une seconde représentation d'*Othello* et de *Hamlet*, deux pièces dans lesquelles il excelle. Il a fait la clôture le 4 septembre. Le talent de cet acteur a attiré un concours nombreux de spectateurs, qui lui ont prodigué de justes applaudissements et lui ont procuré de bonnes recettes.

Le 30 Août, il est arrivé une compagnie de 60 hommes, avec deux officiers du 114e régiment d'infanterie. Cette troupe se rend à la maison de détention d'Eysses près Villeneuve, pour faire le même service que faisait la compagnie départementale.

Le mur de clôture, depuis la fontaine du Gravier jusqu'au jardin de M. Lomet, a été construit vers la fin du mois d'Août, par M. Cazabonne-Lajonquière, conseiller à la cour Royale, propriétaire du terrain qui est derrière la fontaine, et de la belle maison qui est au-dessus.[2] Cette maison a été bâtie il y a environ cinquante ans, par M. Latour qui alors était receveur des tailles dans l'élection d'Agen.

Le 25 Août, fête de Saint-Louis célébrée à Agen et dans le département, messe à la cathédrale où se trouvent toutes les Autorités ; *Exaudiat* ; grand concert à la préfecture ; feu de joie sur le Gravier, allumé à midi par les présidents et chefs des Corps constitués, au bruit de l'artillerie et aux cris de ; *Vive le roi !* Le soir on a donné sur le théâtre une représentation de *la partie de chasse de Henri IV*. Lorsqu'on a chanté les couplets, *Vive Henri IV*, tous les spectateurs ont réuni leurs voix à celles des autres, et ont répété mille fois : *Vive le roi ! Vivent les Bourbons !*

---

[1] La procession du vœu de Louis XIII fut établie à Agen en 1640. J'ai lu dans un journal de famille qu'elle se fit en 1638, comme dans toutes les villes de France, ce qui est plus vraisemblable.
(*Note de Proché.*)

[2] Voir sur la maison Cazabonne-Lajonquière et la fontaine qui coulait au-dessous, la note des pages 68-69.

Le même jour les perruquiers, qui ont toujours eu Saint-Louis pour leur patron, ont, suivant l'ancien usage, fait célébrer une messe dans l'église de Saint-Hilaire, et se sont ensuite réunis dans un banquet, où ils ont fait éclater la joie la plus vive d'être rentrés sous la domination des Bourbons. Déjà plusieurs ont fait peindre sur leurs portes le manteau royal parsemé de lis, qu'ils avaient été forcés d'effacer pendant la Révolution.

Le 5 Septembre 1814, quelques minutes avant midi, le vent étant au nord, et le ciel parfaitement serein, une violente détonation se fit entendre dans les communes limitrophes de Montpezat ; bientôt après tombèrent plusieurs pierres météoriques que M. de Saint-Amans a, le premier, désignées sous le nom d'*uranolithes*. Leur chute fut accompagnée d'une espèce d'éclair. Le nombre et le volume de ces pierres sont considérables : on en cite deux du poids de neuf kilogrammes ou de 18 livres. Elles n'ont point été trouvées chaudes presque au moment de leur chute. Elles sont tombées obliquement faisant un angle de 65 à 70 degrés avec la ligne horizontale. Ces pierres offrent les mêmes caractères que les uranolithes examinées jusqu'ici. Seulement elles sont plus friables et plus poreuses. Les pyrites qu'elles contiennent sont quelquefois cristallisées en groupe.

De toutes les particularités présentées par le phénomène, la plus remarquable est l'apparition simultanée d'un petit nuage qui semble avoir accompagné le météore, et même l'avoir précédé de quelques instants. Ce petit nuage, blanc et grisâtre dans le centre, paraissait se mouvoir avec la plus grande rapidité ; sa forme était arrondie. A peine fut-il aperçu que l'explosion se fit entendre. Alors le nuage parut se diviser en trois ou quatre parties qui se précipitèrent rapidement vers la terre, laissant derrières elles des traînées de couleur bleuâtre, et dont la pointe était rouge.

L'apparition instantanée de ce nuage isolé dans un ciel absolument dénué de toutes vapeurs, se lie nécessairement à l'existence du météore. Il est à présumer qu'il est le produit des gaz émanés de la masse pierreuse qui échauffée par le frottement qu'elle éprouvait en traversant l'atmosphère, les laissait échapper sous la forme d'une vapeur condensée. Voilà toutes les observations que les physiciens ont faites jusqu'à présent sur ce phénomène. Au reste, on entendit à Agen les coups de tonnerre, on aperçut le nuage. Le lendemain on apporta à la Préfecture plusieurs fragments de ces pierres. Les curieux s'en sont procurés et les gardent soigneusement.[1]

Le 11 Septembre, en vertu des instructions de S. E. le Ministre de

---

[1] Boudon de Saint-Amans communiqua à la Société d'agriculture, sciences et arts d'Agen, dans la séance extraordinaire qui eut lieu le 14 septembre 1854, un rapport circonstancié sur ce phénomène atmosphérique. La Société, jugeant que ce mémoire « devait rester dans l'histoire de la science et même dans celle du département » décida 1º que ce mémoire serait consigné dans les registres de ses délibérations : 2º imprimé en supplément dans le *Journal de Lot-et-Garonne* et envoyé à toutes les sociétés correspondantes. Voici cette relation que nous empruntons au registre même de la Société :

« Le cinq de ce mois, quelques minutes avant midi, le vent étant au Nord, et le ciel parfaitement serein, une violente détonation se fit entendre dans les communes limitrophes de Montpezat, du Temple, de Castelmoron et de Monclar, situées dans les premier, second et quatrième arrondissements du département de Lot-et-Garonne. Cette détonation insolite fut immédiatement suivie de trois ou quatre autres moins bruyantes à une demi seconde d'intervalle, et enfin d'un roulement d'abord comparé à une fusillade prolongée, ensuite au bruit de plusieurs carrosses sur le pavé, enfin à celui d'un grand édifice qui s'écroule. Ces détonations qui eurent lieu vers le centre du département, ont été entendues avec plus ou moins d'intensité, dans un rayon de plusieurs lieues d'étendue. C'est ainsi qu'à Agen, distant de quatre lieues de pays, elles furent suffisamment fortes pour allarmer quelques personnes du peuple, et que la commotion, produite dans l'air, fut assez violente pour ébranler les portes et les fenêtres de certaines maisons ; tandis qu'à Puymirol, à deux lieues vers l'Est d'Agen, ces effets furent moins sensibles ; et qu'à Mézin, à Saint-Macaire, à Bazas, à Condom, situées à cinq ou six kilomètres du foyer de l'explosion, elle ne fut entendue que d'une manière confuse.

« A la suite de ce phénomène, qui, vu l'état de l'atmosphère ne pouvoit

l'Intérieur, M. le Préfet a prêté le serment solennel de fidélité au Roi, en présence de tous les fonctionnaires administratifs de la cohorte urbaine et d'une foule de citoyens. M. le Préfet a reçu ensuite le serment du secrétaire général, des conseillers de préfecture, du

---

être occasionné par aucun orage, on devoit s'attendre à une chute de ces pierres météoriques toujours précédées de semblables détonations. On ne tarda point d'apprendre, en effet, que cette chute, accompagnée d'une espèce d'éclair, avoit eu lieu sur les communes que j'ai ci-dessus mentionnées. D'après les rapports écrits ou verbaux qui nous sont parvenus, le nombre et le volume de ces pierres semblent assez considérables. Quelques-unes ont été adressées à M. le Préfet, qui en a fait part au Ministre de l'Intérieur ; d'autres ont été recueillies par des curieux ; plusieurs ont été ramassées par des paysans qui les ont brisées, ou qui, par superstition, les gardent comme des reliques. On en cite deux du poids de deux kilogrammes, ou de dix-huit livres. Il paroît qu'elles n'ont point été choisies immédiatement après leur chûte, que les plus pesantes se sont enfoncées sous un sol compacte jusques à la profondeur de huit à neuf pouces et qu'une autre à rebondi sur la terre à la hauteur de trois ou quatre pieds environ. On ajoute que ces pierres sont tombées obliquement, faisant un angle de 65 à 70 degrés avec la ligne horizontale ; enfin qu'elles divergeoient dans leur chute, en affectant diverses directions dans les différentes communes où elles sont tombées. Comme toutes celles qui sont provenues de semblables météores, elles paroissent des fragments de masses plus considérables et sont parfaitement homogènes. Tous les échantillons que j'ai vu n'offrent à l'œil aucun caractère qui puisse les faire distinguer de ceux que j'ai eu l'occasion d'examiner jusqu'ici ou que je conserve dans mon cabinet ; seulement, ils me paroissent un peu plus friables et plus poreux que la plupart de ces derniers. J'ai remarqué dans quelques fragmens de ces pierres, des corps globuleux, pareils à ceux que M. Howard a trouvés en quantité dans les unarolithes de Benarés et qui sont composés, selon lui, de beaucoup de silice, avec un peu d'oxyde de fer.[1] On observe aussi dans l'intérieur de nos pierres que les pyrites y paroissent quelque fois cristallisées en groupe. Toutes sont recouvertes à l'extérieur d'une croûte noire, de l'épaisseur d'un quart de ligne à peu près, qui annonce l'action du feu, ainsi qu'on le

---

[1] *Annales de chimie*, n° 129, fructidor an X, page 236.

Sous-Préfet d'Agen, du Maire, des adjoints et du commissaire de police. Les membres du Conseil municipal, ont prêté, dans la même séance, leur serment entre les mains du Maire. Cette cérémonie s'est

---

voit, sur toutes les pierres du même genre. Deux de vos correspondants écrivent que l'une d'elles offre des impressions singulières à la surface ; il est nécessaire de la vérifier. Au surplus, de toutes les particularités qu'a présenté le phénomène dont j'ai l'honneur de vous entretenir, le plus remarquable est l'apparition simultanée d'un petit nuage qni semble avoir accompagné le météore et même l'avoir précédé de quelques instans. Ce petit nuage, blanc et grisâtre dans le centre, paroissoit, sur le territoire ou s'effectua la chute du météore, se mouvoir sur lui-même avec la plus grande rapidité ; ailleurs, et particulièrement du lieu d'où je l'observai, il semblait stationnaire avant l'explosion. On convient assez généralement que ce petit nuage avoit une forme arrondie. A peine fut-il apperçu dans les communes où tombèrent les pierres que l'explosion, accompagnée d'un éclair, se fit entendre. A l'instant même, le nuage parut se diviser en trois ou quatre parties qui se précipitèrent rapidement vers la terre, laissant derrière elles des traînées de couleur bleuâtre et dont la pointe était rouge. De la position où j'étois, on le voyoit au plein nord, inclinant un peu vers le nord-ouest. Il semblait alors immobile, mais au moment de la détonation, il parut s'avancer très vite vers le sud, en formant deux pointes qui se prolongèrent en s'éfilant dans le ciel, et que les paysans comparèrent unanimement à de longues cordes. Après ce mouvement subit, le petit nuage parvenu presque à mon zénith, considérablement diminué, s'arrêta, devint immobile et finit par se dissoudre insensiblement à la même place.

Il n'est pas douteux, je pense, que l'apparition astantanée de ce nuage isolé dans un ciel absolument dénué de toute vapeur, ne se lie avec le météore. Il a été observé, à peu près, sous les mêmes formes, dans tous les lieux où la détonation s'est fait entendre, et son immobilité, malgré le vent même assez fort qui soufflait alors, prouve qu'il devoit être à une grande élévation. Je ne puis m'empêcher de le regarder comme le produit des gaz émanés de la masse pierreuse qui, échauffée par le frottement qu'elle éprouvait en traversant l'atmosphère, les laissait échapper sous la forme d'une vapeur condensée. L'apparence nébuleuse qui en résultait a dû donner lieu à plusieurs illusions d'optique de la part des spectateurs qui, avant l'explosion, n'avoient aucun intérêt à l'observer. Il sembloit se mouvoir avec

faite dans la grande salle de la préfecture, qui était décorée du buste du Roi.

Les travaux du pont d'Agen qui étaient suspendus depuis l'année

une grande rapidité à ceux qui étaient voisins du lieu de la chute, et paraissait stationnaire à ceux qui, comme moi, se trouvoient éloignés de quatre à cinq lieues vers le sud. En avançant directement vis-à-vis de ces derniers, il devoit en effet leur paroître immobile jusqu'à ce que l'explosion lui fît prendre une autre forme, et que, s'approchant de leur zénith, ils pussent juger de son mouvement progressif. Ce nuage seroit donc le produit des gaz développés du sein de la masse, qui ont d'abord formé autour d'elle une sphérule de vapeur, et qui, venant à se raréfier de plus en plus, à mesure que cette masse approchoit de la surface de la terre, ont causé cette explosion. Au reste cette explosion a dû s'effectuer, comme je l'ai déjà dit, dans une région assez élevée de l'atmosphère, puisque le vent n'a point atteint le petit nuage, et que les fragmens de la masse ont été dispersés en divergeant sur le territoire de quatre communes, dans un rayon au moins de cinq grands quarts de lieue d'étendue. Si de pareils nuages n'ont pas toujours été remarqués simultanément avec les météores de ce genre, depuis qu'on les observe avec soin, c'est qu'il est peu de ces météores qui se soient manifestés dans un ciel aussi serein, et que d'autres nuages ont pu être confondus avec celui qui les accompagnoit.

« En terminant cette notice, qu'il me soit permis de revenir sur le nom d'*aréolithe*, qu'on donne communément aux pierres météoriques. Cette dénomination ne me semble pas la meilleure qu'on puisse employer. En effet, on est loin d'être certain que ces pierres soient formées dans l'air ou avec de l'air. L'élévation du météore qui les produit ayant été observée jusqu'à 30 lieues et même 50 lieues de hauteur, prouve qu'elles n'ont rien de commun avec le fluide qui entretient la vie à la surface du globe. Le nom d'*uranolithe* m'a paru depuis longtems mieux convenir à ces corps, dont l'origine, à la vérité, nous est inconnue, mais qui tendent vers la terre à travers cet espace où se meuvent les astres, et qu'on est communément convenu d'appeler le ciel. Cette dénomination formée d'*uranos* et de *lithos* doit donc, à mon avis, mériter la préférence sur celle d'aréolithe qui offre à l'esprit moins de précision. Quelques physiciens l'ont d'ailleurs adoptée lorsqu'elle leur a été connue. Je l'ai consignée pour la première fois dans le premier volume de vos Mémoires. »

Ce Mémoire, ou plutôt le phénomène qui en avait été l'occasion, donna lieu à toute une série d'articles polémiques dont les principaux étaient dus à deux membres distingués de la Société d'agriculture, Vigue, de Saint-

dernière, vers le commencement de l'automne, sont repris par ordre du gouvernement, le 22 Décembre 1814.

Le 3 Octobre, arrivée d'un bataillon du 45ᵉ régiment d'infanterie. Le 8 de ce même mois, il est réparti dans les chefs lieux d'arrondissement et du département.

Maurin et J.-B. Pérès. A la formelle assertion du premier qui prétendait que la désagrégation du bolide s'était faite à deux ou trois lieues de hauteur verticale et qui soutenait, pour fonder cette assertion, que la région où le phénomène avait eu lieu, ne dépassait l'horizon que d'environ 22 degrés, le second répondit par une lettre où se retrouvent la clarté, la précision, l'enchaînement logique des idées qui caractérisent le *Grand Erratum, source d'un nombre infini d'errata*.[1] Les observations de Vigué ayant paru dans le *Journal de Lot-et-Garonne*, la lettre de Pérès dut s'adresser à la même feuille, qui la donna en supplément avec le numéro du 19 novembre. Pérès y veut prouver et y prouve : 1° que M. Vigué a pu se tromper; 2° qu'il s'est trompé ; 3° qu'il devait inévitablement se tromper. Nous allons résumer ses arguments.

M. Vigué a pu se tromper. — Il a basé son assertion sur l'estimation de l'angle que le bruit de l'explosion faisait ou lui paraissait faire avec la ligne horizontale ; or, des milliers d'échos pouvant réfléchir le son, les rayons sonores doivent se croiser et se confondre de manière à rendre très difficile l'exacte détermination du point d'où est parti le son primitif.

M. Vigué s'est trompé. — M. de Saint-Amans, MM. Pérès d'Espiemont, d'autres observateurs voisins, ont constaté *de visu* qu'à un certain moment sur lequel ils sont d'accord, le nuage bolidien se trouvait presque à leur zénith. Cela infirme absolument l'assertion de M. Vigué, *uniquement fondée sur l'ouïe*, qu'au même moment le dit nuage se trouvait près de l'horizon.

M. Vigué devait inévitablement se tromper. — M. de Saint-Amans et M. Lamouroux ont vu à leur nord le dit nuage, ce qu'admet leur contradicteur. Un vent du nord, très violent, soufflait, ce qui n'est pas davantage contredit. Il résulte de cette double et très sûre observation que le vent et le bruit de l'explosion, venus du même côté et pour ainsi dire l'un dans l'autre, se dirigeaient vers M. Vigué. Cela étant, il a dû, de bonne foi, attribuer au bolide une hauteur de beaucoup moindre que sa hauteur réelle ; car, le son ayant l'air pour véhicule, participe nécessairement à son mouvement de translation, qui le retarde ou l'accélère, suivant les rapports de leurs directions propres.

---

[1] Voir dans la *Revue de l'Agenais*, année 1877, aux *Souvenirs d'un Bibliophile*, la biographie de Pérès.

Au commencement de ce mois, il est arrivé à Agen un grand nombre d'officiers de tout grade et de soldats espagnols des régiments au service du Roi Joseph, qui ont été congédiés. Ils n'osent ni ne peuvent revenir dans leur patrie dont l'entrée leur est interdite. Ils se trouvent dans le même cas que les familles de cette nation qui se réfugièrent en France au mois du Juillet 1813, dont j'ai déjà parlé à cette date. Ces militaires reçoivent du Gouvernement français la demi-solde de leur grade. Le Préfet les a distribués dans les arrondissements et petites villes du département.

Une loi du 17 Septembre 1814 porte que les travaux ordinaires seront interrompus les dimanches et jours de fêtes reconnues par les lois de l'Etat. En conséquence, il est défendu, lesdits jours, aux

---

Ici — je cite textuellement pour ne point trahir Pérès en voulant le résumer — « le mouvement du son a dû se composer de deux mouvements : de celui qu'il aurait eu en un temps calme et de celui du vent qui soufflait alors. En vertu de ce double mouvement, le son a dû suivre une route composée d'un nombre infini de petites lignes droites, dont chacune se rapprochait de l'horizontale un peu plus que la précédente ; d'où il suit que la première de ces petites lignes était beaucoup plus éloigné de l'horizontale que la dernière. Or, cette dernière est celle qui est parvenue à l'oreille de M. Vigué et c'est par sa direction qu'il a jugé de la hauteur du bolide. Donc, il a estimé cette hauteur moindre qu'elle ne l'étoit réellement et cette erreur étoit inévitable, dès qu'il vouloit mesurer, par le rayon sonore, la hauteur du bolide sur l'horizon. »

Pérès conclut, comme Saint-Amans, Lamouroux et les Pérès d'Espiémont, que l'angle sous lequel les bolides sont tombés, est, non pas de 22, mais de 68 degrés.

Plusieurs fragments du bolide auquel se rapporte cette note tombèrent dans les communes limitrophes de Castelmoron et de Monclar. A la première appartenoit celui qui tomba au *Breton*, propriété de M. Peugnères, passée à M. Delzolliez ; il pesait 9 kilos au moment de sa chute. Un second, aujourd'hui égaré, tomba au *Gascou*, chez M. Doche. Un troisième fut recueilli sur la terre de *Bordebasse*, par M. Hauradou père, et figure actuellement dans la belle collection d'aérolithes formée au Museum d'histoire naturelle par les soins de M. Daubrée. Il fut acquis au compte de l'État et au prix de 300 fr. par notre ami Gustave Bourières, le 25 janvier 1864. Son poids est de 3,950 grammes.

marchands d'étaler et de vendre,ayant les ais et volets des boutiques ouverts ; aux colporteurs de porter et d'exposer en vente leurs marchandises dans les rues et places publiques ; aux artisans et ouvriers de travailler extérieurement et d'ouvrir leurs ateliers ; aux maitres de billard, de donner à jouer pendant le temps de l'office divin, etc. Les lois et règlements de police à ce sujet, étaient déjà en vigueur à Agen, depuis le milieu du mois d'Août, par l'ordre de M. le Maire, sous la surveillance du commissaire de police.

En exécution d'une ordonnance du Roi, du mois d'Octobre de cette année, qui établit, dans chaque département, une école ecclésiastique dont les archevêques et évêques nommeront les instituteurs, et où ils feront élever les jeunes gens destinés à entrer dans les grands-séminaires, Mgr l'Evêque d'Agen, organise cette école pour son diocèse. Elle s'ouvre et commence ses exercices dans les premiers jours du mois de Novembre. Elle est placée provisoirement dans le local du Grand-Séminaire, rue Porte-Neuve.[1]

M. le comte de Lacépède, allant en Provence avec sa fille adoptive et son gendre, est arrivé, le 18 Octobre à Agen, lieu de sa naissance, il y a séjourné environ huit jours.

Le caisson de la seconde pile du pont d'Agen, a été mis sur pilotis le 27 Octobre 1814. Cet ouvrage va bien lentement ; il est aisé de prévoir, vu l'état des choses, qu'il sera long à finir.

Le 15e régiment de chasseurs à cheval, arrive le 16 Novembre ; il a été caserné, après le départ du 45e régiment qui est parti pour Cahors, le 18 du même mois.

Le 27 Novembre, jour de dimanche, le 15e régiment de chasseurs à cheval va en corps, à la messe, pour la première fois, dans l'église de Notre-Dame. Le général Gaussart et tous les officiers du régiment y assistent aussi.

Le 19 Décembre, M. de Forcade, fils d'un conseiller de l'ancien Parlement d'Aix en Provence, arrive à Agen, envoyé par le Gouvernement. On n'a pas trop su quel était l'objet de sa mission ; on le disait chargé de connaitre l'esprit public. Il est parti le 29 Décembre.

---

[1] Local actuel du Petit-Séminaire.

Pendant la foire de Saint-Antoine, qui, cette année, a commencé le 12 décembre, on montrait dans la maison du sieur Lavigne, vis-à-vis du bureau des diligences, un phoque femelle, poisson très-curieux, remarquable surtout par son intelligence et par sa docilité à exécuter sur le champ tous les ordres de son maitre ; il s'approche de lui, lorsqu'il l'appelle, lui présente la patte, le baise, se tourne et se retourne en tous sens, et fait différentes gentillesses très surprenantes. Sa longueur est d'environ huit pieds, il a de très beaux yeux ; son museau et sa moustache sont ceux d'un tigre ; il a deux pattes ; son corps est couvert d'un poil fin et se termine par trois queues différentes. Il est enfin tel que Buffon l'a dépeint dans son histoire des quadrupèdes, car cet animal est amphibie. Presque tous les habitants d'Agen et les étrangers qui étaient venus à la foire, sont allés le voir. Il était dans une caisse où il y avait huit pouces d'eau et dans laquelle on le transportait en voyage.

On faisait voir aussi pendant la même foire un très beau tigre, un glouton, et une jeune lionne déjà très grande. La ménagerie était dans le magasin de M. Abadie,[1] marchand de bois, au même faubourg.

Le 26 Décembre, le 15e régiment des Chasseurs à cheval, en garnison dans cette ville, ayant reçu du Roi un étendard aux armes de France, le colonel l'a fait bénir, le 26 Décembre, avec toute la pompe dont cette cérémonie est susceptible. On avait dressé à cet effet, sur le Gravier, une large estrade, où était placé Msr l'Evêque, revêtu de ses habits pontificaux. Il s'y était rendu en carrosse avec un vicaire général et deux chanoines, auxquels se réunirent ensuite plusieurs prêtres qui étaient partis processionnellement de l'église Notre-Dame. M. le Préfet, M. le général Gaussard, M. Forcade, commissaire du gouvernement, la Mairie, la Cour Royale et tous les Tribunaux y avaient été invités et y assistèrent avec leurs costumes. La cohorte urbaine, en grande tenue, drapeau déployé, ayant à sa tête un corps de musiciens, occupait un des côtés du Champ-de-Mars. Le régiment

---

[1] La maison Abadie fut achetée en 1832 par M. Faucon, avoué, qui la démolit et fit construire sur son emplacement celle qu'habite actuellement Mme Ve Périé-Nicole.

était sous les armes et à cheval ; un concours immense de citoyens s'était rendu pour voir cette cérémonie, et comme le temps était pluvieux, chacun s'était muni d'un parapluie ; la diversité des couleurs offrait un coup d'œil ravissant.[1] Après que l'étendard a été béni, Mgr l'Evêque l'a mis entre les mains du Colonel, qui l'a remis à l'officier qui devait le porter. Celui-ci est allé se placer à la tête du régiment, qui l'a reçu aux cris de *Vive le Roi !* Le général Gaussard a ensuite prononcé un discours dans lequel, après avoir parlé des bienfaits du nouveau gouvernement, il a rappelé toutes les campagnes où le 15e régiment s'était distingué, ainsi que le 29e qui, par la nouvelle organisation, se trouvait encadré dans le 15e. Ce discours a été applaudi par la troupe et par le peuple, aux cris de *Vive le Roi !* Dans les intervalles, les trompettes jouaient des fanfares. La musique y répondait par l'air chéri de Henri IV, et l'artillerie de la ville faisait de fréquentes décharges. Dès que la cérémonie a été finie, le général et les officiers sont allés se placer sur l'allée qui borde le grand chemin et le régiment, qui était monté jusques vis-à-vis la porte Saint-Antoine, a défilé devant eux au grand galop et en criant *Vive le Roi !* Alors le cortège s'est dissous, et les divers corps qui le composaient se sont retirés. MM. les officiers et sous officiers de la cohorte urbaine se sont donné réciproquement plusieurs fêtes à cette occasion. Les Chasseurs ont eu double ration le jour de la bénédiction du drapeau. Dans l'après-midi, ils se répandent dans la ville en chantant et en dansant. Quelques-uns, en passant au bout de la rue Saint-Jean, frappaient, à l'entrée de la nuit, à la porte d'une maison, où ils espéraient trouver des moyens de s'amuser ; on leur refuse l'entrée, ils font du bruit, les voisins se rassemblent. Le commissaire de police, instruit de ce tumulte, se transporte sur les lieux, dissipe cet attroupement, et oblige les Chasseurs à se retirer. Ils reviennent vers

---

[1] Quelle bonhomie prudommesque dans l'optimisme de Proché ! Tout à l'heure il s'épanchait en détails admiratifs sur les *gentillesses surprenantes et les beaux yeux* d'un phoque bien élevé ; le voilà, maintenant qui s'extasie sur le *coup d'œil ravissant* d'une infinité de parapluies qui certainement gênaient pour voir. Il est à croire qu'un beau temps l'eût *ravi* au même degré. On voit que le *nil mirari*, qui est la devise de bien des poseurs, n'était pas la sienne.

dix heures, au nombre de huit, aux portes de la même maison, brisent un contrevent et s'introduisent. On crie au secours. Un forgeron voisin nommé Conor, accourt, et voulant s'opposer aux violences de ces Chasseurs, il reçut, de l'un d'eux, plusieurs coups de sabre et mourut trois jours après. Le Chasseur soupçonné coupable fut arrêté le lendemain, et jugé ensuite par la Cour d'assises. Mais les témoins ne s'étant pas accordés sur les circonstances des coups portés à Conor, il fut acquitté et mis en liberté. Ainsi le meurtre du malheureux Conor resta impuni.

1815. — Mgr l'évêque d'Agen, par un mandement daté du 14 Décembre 1814, avait donné connaissance à tous ses diocésains d'une lettre qu'il a reçue du Souverain Pontife, à qui il avait écrit pour lui témoigner la joie qu'il avait ressentie, ainsi que tous les fidèles du diocèse, de son rétablissement sur le siège apostolique. Le Pape le remercie, lui donne sa bénédiction et le charge de la donner, en son nom, au clergé et aux fidèles de son diocèse en reconnaissance des prières qu'ils ont adressées au Ciel pour lui. En conséquence, et pour se conformer aux pieuses intentions de Sa Sainteté, Mgr l'Evêque donne la bénédiction papale, dans l'église cathédrale, le 1er Janvier 1815 jour de dimanche : MM. les curés des autres paroisses de la ville donnent aussi la bénédiction dans leurs églises, suivant le mandement de Mgr l'Evêque. La même cérémonie a lieu dans tout le diocèse.

Le passage de la Garonne, devant Agen, a commencé à se faire le 26 février 1815, au moyen d'une corde ancrée au milieu de la rivière, et soutenue par trois petits bateaux qui suivaient le mouvement de la corde. On a été bientôt forcé de renoncer à cet établissement à cause de la rapidité de l'eau et la difficulté des abordages.

Il n'en est pas de même à Layrac où cette espèce de bac fut placé au commencement de cette année et se soutient encore (1821).

Le général de division Lapoype arrive à Agen le 5 février, où il doit résider pour commander dans les deux départements de Lot, et Lot-et-Garonne.

MM. l'Evêque, le Préfet, le Maire, plusieurs membres du corps municipal, et une députation de la Cour Royale partent d'Agen le 2 et le 3 Mars pour aller à Bordeaux présenter leurs hommages à M. le Duc et à Mme la Duchesse d'Angoulême, qui doivent arriver à Bordeaux le 5. Un grand nombre d'autres personnes s'y rend pour le même objet, et pour voir les grands préparatifs que font les Bordelais à cette occasion. MM. le Préfet et le Maire sont rentrés à Agen le 11 Mars.

M. le Duc d'Angoulême passe incognito à Agen, le 10 Mars, au grand étonnement de tout le monde. Il est arrivé à l'hôtel de Mme Castan vers trois heures du soir, et, après un léger repas, il est reparti. Il a traversé la ville vers quatre heures. Son cortège était composé de deux voitures à quatre chevaux. Dans la première était le Prince et le duc de Guiche, son premier écuyer ; dans l'autre, deux personnes de sa suite. Ce Prince n'a pas resté à Bordeaux aussi longtemps qu'il l'avait projeté, ayant reçu des ordres du Roi de se rendre en Provence, relativement aux bruits qui se répandent de l'évasion de Bonaparte, de l'île d'Elbe, et de sa rentrée en France.

Le 11 Mars, vers huit heures du soir, le bruit court dans la ville que Mme la Duchesse d'Angoulême vient d'arriver chez Mme Castan et qu'elle va joindre son mari : aussitôt tous les habitants se rendent au faubourg Saint-Antoine, en criant : *Vive le Roi! Vive Mme la Duchesse d'Angoulême!* jusqu'à ce que, mieux informés, ils ont appris que c'était M. le Comte de Damas, premier gentilhomme de la Chambre, et autres personnes de la maison du Prince. Les voyageurs sont partis, après avoir dîné et ont traversé la ville sur deux voitures à six chevaux. Le peuple les a accompagnés jusqu'à la Porte-du-Pin aux cris de : *Vive le Roi!*

Le 12 Mars, on apprend, à Agen, par des lettres du haut Languedoc, qu'en effet, Bonaparte est sorti de l'île d'Elbe, est débarqué à Cannes, port sur la Méditerrannée, auprès de Grasse, qu'il y a commis des hostilités, qu'il a enlevé les caisses publiques de cette ville, et qu'il se dirige, par les montagnes, vers le Dauphiné. On reçoit, le même jour, une ordonnance du Roi, qui met Bonaparte hors la loi, ordonne de courir sur lui, de l'arrêter pour le juger sur le champ et lui appliquer les peines prononcées par les lois ; plus une proclamation du Roi qui assemble extraordinairement les Chambres des Pairs et des députés, pour prendre des mesures relatives à l'état actuel des choses.

Le 14, on répand encore le bruit qe Mme la duchesse d'Angoulême va arriver. On donne la chose comme certaine. Aussitôt la cohorte urbaine prend les armes, et se rend, vers deux heures après-midi, avec le drapeau, devant l'hôtel de Mme Castan, pour attendre la Princesse. Une foule immense remplit le faubourg Saint-Antoine et la route de Bordeaux. On ne se retire que très tard. Tous ces mouvements et cette attente se réduisirent au passage de deux voitures de la suite du duc d'Angoulême, qui passèrent pendant la nuit, et pour lesquelles on avait fait préparer des chevaux sur la route. On apprit, le lendemain, que la Princesse était partie de Bordeaux pour Paris et qu'elle était allée coucher à Angoulême.

Le 16 Mars, on apprend, par les journaux, que Bonaparte s'avançait vers Lyon. Le même jour, sur le soir, un officier, arrivant en poste de Bordeaux, assure que la veille, on avait lu, à la Comédie, une dépêche télégraphique annonçant que le général Masséna avait battu Bonaparte et l'avait mis en pleine déroute à Saint-Laurent-de-Mures, entre Bourgoing et Brou, à quelque distance de Lyon. Cette nouvelle rassure les esprits déjà bien alarmés.

Les 17, 18 et 19, il arrive des estafettes portant des ordonnances du Roi et des proclamations des princes dans le midi de la France, les discours du Grand Chancelier et du Président de la Chambre des députés. Toutes ces pièces du 9, 10 et 11 Mars sont répandues avec profusion. M. le Préfet et M. le Maire d'Agen ont aussi pris des arrêtés pour le même objet et pour le maintien de la tranquillité publique.

Le 18 Mars, M. Falagret, conseiller en la Cour Royale de cette ville, est mort à l'âge de 82 ans. Il avait été longtemps conseiller de la Cour Sénéchale d'Agen, et ensuite Président du Tribunal de première instance, d'où il avait passé à la Cour Royale. Il a été enterré au pied de la croix du cimetière de l'hôpital,[1] comme il l'avait demandé par son testament, ayant été, pendant plusieurs années, administrateur de cet établissement de charité, auquel il avait rendu de grands services.

Le régiment d'Angoulême, 5ᵉ des Chasseurs à cheval, passe, à Agen le 21 Mars, allant à Nimes. La cohorte est allée le recevoir hors la Porte du Pin, entre les deux ponts de la route de Villeneuve, ayant à

---

[1] Ce cimetière occupait une partie de l'emplacement sur lequel a été construite depuis la maison Delbourg, rue Saint-Jolifort et les maisons qui l'avoisinent du côté du sud-ouest.

sa tête M. de Basignan père, commandant de la cohorte, et M. Bory fils, adjoint du maire, qui a harangué le colonel du régiment. Une foule immense y était accourue. Après le discours de M. Bory, elle n'a cessé de crier : *Vive le roi ! Vive le duc d'Angoulême !* jusqu'à ce que le régiment est arrivé sur la place du Palais. Ces acclamations mêlées au son des trompettes et la vue des drapeaux blancs parsemés de lys, produisaient sur tous les cœurs, un effet qu'on sent beaucoup mieux qu'on ne peut l'exprimer. On voyait flotter à toutes les fenêtres, des drapeaux blancs, même dans les quartiers où le régiment n'a pas passé. Le soir, il y a eu, chez Mme Castan, un banquet que les officiers de la cohorte ont donné à ceux du régiment, qui est parti, le lendemain, très satisfait de l'accueil qu'il avait reçu des Agenais.

Le 19 Mars, des lettres et des voyageurs confirment l'évasion de Bonaparte. On apprend qu'il est entré à Grenoble, qu'il s'est emparé du parc d'artillerie, que quelques régiments d'infanterie et de cavalerie ont passé de son côté, malgré le serment qu'ils avaient fait au Roi, que Bonaparte avait été reçu à Lyon et qu'il marchait sur Paris. Les esprits sont dans la plus grande consternation.

Le 24 Mars, il est parti d'Agen, vingt-cinq jeunes gens des meileures familles du département, habillés et équipés à leur frais, pour aller offrir leurs services à M. le duc d'Angoulême qui se trouve dans ce moment en Languedoc, au sujet de l'incursion de Bonaparte. Huit de ces jeunes gens sont de la ville d'Agen, savoir : MM. Daurée de Prades, Laroche-Monbrun, Landié aîné, Groussou second, Pléneselve, Léonard, Moncaut et Gauché. Les trois premiers ont quitté leurs femmes et leurs enfants.

Le 25 Mars, mort de Mme Buchet de Châteauville, femme de M. de Villeneuve, préfet du département. Elle a été ensevelie au pied de la croix de l'ancien cimetière de Sainte-Foi ; une pierre sépulcrale couvre son tombeau.

Le 25 Mars, jour du samedi saint, on apprend, par M. le baron de Vitroles, ministre d'Etat venant de Paris et se rendant auprès du duc d'Angoulême, que le Roi, pour éviter l'effusion de sang et tous les maux qui menacent la capitale, était parti avec sa garde, et se retirait au camp formé par les troupes arrivées du Nord.

Nous recevons, peu de moments après, deux proclamations, l'une du général Decaen, commandant en chef dans la onzième division militaire et l'autre du Préfet de la Gironde, pour inviter les habitants à rester calmes, à se réunir à leurs magistrats pour le maintien du bon ordre et de la sûreté de madame la duchesse d'Angoulême.

Le même jour, 25, la garde nationale d'Agen a commencé à monter la garde nuit et jour.

Dans la nuit, il a été arrêté cinq ou six individus dans un cabaret, où ils tenaient des propos séditieux. Ils ont été menés en prison au Chapelet. La police étant informée qu'il y avait un complot d'enlever ces détenus, ils ont été transférés dans les prisons criminelles. Quelques jours après, ils ont été acquittés par la police correctionnelle et mis en liberté.

Le même jour, 25 Mars, il passe trente jeunes gens de Bordeaux, bien montés, armés et équipés ayant une trompette. Ils se rendent volontairement comme les nôtres, auprès du duc d'Angoulême pour former sa garde. Ils se proposaient de séjourner à Agen, mais la nouvelle de l'entrée de Bonaparte à Paris les oblige de presser leur marche.

Le *Moniteur* renferme une déclaration du Roi, du 19 Mars, par laquelle S. M. annonce que, pour ne pas compromettre la sûreté et peut-être même l'existence de la ville de Paris, elle est forcée de s'éloigner pour se rendre sur un autre point du Royaume, et, en attendant que la crise actuelle s'apaise, ordonne aux membres des deux Chambres de se séparer, pour se réunir bientôt au lieu qui leur sera indiqué.

Le Roi quitte Paris, le 20 Mars au matin, Bonaparte y entre dans l'après-midi du même jour.

Le 26 Mars, jour de dimanche, on ne reçoit à Agen ni lettres ni journaux de Paris.

Ordonnance du Roi du 11 Mars 1815, qui convoque extraordinairement les Conseils généraux des départements ; ils resteront dans le chef-lieu en séance permanente, pour l'exécution des mesures qui sont ou qui seront prises dans les circonstances actuelles ; ils sont autorisés à employer eux-mêmes toutes celles qui leur paraîtront convenables pour le salut public. Il est recommandé aux corps administratifs réunis, d'agir avec l'activité, le patriotisme la bonne intelligence qui peuvent assurer le succès de leurs efforts.

Le 27 Mars, on reçoit à Agen, et on publie comme pièce officielle, une déclaration des puissances réunies en congrès à Vienne, du

13 Mars dernier envoyée à M. le Duc d'Agoulême, par l'ambassadeur de France à Turin, dont une copie a été adressée à M. le Préfet, et réimprimée à Agen sur la demande du Conseil général en permanence. Les Puissances déclarent que Bonaparte reparaissant en France, malgré le traité de Paris du 30 Mai 1814, avec des projets de trouble et de bouleversement, il ne peut y avoir ni paix ni trêve avec lui, et le mettent hors la loi ; qu'elles réuniront tous leurs moyens et leurs efforts pour le rétablissement de la paix générale, et pour garantir l'Europe de tout attentat qui menacerait de replonger les peuples dans les désordres et les malheurs des révolutions et qu'elles sont disposées à donner au Roi de France et à la nation française les secours nécessaires pour rétablir la tranquillité du Royaume.

Le 29 Mars, la cohorte urbaine ayant été disssoute, la garde nationale, réorganisée d'après les ordres du Gouvernement, a reconnu ses officiers et prêté serment de fidélité au Roi, sur l'esplanade du Gravier, en présence des deux généraux, Lapoype et Gaussard, du Préfet, du sous-Préfet, du Maire et de M. de Basignan père, colonel du génie et de la garde nationale d'Agen, aux cris mille fois répétés de : *Vive le Roi !* La garde est composée de 600 hommes formant deux bataillons, ayant chacun quatre compagnies dont une de grenadiers, une de chasseurs, une de canonniers.[1] Ces compagnies monteront la garde, pendant 24 heures, jusqu'à nouvel ordre.

Le 30 Mars, le bruit se répand que les départements du Lot et de la Dordogne avaient reconnu Bonaparte et arboré les couleurs tricolores.

Le même jour, on forme deux compagnies de gardes nationaux à cheval, destinées à faire leur service dans le département. Ces compagnies sont composées de personnes des meilleures maisons des quatre arrondissements. Plusieurs sont montés et équipés à leurs frais, les autres doivent l'être aux frais du département. Ils sont au nombre d'environ cent. M. le chevalier de Secondat est capitaine d'une de ces compagnies.

Le 1ᵉʳ Avril. Le courrier de Bordeaux qui arrive régulièrement le Jeudi, n'était pas encore arrivé le Vendredi à midi, ce qui commen-

---

[1] Proché oublie de spécifier la quatrième compagnie.

çait à alarmer tout le monde ; il est arrivé à deux heures, mais il ne portait que les dépêches de Bordeaux et rien de Paris. On sait que Bonaparte est aux Tuileries ; on ignore où est le Roi.

Le journal de Bordeaux reçu à Agen le 31, porte que trois bâtiments anglais sont entrés en rivière, où ils restent à la disposition de Mme la Duchesse d'Angoulême. Cette Princesse est encore à Bordeaux où elle reçoit, tous les jours, des habitants de cette ville, des témoignages de zèle et de dévouement pour sa personne et pour toute la famille des Bourbons.

Le Conseil général du département en permanence fait une proclamation, le 30 Mars, par laquelle, après avoir loué le zèle de tous les habitants à la formation des gardes nationales à pied et à cheval, il invite les citoyens à acquitter promptement leurs contributions, à payer même, par anticipation, les termes à échoir, pour fournir aux dépenses nécessaires dans les circonstances actuelles, pour l'équipement, la solde et l'entretien des corps armés qui se forment, et pour d'autres services, tels que ceux des prisons, qui ne peuvent être suspendus ni négligés, sans compromettre la sûreté et la tranquillité publiques. Le Conseil général déclare que, de son côté, il ne négligera rien de ce qu'il croira propre à conserver l'honneur national, à assurer la liberté et à rétablir, dans tous leurs droits le Prince et la Patrie.

Le 3 Avril, dans la matinée, on apprend que les troupes de Bonaparte, commandées par le général Clausel, sont entrées à Bordeaux, sans aucun obstacle, que Mme la Duchesse d'Angoulême était allée s'embarquer sur un des vaisseaux anglais qui l'attendaient au bas de la rivière. Une partie de sa suite a passé, cette nuit, à Agen, se dirigeant sur Toulouse ; d'autres prétendent que la Duchesse se rend en Espagne, par Bayonne. Cependant nous ne recevons ni lettres ni dépêches de Paris ; les faiseurs de nouvelles en répandent de toute espèce, mais on ignore toujours où est le Roi. Les uns disent qu'il est à Lille, d'autres à Bruxelles, etc.

Vers la fin du mois de Février de cette année, le gouvernement avait ordonné de suspendre les travaux du pont ; en conséquence, on numérote toutes les pierres taillées. On construit un grande baraque en planches sur le sol de la tuilerie de Casse, où l'on enferme les piquets de chêne, les madriers et tout le bois destinés à cet ouvrage, qui, suivant les apparences, est suspendu pour longtemps.

Le 3 Avril, les généraux Lapoype et Gaussart se rendent à la Préfecture, où le Conseil général tient ses séances, et lui proposent d'imiter l'exemple de la ville de Bordeaux qui, disaient-ils, avait arboré l'étendart et la cocarde tricolores, et avait adopté le gouvernement de Bonaparte. Cette proposition trouve beaucoup d'opposants. Le Conseil délibère sur ce sujet jusques bien avant dans la nuit, et se sépare sans avoir rien décidé.

Le lendemain, 4 Avril, la séance est reprise. Les généraux pressen d'arborer le drapeau tricolore, le Préfet et le Maire s'y opposent ; le préfet parle de faire sa démission. Cependant, d'après les nouvelles apportées par le courrier de ce jour, par lesquelles il paraît que la révolution est faite, que tout est calme dans la capitale, et que le gouvernement est organisé, il est décidé que le lendemain on reprendra les cocardes et le drapeau tricolores.

Le lendemain, 5, M. le Préfet ayant fait sa démission la veille, au soir, avait quitté la Préfecture. M. Menne père, comme le plus ancien des conseillers, remplit les fonctions par intérim. Le même jour, on lit à tous les coins de rue, un ordre du jour du général Lapoype, commandant en chef, qui, en exécution des ordres qu'il a reçus du Ministre de la guerre, du 27 mars dernier, ordonne que le drapeau et la cocarde tricolores remplacent partout le drapeau et la cocarde blancs, et que les aigles soient substituées au lys ; invite les autorités civiles, judiciaires et administratives à se conformer à la décision ci-dessus rappelée, et à assurer, par tous les moyens qui sont en leur pouvoir, le maintien de la tranquillité publique. On publie aussi une proclamation du même général, adressée à tous les militaires qui sont sous ses ordres, pour le même objet, et pour les exhorter à ne se signaler, dans ces circonstances, que par des sentiments nobles et généreux ; on affiche en même temps une ordonnance de M. le Maire de cette ville, du 4 Avril qui, vu l'ordre du jour du général Lapoype, l'arrêté du Conseil général du département en date de ce jour, portant obéissance au décret impérial du 20 Mars dernier, et la lettre du Préfet par intérim parvenue à la mairie dans la nuit, portant injonction de faire arborer demain à midi précis, le drapeau tricolore, arrête que, suivant ces ordres, le drapeau tricolore sera arboré à l'heure prescrite sur la porte de la maison commune, et que tous les signes du gouvernement royal disparaîtront. Le Maire se confie, dans cette grande circonstance, au bon esprit et à l'union de ses concitoyens ; il compte aussi sur le zèle et le concours de la garde nationale pour assurer le bon ordre et la tranquillité publique.

A midi, le drapeau tricolore a flotté, en effet, à une des croisées de la maison commune, à la Préfecture, à la caserne et sur la porte des deux généraux. Les militaires en activité, à demi-solde ou retirés et la gendarmerie ont pris la cocarde tricolore. Les généraux ont donné une barrique de vin aux soldats du 45e, qui sont à la caserne, et aux soldats espagnols qui se trouvent ici, pour boire à la santé de l'Empereur. Vers trois heures, une troupe d'hommes, bouchers, maréchaux-ferrants, cabaretiers, cordonniers, à cheval, parcourent la ville, portant une aigle au bout d'un bâton, en criant : *Vive l'Empereur!* ayant à leur tête un tambour et un trompette. A l'entrée de la nuit, ces mêmes hommes, après avoir quitté leurs chevaux, se répandent dans les cabarets, parcourant les rues en criant : *Vive l'Empereur!* s'arrêtent sur les portes des cafés, chantant des chansons en l'honneur de l'Empereur, au lieu que, les jours précédents on y chantait en l'honneur du Roi. Tous ces mouvements et la diversité des opinions pouvaient exciter des troubles très sérieux, surtout pendant la nuit ; mais il n'y eut que quelques rixes qui n'eurent point de suite et qui furent bientôt appaisées par la garde nationale. Le commandant fit fermer les cafés, établit, en divers endroits, des patrouilles qui, au premier avis, se transportaient sur les lieux où il se formait des rassemblements. On apprit le même jour, 5, que Toulouse et Bordeaux s'étaient rendues aux troupes de l'Empereur.

Les 6, 7 et 8 Avril, la tranquillité est troublée par des rassemblements que formaient, sur le soir, des jeunes gens du parti de ceux qui, le jour précédent, parcouraient les rues à cheval. Ils affectaient de s'arrêter à la porte des cafés fréquentés par les royalistes. Ceux-ci las de se voir provoqués, font des sorties sur les chanteurs et les mettent en fuite.

Le 8, l'affaire fut plus sérieuse. Les deux partis en vinrent aux mains sous la Cornière et sur la place ; il y eut des coups de bâton, le sang coula, on vit des couteaux dans les mains de quelques combattants, et il serait arrivé de grands malheurs, si la garde, qui en fut informée, n'était venue sur le champ et n'eût dissipé ce rassemblement. Deux des provocateurs furent arrêtés et conduits en prison. On assure que ces jeunes gens, dont plusieurs étaient des ouvriers étrangers, étaient mus par des instigateurs cachés qui leur donnaient de l'argent pour aller boire, faire du train et insulter les personnes tranquilles ; en quoi ils réussissaient très bien, car ces jeunes gens, en très grand nombre, se formaient, en plein jour sur plusieurs rangs qui tenaient toute la largeur de la rue, insultaient et empêchaient de passer ceux qu'ils croyaient n'être pas de leur parti. Ceux-ci étaient obligés de se réfugier dans les maisons voisines. Pour contenir ces turbulents, on établit un corps de garde sous la Cornière, dans le vestibule de la maison du Suisse Pozzy [1] le 9 Avril. Cette nuit, il ne se passa rien. Les troupes de la garnison, la garde nationale et la gendarmerie à cheval firent de fréquentes patrouilles, tout fut tranquille.

M. le comte de Lacépède est arrivé à Agen le 2 avril, avec sa fille adoptive et son gendre, venant des iles d'Hyères en Provence, il a logé chez Mme Castan. Il a appris ici, par les journaux, que l'Empereur l'avait rétabli dans sa place de Chancelier de la Légion d'honneur. Par le courrier suivant du 6, il apprend qu'il a été nommé grand-maître de l'université impériale. Il est parti pour Paris le 9 Avril.

M. le lieutenant-général Lapoype est parti d'Agen le 6 Avril, il est appelé à Paris par l'Empereur. On reçoit à Agen un décret de l'Empereur, rendu à Lyon, qui abolit la cocarde blanche, la décoration du lys, les ordres de Saint-Louis, du Saint-Esprit et de Saint-Michel. Ce décret est du 13 mars 1815.

Autre décret du 20 mars qui dissout les Conseils généraux des départements, révoque les attributions qui leur ont été données par ordonnance royale du 11 mars. En exécution de ce décret, le Conseil général de Lot-et-Garonne se sépare et termine sa session extraordinaire le 4 Avril.

M. Léotard, sous-Préfet de l'arrondissement d'Agen, fait sa démis-

---

[1] Cette maison, presque entièrement reconstruite, appartient aujourd'hui à M. Mikaleff, négociant. Le Suisse Pozzy, comme Proché l'appelle, — très bon Français de cœur, par parenthèse, — devint le chef d'une famille honorable qui a donné à l'Eglise évangélique un ministre distingué, M. Benjamin Pozzy ; à la Faculté de médecine de Paris un professeur titulaire, M. Alexandre Laboulbène, et un professeur agrégé, M. Samuel Pozzy, trois hommes qui font honneur à la patrie d'adoption de leur père et grand-père.

sion le même jour 4 Avril. M. Grenier, conseiller de préfecture, remplit ses fonctions par intérim.

Le 13 Avril, il arrive deux bataillons d'infanterie, l'un du 40e et l'autre du 71e régiment, avec une belle musique qui appartient au 40e. Ils venaient ce jour-là de Tonneins et n'avaient pas eu de séjour depuis leur départ de Rochefort ; ils allaient à grandes journées. Ils ont ordre de s'arrêter à Agen, où ils resteront jusqu'à nouvel ordre.

Le 9 Avril, on ressent à Agen des secousses de tremblement de terre, vers une heure après-midi. On en ressent le même jour et à la même heure à Toulouse et dans l'Ariège. A la suite de ce tremblement de terre, le temps a été pendant plusieurs jours, très dérangé, variable et nébuleux. Un froid rigoureux succédait à une vive chaleur. Après des coups de tonnerre, venaient des giboulées et de la neige. Le 24 Avril, il est tombé des averses toute la journée.

Dans la nuit du 16 au 17 Avril, un détachement de gendarmerie, se rend, pendant la nuit, au logement de M. de Villeneuve, ci-devant Préfet, chez M. Descressonnières,[1] pour l'arrêter, par ordre du gouvernement, et le conduire à Périgueux, pour y être jugé par la commission militaire. On ne l'a pas trouvé, il était parti la veille.

Décret de l'empereur, du 8 Avril, qui assujettit tous les fonctionnaires civils et judiciaires à prêter le serment d'obéissance aux Constitutions de l'Empire et de fidélité à l'Empereur.

Par décret impérial du 6 Avril, qui donne la liste générale des Préfets de l'Empire, M. Rouen des Mallets est nommé Préfet de Lot-et-Garonne. M. Bergognié d'Agen, ci-devant Préfet du Jura, est nommé Préfet de la Haute-Loire.

Le bataillon du 71e régiment, qui était arrivé à Agen avec celui du 40e, reçoit ordre, dans la matinée du 18 Avril, de partir sur le champ pour Montauban. Il part, en effet, à onze heures, du Gravier où il s'était assemblé. Il traversait la ville, lorsque parvenu au Pont d'Angoine,[2]

---

[1] Ce logement récemment et considérablement restauré, est devenu, depuis la rentrée des classes en octobre 1882, le *Petit lycée* d'Agen.

[2] Bouche d'égout, qui s'ouvrait en un large plein-cintre au travers de la maison Noubel, en face de la rue *Moncorny*. On l'a supprimé depuis envi-

il a rencontré le 5e régiment des chasseurs qui arrivait par la rue Garonne et allait sur la place du Palais. Le 71e s'est arrêté et a vu défiler le régiment des chasseurs ; la musique du 40e, qui accompagnait le 71 régiment jusqu'à la Porte-du-Pin, n'a cessé de jouer pendant que les chasseurs défilaient, en criant : *Vive l'Empereur !* et agitant leurs sabres ; l'infanterie répondait par les mêmes cris et saluait ses frères d'armes. Cette scène a produit une vive impression sur tous ceux qui en ont été témoins. Le même jour, 18 Avril, vers midi, un estaffette porte l'ordre au 40e de se rendre à Bordeaux. Il part le lendemain à cinq heures du matin, le 5e des chasseurs est aussi parti pour Bordeaux, le 20, passant par Villeneuve et Libourne.

Le 23 Avril, tous les officiers en retraite ou à la demi-solde du département, rassemblés à Agen, se sont réunis sur le Gravier et ont formé une compagnie de trois escouades, organisée par le général Gaussard, pour être à la disposition du Ministre de la guerre. Les officiers espagnols sont réunis pour le même objet ; les sous-officiers et soldats retirés avec ou sans congé sont aussi appelés. Ils se réunissent à la Préfecture, le 25 Avril, pour former des compagnies.

Le général Gaussard part, le 25 Avril, pour Paris, où il est appelé par le Ministre de la guerre.

---

ron trente ans. L'eau, par les grandes pluies d'orage, refluait presque jusqu'à la place du Palais (aujourd'hui de l'Hôtel-de-Ville), formant un ruisseau torrentiel qui gênait la circulation, toujours active sur ce point. Jasmin, dont le sens pittoresque était si vif, n'a eu garde de l'oublier. Au dernier chant du *Chalibari*, quand le chevalier de Gasc, un vieux soldat bonasse et respecté qui dirigea la police à Agen sous le gouvernement de la Restauration, se présente avec ses agents, devant la foule grondante, la colère tombe, et la peur, une peur panique, prend sa place :

>..........*Al noum de Moussu Gas*
> *Des chantres espaourits la timido cohorto*
> *S'enfuch coumo un papè que l'Aquiloun emporto*
> *Et din lou tourbilloun lous cranos, lous testuts,*
> *Soun jusqu'al poun d'Angoyne entrainats pes paouruts.*

Ce pont-égoût joua son rôle dans le cours d'une polémique ouverte en 1831 entre le *Mémorial agenais*, journal de l'opposition légitimiste, et le

— 193 —

La conduite qu'il a tenue, en dernier lieu, pour maintenir le bon ordre dans la ville d'Agen, et dans le département, lui avait attiré l'estime générale. Il a mérité les regrets de tous les habitants. Il aurait pu faire beaucoup de mal s'il avait suivi les ordres du général de division Luquote qui était à Périgueux et qui l'autorisait à poursuivre les royalistes, et à faire fusiller les plus prononcés.

Dans le courant du mois d'avril dernier, le mur de clôture de l'ancien cimetière de Saint-Caprais a été détruit, pour y établir le marché du bois à brûler qui se tenait auparavant sur la place, et, en dernier lieu, devant l'église de Saint-Caprais. On a reconnu que ce local était trop petit et gênait le passage de l'église qui était obstrué par les charrettes. Dans les fouilles qui ont été faites pour extirper les fondements de ces murs, on a trouvé des cercueils de marbre et de pierre, dont quelques-uns étaient à une grande profondeur ; on pensait qu'ils renfermaient quelques monuments d'antiquité, quelques médailles ou inscriptions qui fissent connaître l'époque à laquelle ils avaient été déposés dans ces lieux ; mais ils n'offraient rien de curieux, pas même une croix. Après avoir ôté la couverture avec soin, on n'y a trouvé que les os d'un cadavre ou des cendres. On a remarqué seulement, au fond de ces cercueils, une couche de charbon très bien conservé, sur laquelle le cadavre était étendu. Les cercueils ont été retirés et vendus à des particuliers qui les destinent à divers usages.[1]

Journal de Lot-et-Garonne, dont le bureau de rédaction était situé juste au dessus. On comprend quelles allusions pouvaient sortir de ce fait topographique. L'esprit, très fin, d'André Dupront, s'y enveloppa de mauvais goût, mais on rit beaucoup, de son bord, ce à quoi il avait uniquement visé.

[1] Ce cimetière ceignait le chevet de la Cathédrale. Le mur qui lui servait d'enceinte partait de la petite chapelle absidiale auprès de laquelle s'ouvre la porte latérale qui regarde le sud, se dirigeait en ligne droite vers l'est, formait une sorte de pan coupé, se retournait du coté du Nord et allait s'appuyer sur la petite maison isolée comme un îlot, qui est la première, à gauche, de la rue des Martyrs. On y entrait par une porte assez basse placée à la naissance du mur, près de la chapelle dont nous venons de parler. Beauménil (*Antiquités d'Agen*, manuscrit) figure trois tombeaux antiques pittoresquement groupés dans l'encoignure formée par la jonction de ce mur avec l'abside, et au-dessus même de la porte, le couvercle d'un quatrième tombeau dont un autre dessin reproduit isolément les détails. Les sigles

Le 29 Avril, un estafette envoyé par le général Clausel, commandant à Bordeaux, porte l'ordre de lever sur le champ, dans le département de Lot-et-Garonne, 12 compagnies de gardes nationales, qui doivent être prêtes dans huit jours ; on dit qu'elles sont destinées à aller au secours de Bayonne, menacée par les Anglais et les Espagnols. Cette levée n'a pas eu lieu.

Le 3 Mai, arrivée du baron Marchand, ministre d'État, commissaire extraordinaire de l'Empereur, pour remplacer provisoirement les fonctionnaires qui ont fait leur démission, et pour prendre toutes les mesures nécessaires pour faire exécuter les décrets relatifs à l'organisation des gardes nationales et à la levée des troupes. Le lendemain, vers neuf heures du soir, un grand nombre de citoyens de tout âge et de tout sexe sont allés sur la porte de l'auberge où il était logé chez M. Castan, chanter des airs à l'honneur de l'Empereur. Le commissaire a ouvert sa croisée pour les entendre ; il a remercié ceux qui avaient chanté, leur a dit qu'il rendrait compte à l'Empereur du bon esprit des habitants et a terminé son compliment en criant : *Vive l'Empereur !*[1] Ce cri a été répété par la foule qui s'est portée sur la porte du sieur Menne, préfet par intérim, où elle a répété les mêmes airs et les mêmes cris.

Le 3 Mai, on apprend, vers huit heures du soir, que M. le Commissaire avait destitué M. Chaudordy, notaire, qui, depuis dix-sept ans, occupait la place de premier adjoint du maire d'Agen, et qui jouissait de l'estime générale ; que M. Menne, fils aîné, négociant, était nommé à sa place ; que M. Bory fils, second adjoint et démissionnaire depuis plusieurs jours, avait été remplacé par M. Lassalle, avocat, du département du Gers, nouvellement transplanté et marié dans cette ville ; que M. de Gasc, commissaire de police démissionnaire était remplacé par le sieur Delbourg aîné, marchand tanneur.

D.-M. gravés sur la face antérieure, prouvent qu'il n'a pas renfermé les cendres d'un chrétien, et l'urne cinéraire qui fut trouvée dans ses profondeurs le dénonce comme probablement antérieur au ive siècle, l'ustion ayant, dès cette époque, et d'une manière presque générale, fait place à l'inhumation. Un cinquième tombeau aussi dessiné séparément, offre le monogramme du Christ et paraît appartenir au ve ou au vi^e siècle. Tous les tombeaux étaient en marbre.

[1] Ce baron Marchand a péri le 14 août 1816, dans un bateau de la Seine qui a chaviré près du Pont-au-Change. (*Note de Proché.*)

La destitution de M. Chaudordy a excité l'étonnement et l'indignation de tous les habitants d'Agen.

Le lendemain, 6 Mai, les nouveaux élus prêtent serment de fidélité à l'Empereur, à l'Hôtel de la mairie, en présence du commissaire extraordinaire. Le Maire avait fait commander, pour l'escorter jusqu'à l'hôtel de ville, cent hommes de la garde nationale. Il ne s'en est trouvé que dix. M. le Maire et M. Basignan père étaient à ses côtés; quatre tambours et quatre ou cinq musiciens marchaient à la tête. Le même cortège l'a reconduit à son hôtel. Rentré chez lui, il a témoigné son mécontentement d'un cortège aussi mesquin. Il a annoncé qu'il se rendrait le lendemain, dimanche, à la Cathédrale. pour entendre la messe et pour faire chanter : *Domine salvum fac Imperatorem*, etc. L'escorte a été à peu près la même que celle de la veille, il en a fait de vives plaintes au Maire qui cependant avait fait tous ses efforts pour engager les officiers à se rendre et à rassembler le plus d'hommes qu'ils pourraient. Il a déclaré qu'il en ferait son rapport à l'Empereur. Il est parti, le même jour après-midi pour Cahors.

On craignait, pour la nuit suivante, quelque mouvement de la part de quelques personnes qui, tous les jours, se rassemblent, courent dans les rues pendant la nuit en poussant des cris, et semblent vouloir exciter du trouble pour se porter au pillage. Le Maire, voulant prévenir ces désordres, a fait commander une compagnie de grenadiers qui s'est rendue au complet. Deux autres compagnies avaient ordre de se tenir prêtes au premier coup de tambour. Des patrouilles ont été faites exactement. Au moyen de ces précautions, le calme a régné dans la ville.

M. le général Bessières nommé commandant du département de Lot-et-Garonne, à la place du général Gaussard, arrive à Agen le **17 Mai**; il loge chez M. Castan.

Le même jour, **17 Mai**, le principal du collège et tous les professeurs assemblés devant M. Baudus, l'un des inspecteurs de l'Académie de Cahors, qui était venu à Agen pour leur faire prêter serment de fidélité à l'Empereur, ont tous refusé de le faire. L'inspecteur leur ayant déclaré qu'ils ne pouvaient continuer leurs fonctions, ils se sont retirés; les élèves pensant que l'un des professeurs avait prêté le serment, l'ont accueilli par des huées, l'ont forcé à sortir, et l'ont accompagné jusques sur la place du palais, en le nommant, et en criant : *A bas ! à bas!* Les classes ont donc été fermées par le refus qu'avaient fait le supérieur et les professeurs de prêter le serment. Cependant M. le Maire, à la prière des pères de famille qui voyaient avec peine que leurs enfants perdaient leur temps, a engagé l'inspecteur à permettre provisoirement que les professeurs entrassent jusqu'à ce qu'il eût fait son rapport au Recteur de l'Académie, ce qu'il a accordé sans peine. L'Inspecteur est parti le lendemain et le collège a resté fermé depuis le lundi, 8 Mai, jusqu'au samedi, 13 du même mois.

M. l'Évêque, par une lettre pastorale du 6 Mai, donne connaissance à tous les curés de son diocèse, de l'ordre qui lui a été donné par un commissaire de l'Empereur, M. Colchen, de faire chanter, au Salut, dans toutes les églises, l'antienne : *Domine salvum fac Imperatorem*. Le 14 Mai, jour de la Pentecôte, où il est d'usage que la bénédiction soit donnée dans toutes les paroisses de la ville, la Cathédrale donna cet exemple, mais peu de personnes assistèrent à l'office. Les curés de Notre-Dame et de Saint-Hilaire ne donnèrent pas la bénédiction ; celui de Sainte-Foi la donna, mais sans faire chanter l'antienne ordonnée. Les curés de Notre-Dame et de Saint-Hilaire cessèrent de donner la bénédiction, l'un le jeudi, l'autre le vendredi, usage établi dans ces églises de temps immémorial, et celà pour ne pas chanter l'antienne. Les Pénitents blancs, étant allés à Notre-Dame de Bon-Encontre, le 21 Mai, jour de la Trinité, pour accomplir leur vœu annuel, ne purent faire donner, à leur retour, la bénédiction suivant l'usage.

M. Rouen des Mallets, Préfet de Lot-et-Garonne en remplacement de M. de Villeneuve-Bargemont, arrive à Agen, le 15 Mai, à cinq heures du matin. Il descend de voiture à l'Hôtel de la Préfecture. Le même jour, toutes les autorités lui font une visite.

M. Gaillard, se disant lieutenant général de police, est arrivé à Agen, le 14 Mai. Il loge à l'auberge *Des trois princes*,[1] rue Saint-Gilis ; on n'a jamais su ce qu'il était venu faire.

Les assemblées électorales du département de Lot-et-Garonne et de l'arrondissement d'Agen, commencent le 15 Mai, la première à la Préfecture, la seconde, dans une salle de la Mairie. Les électeurs se

---

[1] L'auberge des *Trois Princes*, dont l'existence était assez ancienne, fut fermée vers 1832, M. Laboulbène, à qui elle appartenait, ne s'étant pas donné de successeur. La brasserie Gautier, rue Saint-Gillis, en occupe les bâtiments.

sont rendus en très petit nombre, l'assemblée d'arrondissement, qui devait être de cent cinquante membres, n'était composée que de vingt, aussi a-t-elle bientôt fini sa session ; elle a terminé ses opérations dans une seule séance. Elle a nommé, pour député, M. Noubel, imprimeur-libraire ; elle n'en avait qu'un à nommer. L'assemblée de département qui devait être de deux cents membres, n'a été composée que de cinquante-quatre électeurs. Dans les deux séances qu'elle a tenues, le premier jour, elle a nommé M. de Sevin aîné, Maire d'Agen ; le lendemain, M. Ninon, Maire de Moncrabeau, et M. Saint-Vincent Bory, natif d'Agen. Ces députés doivent être rendus le 26 Mai à Paris, où se tiendra le champ de mai. M. Saint-Vincent Bory est parti aussitôt que l'assemblée électorale a été dissoute ; MM. de Sevin et Ninon sont partis le 20 Mai, et M. Noubel, le 21.

M. Cabanac, premier commis de la direction des Domaines, reçoit le 24 Mai, par l'intermédiaire de la mairie, l'ordre du nouveau Préfet de se rendre à Villeneuve d'Agen, sous la surveillance du Maire de cette ville. On l'accusait d'avoir tenu des propos qui tendaient à renverser le gouvernement de Napoléon. Cependant M. Barsalou aîné, s'étant présenté pour répondre de sa conduite, a obtenu qu'il resterait à Agen, sous la surveillance du premier adjoint du Maire.

Le même jour, plusieurs jeunes gens royalistes reçoivent une lettre du Préfet qui les exhorte à être plus circonspects dans leurs propos et les menace de les mettre en surveillance, s'ils n'obéissent pas.

Le 24 Mai, ordre du jour de M. Basignan. colonel de la garde nationale, portant que tous les citoyens d'Agen remettront les armes qui leur avaient été confiées pour maintenir l'ordre, ce qui a été exécuté, mais bien lentement, par un pressentiment secret.

Le 27 Mai, arrivée de la femme du nouveau Préfet, avec deux demoiselles, ses filles.

Le 28 Mai, on placarde, dans toute la ville, au son du tambour, un ordre du jour du général Clausel, commandant à Bordeaux, portant qu'il sera formé dans tous les chefs-lieux du département une commission spéciale militaire pour juger tous les délits qui tendraient à débaucher les soldats, à désorganiser l'armée et à renverser le nouveau gouvernement.

Le dimanche, 28 Mai, procession du *Corpus Christi* ; le Préfet et toutes les autorités y assistent. On voit très peu de monde à la suite. Le curé de Sainte-Foi ni son vicaire ne s'y rendent, non plus que le curé de Saint-Hilaire, qui cependant y laisse aller son vicaire avec la croix de la paroisse. Les curés de Notre-Dame et de Saint-Hilaire ne font point l'octave du Saint-Sacrement; celui de Sainte-Foi la fait, mais on n'y chante point l'antienne. Il n'y a presque personne à la Cathédrale. L'église de l'hôpital est pleine, parce qu'on n'y chantait pas l'antienne.

Le 29 Mai, M. Despans, fils du notaire,[1] reçoit ordre du Préfet de sortir du territoire du département, pour des propos indiscrets contre le gouvernement actuel. Cependant, sur les représentations du père, il est permis au fils de rester à Agen, mais il lui est ordonné de se tenir prêt à partir le premier avec la garde nationale, et, comme il n'a que dix-sept ans, il ira à Toulouse pour y continuer ses études. Il est revenu à Agen, le 28 juin 1815, à la première nouvelle de la chute de Banaparte.

M. Pons, de Monclar, auditeur en la Cour d'appel est nommé Procureur impérial près le Tribunal de première instance d'Agen, à la place de M. Nebout démissionnaire, il prête serment en cette qualité, le 30 Mai.

Le 3 Juin, la Société de la rue Garonne, maison Biot,[2] est fermée par ordre du gouvernement. Le café Saubés,[3] est mis sous la surveillance de la haute police. Il se fait dans le courant de ce mois, de grandes levées d'hommes de trente à quarante ans et de gardes nationaux qu'on fait partir pour les armées.

La procession du Saint-Sacrement que les Pénitents étaient dans l'usage de faire tous les ans, n'a pas eu lieu cette année. Elle aurait dû se faire le 4 Juin, huit jours après celle de la Cathédrale. Les Pénitents-Blancs étaient de tour de poêle, ils avaient déjà fait des préparatifs à ce sujet; mais la diversité des opinions relatives à l'antienne : *Domine salvum fac*, etc., et la crainte de quelque scandale les ont forcés à y renoncer, au grand déplaisir de la majeure partie des habitants d'Agen qui, en approuvant la prudence des Péni-

---

[1] Proché commet ici une erreur. M. Despans (Pierre-Cèdre-Casimir) décédé à Agen, en 1877, était né en 1794; il avait donc, non pas dix-sept ans, mais environ vingt-trois, quand se produisit l'incident qui vient d'être mentionné.

[2] Actuellement maison Sabatié.

[3] Ce café, qui fut longtemps un des plus importants de la ville, occupait le rez-de-chaussée et le premier étage de la maison qui appartient aujourd'hui à M. Labatut, confiseur, au n° 28 de la rue Garonne. On y jouait gros nuit et jour, tout en faisant de la politique et très avancée.

tents, étaient cependant bien fâchés d'être privés de voir cette cérémonie, la plus belle qui ait lieu dans Agen, ces confréries n'épargnant rien pour lui donner tout l'éclat et toute la pompe qu'il leur est possible.

Les villes de Tonneins et de Marmande sont mises en état de siège, au commencement du mois de Juin, à cause du refus que font les jeunes gens de partir.

Le 5 Juin, premier jour de la foire du Gravier. Cette foire a été très-mauvaise, à cause des orages qui ont éclaté les quatre premiers jours et des pluies abondantes qui ont tombé jusqu'au 23 inclusivement.

Un bataillon du 60me régiment d'infanterie venant de Toulouse par la Garonne, arrive à Agen, le 9 Juin, à 5 heures du soir, sans être attendu. Il ne reste que quelques heures, et se rembarque à minuit pour Bordeaux. On croit qu'il se rend dans la Vendée.

On faisait voir pendant la dernière foire du Gravier, dans une des baraques, un éléphant de la plus haute taille,[1] il en coûtait trente sous par personne. Quoi qu'en dise le maître, c'est le même qui passa il y a dix ans ; on l'a reconnu à certaines difformités qu'il a aux jambes, le maître est le même.

Vers le milieu du mois de Juin, la France se trouve dans une crise bien fâcheuse ; elle est menacée par toutes les puissances de l'Europe, coalisées contre elle. On fait partir des bataillons de la garde nationale et les conscrits de 1815 ; il se fait des levées extraordinaires.

Les officiers espagnols, réfugiés et disséminés dans le département de Lot-et-Garonne, au nombre de trois cents, sont rassemblés à Agen et y resteront jusqu'à nouvel ordre ; ils sont logés chez les habitants. Le 25 Juin, on en envoie cent à Tonneins avec des fusils pour servir de garnisaires et faire partir les conscrits ; ce qu'ils

---

[1] Nos chroniqueurs, à toutes les époques, n'ont eu garde de négliger les passages de bêtes curieuses, notamment des éléphants. Cet animal aux proportions colossales attirait toujours un nombreux public. Malebaysse, en son Journal manuscrit, mentionne, comme suit, un spectacle de ce genre : « Le 19 aoust 1633, feust amené un elephant en la présente ville et estoit au lougis de Monsieur de la Tour, a la reue de Garone (Actuellement maison Marcellin Vayssières n° 36), et y demeura un mois et demi. Pour le voir, la première fois, on payoit 16 sous et puis feust mis à 8 sous et puis à 5 sous, et puis à 3 sous. »

faisaient avec bien de la peine. Ils ont été embarqués jusqu'à Tonneins; plusieurs avaient leurs femmes.

Depuis le commencement de ce mois, le temps a été très mauvais. Des pluies continuelles, des orages presque tous les jours. Le 15, la grêle a fait des grands dégâts dans plusieurs cantons, à Astaffort, à Laplume, à Saint-Jean-de-Thurac, etc. Le même jour, un orage terrible a éclaté à Castillonnès et à Cancon; la pluie tombait à torrens; e vent était si violent qu'il a déraciné de gros arbres et les a transportés au loin dans les champs.

L'empereur est parti de Paris le 13 juin, pour se rendre à l'armée, campée dans les plaines de Laon et de Soissons, pour s'opposer aux puissances alliées qui menacent de faire une irruption en France.

M. Lafont du Cujula, Maire de Foulayronnes, est nommé Sous-Préfet d'Agen, par décret du 10 Juin; il est installé le 1er Juillet.

Peu de jours après le départ de Bonaparte, c'est-à-dire le 25 Juin, le bruit se répand qu'il a été défait le 18 à Waterloo, qu'il est revenu à Paris, que l'armée française est en déroute. Ces nouvelles se confirment par les journaux arrivés le 27, qui nous apprennent, de plus, que l'empereur a abdiqué; qu'il a été nommé un gouvernement provisoire composé de cinq membres du corps des représentants; que sept autres avaient été envoyés vers les généraux des troupes alliées, pour déclarer que les français étaient prêts à recevoir Louis XVIII pour leur roi. A ces nouvelles, le peuple s'est porté en foule sur la place du palais. Il a arraché et déchiré le drapeau tricolore qui flottait à une des croisées de la Mairie, aux cris de. *Vive le Roi!* Les tambours ont appelé les citoyens qui se sont armés et ont formé une garde pour empêcher le trouble et les accident qui pouvaient arriver dans un si grand concours. Tous les habitants ont fermé leurs portes, les marchands, leurs boutiques. Le Préfet, informé de ces mouvements, s'est rendu sur la place du palais. Il a exhorté le peuple à rester tranquille, jusqu'à ce qu'on eût reçu des nouvelles officielles. assurant que, dès qu'il en aurait, il s'empresserait de les publier, que celles qu'il avait reçues jusqu'à présent lui annonçaient que Napoléon avait abdiqué et renoncé à tous ses droits à la couronne, et les remettait au gouvernement français. Ces paroles du Préfet ont appaisé le tumulte; toutes les personnes armées se sont retirées; il n'a resté qu'une compagnie de grenadiers au corps de garde pour maintenir le bon ordre. Lorsque le Préfet est parti pour revenir à son hôtel, les officiers espagnols ont offert de l'escorter, les grenadiers s'y sont opposés, et l'ont accompagné eux-mêmes.

Dans l'après-midi, il a été affiché une proclamation du Préfet aux habitants d'Agen, par laquelle il les invite à demeurer calmes, et un arrêté par lequel il ordonne que le drapeau tricolore sera rétabli à la diligence du Maire. Dans aucune de ces deux pièces, le Préfet ne parle de l'abdication de Napoléon, qu'il avait annoncée dans la matinée. Quelques-uns des principaux citoyens ont fait tous leurs efforts auprès du Préfet et du général, pour empêcher que le drapeau tricolore ne fût arboré ; ils n'ont pu réussir et le drapeau a été placé vers sept heures du soir, à une des tours de l'horloge de l'hôtel de ville, au grand déplaisir de la plus grande partie des habitanst. La nuit a été tranquille, au moyen des patrouilles qui ont été faites par la garde nationale et la gendarmerie.

Le 28 Juin, vers 9 heures du matin, un grand nombre de personnes se rassemble sur la place du palais en criant : *Vive le Roi !* Le peuple ne pouvait supporter la vue du drapeau tricolore qu'il avait arraché la veille, il envoie une députation au Préfet pour lui demander de le faire disparaître, le Préfet s'y refuse ; les cris de : *Vive le Roi !* redoublent ; on parle de monter à la tour et de l'enlever ; on se porte en masse, devant la porte de l'horloge ; on n'avait pas les clés ; quelques-uns plus hardis, grimpent, escaladent, forcent les clôtures et parviennent au haut de la tour où était le drapeau ; ils l'enlèvent, le traînent sur la place du palais et le font brûler en présence de la garde nationale et de la gendarmerie, qui étaient en bataille devant les murs du palais de justice, et qui n'y mirent aucun obstacle. Là étaient aussi quarante jeunes gens à cheval, dont la plupart étaient accourus des cantons voisins pour se joindre aux Agenais, à la nouvelle des mouvements qui avaient lieu dans leur ville. Ils se retirèrent le soir, en promettant de revenir le lendemain, en plus grand nombre ; avant de partir, ils firent des promenades en ville, en criant sans cesse : *Vive le Roi !*

Pendant qu'on faisait brûler le drapeau tricolore, le général Bessières, le Sous-Préfet provisoire Grenier et M. Lassalle, adjoint du maire, arrivent sur la place du Palais, venant de la préfecture où ils étaient allés rendre compte de ce qui s'était passé, et ayant fait entendre qu'ils avaient quelque chose à dire, on s'est rangé autour d'eux aux cris de : *Vive le Roi !* Ayant obtenu, avec bien de la peine, un moment de silence, M. Lassalle a dit que les dernières dépêches reçues par le Préfet portaient que l'empereur avait abdiqué en faveur de son fils. A ces mots, tous ceux qui étaient présents se sont écriés : « non, non, nous n'en voulons pas, *Vive le Roi ! vivent les*

Bourbons ! » on n'a pas voulu en savoir davantage. Alors ces trois messieurs sont montés à la Mairie. Ils se sont placés à une des croisées, d'où M. Lassalle faisait signe au peuple de se taire ; il a voulu parler, on a refusé de l'entendre ; on lui a crié : « A bas l'écharpe rouge ! » avec tant de force, qu'il a été obligé de disparaître avec tous ceux qui l'accompagnaient.

Tout ceci s'est passé entre midi et une heure.

Vers quatre heures, les royalistes dont le nombre augmentait par l'arrivée de ceux qui se rendaient des villes et campagnes voisines, se rassemblent sur la place du palais, aussi bien que leur cavalerie déjà forte de cinquante ou soixante hommes. Ce n'est pas assez pour eux d'avoir détruit le drapeau tricolore, ils veulent arborer le blanc ; ils forment cette résolution, bientôt elle est exécutée ; ils préparent le drapeau, parviennent au haut de la tour, et le placent, vers cinq heures du soir, au lieu même qu'occupait auparavant le tricolore. Une foule immense les observait et les encourageait. Il est impossible d'exprimer l'enthousiasme et les cris de joie qui ont éclaté à la vue de ce signe si désiré. Deux des principaux officiers de la garde nationale sont allés rendre compte de ce qui venait de se passer, au Préfet qui a répondu qu'il ne prendrait aucune mesure à cet égard, pourvu qu'on respectât le drapeau tricolore qui était sur la porte de l'hôtel. Cependant il n'était pas tranquille ; toutes les avenues, et surtout la principale porte de la Préfecture étaient gardées par les officiers et soldats de la ligne, par les conscrits qui se trouvaient à la caserne, par les Espagnols et par quelques gendarmes à cheval, tous gens dévoués à Napoléon. Il était facile de deviner que le Préfet était saisi de crainte, et ce n'était pas sans raison ; il se plaignait hautement de ce qu'il n'avait pas consigné, dans sa proclamation de la veille, ce qu'il avait dit vers midi, sur la place du palais : *que Napoléon avait abdiqué en faveur de la nation française,* ce qui laissait le peuple dans une incertitude qui pouvait devenir funeste à la tranquillité publique. Pendant la nuit, son hôtel a été gardé par les mêmes soldats et gendarmes qui ont bivouaqué sur la place de la Porte Neuve. On assure que pour rassurer sa femme, il avait fait passer la nuit, dans l'intérieur de la Préfecture, à plusieurs de ses adhérents, gens déterminés et bien armés.

Le lendemain 29 Juin, il entre par toutes les portes de la ville, des citoyens des villes voisines, de Villeneuve, Montpezat, Clairac, Aiguillon, Tonneins, Laplume, Layrac, Astaffort, etc., à pied ou à cheval, accompagnés de leurs fermiers, valets et autres gens de la campagne, armés de fusils de chasse, de piques, de faux ou de gros bâtons, criant de toutes leurs forces : *Vive le Roi!* On estime que ces étrangers pouvaient former un corps d'environ six cents hommes. Le Préfet, de son côté, avait toujours autour de lui les gens qui le gardaient la veille ; outre cela, cent hommes du 44e régiment, arrivés récemment de Tonneins où ils étaient employés comme garnisaires, pour faire partir les conscrits, et qu'il avait fait venir à la hâte pour renforcer sa garde, feignant d'être en danger dans son hôtel, et craignant qu'on ne lui enlevât le drapeau tricolore. Il l'avait tellement persuadé à ses gens, qu'ils paraissaient déterminés à massacrer tous ceux qui se présenteraient. L'argent ne leur manquait pas, ils étaient continuellement dans les cabarets et guinguettes du faubourg ; et dans leur ivresse, il n'est pas de menaces qu'ils ne fissent pour la conservation du drapeau tricolore, et d'imprécations qu'ils ne vomissent contre le roi et les royalistes. Ceux-ci se tenaient paisibles et tranquilles dans leur corps de garde, faisant des patrouilles dans la ville, pour maintenir le bon ordre. — Les renforts qu'ils avaient reçus étaient sur la place du Palais, et, ne faisant entendre que les cris de *Vive le Roi*, ils étaient entourés et encouragés par tous les bons citoyens, au lieu que les autres ne voyaient autour d'eux que des hommes et des femmes qui ne respiraient que le pillage, et qui buvaient avec eux pour les maintenir dans les dispositions qu'ils avaient manifestées. Il y avait donc lieu de craindre, dans cet état des choses, que la soirée ne fût orageuse. Pour prévenir tout évènement fâcheux, des personnes sages et prudentes persuadèrent au Préfet de rassembler chez lui, dans l'après-midi, les notables et les chefs des autorités de la ville, pour délibérer sur les mesures à prendre, dans ces circonstances critiques. Cette assemblée eut lieu. Après une longue et vive discussion, pendant laquelle M. Rivière, avocat général,[1] parla avec beaucoup de fermeté au Préfet, il fut arrêté

---

[1] M. Rivière, né le 16 juilllet 1766, mort le..., fut substitut du procureur-général près la Cour d'Agen de 1805 à 1818 et, de 1818 à 1830, procureur-général près la Cour d'Agen. C'était à la fois un homme du monde et un jurisconsulte habile. Il avait la parole facile sans négligence, alerte, spontanée, au besoin novatrice. Il nous revient qu'en un de ses réquisitoires, au cours d'un incident imprévu d'audience, il prononça le mot *impressionné*.

qu'on inviterait les deux partis à se tenir tranquilles, et à s'abstenir des cris de *Vive le Roi ! Vive l'Empereur !* jusqu'à ce qu'on connaîtrait officiellement l'espèce de gouvernement qui devait régir la France, et que les drapeaux blanc et tricolore seraient respectés.

M° Menne, premier adjoint du maire, proclama cette décision, de l'assemblée sur toutes les places de la ville. Il semblait, après cela, qu'on devait être tranquille ; mais les soldats qui étaient autour de la Préfecture, échauffés par le vin, inspirés par des malveillants, conçurent le dessein d'aller enlever partout le drapeau blanc. Leurs officiers se mirent à leur tête, quoiqu'ils connussent ce qui venait d'être arrêté, et, après s'être formés par compagnies, ils s'avancent vers la ville, au pas de charge. La garde nationale, et les auxiliaires informés de ce mouvement, s'arment et marchent pour repousser les séditieux. Les deux partis se rencontrent dans la rue Porte-Neuve. Déjà, de part et d'autre, les fusils étaient en joue ou la bayonnette en avant. Le combat paraissait inévitable ; il allait se faire un carnage horrible ; la ville d'Agen allait être plongée dans le deuil et la désolation, lorsque, par le plus grand bonheur, ou plutôt par miracle, le général Vidalot,[1] de Valence, arrive, il est proclamé com-

---

Ce mot, qui devait bientôt faire fortune, fit scandale au camp des classiques. Au palais, au cercle Biot ou *Cercle des Amis du Roi*, au café de la Comédie, même dans les salons que hantait le beau monde, on ne parla d'autre chose pendant deux ou trois semaines. Heureux temps, dirait-on volontiers, que celui où il suffisait d'un néologisme pour passionner toute une ville, s'il n'y avait au fond de ces préoccupations littéraires, quelque chose de naïf à l'excès et d'enfantin !

[1] La biographie du général Vidalot qui fut notre compatriote, est assez peu connue pour mériter que nous en marquions les lignes principales, en nous aidant d'une communication de notre confrère et ami, M. François Moulenq. Il naquit en 1764, au petit château du Sirat, paroisse d'Espalais, près de Valence et reçut le nom de Pierre-Marie-Gabriel. Son père, nommé député du Lot-et-Garonne, le 29 août 1791, vota la mort de Louis XVI, qu'il jugeait, dit-il, nécessaire à l'intérêt de la République, et se prononça négativement sur la demande de sursis à l'exécution. Lui-même était alors général de brigade et profondément imprégné des idées ardentes de son père. Il eut l'occasion d'en témoigner dans les guerres de la Vendée, où il se fit aussi connaître comme un habile stratégiste. Une maîtresse qualité, le sang-froid, lui faisait toutefois défaut. Il s'emportait, au moment de l'ac-

mandant des troupes agenaises, et se place à leur tête. Le général Bessières demande à lui parler, et après un court entretien, ces deux officiers ordonnèrent à leurs troupes respectives de revenir aux portes d'où elles étaient parties, ce qui fut exécuté, non sans quelques murmures de la part des assaillants et de ceux qui les suivaient, qui voyaient leurs espérances évanouies. Fâchés de se voir ainsi déçus, ils se portent à plusieurs excès sur la rue de la préfecture, ils insultent, ils frappent même les personnes qu'ils ne croient pas être de leur parti, leur arrachent leurs armes si elles en ont. Le sieur Menne, adjoint, partant de la commune pour se rendre à la préfecture, prit quatre hommes de la garde nationale pour l'escorter. Parvenu aux premiers postes, il laisse ses hommes, et continue son chemin. Dès qu'il a disparu, ces jeunes gens sont attaqués par les soldats qui, après leur avoir fait des menaces, et même donné des coups, leur prennent les armes et les renvoient, sans que personne se soit donné aucun soin, pour les leur faires rendre. Tout le monde fut indigné d'un pareil procédé.

Il avait été arrêté dans l'assemblée tenue après midi, comme je l'ai déjà dit, que les deux drapeaux seraient respectés; cependant au mépris de cette délibération et de la promesse faite par le Préfet, au moment où personne ne s'y attendait, des charpentiers conduits par des appariteurs enlevèrent, pendant la nuit, le drapeau blanc qui flottait sur la tour de la Mairie. On ne le sut que lorsque la chose

---

tion, perdant de vue les plans qu'il avait conçus et s'abandonnant au hasard des circonstances. Ce défaut, peut-être aussi l'ardeur de ses opinions, arrêtèrent son avancement, car le 18 brumaire le trouva simplement général de brigade. Il n'accepta pas sans impatience le pouvoir du premier consul et, refusant absolument de se soumettre à l'empereur, il envoya sa démission, puis se retira dans son castel du Sirat. Là, il vécut dix ans, à peu près oublié, occupant ses loisirs à la lecture des historiens et des philosophes, peu aimable d'ailleurs, et autoritaire même pour les siens. Il sortit pourtant de sa solitude à la rentrée des Bourbons et, devenu royaliste militant, mérita d'être investi du commandement du Tarn-et-Garonne, département formé en 1809 aux dépens de plusieurs autres, notamment de celui dans lequel il était né. Cette nomination du fils d'un régicide, — qui, d'ailleurs, avait lui-même donné tant de gages à la République, — à d'aussi hautes fonctions militaires, provoqua un véritable scandale dans le camp des fidèles de la Royauté. Il fut fait droit à leurs réclamations, et le général regagna sa retraite, où il mourut le 3 décembre 1843.

fut faite ; le lendemain, dès qu'il fit jour, on put s'en convaincre. Le drapeau tricolore fut replacé dans la matinée du 2 Juillet sur la tour de la Mairie. La compagnie qui était de garde, réduite à elle-même, puisque tous les secours qui étaient venus du dehors s'étaient retirés, comptant sur les arrangements et sur les promesses faites, cette compagnie, dis-je, quitte le corps de garde ; la troupe nationale cesse toute espèce de service, de sorte que la ville est livrée à la volonté du général Bessières, qui heureusement avait la confiance des habitants, par la manière sage et prudente avec laquelle il en avait agi jusqu'alors. On vit sans peine qu'il quitta son logement pour aller habiter la Préfecture ; le Préfet l'y avait invité pour la sûreté de sa personne et de sa famille, les Agenais n'en furent nullement alarmés.

Le 30 Juin, on affiche une proclamation de la Commission provisoire, du 24 Juin, pour annoncer que Bonaparte avait abdiqué en faveur de son fils, ce qui avait été adopté par les Représentants qui avaient envoyé des commissaires vers les puissances alliées pour traiter de la paix. Cette nouvelle n'a pas fait grande sensation, ou plutôt on n'y a pas cru.

Le même jour 30 Juin, vers cinq heures du soir, il arriva de Toulouse deux pièces de canon, avec leurs caissons et un soufflet ; elles sont placées sur le pré de la caserne du séminaire.

Aussitôt que la garde nationale eut abandonné le corps de garde de la ville, la troupe de ligne s'en empara. On posta des sentinelles à toutes les avenues de la place du palais, jusqu'à l'entrée de la rue Saint-Antoine. De fortes patrouilles se promenaient, en plein jour, dans la ville ; les soldats sur deux rangs occupaient toute la largeur des rues où ils passaient, de sorte que les habitants étaient forcés d'entrer dans les maisons voisines, pour leur faire place. On avait aussi établi des corps de garde à toutes les portes de la ville. On examinait, on fouillait les voyageurs et même les habitants ; on faisait descendre ceux qui arrivaient à cheval et on ouvrait leurs valises, leurs porte-manteaux, pour voir s'il y avait des armes cachées. Cette précaution était surtout observée au passage de la rivière, car il y avait également un poste à la cale [1] pour visiter tous les bateaux qui

---

[1] On appelait ainsi cette partie du quai qui s'étend de la passerelle à la rue Sainte-Catherine. C'était la seule qui existât à l'époque où écrivait

montaient et descendaient. La Gendarmerie, de son côté, avoit un corps à sa caserne des Cordeliers ; une sentinelle était postée nuit et jour sur la grande route. La Porte-du-Pin étoit aussi occupée par des gendarmes qui visitaient tous les passans ; autre poste à la Croix de la mission, sous Prouchet. Cette troupe a été fatiguée, pendant plusieurs jours, et bien gratuitement, car très-certainement personne ni au-dedans, ni au-dehors, n'avait intention de troubler l'ordre ; la terreur comprimait tous les citoyens qui faisaient de vœux pour voir la fin de cet état de choses.

Les soldats parlaient durement aux citoyens, ils arrettaient tous ceux qu'il leur plaisait. Le sieur Cominal, cy-devant professeur au collège, actuellement notaire à Prayssas, se promenant le 3 Juillet, à 8 heures du matin, sur une allée de Saint-Antoine, fut arrêté par un caporal, qui le prit rudement au collet, et malgré ses remontrances, le conduisit au capitaine de la gendarmerie. Celui-ci ne le connaissant pas, le renvoya avec une escorte de deux hommes, à l'hôtel de la mairie, où il fut obligé d'attendre très-longtemps un des adjoints pour obtenir sa liberté.

La garde nationale avait été réorganisée, depuis quelques jours, mais les nouveaux officiers n'étaient pas reconnus, à cause du refus que faisaient plusieurs officiers, d'accepter ces places, se contentant d'être gardes nationaux. On en nomme d'autres voués au parti du Préfet, qui ne font pas la même difficulté. Leur installation eut lieu e 1er Juillet, sur la Plateforme.

On apprend le 2 Juillet que le département de Lot-et-Garonne a été mis en état de siège par le général Clausel, et qu'on envoie des troupes à Agen, pour cet effet. Le lendemain il arrive vers midi, cinq cents hommes venant de Bordeaux dont quatre cents hommes d'infanterie du 44e régiment, parmi lesquels étaient soixante nègres propres à inspirer la terreur, et cent hommes de cavalerie du 6e régiment des chasseurs. L'arrivée de ces troupes fut annoncée dans la matinée, par un appariteur dont voici les propres termes :

Proché. M. Abadie, marchand de bois, dont les magasins occupaient l'emplacement actuel des bains Dallas, avait fait réparer, sur ce point, la berge de la rivière, pour faciliter l'abordage des bateaux. De là, le nom de rue *Cale-Abadie* resté à la rue voisine.

« les habitants sont prévenus qu'il va arriver cinq cents hommes, et qu'il faut les bien nourrir. » Ces troupes arrivèrent, en effet, vers midi. Pendant qu'elles étaient en bataille sur la grande route, au faubourg Saint-Antoine, elles essuyèrent une averse des plus abondantes, par suite d'un orage qui grondait dans la matinée, de sorte qu'on fut obligé de faire entrer les soldats dans les maisons et écuries voisines. On leur avait fait espérer qu'ils seraient logés en ville, mais le général Bessières s'y opposa, il les fit caserner à l'hôpital de Las, et en cela il rendit un grand service aux habitants ; car il les délivra d'une grande crainte, en les dispensant de loger des gens qui arrivaient avec les plus mauvaises dispositions. Il n'y eut que quelques cavaliers qui furent placés en ville, et qu'on affecta de mettre chez les personnes qu'on croyait les plus royalistes.

Le 4 Juillet, vers la matinée, on affiche l'ordre du jour du général Clausel, daté de Bordeaux du 1er de ce mois, qui met le département de Lot-et-Garonne en état de siège, nomme le général Pégot commandant supérieur du département, avec la charge de poursuivre les auteurs des troubles qui viennent d'avoir lieu, et de désarmer tous les cantons qui y ont pris part. Ce général était arrivé la veille avec les troupes. A son arrivée, il fit afficher une proclamation par laquelle il exhorte les habitants d'Agen à rester calmes et tranquilles, et à ne pas s'alarmer des mesures qu'on prenait, attendu qu'elles n'avaient pour but que de comprimer les malveillants et les perturbateurs, et que malgré l'état de siège, le Préfet et la Mairie conserveraient leur autorité.

A deux heures après midi, il arrive encore un bataillon du 44e en bonne tenue, venant de Périgueux ; il a traversé la ville et s'est rendu, après être sorti par le pont, à la maison de Las, où était la troupe qui arriva hier, et qui appartient au même régiment.

Ce même jour, 4 Juillet, la Mairie requiert les personnes aisées, par des lettres particulières, de porter, sur le champ, à la caserne, des matelas et des couvertures, les prévenant que, si elles s'y refusent, elles s'exposent à de forts logements. Tout le monde s'est rendu, avec empressement, à cette invitation.

Dans la soirée du même jour, des soldats divisés par troupes parcourent la ville en chantant, en dansant et en criant : *Vive l'Empereur! A bas les Bourbons! A bas les Royalistes!* etc. jusqu'à neuf heures du soir. Ils n'ont éprouvé aucun obstacle, personne ne leur a rien dit.

Le 5 Juillet, les sous-officiers et soldats retraités qui étaient à la caserne, reçoivent l'ordre de se rendre à Villeneuve d'Agen; ils partent aussitôt au nombre de cent cinquante. Le même jour, il arrive cent hommes du 6e régiment des chasseurs à cheval, ils sont placés à la caserne.

Vers onze heures, on affiche un ordre du jour du général Pégot, qui enjoint à tous les habitants de remettre à la Mairie toutes les armes de quelque calibre et de quelque forme qu'elles soient. On placarde, en même temps, une proclamation du premier adjoint de la mairie, qui invite les habitants à se soumettre à cet ordre qui s'adresse principalement à ceux qui ont figuré dans les journées des 27, 28 et 29 Juin, faisant espérer que l'exactitude à remettre les armes procurera un allègement aux mesures qui pèsent dans ce moment sur notre ville.

M. Martinelly aîné, est arrêté par deux gendarmes qui le conduisent au général Pégot. Les gendarmes avaient ordre d'arrêter son frère M. Martinelly-Gogelin. Le général ayant reconnu l'erreur, a renvoyé l'aîné et a recommandé aux gendarmes de prendre à l'avenir des précautions pour ne pas arrêter mal à propos les citoyens.

M. Boé,[1] prêtre, instituteur et maître de pension, est aussi arrêté

---

[1] M. Boë fut chef d'Institution à Agen de 1808 à 1836 ou 37, d'abord près de Saint-Caprais, puis sur la place dite de la volaille, dans l'actuelle maison de M. Léon Gué, tout à côté de celle où M. Delmas tenait une institution rivale. Élève de cette dernière, nous avons beaucoup vu, toujours en habit bleu-de-roi, l'ancien prêtre défroqué. Il était de taille moyenne, maigre et long relativement, vif jusqu'à la pétulance, très bon d'ailleurs et très aimé, même de ceux que son esprit piquait sans mauvaise intention. Il ne ménageait ni ses conseils ni sa bourse aux enfants bien doués, mais pauvres, que le hasard mettait sur son chemin. De ce nombre, fut M. Tournié, Pierre-Caprais (1795-1879), qu'il éleva d'abord chez lui, puis qu'il envoya à Paris où il devint l'élève favori, de l'helléniste Gail, et qui fut plus tard, pendant douze ans, de 1848 à 1860, supérieur du Petit Séminaire d'Agen. M. Boë l'eut pour auxiliaire jusqu'au jour où la vocation religieuse se révélant avec plus de force, il crut devoir, en conscience, lui offrir sa liberté. C'était aux environs de 1832. Le vieil instituteur continua seul son œuvre, et la mort le prit en 1837, sans qu'il eût, pour ainsi dire, connu le repos. Au reste, quelques jours avant, à propos d'un bruit qui avait couru sur sa prétendue retraite, il avait écrit aux journaux d'Agen, une lettre

le 5 juillet par les gendarmes, et mis en prison. Il est accusé d'avoir placé un drapeau blanc dans la salle d'étude de sa maison.

Le 6 Juillet, arrestation de M. Toussaint, jeune et Salives, fils, négociant à la Porte du Pin ; ils sont mis en prison.

Le 7 Juillet, vers trois heures après-midi, il arrive cinq cens conscrits du département de la Charente ; ils sont placés à la maison de Dax.

En vertu de l'ordre donné le 5 par le général Pégot, commandant de l'état de siège, chacun s'est empressé d'apporter ses armes ; on en a armé aussitôt une compagnie choisie dans la garde nationale, à laquelle on a donné le nom de compagnie franche ou de fédérés, composée de gens dévoués au Préfet, et commandée par un homme qui ne le quittait jamais. Il devait être fait une visite militaire, pour s'assurer si toutes les armes avaient été exactement remises. Cette visite n'a pas eu lieu, parcequ'on a reconnu qu'elles étaient toutes au dépôt indiqué.

Le 8 Juillet, les sieurs Salives et Toussaint, jeune, sont mis en liberté, par ordre de général Pégot. M. Boé est jugé par le Tribunal correctionnel, il est acquitté et mis aussitôt en liberté.

Le même jour, le général Pégot reçoit, par une une estafette arrivée à 8 heures du soir, l'ordre de se rendre sur le champ à Bordeaux qui a été mis en état de siège. Le général Bessières commandera à sa place dans le département de Lot-et-Garonne.

---

pleine d'humour, qui se terminait par ces mots restés dans notre souvenir : « J'espère mourir comme un Empereur romain, debout, donnant des leçons à la jeunesse. » — Pourquoi n'ajouterions-nous pas, pour compléter cette esquisse d'une physionomie originale, qu'un voyage en Italie, accompli par M. Boé, lui avait créé, à nos yeux, une sorte de prestige étrange. Ce prêtre, vêtu d'habits civils, nous apparaissait comme un renégat : s'il était allé en Italie, ce ne pouvait être qu'à Rome, pour se jeter aux genoux du Saint-Père, en repentir de son crime ou de ses crimes. Cette supposition gratuite en faisait pour nous ce qu'étaient au moyen-âge les juifs ou les hérétiques et, pour si peu qu'on l'eût osé, on l'aurait montré en se signant, comme faisaient les femmes de Florence lorsque Dante rentra de l'exil. Le brave homme, ne méritait ni cet excès d'honneur ni cette indignité.

Le 9 Juillet, on apprend par les journaux que des commissaires des troupes alliées sont arrivées à Paris, qu'ils ont conclu avec le gouvernement français une suspension d'armes et qu'il est convenu que les troupes françaises se retireront au-delà de la Loire, etc. Cette nouvelle paraît n'être pas agréable aux officiers stationnés dans notre ville.

Le même jour, on distribue à plusieurs particuliers des plus riches des lettres portant l'ordre à chacun de payer dans le jour, sous peine d'exécution militaire, la somme de 200 fr., pour frais de guerre et pour l'état de siège. On n'osa pas murmurer contre une pareille vexation

Le 10 Juillet, une partie de la cavalerie, et trois cents hommes d'infanterie, vieilles troupes, partent pour Marmande et Tonneins, pour aller désarmer les habitans, comme on venait de le faire à Agen.

Le même jour, le général Bessières déclare que le général Pégot étant parti pour Bordeaux, il demeure chargé du commandement de Lot-et-Garonne, qu'il nommera les officiers qui doivent commander dans chaque chef-lieu d'arrondissement, que ces commandants seront pris parmi les officiers retraités.

Le 11, on lit dans les journaux une proclamation de Louis XVIII, datée de Cambrai le 28 Juin dernier, par laquelle il annonce son prochain retour dans la capitale. Malgré cela, Agen reste en état de siège, les postes sont maintenus aux portes de la ville, et sur les grandes routes ; les sentinelles arrêtent et visitent les voyageurs.

Le 12, on met en prison un jeune pharmacien, élève de M. Cruzel, pour quelques propos qu'il avait tenus. M. Roquevert, d'Astaffort, qui était en prison depuis plusieurs jours, est mis en liberté. Le jeune pharmacien sort le 13 au matin.

Le 13 Juillet, vers deux heures après midi, il arrive une estafette par les dépêches de laquelle on apprend que le roi est entré à Paris, le 5 Juillet, et qu'il avait donné ordre à toutes les autorités qui étaient en place avant le 19 Avril dernier de reprendre leurs fonctions. La nouvelle de cet événement a causé une grande joie, mais on n'a pas osé la faire éclater, tant les esprits étaient comprimés ! Des patrouilles parcouraient la ville au commencement de la nuit et forçaient les habitants à rentrer dans leurs maisons.

Le 14 Juillet, dans la matinée, le garçon du sieur X., parfumeur, est arrêté par cinq soldats et conduit au corps de garde, pour quelques paroles prononcées dans un café en présence de ces soldats qui vinrent le prendre chez lui, le maltraitèrent et l'emmenèrent à coups de crosse. Le sieur ....., voulant le faire mettre en liberté, s'adressa au sieur Delbourg, commissaire de police qui répondit que cela ne le regardait pas ; il eut la même réponse du Préfet et du général. Alors il a recours au commandant de la place qui ne le fit mettre en liberté qu'à dix heures du soir.

Le 14, au soir, les soldats de garde à la Porte-du-Pin, aperçurent un jeune voyageur qui avait la cocarde blanche à son chapeau et qui venant de Toulouse et de Montauban, où on l'avait prise depuis quelques jours, croyait qu'il en était de même à Agen. Les soldats voulurent l'arrêter, le jeune homme leur échappe et prend la fuite ; il est poursuivi par les soldats qui, pensant qu'il s'était réfugié chez M. Gignoux, rue Molinier,[1] parce que son domestique venait de fermer la porte, frappèrent avec force, jusqu'à ce qu'on leur eut ouvert. Ils prirent le domestique, qu'ils emmenèrent. Son maitre fut obligé de faire bien des démarches pour obtenir sa liberté.

Nous apprenons, à Agen le 14 juillet, que Bonaparte était parti de l'île de Rhé sur le vaisseau anglais, le *Bellérophon*, et qu'il était transporté à l'île Sainte-Hélène.

Le capitaine Florian, de qui j'ai déjà parlé, revient à Agen avec sa troupe le 15 Juillet. Arrivé vers trois heures après midi, il demande des billets de logements ; il est placé avec les siens dans la rue Grenouilla. Sur le soir, ils parcourent les rues, portant des figures en plâtre représentant Napoléon, et chantant : *Vive l'Empereur ! A bas les Bourbons !* Ils proféraient des juremens et des imprécations horribles contre les royalistes, pour les provoquer et exciter des troubles. Tel était l'état de notre ville dans un temps où tous

---

[1] Cette maison, située rue Molinié, 24, et dont la façade latérale, se développe sur la rue Roussanes, fut vendue, il y a quelques années, par M. Dumon, ancien ministre et gendre de M. Gignoux, à M. Edmond Lanes, manufacturier et conseiller général, dont la mort prématurée a provoqué des regrets unanimes.

les départements qui nous environnent jouissaient de la plus grande tranquillité.

Le 16 Juillet, les journaux confirment la nouvelle que le Roi est à Paris ; que les empereurs de Russie et d'Autriche et le roi de Prusse y sont entrés aussi ; que Paris est tranquille, et que la garde nationale faisait la garde concurramment avec les troupes alliées. Malgré ces nouvelles, les postes sont renforcés à Agen ; au lieu d'une sentinelle sur la place du Palais, on en met quatre, et ainsi dans tous les autres postes et aux portes de la ville.

Le même jour, le Conseil municipal est convoqué extraordinairement par le premier adjoint de la mairie, qui propose de faire une adresse au général Clauzel à Bordeaux, pour le prier de lever l'état de siège de la ville et du département. Le Conseil municipal s'y refuse. Cependant il autorise l'adjoint à écrire au général Clausel, comme représentant le Maire absent.

M. Chaudordy, notaire,[1] se promenant sur le grand chemin de Saint-Antoine, avec un bouquet de fleur d'orange, fut abordé par un caporal du 66e régiment, qui lui dit d'un ton menaçant que ce bouquet lui déplaisait et qu'il eût à le quitter. Le sieur Chaudordy étonné

---

[1] M. Chaudordy, Jean-Caprais, né à Agen le 2 octobre 1752, décédé le 17 août 1834, y exerça la profession de notaire pendant près de cinquante ans, à la grande satisfaction de sa clientèle, qui était considérable. Il remplit aussi la fonction d'adjoint au maire d'Agen, de 1800 à 1830, — la période des Cent Jours exceptée, — avec un zèle aussi rare que louable. Toujours prêt à rendre service, de nuit ou de jour, sans retard ni impatience, il se mettait à la disposition de quiconque, grand ou petit, faisait appel à sa bienveillance inépuisable. Jasmin, dans ses *Papillotes* (édition de 1835, page 31), au 2e chant du *Charivari*, rend hommage à ses qualités en ces vers plus vrais que poétiques :

.... *Lou respectable Jordy,*
En besto de couti, bay che Moussu Chaudordy,
Lou magistrat toutjour aymable et coumplazen.

M. Chaudordy, après avoir résigné ses fonctions municipales à la suite de la révolution de juillet, se décida à prendre aussi sa retraite comme officier ministériel. Son étude vendue, il vécut encore trois ans, heureux de voir l'un de ses fils se faire au barreau une haute position, en attendant de

lui demanda de quel ordre il lui parlait de la sorte ; « je n'ai point d'ordre, répondit le caporal, mais ce bouquet me déplait. » Alors M. Chaudordy s'avance vers la maison où logeait le général, et invite le caporal à le suivre. Le général était absent. Comme cet homme insistait, le sieur Chaudordy, pour éviter le bruit, brise le bouquet et le jette.

Les officiers de la garnison déchirent, dans les cafés, les journaux et les affiches sur lesquels il y a des fleurs de lys, car déjà les journaux de la capitale avaient l'écusson royal. Les cafetiers de notre ville étaient obligés de les cacher.

Le 17 Juillet, ordre du jour du général Clausel, portant que le général Davoust, prince d'Eckmühl, nommé général en chef de l'armée au-delà de la Loire, par la Commission provisoire, ordonne de ne reconnaitre d'autres ordres que les siens, de ne pas obéir à ceux qui viendraient de Paris, prescrit à tous les fonctionnaires de rester à leur poste et de laisser les choses dans l'état où elles sont, jusqu'à ce qu'il ait reçu réponse des commissaires qu'il a envoyés à Paris, et exhorte les citoyens à rester paisibles et tranquilles.

M. Noubel, député à la Chambre des représentants par l'arrondissement d'Agen, qui était parti le 21 Mai dernier, est de retour le 17 Juillet suivant.

Le 18 Juillet, tous les journaux annoncent que le prince d'Eckmühl a reconnu le Roi au nom de toute l'armée qu'il commande. Le *Moniteur* du 13, journal officiel, n'ayant pas été porté à Agen par le courrier, les choses restent dans le même état.

Le même jour, ordre du jour du général Clausel. Il annonce que les dépêches qu'on lui apportait du quartier général de l'armée de la Loire ont été interceptées auprès d'Angoulême, mais qu'il ne peut tarder à en recevoir ; il s'empressera, dit-il, de faire connaitre les bonnes nouvelles qu'il attend.

Vers huit heures du soir du même jour, une compagnie de volti-

---

devenir député, puis président de chambre. Un autre honneur était réservé à sa descendance dans la personne de son petit-fils, M. le comte de Chaudordy, qui a représenté la France, en qualité d'ambassadeur, successivement en Suisse et en Espagne.

geurs part de la caserne et s'embarque sur la Garonne, pour aller à Bordeaux. Les trompettes jouent des fanfares, et à la fin de tous les airs, la troupe criait : *Vive Napoléon II !*

Les personnes qui avaient été imposées de la somme de 200 fr. sont invitées par le premier adjoint à payer incessamment ; on leur déclare que sans cela l'état de siège ne peut être levé. Quelques-uns donnent cette somme, plusieurs ne l'ont jamais payée. Malgré les nouvelles qu'on apprend, quoiqu'on sache que le drapeau blanc flotte à Auch, à Montauban, à Toulouse, Agen est exposé à toutes les formes militaires ; les voyageurs sont exactement fouillés. Les soldats se répandent nuit et jour dans la campagne, enlèvent les fusils, coupent les branches des arbres à coups de sabre, et mettent l'alarme parmi les paysans. On se plaint au général qui répond qu'il n'y peut rien.

La porte de l'église de l'ancien collège,[1] placée au coin des deux rues Maillé et Grande-Horloge, a été détruite au mois de juillet de cette année. M. Faucon, négociant, avait acquis ce local, et y avait fait bâtir une maison qu'il a vendu au sieur Currius, imprimeur, qui y a établi sa demeure et son magasin.

Le 20 Juillet, arrivée d'un bataillon du 60e régiment ; il est entré dans la ville avec le plus grand calme, et sans pousser aucun cri. Il a été logé chez les habitants.

Florian et sa troupe quittent Agen dans la matinée de ce jour ; ils s'y étaient établis dans l'espoir du pillage et ils ont dû se retirer mécontents. On n'a plus entendu parler ni du chef, ni de ses soldats.

Le général Bessières fait assembler, vers six heures du soir, sur une des allées du faubourg Saint-Antoine, toutes les troupes qui étaient à la caserne ou dans la ville ; il leur donne connaissance d'un ordre du jour du prince d'Eckmühl qui ordonne de prendre la cocarde blan-

---

[1] Nous avons déjà donné (page 21, note 1), une note sur l'ancien collège. La Maison où la famille Currius, venue de Villeneuve-d'Agen, exploitait son industrie, appartient aujourd'hui à M. Sigalas, fabricant de fleurs artificielles. Le matériel de cette imprimerie, passé après la mort de Currius fils aux mains de M. Barrière, son parent, fut vendu à M. Pasquier, et plus tard à M. Bonnet qui l'a transporté au Cours du Pin.

che et le drapeau blanc. Les troupes ont entendu cette lecture avec
e plus grand calme. Le général Bessières prévient les officiers
et soldats qu'ils sont libres de se retirer, ou de rester au service
du Roi.

Le 21 Juillet, dans la nuit, le drapeau blanc a remplacé le tricolore. Le préfet Rouen des Mallets part *incognito*, accompagné de vingt chasseurs qui l'ont escorté jusqu'à la porte de Saint-Hilaire.[1] Son départ a fait bien du plaisir aux amis du Roi, qui avaient de grandes raisons pour ne pas l'aimer. On ne sait pas où il va, il ne le sait pas lui-même, comme il l'a avoué en partant. On a appris qu'ayant été vu à Tonneins, on avait résolu de l'arrêter, ce qu'on aurait fait, si on avait été bien assuré que c'était lui.

Le même jour 21, le drapeau blanc a paru sur tous les édifices publics et aux fenêtres des citoyens. On lisait au coin des rues un ordre du jour, qui levait l'état de siège. Cependant les soldats, incertains sur le parti qu'ils prendraient, ayant la liberté de rester à leur corps ou de se retirer, se répandaient dans les rues, les uns avec un air gai, les autres tristes et mécontents de perdre le fruit de leurs services et tout espoir d'avancement. Un grand nombre étaient déjà partis au premier avis qu'ils étaient libres.

Le général Bessières informé que M. de Villeneuve, préfet,[2] devait arriver à Agen dans la soirée, ordonne au colonel du 60e de faire partir son régiment à 3 heures après midi, pour éviter des troubles.

---

[1] Proché entend parler de la porte Saint-Georges, située dans le voisinage de l'église Saint-Hilaire. S'il eût voulu désigner le bourg de Saint-Hilaire, près Colayrac, qui n'avait pas plus de porte en 1815 qu'aujourd'hui, il eût dit, non pas jusqu'*à la porte*, mais jusqu'*aux portes* de Saint-Hilaire.

[2] M. le comte de Villeneuve-Bargemont, naquit le 27 juin 1771, dans le diocèse de Fréjus. Après avoir été sous-préfet de l'arrondissement de Nérac, il fut préfet du Lot-et-Garonne, du 26 mars 1806 au 7 octobre 1815, date de sa nomination à la préfecture des Bouches-du-Rhône, qu'il occupa jusqu'à sa mort arrivée le 13 octobre 1829. On a vu dans le récit de Proché qu'il avait été remplacé comme préfet le 6 avril 1815, et on va voir qu'il fut réinstallé le 6 juillet de la même année. Il fut un des plus lettrés parmi nos préfets et la Société d'Agriculture, Sciences et Arts d'Agen, qui le mit souvent à sa tête, n'eut à aucune époque de membre plus dévoué que lui. C'est à son initiative qu'elle dut l'acquisition de l'intéressant manuscrit sur les *Antiquités d'Agen*, que Beaumesnil, le comédien antiquaire, avait composé pen-

Ce régiment partit en effet, mais dans le plus grand désordre, sans tambour, sans musique, quoiqu'à son arrivée, il en eût une très belle. De huit cents hommes dont il était composé, il était réduit à cent cinquante ; ils s'en allaient sans ordre ni commandement. Les officiers surtout paraissaient très mécontents ; la rage était peinte sur leur visage. Ils menaçaient de se former en partisans, de piller, de brûler les villes, assurant qu'ils commenceraient par Agen. Leur destination était pour Montauban, mais au lieu de suivre cette route, ils prirent celle d'Auch, et allèrent coucher à Astaffort. Il en fut de même de tous les autres corps, qui étaient en ville ou à la caserne, et notamment d'un bataillon de gardes nationaux de la Rochelle, d'un bataillon du 44e et 66°. Ils abandonnèrent tous les corps auxquels ils appartenaient, en dépit de leurs officiers qui se sont trouvés seuls avec quelques sous-officiers. Notre ville n'était donc plus en état de siège ; cependant, le premier élan de la joie qu'on en ressentait était comprimé par la crainte et n'éclata qu'après le départ des troupes. Alors on s'y livra sans réserve. On n'entendait de tous côtés que les cris de *Vive le Roi !* il se formait des groupes de citoyens qui parcouraient les rues en s'embrassant, et en se félicitant de l'état où l'on se trouvait ; on le comparait à celui d'où l'on venait de sortir. Bientôt on vit à toutes les fenêtres des drapeaux blancs garnis de fleurs-de-lys ; on en plaça au haut de tous les clochers de la ville. Il

---

dant ses tournées, et qui fut trouvé, à sa mort, à Poitiers, sa résidence. M. de Villeneuve a publié, outre une *Notice historique sur la ville de Nérac*, qui parut en 1807 et qui a été déjà mentionnée, un assez grand nombre d'ouvrages, dont on trouvera la liste dans le Répertoire bibliographique que prépare notre confrère, M. Jules Andrieux. Nous citerons, toutefois, les suivants : 1° *Voyage dans la vallée de Barcelonnette, département des Basses-Alpes*, Agen, Raymond Noubel, 1815, in-8 ; 2° *Rapport de la Commission chargée de diriger les fouilles faites à Fréjus par l'ordre de M. Fauchet*, Agen, R. Noubel, s. d., in-8° ; 3° *Fragment d'un voyage dans les Basses-Alpes*, dans le Recueil de la Société académique d'Agen, 1re série, tome II, page 180 et suiv. ; 4° *Recherches sur le lieu qu'occupait dans l'Aquitaine le peuple désigné par César sous le nom de Sotiates*, même recueil et volume, page 275 et suiv., etc. M. de Villeneuve, devenu préfet des Bouches-du-Rhône, consacra à l'histoire et à la statistique de ce département des publications importantes dont nous n'avons pas à nous occuper.

ne faut pas croire que tout le monde vit ce changement avec plaisir ; les partisans de Bonaparte, les adhérents du préfet Rouen des Mallets ne paraissaient pas, et concentraient leur douleur. On voyait à la vérité, des drapeaux à leurs fenêtres, mais on était bien certain que le cœur n'y était pour rien.

J'ai déjà dit que le Préfet, M. de Villeneuve, devait arriver dans la soirée, à une heure après midi. Une compagnie de jeunes gens à cheval, tous bien montés, en habit bleu, avec une ceinture blanche, partirent pour aller le joindre à Cauzac,[1] chez M. de Châteaurenard, son gendre. La garde nationale s'était rassemblée à trois heures. Une compagnie de grenadiers se porta en avant jusqu'au Pont-du-Casse, avec plusieurs mameluks à cheval et vêtus à la turque ; le reste de la troupe alla se poster sur les allées de la Porte-du-Pin, vers quatre heures, escortant les deux adjoints de la Mairie et le Conseil municipal. Ces adjoints étaient MM. Chaudordy et Bory fils, qui, en vertu d'une ordonnance du Roi, avaient repris leurs fonctions ; ceux qui avaient été nommés par M. Rouen des Mallets s'étaient retirés. M. de Gasc, commissaire de police reprit aussi sa place. Cette réintégration se fit au son de la cloche et au bruit de plusieurs décharges d'artillerie.

---

[1] Le château de Cauzac, situé à proximité du hameau des Tricheries, à l'origine de la chaîne de collines qui domine la vallée de la *petite Seoune*, entre Beauville et Saint-Robert, est entré depuis le dernier siècle, avec la terre d'où il dépend, dans la famille d'Aymard d'Alby de Châteaurenard. Après avoir appartenu pendant au moins trois siècles à la maison de Toiras, éteinte sous Louis XIII, il passa, après le décès du dernier membre de cette famille, aux Cugnac de Pauliac et puis aux Verduzan, en la personne de Louis Alain, seigneur de ce nom, dont une fille, épousa en avril 1723, Henri d'Aymard de Châteaurenard, père du gendre de M. de Villeneuve et grand-père de M. Frédéric de Châteaurenard, ancien ambassadeur de France et ancien conseiller d'Etat. Notre confrère et ami, M. Tamizey de Larroque, a publié dernièrement en les annotant avec l'abondance d'informations que l'on sait, et sous le titre suivant : *Les vieux papiers du château de Cauzac*, 1592-1627, une série de lettres et de pièces inédites, signées de noms illustres ou très connus, qui renferment de curieux détails sur les mouvements de la Ligue en Agenais et en Quercy et sur nombre de faits nouveaux pour l'histoire de la région.

Dès que la garde nationale fut arrivée à la Porte-du-Pin, la compagnie des canoniers se sépara et se porta jusqu'à Bonet, avec la musique. Un peuple immense était répandu sur la grande route et sur toutes les avenues, témoignant le plus grand empressement de revoir M. de Villeneuve. On voyait avec peine la nuit approcher et tomber un peu de pluie. Bientôt on entend les tambours au loin, on tressaille de joie, on accourt, on se précipite. Il arrive enfin auprès des allées. Les adjoints et le Conseil municipal s'avancent sur le chemin et M. Bory lui adresse un compliment sur son heureux retour; il y répond avec bonté. Alors on entend de toutes parts les cris de *Vive le Roi ! Vive notre Préfet !* Le cortège entre par la Porte-du-Pin. C'était vraiment une pompe triomphale. M. de Villeneuve était à cheval, avec une de ses filles ; ils étaient escortés par les mameluks et les autres cavaliers qui étaient allés jusqu'à Cauzac. Toutes les fenêtres étaient ornées de drapeaux blancs et illuminées, car la nuit commençait. Le cortège suivit les rues du Pin et Molinier, traversa la grande place, entra dans la rue Garonne, passa sur la place du Palais, la rue Daurée,[1] celle de la Porte-Neuve, et se rendit à l'hôtel de la Préfecture. Là redoublèrent les acclamations, qu'on n'avait cessé d'entendre pendant toute la marche : *Vive le Roi ! Vive notre Préfet !* Ce magistrat, en passant dans les rues, saluait à droite et à gauche, d'un air affable, serrant la main à ceux qui pouvaient l'appro-

---

[1] C'est la rue de Cessac actuelle. Elle s'appelait au XIV° siècle rue *du Bourg-Sainte-Marie*, comme il résulte d'un acte du 15 février 1340 (41), conservé aux archives de la ville et par lequel le régent de la juridiction épiscopale, au nom de l'évêque Amanieu, investit féodalement d'une maison sise dans ladite rue, Gaillard de Tissender et sa femme, qui l'avaient acquise à titre d'échange. Ce nom lui avait été donné parce qu'elle menait directement, si non à l'entrée de l'église du bourg, du moins à ses appartenances qui comprenaient tous les immeubles bâtis ou non bâtis des rues Paulin, Porte-Neuve et Saint-François, depuis la maison Amblard, située dans la première, jusqu'à l'impasse qui lui correspond dans la troisième. Le cadastre de 1586 la désigne comme suit : *rue du Bourg-Sainte-Marie, autrement rue de Daurée.* On y voit figurer aux n°° 35 et 36 « M° Jehan Daurée, fils, advocat » et « les hoirs de M. Loys Daurée. » Ces deux appellations sont restées à la rue en question jusqu'en 1840 ; car, si on la trouve, dans

cher. Dès qu'il fut descendu dans la cour de la Préfecture, il embrassa tous ceux qui se présentèrent à lui. Le peuple, ivre de joie, pouvait à peine se persuader qu'il fut rentré dans son hôtel, après tous les dangers auxquels il avait été exposé, après toutes les poursuites et les recherches qu'on avait faites pour l'arrêter. Pendant que le Préfet était sur la route du Pont-du-Casse et lorsqu'il entra dans la ville, il était précédé d'un millier d'enfants, depuis l'âge de huit jusqu'à quatorze ans, ayant tous à leur chapeau ou bonnet une cocarde blanche. Ils ne cessaient de chanter et de crier : *Vive le Roi ! Vive M. le Préfet !* Ils l'accompagnèrent jusqu'à son hôtel où il entra au milieu d'un grand concours de personnes de tout âge et de toute condition, qui le complimentaient confusément et auxquelles il répondait aussi bien que sa situation le permettait.

Vers dix heures du soir, M. Boquet fit exécuter par les professeurs et amateurs de musique, une cantate analogue à l'arrivée de M. le Préfet, en sa présence et celle d'un grand nombre de ses amis et de dames de la ville, qui étaient venues pour voir ses deux filles, dont une est mariée avec M. de Châteaurenard.

Le lendemain, 22, M. le Préfet reprit ses fonctions, aussi bien que M. Léotard, Sous-Préfet, M. de Villeneuve a logé [1] chez M. Descressonnières, directeur des Domaines, rue Saint-Jérôme, jusqu'à ce que ses appartements aient été garnis à la Préfecture. Ce même jour, la fête se renouvelle. Le peuple se livre à des transports qu'il n'est pas possible de décrire, un grand nombre d'hommes et de femmes, dès neuf heures du matin, parcoururent les rues ayant à leur tête des violons et autres instruments ; ils s'arrêtaient sur toutes les places, où ils chantaient et dansaient. Jamais et dans aucune occasion, le

---

l'*Annuaire* sous le nom de rue *du Bourg*, elle a constamment été rue *Daurée*, pour la masse de la population. On commençait à l'appeler rue *de M. Baze*, quand cet éloquent avocat, ayant vendu la belle maison qu'il y possédait pour se fixer à Paris, fit, par le fait, tomber cette appellation destinée peut-être, sans cet incident, à couvrir les autres et à leur survivre.

[1] Cette maison, comme on l'a dit (p. 191, note 1), forme aujourd'hui le *petit lycée* d'Agen.

peuple d'Agen n'a fait éclater une si vive allégresse ; il se voyait délivré de l'état de siège et de la terreur où il avait resté si longtemps, de la présence de tous ces militaires qui le vexaient et surtout de ce préfet fugitif, homme méchant et vindicatif qui se plaisait à accabler toute une ville du poids de son autorité, parce qu'il avait reçu une lettre anonyme (qu'on le soupçonne d'avoir fabriquée lui-même) dans laquelle on lui disait des vérités qui le choquaient. Il n'était entouré que de méchants qui lui faisaient de faux rapports, et lui donnaient de mauvais conseils. Il admettait à sa société et même à sa table, des gens généralement méprisés. Naturellement timide et ombrageux, il n'est jamais sorti de son hôtel où il se faisait garder avec le plus grand soin. Il ne connaissait pas les agenais. Quoiqu'il leur eût fait beaucoup de mal, quoiqu'il eût fait mettre leur ville en état de siège, quoiqu'il eût exigé d'eux des contributions extraordinaires, on n'a jamais songé à lui faire la moindre violence, mais il n'est pas surprenant qu'on se soit réjoui de son départ.

Dans l'après-midi, vers quatre heures, une troupe d'hommes à cheval, après avoir fait une promenade en ville, va au-devant de M. Nebout, procureur du roi, qui, à la première nouvelle du retour de Napoléon, avait fait sa démission et s'était retiré à Aiguillon, sa patrie.[1] On avait été informé qu'il devait arriver dans la soirée ; il arriva, en effet, escorté par la cavalerie et par les huissiers du Tribunal civil qui étaient allés au-devant de lui en voiture. Une multitude de bons citoyens l'accompagna chez lui, aux cris de : *Vive le Roi !*

A neuf heures du soir, les habitants hommes, femmes, enfants, domestiques, tous pêle-mêle, se dispersent dans les rues, sur les

---

[1] On est toujours plus ou moins de son temps. Cela est vrai des mœurs, surtout du style. Proché a largement subi cette influence. Nous l'avons plusieurs fois surpris en flagrant délit de solennité à propos de choses fort simples et nous le verrons tout à l'heure, en une occasion qui commandait, il est vrai, un peu de tenue, se hausser jusqu'au dithyrambe. Ici, c'est moins fort et il n'y a qu'un mot, mais ce mot est hors de sa place. La patrie de M. Nebout, ce n'était pas Aiguillon, son lieu natal, son pays, qui produit un ta-

places, chantent, dansent au son des violons ou des tambours et des fifres, interrompant leur danse pour crier mille fois : *Vive le Roi!* ce qui a duré une grande partie de la nuit.

Dans ce même jour, les voisins de l'hôtel commun ayant désiré que le drapeau blanc fût arboré sur une des tours de l'horloge, où il était la première fois, il y fut remis à l'instant, à la vue des citoyens qui témoignèrent la plus grande joie. Il en fut placé aussi à la grande horloge sur la tour de l'ancien clocher de Saint-Etienne, devant l'église de Notre-Dame et sur tous les clochers de la ville. J'ai déjà dit que chaque maison avait le sien ; plusieurs étaient ornés de l'écusson de France, de fleurs-de-lis et des mots *Vive le Roi! Vive la famille royale!* On en remarquait quelques-uns qui avaient pour devise : *Vive la paix!* sans autre inscription. C'était devant les maisons des mécontents du nouvel ordre des choses, qui avaient conçu de grandes espérances du régime de la terreur ; ils se réjouissaient de voir leurs concitoyens opprimés et malheureux, et ils espéraient de s'enrichir de leurs dépouilles. Lorsqu'ils savaient qu'il devait arriver quelque corps de troupes, ils allaient au-devant des soldats, les animaient, les faisaient boire, et leur recommandaient les royalistes. Aussi, quelques-uns de ces militaires, en entrant dans la ville, ne cessaient de crier : *Vive l'Empereur! A bas les Bourbons!* On a remarqué que, dans les rues où habitait le plus grand nombre de partisans de Bonaparte, et que, pour ce sujet, on appelait l'*Ile de Corse* et l'*Ile d'Elbe*, les premiers drapeaux blancs qu'on plaça aux fenêtres, sur l'invitation du maire, parurent au-devant de leurs habitations. Ils croyaient en imposer par cet empressement, mais leur conduite les avait fait connaître ; on savait à quoi s'en tenir sur leur compte, on avait projeté de leur enlever ces drapeaux, mais on craignait de troubler la tranquillité et la joie à laquelle se livrait le plus grand nombre des citoyens.

---

bac et un chanvre estimés, c'était la France, dont les institutions font de chaque enfant qui naît à Aiguillon ou ailleurs, plus qu'un homme, un citoyen. C'était donc *pays* qu'il fallait dire ; mais Proché a dû juger que ce mot manquait de noblesse, et il a mis *patrie*, qui faisait son affaire.

Le même jour, 22 Juillet, le drapeau blanc ne flottait pas encore à Puymirol. Les royalistes y étaient comprimés par le peuple et les gens de la campagne égarés par des mal intentionnés qui leur avaient persuadé qu'on voulait rétablir la dime, les droits féodaux, et tous les privilèges de la noblesse. Vers midi, vingt honnêtes citoyens de cette ville arrivèrent en députation pour prier M. le Préfet de leur donner un ordre pour faire arborer le drapeau blanc. Munis de cet ordre, ils partirent et à leur arrivée le drapeau blanc fut placé devant la commune et l'église malgré les murmures de quelques mécontents.

Le 23, on a publié une proclamation des adjoints du Maire d'Agen à leurs concitoyens ; ils annoncent qu'ils ont repris leurs fonctions, et leur promettent de leur faire oublier tous les maux qu'ils ont eus à souffrir dans ces derniers temps.

A huit heures du matin, une décharge d'artillerie et la cloche de l'Hôtel-de-Ville annoncent le *Te Deum*, qui, en vertu d'un mandement de Mgr l'Evêque, a été chanté à onze heures du matin à la cathédrale et auquel ont assisté tout le clergé de la ville, toutes les autorités civiles, judiciaires et militaires en grand costume, toute la garde nationale, le général et son état-major. A la tête du cortège, était la musique et, comme les anciens tambours s'étaient jetés, le 29 Juin, du côté des Bonaparte, la garde nationale, les avait refusés, et s'en était procuré d'autres. La cathédrale était pleine, de sorte qu'il ne pouvait plus y entrer personne. Du moment que le *Te Deum* eut commencé et pendant l'*Exaudiat*, on n'a cessé de crier : *Vive le Roi! Vivent les Bourbons!* Ces acclamations étaient répétées au dehors par un peuple immense. Jamais les cris du cœur ne se sont mieux fait entendre.

Ce même jour, banquet des officiers de la garde nationale, auxquels se réunissent plusieurs fonctionnaires, dans l'auberge de Mme Castan. Autre banquet d'environ cent cinquante gardes nationaux qui, en sortant de table, se promènent dans la ville, se tenant par la main dansant et criant : *Vive le Roi!* suivis d'une foule d'habitants qui faisaient éclater la joie la plus vive, en chantant et dansant avec eux.

Ce jour là, après le *Te Deum* chanté dans l'église Saint-Hilaire, M. le Curé a donné la bénédiction du Saint-Sacrement, ce qui n'aurait pas eu lieu depuis environ deux mois, pour les raisons que j'ai rapportées ci-dessus.

J'omettais de dire que dans la matinée du 23, il y avait eu du trouble à la Porte-du-Pin, des rassemblements et des rixes entre les personnes des deux partis. La police fit arrêter quelques séditieux qu'on soupçonnait d'avoir, dans la nuit, attaché un drapeau tricolore à un des arbres, hors la Porte-du-Pin ; mais on ne put les convaincre d'en être les auteurs et ils furent mis en liberté.

Le soir, on joue à la Comédie, *Les héritiers de Michaud,* pièce de circonstance. Tous les spectateurs chantent avec les acteurs, les airs de la pièce. Plusieurs montent sur le théâtre et dansent avec eux.

Proclamation de M. de Villeneuve, Préfet, aux habitants du département de Lot-et-Garonne, affichée le 24 Juillet.

Le 24 Juillet, le Conseil municipal a délibéré que la commune d'Agen, pour reconnaître les soins que s'était donnés M. Maréchal, major d'artillerie, dans la journée du 29 Juin dernier, pour éviter l'effusion de sang, lui ferait présent d'une épée sur laquelle serait cette inscription : *La commune d'Agen à M. Maréchal.*[1] Je n'ai pas parlé de cet officier dans ma relation des journées des 27, 28 et 29 Juin, parce que j'ignorais la part qu'il y avait prise.

Ce même jour, M. Boé, maître de pension, à la tête de ses élèves et de ses collaborateurs, porte un bouquet à M. le Préfet, pour la fête de Saint-Christophe, son patron. Il fait chanter des couplets dont il est l'auteur ; à la fin de chaque couplet, tous les élèves criaient, *Vive le Roi.* Il alla ensuite chanter sur la porte de M. Nebout, procureur du Roi, et le soir il alluma un feu de joie qu'il avait fait dresser sur la place de la Porte-Neuve. Les élèves chantèrent et dansè-

---

[1] Cette épée, dont il sera encore question un peu plus bas, est déposée au musée d'Agen. La lame est en acier damasquiné d'or. Le pommeau, en émail rouge, supporte une tête casquée, celle de Mars probablement ; une autre tête de même style, Minerve ou Bellone, orne le milieu de la poignée. Des canons, des boucliers, des drapeaux et toutes sortes d'attributs militaires sont distribués sur la garde, entourant un médaillon où figurent les armoiries de la ville d'Agen. Ce travail est un peu sec, mais non sans mérite. L'une des faces du pommeau porte cette inscription formant six lignes superposées : *La ville— d'Agen— à M. Maréchal— Major— d'artillerie — de Marine.* Plus bas, on lit le nom de l'artiste : *Fournera à Paris.*

rent autour du feu avec une foule de personnes que la curiosité avait attirées. On dansa pendant tout le temps que le feu brûla et longtemps après qu'il fut éteint.

A neuf heures du soir, les professeurs et amateurs de musique donnent une sérénade à M. le Préfet, à l'occasion de sa fête, dans une des salles de la Préfecture, ce qui avait attiré un grand nombre de personnes ; les cours en étaient remplies. Après la sérénade, on se répandit dans les salles ; on y dansa jusque bien avant dans la nuit. L'hôtel était très bien illuminé ; on entendait de toutes parts es cris de : *Vive le Roi! Vive M. le Préfet!*

M. le duc de Guiche, premier aide de camp de M. le duc d'Angoulême, passe à Agen, vers trois heures du soir. Il va à Bordeaux ordonner les préparatifs pour la réception de ce prince.

Le 25, la garde nationale, soixante hommes à cheval, et les mamelucks à la tête, vont chercher, dans le plus grand ordre, le buste de Louis XVIII à la maison de Las, où M. de Villeneuve l'avait caché avant son départ. La troupe, à son retour, est entrée par la Porte Saint-Antoine, a traversé toute la ville, jusqu'à la Porte-du-Pin, est revenue par les rues Saint-Jean et du Temple, et, passant par la Porte-Neuve, s'est rendue à la Préfecture où elle a déposé le buste qui était porté par quatre officiers.[1] Pendant toute la marche qui a duré deux heures, un peuple immense suivait et ne cessait de crier : *Vive le Roi !*

On savait, depuis deux jours, qu'on avait arrêté dans l'arrondissement de Marmande, un grand nombre de militaires qui, après avoir quitté leurs corps, s'étaient formés en partisans et exerçaient toute sorte de brigandages, de ce nombre étaient plusieurs nègres. Le 25 Juillet, vers midi, on en amena vingt-cinq bien liés, conduits par des gendarmes et des gardes nationaux à cheval. Parmi ces brigands, étaient deux officiers blancs, les autres étaient noirs : on les mit d'abord aux prisons du Chapelet, mais comme on ne les crut pas

---

[1] Sur la gorge qui termine le piédestal de ce buste en bronze, qu'on peut voir au musée d'Agen, on lit : *fondu et ciselé à Paris par Bonneaux.*

assez sûres, ils furent transférés sous l'escorte de la compagnie des canoniers, de la garde nationale, aux prisons criminelles.[1]

Le 25, banquet des gardes nationaux divisés par compagnies, dans les auberges du faubourg Saint-Antoine. Pendant tout le repas, il a été fait des décharges d'artillerie. Sur le soir, les convives se sont rendus en armes, sur l'esplanade du Gravier, autour d'un feu de joie. Dès qu'il a été allumé, après avoir mis leurs armes en faisceaux, ils ont dansé autour du feu. Toutes les dames et jeunes filles que la curiosité avait attirées, se sont jointes à eux. On a fait brûler le buste de Bonaparte et le drapeau tricolore, qu'on avait placés au haut du feu de joie. Dans la soirée, danses sur toutes les places et dans les rues ; on entendait de toutes parts les cris de : *Vive le Roi!* Partout la même ivresse, les mêmes transports de joie.

Le 27 Juillet, il est défendu, de la part de M. le Maire, de courir dans les rues et d'y chanter après huit heures du soir et de tirer des boites, serpentaux et pétards.

Le 28, les jeunes gens donnent un bal aux dames dans une salle de la société de la rue Garonne. On y a dansé jusqu'au jour. Le bal a été superbe, et surtout très gai ; il a été terminé par des rondeaux sur l'air : *Vive Henri IV*, et par les cris de : *Vive le Roi!*

Le 29, le général Vidalot est arrivé, escorté par vingt cinq gardes royaux du département, pour commander le Lot-et-Garonne à la place du général Bessières qui avait reçu ordre de se retirer.

Le Préfet Rouen des Mallets avait désarmé et dissous la garde nationale, et avait armé la nouvelle composée de gens qui lui étaient dévoués. La première opération que firent le général, le Préfet et les adjoints du Maire, fut de retirer ces armes et de les rendre à l'ancienne garde qui avait repris son service et qui faisait très exactement des rondes pendant la nuit, pour comprimer les malveillants, les empêcher de se rassembler et de troubler l'ordre public. Le sieur

---

[1] L'ancien couvent du Chapelet qui avait été, comme on sait, converti en fabrique de salpêtre au mois de septembre 1793, servit plus tard de *violon* à l'usage des individus condamnés pour des délits de police ; on y enferma aussi des condamnés ou des suspects pour cause de politique, la vieille prison contiguë à la maison de ville demeurant réservée aux délits ou crimes de droit commun.

Sarrau, chef de la garde formée par le Préfet, Rouen des Mallets était chargé de l'état des armes qu'il remit à la mairie avec un barril de poudre et une grande quantité de balles, qui lui avaient été donnés pour les distribuer aux siens. Ceux-ci reçoivent l'ordre de remettre aussi les armes particulières dans la journée du 30 Juillet, ce qui fut exécuté.

Députation de la garde nationale vers M. le duc d'Angoulême à Toulouse, composée de MM. Bonnot, Laborde et Martinelly Gogelin. Mgr l'Evêque s'y rend aussi pour le complimenter.

Le 30 Juillet, les principaux habitants du Passage voulant célébrer l'heureux retour de Louis XVIII, donnent une fête sur la Garonne, à laquelle ils avaient invité le commissaire de la marine et plusieurs autres personnes de la ville d'Agen. Ils avaient pour cet effet, disposé une de leurs plus grandes barques, et lui avaient donné la forme d'un vaisseau à deux mats. Elle était ancrée au milieu de la rivière. Tous les haubans étaient entourés de laurier ; des pavillons blancs flottaient au haut des mats, à la proue et à la poupe. La fête fut annoncée, le matin, par l'artillerie qu'ils avaient placée sur le pont de la barque. A onze heures, ils assistèrent à la messe dans l'église Notre-Dame d'où ils revinrent à la barque où était dressée une table pour eux, leurs femmes, leurs enfants et les conviés. Le repas fut très joyeux. Tous les toasts qu'ils portèrent furent signalés par des décharges d'artillerie, et par les cris de : *Vive le Roi !* Après le repas, il y eut des danses dans la barque et sur le pont d'un autre bateau couvert placé à côté. Il s'y rendit un grand nombre de personnes, hommes et femmes du Passage et de la ville, qui se mêlèrent à leurs danses. On avait établi des mats de cocagne à bord d'une des barques, les nageurs, vêtus d'une manière décente, faisaient tous leurs efforts pour remporter le prix ; ceux qui ne réussissaient pas tombaient dans l'eau, ce qui amusa beaucoup les spectateurs qui bordaient les deux rives. Au déclin du jour, on aborda sur la rive droite. Les hommes et les femmes descendirent, et, ayant à leur tête des tambours et des fifres, ils firent une promenade dans la ville, suivis d'une foule de peuple qui chantait et dansait avec eux, faisant retentir les airs des cris de : *Vive le Roi !* [1]

---

[1] La batellerie de la Garonne fut très active, pendant des siècles, surtout au Passage-d'Agen ; les chemins de fer l'ont tuée. On n'a pas l'idée du mou-

Le 2 Août, la gendarmerie conduit dans les prisons d'Agen, huit brigands arrêtés dans les cantons de l'arrondissement de Marmande. Ils faisaient partie de la bande qui avait été prise et conduite ici le 25 du mois dernier.

M. de Sevin, ainé, député à la Chambre des représentants par

---

vement d'hommes et d'affaires qu'elle entretenait dans ce bourg ; tout le monde à peu près en vivait. Les maîtres de bateaux remuaient l'argent à pelles et, en un temps où les voyages étaient aussi rares qu'aujourd'hui ils le sont peu, il n'était guère d'habitant de la rive gauche du fleuve qui n'eût fait, plusieurs fois par an, le voyage de Toulouse et de Bordeaux. *Les marchans mariniers fréquentens la rivière de Garone* (c'est le titre qu'ils prenaient dans les actes officiels), avaient formé une confrérie, sous le patronage de Sainte-Catherine ; le siège en était dans une chapelle qu'ils avaient fondée au bourg du Passage et où ils furent autorisés, à la date du 24 mai 1676, par Jacques de Goyon de Matignon, évêque de Condom, successeur immédiat de Bossuet, à faire célébrer la messe tous les jours de l'année, à l'exception des fêtes et dimanches. Cette chapelle ayant été fermée, nous ignorons quand et pourquoi, le siège de la confrérie fut porté dans une chapelle d'Agen, dédiée, comme l'autre, à Sainte-Catherine et située vers le milieu de la rue actuelle de ce nom, à gauche en allant de la ville à la Garonne. « C'est là, dit Proché dans une *Notice* manuscrite *sur les ordres religieux des deux sexes et sur leurs couvents à Agen*, que les maîtres de bateaux du Passage, qui se trouvaient de rang de poste, les mardi et vendredi, faisaient dire une messe le jour de leur départ pour Bordeaux, à laquelle ils assistaient avec leurs patrons et leurs équipages, pour demander à Dieu un heureux voyage. Tous les maîtres de bateaux qui descendaient à Bordeaux observaient le même acte de dévotion. » Nous avons vu, étant enfants, les restes de cette chapelle, dans des jardins qui faisaient face à celui de l'Hôtel-de-France. La rue actuelle, qui conduit à la rivière, n'était alors qu'un mauvais chemin, qu'on appelait *à Sainte-Catherine*. — Pour en revenir au sujet de cette note, ajoutons que les bateliers donnaient, au Passage, des fêtes bruyantes où le vin, alors très abondant et à prix presque vil, coulait à flots, du matin au soir. Le peu qui en a survécu se peut voir au 15 et au 16 août dans les cabarets du village et sous les saulaies de la Garonne ; et encore faut-il dire que le caractère spécial de ces fêtes, celui qu'elles tiraient de la profession marine, a totalement disparu.

l'assemblée électorale de Lot-et-Garonne, est arrivé de Paris, le 5 Août, il est rentré à la mairie le 7.

Les Espagnols, réfugiés, militaires et civils, que le Préfet Rouen avait fait venir pour renforcer sa garde, sont renvoyés à leurs dépôts respectifs, par ordre du général Vidalot. Ils partent le 7 Août. On doit dire, à leur louange, que la plupart d'entre eux, n'étaient pas disposés à seconder les vues de ce Préfet, et qu'ils ont vu sa chute avec plaisir. Il en est resté environ soixante à Agen, où est leur dépôt.

Le 3e régiment de chevaux légers lanciers est arrivé le 9 Août, allant à Auch. Ce jour là mourut Mme Barret Lavedan, qui se précipita de sa croisée dans une cour, effrayée de la fausse nouvelle qu'on lui apporta, que ce régiment avait un drapeau tricolore. Ce n'était autre chose que les fanions blancs et rouges que ces cavaliers ont au bout de leurs lances.

Le dépôt du 1er régiment des chevaux lancier est arrivé, le 19 Août à Agen, où il doit rester en garnison. Il a été placé à la caserne de l'ancien séminaire.

Le 14 Août, à six heures du soir, le général Vidalot passe en revue la garde nationale, accompagné de son état-major et de plusieurs officiers, en présence de M. le Préfet. Presque toute la population de la ville y était accourue, le temps était superbe. La garde nationale était composée de sept compagnies, dont une de canoniers, une de grenadiers, quatre compagnies au centre et une de chasseurs, toutes de cent hommes, tous bien armés et d'une belle tenue, les canoniers, grenadiers, et chasseurs en uniforme, qu'ils ont fait à leurs dépens, ainsi que plusieurs citoyens des autres compagnies. La Commune s'occupe des moyens de faire habiller ceux qui n'en ont pas les facultés. Elle a, dans cet objet, invité les familles aisées qui n'ont personne dans la garde nationale, à contribuer à cet acte de civisme. Celles-ci se sont empressées de donner cette marque de reconnaissance à la garde nationale pour le service de jour et de nuit qu'elle a fait jusqu'à présent, pour le zèle qu'elle a montré et qu'elle montre encore, afin de maintenir le bon ordre et la tranquillité dans la ville. Après la revue, la troupe a défilé en ordre de bataille, et par compagnie, devant le général ; les tambours et la musique étaient à la tête. Chaque capitaine, après avoir salué en passant, criait : *Vive le Roi !* La compagnie y répondait et ce cri était répété par le peuple immense qui couvrait le Gravier. Le général Vidalot et le Préfet ont témoigné leur satisfaction à la garde nationale qui est rentrée par le Pont-Long. Les grenadiers ont accompagné le drapeau chez M. de Basignan père, colonel.

Le 15 Août, le 1er et le 2e régiment de lanciers sont arrivés composés chacun de trois cent cinquante hommes, tous bien montés et dans une très belle tenue. Le 1er, devant rester à Agen, est entré à la caserne, où est déjà le dépôt arrivé le 10 de ce mois. Le 2e, logé chez les habitants, a eu séjour; il est parti, pour Auch le 17. Ces régiments de cavalerie sont commandés par le général Colbert qui arriva aussi le 15. Sa destination était pour Auch, il a préféré rester à Agen.

Le même jour, procession du vœu de Louis XIII, à laquelle ont assisté toutes les autorités et les officiers des deux régiments arrivés dans la matinée. Les compagnies des canoniers-grenadiers et chasseurs de la garde nationale escortaient la procession.

Les 14 et 15 Août, les électeurs du 1er arrondissement, au nombre de cent-douze, s'assemblent dans une des salles de la Préfecture; ils nomment pour candidats à la Chambre des députés, M. Lafont, de Layrac, président de l'assemblée nommé par le Roi; M. Rivière, avocat général près la Cour royale; M. Merle-Massonneau, maire d'Aiguillon, et M. Teulon, propriétaire, près Aiguillon.

Le 16 Août, le 7e régiment de chevaux-légers, lanciers, polonais, arrive sans être attendu, et comme toutes les écuries de la ville étaient occupées, ils ont été obligés de bivouaquer sur les promenades de la Porte-du-Pin. Le 2e régiment étant parti pour Auch le 17, le lendemain, 18, il s'est rendu à Villeneuve-d'Agen, où il doit rester.

Le 17 Août, on reçoit une ordonnance du Roi qui licencie l'armée. Le même jour 17, M. de Sevin aîné, maire, fait sa démission. Le bruit se répand le lendemain que M. de Lugat a été nommé Maire par M. le Préfet; il refuse cette place, comme n'étant que provisoire; cependant il l'accepte quelques jours après.[1]

---

[1] M. de Lugat, Anne-Claude, était né à Agen, le 20 février 1769. Atteint par la réquisition en 1794, il était parti comme simple soldat et ne tarda pas à se distinguer par de modestes, mais sérieuses qualités militaires;

J'ai dit ci-dessus pour quelle raison les Pénitents blancs qui, cette année, étaient de tour de poêle, n'avaient pas fait la procession du *Corpus Christi*. Cette raison n'existant plus depuis le retour du Roi, les Pénitents blancs se proposaient de la faire le premier dimanche du mois d'Août ; ils en demandèrent l'agrément à Mgr l'Evêque qui s'y refusa formellement, en observant que les processions du Saint-Sacrement ne se faisaient pas si tard et qu'il ne voulait pas souffrir une telle innovation. Alors les Pénitents délibérèrent dans une Assemblée générale de prier les deux autres compagnies et surtout celle des gris, qui devait être de tour de poêle l'année suivante, de leur céder leur tour ; à quoi elles consentirent volontiers. Chaque compagnie fit, à ce sujet, une délibération qu'elle a consignée dans ses registres.

M. le duc d'Angoulême arrive à Bordeaux le samedi 19 Août, pour présider l'assemblée électorale de la Gironde. Il a mené avec lui

---

aussi devint-il officier après un temps relativement court et, en cette qualité, aide de camp du général Travaux. Rendu à ses foyers après sept ans de service, il fut désigné par ses concitoyens pour représenter la ville d'Agen au sacre de l'Empereur, le 2 décembre 1804. On a vu dans le récit de Proché qu'il joua un rôle des plus honorables, dans les événements qui signalèrent la chute de l'Empire et le rétablissement de la monarchie. Nommé maire d'Agen en 1815, député en 1828, il se démit en 1830 de ce double mandat et rentra dans la vie privée, pour ne s'occuper désormais, de la façon la plus désintéressée et la plus discrète, que de donner carrière à ses goûts de lettré. Au reste, il ne se bornait pas, comme la plupart des Agenais de sa génération, à relire les auteurs classiques ; sa curiosité, remontant aux origines de notre poésie, lui inspirait des fantaisies qu'il cachait à son entourage, tout en s'efforçant de les satisfaire. C'est ainsi qu'il nous écrivit à Paris, où nous étions alors (1840) pour nous exposer son désir d'avoir du *Roman de la Rose*, en une bonne édition, un exemplaire de choix. M. de Lugat mourut à Agen le 30 janvier 1854, laissant le souvenir d'un homme courtois et bienveillant, d'un administrateur équitable et éclairé. Les Agenais n'oublieront pas que la conservation de la promenade du Gravier est due tout entière à son initiative et à ses soins ; il fit, en effet, élever la digue qui la borde du côté de la Garonne. Il fit aussi planter (1828), au voisinage de cette digue une belle allée d'ormeaux dont le seul qui reste, visible de loin parmi les platanes que domine son large dôme vert, fait regretter plus vivement qu'on ait cru devoir abattre les autres.

Mme la Duchesse qui y était vivement désirée. Mgr l'Evêque d'Agen et M. Fabry, vicaire général, s'y sont rendus pour leur présenter leurs hommages.

Le collège d'Agen, n'a eu ni exercices ni distribution de prix à la fin de cette année, parce que les écoliers avaient été détournés par les évènements qui ont eu lieu au mois de Mars, et que plusieurs s'étaient retirés.

MM. Boussion, Menne et Grenier, conseillers de Préfecture, ayant fait leur démission, M. le Préfet nomme provisoirement à leur place, MM. Godailh, Martinelly Gogelin et Assolent. M. Vignes conserve sa place.

Le 4e régiment de chasseurs à cheval est arrivé le 23 Août. Il a eu séjour, a passé la revue le 24 et est parti, le 25, pour Pau.

L'assemblée électorale de Lot-et-Garonne, composée d'environ deux cent vingt-cinq membres et présidée par M. le comte de Dijon, nommé par le Roi, tient sa première séance dans une salle de la Préfecture, le 22 Août. Cette journée a été employée à former le bureau. Le lendemain, 23, elle a nommé pour députés, au premier tour MM. Dijon, pour Nérac ; Silvestre, pour Marmande, et Vassal, pour Villeneuve. M. Rivière, avocat général a eu 100 voix il lui en fallait 101. M. Teulon, d'Aiguillon, en a réuni 99, le second n'a pas produit de majorité, au 3e tour M. Teulon l'a emporté.

Le 23 Août, un courrier extraordinaire arrive, vers neuf heures du soir, venant de Pau. Il annonce que les Espagnols sont entrés en France et commettent des hostilités. Ce courrier continue sa route vers Bordeaux.

Le 24, il arrive trois cent soldats d'un régiment Suisse. Ils ont été congédiés peu de jours après, comme les autres troupes. Le colonel est resté à Agen avec quelques officiers. Ils y étaient encore le 15 Août 1816.

Le même jour, 24, M. de Lugat nommé maire par M. le Préfet, est installé par les deux adjoints, au son de la cloche et au bruit de l'artillerie de la ville.

Ce même jour, au coucher du soleil le son de toutes les cloches et plusieurs décharges d'artillerie annoncent la fête de Saint-Louis qui doit être célébrée le lendemain. Dans la matinée, on entend encore le son de cloches et l'artillerie. A ce signal, tous les citoyens s'empressent de mettre à leurs fenêtres, des drapeaux blancs ; les tam bours se répandent dans la ville ; la garde nationale est rassemblée à dix heures. Toutes les autorités escortées par la garde nationale ayant à sa tête une superbe musique, le 1er régiment des lanciers à pied avec leurs trompettes, les Suisses et la gendarmerie se rendent à la cathédrale, pour assister à la grand'messe célébrée par Mgr l'Evêque. On a chanté ensuite *Exaudiat*. La cérémonie s'est terminée par les cris de : *Vive le Roi!* qui se sont fait entendre très longtemps, soit dans l'église, soit au dehors. Après la cérémonie, le cortège est allé dans le même ordre sur la place du Palais, où il s'est séparé. Pendant la marche, la musique, les trompettes et les tambours se faisaient entendre successivement. Dans la soirée, feu de joie sur le Gravier et mât de cocagne ; à dix heures, illuminations dans toute la ville. On a remarqué surtout la beauté, l'élégance et l'éclat de celle de la Préfecture.

On savait ici que M. le duc d'Angoulême devait passer le 25, en allant à Perpignan, pour être à portée de connaître le but du mouvement des Espagnols qui étaient entrés par les Pyrénées orientales. Ce prince avait fait annoncer au Préfet qu'il dînerait chez lui, ce jour là. Tous les préparatifs étaient faits. Vers trois heures, on sut qu'il ne passerait que dans la nuit. En effet, il est arrivé le 26, à deux heures du matin. Le Préfet, les généraux Colbert et Vidalot et un grand nombre d'officiers l'attendaient au faubourg Saint-Antoine, et n'ont eu que le temps de le saluer et de lui parler pendant qu'on est allé chercher des chevaux à la poste. Le prince n'est pas sorti de la voiture ; il a eu sur le champ une garde composée d'une compagnie de la garde nationale et d'un grand nombre de gardes royaux à cheval, qui s'étaient rendus de divers lieux du département, et qui, à son départ, l'ont escorté avec un détachement de gendarmes. La moitié des habitants d'Agen étaient sur les allées Saint-Antoine. Pendant tout le temps qu'il est resté sur la route, on n'a cessé de crier : *Vive le Roi ! Vive le duc d'Angoulême !* On a demandé au prince ce qu'il pensait du mouvement des Espagnols. « Je pense que ce ne sera rien, a-t-il répondu, mais il faut que j'aille voir ce qui se passe.[1] »

---

[1] On remarquera le soin de Proché à reproduire textuellement les paroles du duc d'Angoulême au lieu d'en donner le sens. Le style en est si ordinaire, si vulgaire pourrait-on dire sans paraître irrespectueux et elles expriment, au fond, si peu de chose, qu'on lui eût volontiers passé une exactitude moins

Avant de partir, il a annoncé que Mme la duchesse d'Angoulême passerait à Agen le 1er septembre et qu'elle y resterait un jour. Le Prince n'a pas traversé la ville ; il a suivi la route du dehors. On a appris, peu de jours après, qu'il était allé jusqu'à Perpignan et qu'après une conférence avec le général Castanos, celui-ci était rentré en Espagne. On ignore encore les causes qui avaient attiré les Espagnols en France. Le même jour, 26, MM. de Dampierre et de Pléneselve sont partis pour Bordeaux où ils ont été présentés à Mme la Duchesse. Ils sont revenus à Agen le 29, et ont annoncé qu'elle arriverait le 1er Septembre. Cette princesse est arrivée, en effet, le 1er Septembre à 5 heures du soir, et a couché à la Préfecture. Elle est partie le lendemain pour Toulouse. Il y a une relation imprimée à ce sujet.

Le sieur Besaucèle, se disant comte de Toulouse, accusé de faux, a été jugé aux assises d'Agen, le 5 Septembre, et condamné à dix ans de réclusion. Il s'est pourvu en cassation, ainsi que le procureur général, pour fausse application de la loi. Le pourvoi de Besaucèle a été rejeté, celui du Procureur général a été admis. Cette affaire fut renvoyée à Auch, pour l'application de la loi. Cette Cour le condamne à dix ans de réclusion, à l'exposition au poteau, et à la flétrissure. Besaucèle fut ramené à Agen, où il subit sa peine le **17 Avril 1816**. Ayant été ensuite enfermé à l'abbaye d'Eysses, sa mauvaise conduite obligea le directeur de cette maison à demander son changement au ministre, qui le fit transférer à celle d'Embrun (Hautes-Alpes).

Les deux régiments d'infanterie, 52e et 56e, réunis, formant environ six cents hommes, arrivent le 10 Septembre, avec une belle musique ; il arrive, le même jour, un bataillon du 31e régiment d'infanterie légère. Ces divers corps passent la revue de l'inspecteur, le 12 Septembre, ils restèrent à Agen jusqu'à nouvel ordre.

M. le maréchal de camp, Rouget, arrive le 9 septembre, pour

---

minutieuse. Qu'eût-il fait de plus s'il se fût agi d'un de ces mots partis de la tête ou du cœur, qui, empruntant aux circonstances une importance exceptionnelle, méritent d'être conservés comme documents historiques ? On croit ici voir un bon bourgeois qui, entendant du tapage dans la rue, sort affairé « pour savoir ce qui se passe. »

commander dans le département de Lot-et-Garonne, à la place du général Vidalot du Sirat, qui avait été nommé provisoirement par M. le duc d'Angoulême, Le général Rouget à logé chez M. Barret-Lavedan,[1] où il a resté même à la suppression de sa place, en mars 1818.

Le 15 Septembre les vingt nègres et les deux officiers qui avaient été pris autour de Marmande, commettant de brigandages, et qui avaient été conduits dans les prisons d'Agen, ayant été jugés par la chambre d'accusation être de la compétence de la Cour royale de Bordeaux, parce qu'ils avaient commis la plupart des crimes dans l'arrondissement de la Réole, sont conduits à Bordeaux, sur une barque, escortés par des gendarmes et vingt Suisses, sous le commandement de M. Lafargue, lieutenant de gendarmerie à la résidence d'Agen.

Au 18 Septembre, il se trouve à Agen, un lieutenant général, un maréchal de camp, cinq colonels, et quatre régiments, savoir : le 1er des cavaliers-lanciers, le 12e d'infanterie, le 52e et le 56e réunis, le 31e d'infanterie légère et un régiment suisse. Les lanciers sont à la caserne, les Suisses à la maison de Las, et les autres en ville ; environ quatre mille hommes.

Le 24 Septembre, par ordre du Roi et par mandement de Mgr l'Evêque a commencé à la cathédrale et dans chacune des églises paroissiales de la ville, l'Oraison de Quarante heures, pour l'expiation de toutes les profanations qui ont été commises pendant la Révolution. Ces prières se feront pendant trois jours. Elles auront lieu aussi dans toutes les paroisses du diocèse, pendant trois dimanches consécutifs.

M. le colonel Gaujon, nommé par le Roi, commandant de la légion

---

[1] Mme Barret-Lavedan habitait une maison située à l'angle de la place de l'Evêché et de la rue du Cat ; elle possédait aussi, près du cimetière actuel de Gaillard, la propriété dite *des Ormes*. Il est à remarquer que son fils, conseiller à la Cour d'appel, devait finir tragiquement comme elle. On trouva son corps dans la Garonne, à la hauteur de la caserne, un matin de mars 1839, au cours d'une session d'assises qu'il présidait avec une parfaite lucidité d'esprit et une rare distinction.

de Lot-et-Garonne, arrive à Agen le **29 Septembre**. Il loge rue Sainte-Anguille.[1]

Les alliés, avant leur départ, enlèvent les objets les plus précieux du muséum de Paris, vers la fin du mois de Septembre, au grand regret de tous les Français et surtout de ceux qui avaient contribué à les conquérir.

Au 1er Octobre, Agen n'est pas tranquille à cause du mauvais esprit qu'y apportent les militaires qui se retirent de leurs divers corps, par suite du licenciement de l'armée de la Loire. Le 2, il y a eu une rixe très sérieuse au café Saubès, rue Garonne; elle n'a pas eu de suite.

Le dimanche, 8 Octobre, messe solennelle du Saint-Esprit, célébrée dans l'église cathédrale, à laquelle a assisté le clergé de toutes les paroisses de la ville, pour demander à Dieu les lumières dont le Roi reconnait avoir besoin pour gouverner sagement ses peuples. Mandement de Mgr l'Evêque à ce sujet, daté du 28 Septembre, en vertu d'une lettre du Roi, adressée à ce prélat.

Le 16 Octobre, le 31e régiment de chasseurs piémontais à pied et celui des Suisses sont licenciés ; ils ont demeuré ici environ deux mois. Il ne reste plus que le 1er régiment des lanciers dont il déserte un grand nombre. Chaque lancier a quatre ou cinq chevaux à soigner.

Le 15 Octobre, nous apprenons que, par ordonnance du 8 Octobre dernier, M. de Villeneuve, notre Préfet, est nommé à la préfecture des Bouches-du-Rhône, et que M. de Guer, Préfet de la Mayenne, le remplace. MM. Labastide-Fossat, de Moissac, et Trincaud, de Lauzun, sont nommés conseillers de préfecture, à la place de MM. Assolent et Martinelly Gogelin qui occupaient provisoirement cette place; M. Godailh, nommé aussi provisoirement, est conservé, ainsi que M. Vignes, un des anciens conseillers.

L'archiduchesse, Marie-Louise, femme de Napoléon, pour éteindre

---

[1] On appela rue *Sainte-Anguille*, jusqu'en 1842, cette partie de la rue Porte-Neuve, qui va de la place de la Halle à celle de la chapelle Notre-Dame-du-Bourg.

tout esprit de parti, et prévenir toute espèce de discussion, a signé le 14 Septembre à Schœnbrun, un acte formel par lequel elle renonce, pour sa personne et pour son fils, au titre de Majesté et à toute prétention à la couronne de France.

Les frères Faucher de la Réole, accusés d'être chefs d'un parti de fédérés, sont condamnés à mort et exécutés à Bordeaux le 27 Septembre.[1]

Taxe de guerre de sept cents millions, imposée sur la France. Cent millions levés actuellement. La commune d'Agen doit payer la somme de quatre-vingt-six mille francs, sur cette taxe.

Copie d'une lettre écrite à M. le Préfet par M. le vicomte de Montmorency, chevalier d'honneur de Mme la duchesse d'Angoulême, au commencement du mois d'Octobre ; « M. le Comte, Madame vous « charge de témoigner aux habitants de la ville d'Agen, combien « elle a été sensible aux preuves d'affection qu'ils lui ont prodiguées « à son passage. Son Altesse Royale connaissait déjà l'excellent es- « prit qui les anime et il lui a été bien agréable d'en recevoir de « nouveaux témoignages. Madame vous recommande également de « faire tous ses remerciements aux jeunes gens qui ont bien voulu « traîner sa voiture. »

Le 22 Octobre un escadron de lanciers rouges de la vieille garde de Bonaparte arrive, pour être réuni au 1er régiment de lanciers en garnison dans cette ville ; former le 8e des chasseurs à cheval et ils ont tous été licenciés à la fin de cette année.

Aux mois de Septembre et Octobre, la dyssenterie a fait de grands ravages dans la ville et à la campagne. Il est mort un grand nombre de personnes de tout âge, surtout dans les paroisses de Sainte-Foi e Sainte-Radegonde.

Troubles à Montauban le 22 Octobre. Les lanciers rouges faisant

---

[1] La sécheresse avec laquelle Proché raconte l'exécution des frères Faucher, s'accentuera dans le récit de l'exécution de Murat : « Il a bien mérité son sort, » voilà tout ce que lui inspirera la tragique fin de cet homme qui fut le brillant prototype de l'empereur Maximilien. Proché était bon, cependant; il n'aurait pas fait de mal, comme on dit, à une mouche, mais la politique !...

partie du régiment dont un escadron arriva ici le même jour 22, voulaient entrer de force dans un bal. Les jeunes gens de la ville s'y opposaient, ce qui donna lieu à un combat. Deux citoyens furent blessés, cinq lanciers furent tués, les autres obligés à prendre la fuite et à se renfermer dans leur caserne. On sonne le tocsin ; quatre pièces de canon sont braquées contre la caserne. Les lanciers capitulent ; ils sont forcés de se retirer à Toulouse, et de partir pendant la nuit.

M. le marquis de Marnière de Guer, préfet de Lot-et-Garonne, arrive à Agen, le 2 Novembre. Sur le soir, il reçut la visite des fonctionnaires ; le lendemain, celle des adjoints de la mairie, le Maire étant absent, escortés par l'élite de la garde nationale ayant à sa tête la la musique de la légion départementale. Le nouveau Préfet passe ces troupes en revue. Au départ des adjoints, il a été fait une décharge d'artillerie sur la place royale et une autre, à leur retour.

Le dimanche, 5 Novembre, rixe à la salle de spectacle, entre les jeunes gens de la ville et les lanciers. Les premiers demandaient que l'orchestre jouât l'air : *Vive Henri quatre*, les lanciers s'y opposaient, de là des injures et des menaces. Les esprits s'échauffaient ; l'affaire pouvait devenir très sérieuse, l'alarme était dans toute la salle. Cependant la police parvint, non sans beaucoup de peine, à apaiser le tumulte. Mais craignant que ces scènes ne se renouvelassent, et n'eussent de suites fâcheuses, elle engagea la troupe des comédiens à aller à Montauban.

M. de Villeneuve-Bargemont, nommé préfet des Bouches-du-Rhône, part d'Agen pour Marseille, le 7 Novembre 1815.

Le 7 Novembre nous apprenons que Murat, ci-devant roi de Naples, a été fusillé dans cette capitale, le 13 Octobre dernier.

La chute de Napoléon, son beau-frère, a entraîné la sienne. Il pouvait cependant vivre tranquille, dans les Etats de l'Empereur d'Autriche, qui lui avait offert un asile, mais il avait oublié son origine, il voulait régner. Il a d'abord tenté de soulever la Calabre, ensuite la Corse et enfin le royaume de Naples, où il a essayé d'exciter les mouvements d'une guerre civile Il a donc bien mérité son sort.

Le 8 Novembre, MM. Boyer-Fonfrède père et fils, négociants de Toulouse, sont traduits par la gendarmerie dans les prisons d'Agen. On les accuse, dit on, d'être chefs de fédérés, c'est-à-dire libéraux et ennemis de la restauration. Ils sont arrêtés par ordre du Gouvernement.

Il y a depuis longtemps, dans Agen, quelques maisons où, malgré toutes les défenses qui ont été faites, les joueurs se rassemblent de la manière la plus scandaleuse et se livrent, la nuit et le jour, à des jeux prohibés. Plusieurs personnes de la ville et des cantons voisins, de tout âge et de toute profession, mais surtout de jeunes gens, dérangent ou compromettent leur fortune et celle de leur famille. Plusieurs sont déjà ruinés, d'autres sont criblés de dettes et accablés sous le poids de condamnation. Ils sont forcés de se cacher le jour, pour ne pas tomber entre les mains des huissiers, qui les guettent. Il y a lieu d'être surpris que la police tolère un pareil désordre, dans un moment surtout où le gouvernement s'occupe des moyens de régénérer leurs mœurs. Quelques officiers des régiments qui sont dans cette ville, entraînés par l'exemple, ont fréquenté ces maisons et ont fait des pertes considérables. Sur le point d'être licenciés et renvoyés dans leurs foyers, ils emportent de fâcheux souvenirs, et maudissent le séjour qu'ils ont fait à Agen.

Les sept compagnies de la garde nationale passent la revue du nouveau Préfet, sur l'esplanade du Gravier, le 12 Novembre. Ce même jour, M. Maréchal, major d'artillerie, a reçu de la part de la Mairie et des mains de M. le Préfet, en présence de la garde nationale formée en cercle, l'épée que le Conseil municipal avait résolu de lui donner par sa délibération du 24 Juillet dernier, comme je l'ai déjà dit, pour récompenser sa sage conduite dans la journée du 27 Juin, et les moyens qu'il avait employés pour éviter qu'il y eût du sang répandu. A la fin de cette cérémonie, M. Maréchal a embrassé les capitaines de toutes les compagnies. On avait été obligé de la différer, pour attendre l'épée qu'on avait fait venir de Paris. Sur la monture, sont gravés les armes de la ville et ces mots : *La ville d'Agen à M. Maréchal, major d'artillerie.*[1]

Orage épouvantable, le 15 Novembre; grêle, coups de vent impétueux pendant la nuit. Ce même orage s'est fait sentir à Bordeaux; il y a causé de grands dégâts, surtout dans le port et sur les promenades où il a renversé plusieurs arbres.

---

[1] Voir la note de la page 224.

Froid rigoureux pendant huit jours jusqu'au **30 Novembre**. Ce même froid a existé, pendant trois ans, à la même époque.

Le 4 Décembre, la compagnie des canonniers de la garde nationale fait célébrer, dans l'église de Notre-Dame, une messe pour la fête de Sainte-Barbe, leur patronne. Ils font don au gouvernement de la somme de 400 fr. qu'ils avaient destinée à un banquet. Ils se sont rendus à l'église, ayant à leur tête la musique de la légion départementale, qui a joué pendant toute la messe.

Le 3 Décembre, on reçoit à Agen, par la voie des journaux, le traité de paix du 20 Novembre dernier, entre le Roi de France et les puissances alliées. Tous les esprits sont dans la consternation.

Le 2 Décembre dispute au café Saubès entre les lanciers et des jeunes gens de la ville. Les lanciers tirent leurs sabres, les jeunes gens leur résistent. On crie aux armes. Les gardes nationaux accourent de toutes parts, les uns au café Saubès, les autres au corps de garde. Le commissaire de police et quelques officiers apaisent le tumulte, en renvoyant les lanciers à la caserne ; cependant on fait des patrouilles toute la nuit.

Le 7 Décembre, le général Fournier arrive à Agen pour opérer le licenciement des lanciers qui y sont en garnison. Il choisit les hommes et chevaux propres à servir dans la garde royale. Le licenciement des lanciers rouges a été terminé le 20 Novembre, et celui du 1er régiment le 26 du même mois. Cette opération s'est faite dans le plus grand ordre. Les officiers et soldats ont montré la plus grande soumission aux ordres du Roi. Toutes les armes et l'équipement ont été renfermés dans les salles de la Préfecture, où sont aussi déposées les armes des divers corps d'infanterie qui ont été licenciés précédemment. Les lanciers choisis par le général Fournier pour entrer dans la garde royale, au nombre de quarante, sont partis à cheval, le 26 Décembre. Tous les autres ont été renvoyés dans leurs foyers avec un feuille de route, trois sous par lieue et le logement. Ainsi la ville d'Agen se trouva débarrassée de troupes. La caserne est fermée. Il ne reste que le colonel, quelques officiers et soldats de la légion de Lot-et-Garonne.

La maison de M. Rivière, avocat général, dans la rue des Juifs, a été construite en 1813 et 1814.

Expédition de la garde nationale d'Agen à Puymirol, le **16 Décembre 1815**, chez les sieurs Bonnet père et fils. Ils avaient été dénoncés, comme cachant dans leur maison des gens suspects et des armes, on n'y a rien trouvé.[1]

---

[1] Des Agenais qui figurèrent dans cette expédition, aucun ne survit à cette heure, mais nous l'avons souvent ouï conter. On était au 16 décembre. Une neige épaisse tombée dans l'après-midi s'était conservée, grâce à un froid très vif. Les citoyens qui étaient de garde arrivaient au poste, serrés dans leurs habits et soufflant sur leurs doigts. L'appel fait, on ferma les portes et le lieutenant qui commandait exposa que, des suspects de haut rang se cachant dans un château situé non loin d'Agen, il importait au salut de la patrie qu'on s'emparât au plus tôt de leurs personnes. Comme la moindre indiscrétion eût compromis le succès de l'entreprise, aucun des hommes présents ne fut admis à prévenir les siens qu'il ne rentrerait pas, sans doute, avant le jour. La petite troupe partit à neuf heures, observant un grand silence et marchant d'un pas rapide. Elle avait pris la route de Toulouse et l'avait suivie jusqu'à Granfonds, où elle tourna vers Puymirol. A minuit, elle gravissait, sur le coteau qui fait face à ce bourg, le monticule de Pechredon. On fit halte à quelques pas du logis, propriété, avant la Révolution, des Annonciades d'Agen, dont M. Bonnet, marchand de biens, s'était rendu acquéreur en l'an VI. Le lieutenant donna à ses hommes de courtes instructions et frappa deux coups à la porte. Rien ne bougeant, il frappa deux autres coups. Une fenêtre s'ouvrit, quelques mots brefs s'échangèrent, puis le lieutenant fut introduit, immédiatement suivi par ses soldats. On eut beau fouiller des yeux et des baïonnettes tous les coins et recoins de la maison ; maîtres et valets exceptés, elle ne cachait âme qui vive. Cependant, il gelait toujours à pierre fendre et les appétits, aiguisés par une marche de trois heures, compliquée d'une montée rude, demandaient à faire leur preuve. Il y avait et il y a encore à Pechredon une belle et large cheminée dont le manteau est orné de curieuses sculptures et où l'on pourrait faire cuire un bœuf; on y jeta des brassées de bois sec, après quoi une soupe à l'ail fut mise en train, en même temps qu'une friture de quartiers d'oie nouvellement confits. On fit honneur à ces mets de haut goût, assaisonnés d'un bon petit vin du crû. Le but de l'expédition était manqué, mais les estomacs étaient contents. Il y eut des remerciments courtois, puis on reprit le chemin de la ville, où l'on n'arriva qu'avec l'aube. Chaque homme, en rentrant au logis, portait la tête un peu plus haut que de coutume, en dépit d'une nuit blanche, et se sentait au cœur une pointe d'orgueil. C'est qu'avant de se séparer, le lieutenant, les faisant ranger en cercle, leur avait dit mystérieusement, que la pie échappée du nid de Pechredon, n'était rien moins que le général Clausel. Ce futur maréchal de France avait, il faut le reconnaître, une bonne raison pour ne pas se

M. Jalabert, ministre protestant de Montagnac-sur-Lède, se suicida par l'effet d'une terreur panique. Des gendarmes s'étaient rendus à Gavaudun, canton de Monflanquin, pour faire quelques arrestations qui ne réussirent pas ; à leur retour, ils passèrent auprès de la maison de M. Jalabert, et, comme il avait été député par l'arrondissement de Villeneuve à l'assemblée convoquée à Paris par Napoléon, après sa rentrée, il crut que les gendarmes avaient ordre de l'arrêter ; et pour ne pas tomber entre leurs mains, il se tira deux coups de pistolet ; il n'avait pas réussi au premier coup. M. Jalabert était généralement estimé à cause de sa probité et de ses talents ; il avait été longtemps administrateur du département, mort le 10 Décembre 1815.[1]

Les deux officiers, les nègres et autres brigands dont j'ai déjà parlé, qui avaient commis tant d'excès dans les arrondissements de Marmande et de La Réole, et qui avaient été traduits dans les prisons d'Agen, ont été jugés le 18 Décembre, par la Cour d'assises de Bordeaux. L'un des officiers, nommé Varret, a été condamné à mort ; l'autre, nommé Duclos, à vingt ans de fers ; plusieurs nègres ou blancs, aux fers ou à la réclusion. Les autres ont été acquittés.

Arrêté de M. de Guer, Préfet, du 3 Janvier 1816, qui prohibe le jeu de baccarat dans les sociétés et cafés.

---

laisser prendre, le corps du maréchal Ney, condamné le 4 du mois courant et exécuté le 9, étant encore à peine refroidi.

[1] Ce suicide du pasteur Jalabert rappelle, par les circonstances morales où il s'est accompli, celui de Mme Barret-Lavedan rapporté à la date du 9 août 1815. Dans les deux cas, le motif déterminant a été un trouble profond et subit de l'esprit, occasionné par les vicissitudes de la politique. Le suicide n'est, à vrai dire, qu'une des formes de la folie, et la folie fait surtout des victimes dans les temps de révolution. Les situations changent, des fortunes s'écroulent, d'autres s'élèvent brusquement ; les voix menaçantes des partis se croisent à travers les rues, semant partout des terreurs sous le poids desquelles succombent les esprits faibles. Un médecin légiste distingué, M. le docteur Bergeret, a vu les cas d'aliénation mentale, à la suite de la révolution de février 1848, atteindre un chiffre dix fois plus fort qu'aux époques ordinaires. Voir dans les *Annales d'hygiène et de médecine légale*, IIe série, tome XX, p. 140, le très intéressant mémoire intitulé : « Cas nombreux d'aliénation mentale d'une forme particulière ayant pour cause la révolution politique et sociale de Février 1848. »

M. le duc d'Angoulême, après avoir réglé les affaires qui l'avaient forcé d'aller à Perpignan, et engagé le général Castanos à rentrer en Espagne, passe par Lyon, Toulouse, Auch, Bayonne, et arrive à Bordeaux le 27 Décembre 1815. Il part pour Paris le 7 Janvier 1816.

1816. — Les Sous-Préfectures dans les chefs-lieux de département sont supprimées par une ordonnance royale du 20 Décembre 1815. Cette administration est réunie à celle des préfectures. M. Léotard, Sous-Préfet d'Agen, cesse ses fonctions au mois de Janvier 1816.

La légion du département de Lot-et-Garonne, organisée depuis peu de jours, encore peu nombreuse, ayant à sa tête, M. Goujon, prête serment de fidélité au Roi, le 14 Janvier, entre les mains du général Rouget, en présence de M. le Préfet de Guer. Cette cérémonie a lieu sur le Gravier, au milieu d'un grand concours de peuple. La garde nationale, qui y avait été invitée, y a assisté en grande tenue. Le général a remis à la légion un drapeau blanc provisoire, en attendant que le gouvernement envoie celui qui lui est destiné. Il a prononcé, à ce sujet, un discours qui a produit le plus grand effet tant sur la troupe que sur les spectateurs, et à la fin duquel on a entendu très longtemps les cris de : *Vive le Roi !* Dans les intervalles, la musique a joué les airs chéris des Français : *Vive Henri IV; Où peut-on être mieux*, etc.

La société connue sous le nom de *la Grande-Horloge*, qui existait depuis près de soixante ans, s'est dissoute dans le mois de Janvier 1816, à cause de la différence des opinions politique de ses membres. Le parti royaliste avait tenté de faire une épuration. Ceux dont on avait voulu se défaire, eurent le dessus, mais comme ils étaient trop peu nombreux pour fournir aux dépenses, ils sont obligés de se séparer. Dans une Assemblée générale, tenue le 31 décembre 1815, il avait été décidé qu'on céderait tous les meubles au concierge qui payerait les dettes, montant à la somme de onze cents francs ; ces meubles ont été estimés quinze cents francs et la société à fait don de l'excédant au concierge. La porte a été fermée le 15 Janvier. La maison appartenait alors à la famille Sevin qui l'a vendue à M. Chéri Casse,[1] gendre de M. Leigniac, négociant. Cette même société se

---

[1] Cette maison, qui appartient à M. Aunac, banquier, porte le n.º 24, et est actuellement occupée par MM. Despeyrous et Lerou, négociants.

réunit quelques mois après, dans la maison de M. Goulard, près le marché au blé ;[1] mais ne trouvant pas ce local suffisant,elle s'établit dans la rue de la Grande-Horloge, maison de M. Faucon, négociant.[2] Elle n'a occupé la maison de M. Goulard que pendant un an. Elle est encore dans celle de M. Faucon à la fin de 1821. Cette société n'existe plus depuis la fin de 1822.

Service funèbre pour Louis XVI dans toutes les églises de France, le samedi, 20 Janvier. Cette cérémonie annoncée la veille, au déclin du jour, et le lendemain dans la matinée au son de toutes les cloches de la ville, s'est faite à Agen, dans l'église cathédrale. Un superbe catafalque était élevé au milieu de la nef ; des milliers de flambeaux brûlaient sur les gradins qui entouraient le monument surmonté par les attributs de la royauté. La messe a été célébrée par Mgr l'Evêque et chantée par les élèves du séminaire. Le testament de Louis XVI a été lu en chaire par un des chanoines. Toutes les autorités y ont assisté, escortées par la garde nationale, la légion du département et la gendarmerie. Le général et les officiers avaient un crêpe au bras et à leurs épées, les juges à leur toque. Les soldats portaient les armes renversées ; les drapeaux étaient garnis de cravates noires, les tambours d'un drap noir. Cette solennité, d'après une ordonnance du 17 Janvier 1816, aura lieu, tous les ans, le 21 Janvier. Elle a été célébrée, cette année le 20, parce que le 21 se trouvait un jour de dimanche. Ce jour là tous les travaux seront suspendus, les spectacles interdits, les cafés fermés.

Une croix en fer a été placée à l'entrée de la place de la cathédrale, le 31 Janvier, et bénie, le 2 Février, par Mgr l'Evêque accompagné de son clergé.

M. Léotard, ci-devant Sous-Préfet d'Agen, est installé, en la même qualité, à Marmande, au commencement du mois de Février.

En vertu d'un arrêté du Préfet, du 13 Février, on établit des postes de la garde nationale aux portes de la ville, où aboutissent les grandes routes, et au passage de la Garonne, pour visiter les passe-

---

[1] C'est aujourd'hui la maison Badiou-Meaux, sur la place de la Halle, presque à l'entrée de la rue Porte-Neuve.

[2] Actuellement maison Dumon et partie, croyons-nous, de la maison Bouchou, aux numéros 55-57 de la rue Grande-Horloge.

ports des voyageurs. Ces mesures, dit-on, son prises pour tâcher d'arrêter quelques personnes portées dans l'article premier de la loi d'amnistie, du 24 Juillet 1815. On soupçonne qu'elles sont cachées dans ce département. Ces mesures alarment les cit-yens, qui les attribuent à d'autres motifs, surtout au bruit qui s'était répandu que Bonaparte était rentré en France. On met en prison un voyageur qui avait dit, dans une auberge, que l'Empereur était à Lyon ; il a été mis en liberté après avoir été entendu par le commissaire de police.

Le sieur Sarrau, habitant d'Agen, rue Porte-du-Pin, est arrêté et mis en prison le 21 Février 1816, par ordre du Préfet ; d'autres prétendent que c'est par ordre du gouvernement. On sait qu'il a joué un grand rôle, après la rentrée de Napoléon, auprès du Préfet Rouen des Mallets, dont il était le conseil et le principal appui.

Le 25 Février, il part vingt-cinq hommes de la légion de **Lot-et-Garonne**, pour l'île de Rhé, où ils doivent s'embarquer avec d'autre soldats fournis par les départements, pour être transportés à la Martinique et à la Guadeloupe. Ces hommes sont partis de bonne volonté ; ils ont même demandé à faire partie de cette expédition, qui se réduit à garder les forts de ces deux îles.

Une ordonnance de police, du 12 Février, affichée aux lieux accoutumés, défend les mascarades pendant le carnaval, et toute espèce de chant et de rassemblement dans les rues et sur les places publiques de la ville, précaution très sage dans ces circonstances. Des gens parcourent les villes et les campagnes, où ils répandent les nouvelles les plus absurdes et les plus grossières ; ils cherchent à corrompre l'esprit public. Les maires sont invités à exercer la plus exacte surveillance et à faire arrêter ces perturbateurs. Les officiers de police, les gardes nationales, la gendarmerie, les gardes champêtres et forestiers sont requis de les rechercher de la manière la plus active et de les conduire dans les prisons. Deux particuliers regardés comme suspects, l'un de Monclar, l'autre de Puymirol, sont envoyés, le premier à Damazan, l'autre à Marmande, par ordre du Préfet, sous la surveillance des maires de ces deux villes. Ils partent le **1er Mars**.

Le 27 Février, vers dix heures du matin, après un coup de feu qu'on entendit dans les ilots qui bordent la Garonne derrière les cafés, on trouva le cadavre d'un homme qui venait de se brûler la cervelle ; son visage et son crâne étant brisés, il n'était pas possible de le reconnaître. Le juge de paix s'y transporta et fit un procès-verbal. On trouva dans une des poches de son habit une lettre qu'il écrivait aux commissaires de police d'Agen. Il les priait de ne pas rechercher les auteurs de sa mort, s'étant, disait-il, tué lui-même pour terminer les souffrances que lui causait une maladie dont il était atteint, et qu'il prévoyait devoir être longue (il était pulmonique). Il désignait l'auberge où il était logé à Agen, et déclarait ne rien devoir à personne. Il salue les messieurs de la police et se signe : Guillaume Berthier, dentiste, de Troyes. Il avait vingt sous dans une poche. On a su qu'un instant avant de se donner la mort, il était entré dans un café, où il avait bu un petit verre de liqueur, qu'il avait payé, et qu'ensuite il avait longtemps regardé jouer au billard. La police a fait porter le cadavre au cimetière de Sainte-Foi.

Mort de M. du Mirail, rue du Cat,[1] le 29 Février. Il tenait un rang distingué dans cette ville, à cause de ses richesses, de sa générosité et des secours qu'il prodiguait aux pauvres. Il y avait, tous les jours, table ouverte, chez lui, pour les étrangers, mais il fallait être rendu à midi précis ; c'était l'heure de son dîner.

Les assises de la Cour royale commencent le 1er Mars 1816, par l'affaire des vingt-deux brigands de la bande de Florian, qui avaient commis tant d'excès dans les cantons de Miramont et Seyches, arrondissement de Marmande. Les débats ont duré six jours. Le 6 Mars, vingt ont été condamnés aux fers à perpétuité ; deux ont été acquittés; quelques-uns des condamnés, après avoir entendu leur arrêt, se sont livrés aux emportements de la fureur, ont poussé des cris horribles, et fait des menaces aux juges et aux jurés. Ils ont dit que bientôt Napoléon viendrait les délivrer et les venger ; ils n'ont cessé de crier : *Vive l'Empereur* jusqu'à la prison. L'un d'eux, ancien officier de gendarmerie, âgé de 74 ans, a été condamné à une prison perpétuelle, à cause de son grand âge.

---

[1] Le bel hôtel construit, il y a quelques années, par M. de Sevin-Piscille, aujourd'hui propriété de Mme veuve de Garin, occupe l'emplacement de la maison dont M. du Mirail avait fait, comme on voit, un réfectoire ouvert aux étrangers. Proché eût pu dire que les Agenais y étaient aussi reçus et que la chère y était simple et bonne, à l'égal de l'amphytrion à qui on passait aisément sa toquade concernant l'heure du repas.

Pendant la séance de la matinée du 5, un particulier se plaignit qu'on lui avait volé, dans la poche un portefeuille contenant des effets de commerce. Le président en étant informé, fit fermer toutes les portes et fouiller toutes les personnes présentes. Cette mesure fut inutile ; on ne put découvrir le voleur. Le 9 mars, M. Cruzel, de Villefranche, canton de Casteljaloux qui, dans une rixe, avait tué, le 2 Décembre dernier, dans une auberge de Marmande, le sieur Laliman, de Gontaud, a été acquitté, d'une voix unanime, par le jury, qui a reconnu sans doute, que l'accusé avait été porté à ce meurtre, par une provocation violente. M. Cruzel, a été défendu par M. Baradat.

Le dimanche, 10 Mars, la garde nationale assiste à la messe militaire, à onze heures du matin, dans l'église de Notre-Dame. Chaque compagnie doit y assister à son tour, précédée de la musique et des sapeurs. Celle des canonniers a été la première, et comme un détachement de la légion assiste à la même messe, les deux troupes seront commandées alternativement par un officier de la garde nationale et un de la légion. Il en sera de même de la musique des deux corps. La garde nationale aura toujours le pas sur la troupe soldée. Après la messe, deux détachements, avec la musique, vont défiler, sur la place du Palais, devant le général, les officiers et le maire.

Le 25 mars, rixe entre les royalistes et les fédérés, vers dix heures du soir, dans un café, rue du Temple. Les premiers, au retour d'une fête votive, sachant que les fédérés fréquentaient ce café, y entrèrent en criant: *Vive le Roi!* et en chantant l'air: *Vive Henri IV.* Les fédérés voulurent faire chorus avec eux, mais ceux-ci croyant s'apercevoir qu'ils faisaient quelques changements aux paroles de la chanson, leur en firent de vifs reproches, ce qui attira une explication qui dégénéra en dispute, en injures et en menaces. Le tumulte fit rassembler une foule de peuple. On alla chercher la garde qui accourut, mais elle était insuffisante pour y mettre ordre. Elle arrêta deux gendarmes qui, au lieu de faire leur devoir, s'étaient réunis aux fédérés et les conduisit au corps de garde. Pendant cette marche, depuis la rue du Temple, jusqu'à la commune, la foule augmenta considérablement, de sorte que la place du Palais était entièrement occupée. Cependant le maire, le commissaire de police et plusieurs bons citoyens, qui se joignirent à eux, parvinrent à dissiper ce rassemblement, et cette affaire n'eut pas d'autre suite. Le jour précédent, il y avait eu aussi du bruit à la salle de spectacle. On était dans l'usage d'y chanter, entre les deux pièces, une cantate à l'honneur du Roi, ce qui ne plaisait pas à tous les spectateurs. Un grenadier de la légion ayant témoigné du mécontentement à ce sujet, la majeure partie du parterre indignée, demanda qu'il fût mis dehors ; le grenadier s'y refusa, ce qui causa du trouble ; un des adjoints du maire, descendit de sa loge au parterre, ordonna au grenadier de le suivre à la mairie, et l'envoya ensuite en prison, se réservant d'en instruire le colonel. Le lendemain, un capitaine de la légion, M. Desmolin, se rend chez l'adjoint, et, d'un ton violent, lui demande pourquoi il avait fait arrêter le grenadier. Les propos s'échauffent au point que la femme de l'adjoint, qui, d'une chambre voisine, avait entendu qu'on menaçait son mari, entra brusquement, saisit le capitaine, le conduisit auprès de l'escalier et le poussa avec tant de force qu'il fut en danger de tomber. Il se retira très mécontent. L'adjoint dressa procès-verbal de ce qui s'était passé, puis l'envoya au général et au colonel de la légion, qui l'ont adressé au ministre de la guerre. Le colonel a tenu cet officier aux arrêts pendant quinze jours. J'ai rapporté ces deux affaires, pour faire connaître quel était l'esprit public, à cette époque.

État de la France au mois d'Avril 1816. — Le char de la révolution a écrasé les factions qui prétendaient le diriger. Il s'est brisé lui-même en roulant sur des cadavres et des ruines. L'expérience parle, la raison écoute, le gouvernement veille et la justice agit. Les ruines nous instruisent, les tombeaux sont éloquents. Les ambitieux n'ont qu'à lire et à regarder. Tous les dangers seraient pour eux dans des tentatives insensées. La France est encore couverte de victimes vivantes de leurs fureurs. Le char de l'antique monarchie a recommencé sa course paisible, conduit par le temps et la vertu, la sagesse et l'amour, suivi par l'espérance et par les vœux d'un peuple fidèle à ses Rois. Tous les prestiges de l'amour des conquêtes se sont évanouis, toutes les théories démocratiques sont décriées, tout ce qui est exagéré en avant et en arrière de la charte, est repoussé par l'opinion publique. Il est encore des rêveurs de républiques, sans crédit, des ambitieux, sans but, des furieux compromis, des mécontents dont le nombre diminue sensiblement. Le parti le plus nombreux, le seul puissant, le seul raisonnable, le seul qui doive triompher, c'est celui de la modération. Un Roi sage, éclairé, prudent est assis sur le trône. On reconnaît que tous les maux de la France sont nés de tous les excès. La modération reprend ses droits, et redevient vertu, vertu utile, nécesaire au gouvernement, à l'Etat, à tous les citoyens. Tout s'organise, tout veut marcher. Toutes les administrations, toutes les cours, sont changées ou réformées, tout est dans le sens de la monarchie ou forcé d'y rentrer. L'opinion se prononce entre tous les extrêmes et hors des excès qui pourraient tout perdre. Il n'est plus qu'une manière de servir le Roi et de sauver la France, c'est de respecter la loi de l'Etat. L'amour de la patrie est dans tous les cœurs. Les sentiments sont purs, les sentiments sont droits, c'est là que l'exagération est sans danger. La loi de l'Etat est cette règle et cette borne sacrée en deçà et au delà de laquelle tout deviendrait péril, désordre et confusion.[1]

---

[1] Ce passage, — dans l'argot du jour on l'apppellerait une *tartine*, — ce passage a certainement donné à Proché bien du travail et, une fois écrit, un mouvement d'orgueil. On croit le voir, pour se faire la main à la façon des maîtres d'écriture, absorber des lampées copieuses de Bossuet et de Montesquieu. Il a du premier, en inconsciente parodie, la visée majestueuse; du second, comme par placages, la phrase courte, découpée, le balancement rythmique. C'est amusant; mais ce qui l'est davantage, dans ce produit d'une veine trop enflée, c'est l'abus de l'allégorie. Avec quel à-propos succède au « char de la Révolution, qui se brise sur des cadavres, » celui de « l'antique monarchie, qui recommence sa course paisible, » ayant pour conducteurs « le Temps et la Vertu, la Sagesse et l'Amour, » pour cortège « l'Espérance et les vœux d'un peuple fidèle à ses rois. » Ces vœux, — une pure abstraction, — accouplés avec l'Espérance, une vertu divinisée, un être bien concret, vivant et agissant, font dans l'attelage du char, dans sa suite, voulions-nous dire, une singulière figure. Ils nous font songer malgré nous à ce mot d'un procureur-général, des plus distingués qu'ait eus la Cour d'Agen, mot prononcé en plein réquisitoire, dans une très grave affaire : « Alors M. de G. entra, portant sur son front sa casquette et sa rougeur. » N'oublions pas, pour innocenter Proché, que l'allégorie régnait de son temps, à côté de la métaphore, qui n'en est qu'un diminutif. L'illustre Gros, à cette époque, ornait les plafonds du Louvre de compositions dont le titre fait sourire : *Mars couronné par la Victoire, écoutant la Modération, arrête ses coursiers et baisse ses javelots, — le Temps élève la Vérité sur les marches du trône ; la Sagesse l'y reçoit sous son égide et un Génie naissant l'écoute*, etc., etc.. La correction élégante ou la force du dessin, la richesse de la couleur, la clarté simple ou la majesté de l'ordonnance, atténuaient, il est vrai, au point de la faire oublier, la fadeur de ces allégories.

D'après des notes signées par le duc de Wellington, les forces étrangères qui entrèrent en France, après la bataille de Waterloo, s'élevaient à l'effectif de 1,140,000 hommes, sans compter les réserves russes et autrichiennes et l'armée espagnole, qui étaient en mouvement.

Nouvelle organisation de la Légion d'honneur ; ordonnance du Roi à ce sujet, du 26 Mars 1816.

La Légion est instituée pour récompenser les services civils et militaires.

Le 10 Avril, les bouchers promènent dans les rues de la ville, deux bœufs remarquables par leur taille et leur embompoint, destinés à être assommés la veille de Pâques. Ils avaient été achetés entre Tonneins et Clairac, et avaient coûté 1,600 francs. La viande a été vendue 20 sous la livre. Le lendemain de leur mort, à midi, il n'en restait pas une livre à la boucherie.

Les MM. Boyer Fonfrède, père et fils de Toulouse,[1] qui avaient été conduits dans les prisons d'Agen, il y a environ trois mois, par ordre du ministre de la police, en sont sortis le 28 Mars 1816, et sont partis pour Lausanne, en Suisse, où ils doivent rester en exil.

Le 7 Avril, on a vu à Paris, manœuvrer un bateau au moyen d'une machine à vapeur, inventée par le colonel Fulton, des Etats-Unis d'Amérique.

Le 11 Avril, on apprend par le *Moniteur*, que le Ministre de la Justice avait présenté, le 6 du courant, un projet de loi relatif à la

---

[1] Les Boyer Fonfrède n'étaient pas de Toulouse, comme le dit Proché, mais de Bordeaux, où ils ont toujours vécu. Ceux dont il est question dans ce passage, étaient le frère et le neveu du député girondin qui, partageant le sort de ses collègues, fut exécuté à Paris le 31 Octobre 1793. Le premier, qui avait été colonel de la Fédération du Midi en 1815, mourut en Mai 1845 ; le second Henri, son fils, né le 21 Février 1788, entra jeune dans le journalisme ou sa verve et son énergie devaient trouver leur plus brillant emploi. Il

suppression des Cours royales d'Agen [1] et d'Angers. Cette nouvelle attriste tous les habitants de notre ville. Toulouse a toujours vu, avec peine, que la Cour d'Agen eut deux chambres, tandis qu'elle n'en avait qu'une, aussi elle n'a jamais cessé d'agir auprès du gouvernement, pour faire cesser, ce qu'elle appelait un *scandale*. Environ quinze jours après, on apprend que, sur la représentation de la Chambre de Paris, le gouvernement avait suspendu la discussion sur cet objet, jusqu'à ce qu'il soit fait un rapport général sur les tribunaux de France.

Le magasin à poudre de Toulouse a été incendié le 16 Avril, vers quatre heures de l'après-midi. Trois grands édifices servant de moulin ou de magasin renfermant douze cent-vingt quintaux de poudre, ont éclaté avec un grand fracas. Les secousses causées par l'explosion ont renversé plusieurs maisons voisines. L'île où était cette poudrière a été bouleversée. La ville a souffert des dégâts considérables. Il y a péri environ vingt personnes.

Le 22 Avril, sépulture du sieur Durand amidonnier, lieutenant des canonniers de la Garde nationale, à laquelle ont assisté tous les officiers et canonniers de ce corps. Bon père, bon mari, excellent citoyen, il est généralement regretté. Rien ne prouve mieux l'es-

---

fut remarqué comme publiciste parmi les hommes de talent qui, en province ou à Paris, professaient les principes libéraux. Très ouvert à la poésie, il se délectait à relire Jasmin, qui me disait de lui, au retour d'un voyage à Bordeaux où il l'avait beaucoup vu : « Quel diable d'homme ! Il raffole des vers et il vit de politique. Du diable si j'y comprends rien ! » Il y comprenait si peu qu'il me donna, ne sachant trop qu'en faire, le recueil en dix volumes, où son admirateur girondin avait mis l'œuvre de sa vie, ses articles de polémique courante et d'économie sociale. Henri Fonfrède est mort vers 1841.

[1] L'existence de la Cour d'Agen est inévitablement remise en question à chaque révolution nouvelle, qu'il sorte de cette révolution une monarchie ou une république ; mais jamais le danger ne fut plus grave qu'il ne l'était il y a deux mois. La passe est franchie et les Agenais respirent. Espérons qu'il y en a pour longtemps.

time dont il jouissait, que l'honneur que lui ont fait MM. le maire et ses adjoints, d'assister à son convoi. Il laisse neuf enfants à sa femme encore jeune. Il était âgé d'environ quarante ans ; il est mort d'une maladie de poitrine.

Débordement de la Garonne, le 25 Avril. Les allées du Gravier et le Grand Chemin sont couverts, aussi bien que le jardin de M. Lomet. [1] Il y a trois pieds d'eau sur le Gravier.

Par arrêté de M. le Maire du 27 Avril, approuvé par M. le Préfet, il est défendu à toute personne de porter des bonnets rouges, ni aucun signe aux trois couleurs, comme rappelant le régime révolutionnaire de 1793, et pouvant servir de ralliement aux mal intentionnés. Les gendarmes chargés de l'exécution de cet arrêté, l'interprétant trop rigoureusement, voulaient faire quitter les bouquets où ils croyaient voir les trois couleurs, aux jeunes gens qui se promenaient sur le Gravier, le dimanche 28 Avril. Ceux-ci firent résistance, ce qui donna lieu à des rassemblements qui faillirent devenir sérieux. Deux jeunes gens furent arrêtés et conduits dans les prisons du Chapelet. On les mit en liberté deux heures après.

Le 28 Avril, on apprend que M. de Guer, préfet de Lot-et-Garonne, passe à la préfecture du Morbihan, et que M. Musnier de la Converserie, actuellement préfet du Morbihan, passe à celle de Lot-et-Garonne.

Le 5 Mai, en vertu d'un mandement de M. l'Evêque, le *Te Deum* a été chanté à la Cathédrale, au sujet de l'anniversaire du retour du Roi et de la famille royale, et pour remercier la divine Providence de l'heureuse alliance qui doit unir bientôt deux branches de la famille des Bourbons, par le mariage de M. le duc de Berry, avec la fille du prince héréditaire des Deux-Siciles. Les autorités ont assisté à cette cérémonie. Elles étaient escortées par toute la garde nationale et la Légion départementale, avec chacune sa musique. Le drapeau blanc flottait à toutes les fenêtres. En sortant de la Cathédrale, le cortège s'est rendu à la Préfecture pour l'inauguration du buste

---

[1] Ancien jardin du couvent des Capucins, appartenant aujourd'hui, partie à Mme veuve Labie, petite-fille de Lomet, partie à M. Delard.

de Louis XVIII, destiné à être placé dans la caserne ; quatre officiers de la légion le portaient. La garde nationale s'est formée en demi-cercle sur le pré, devant la caserne, la légion s'est placée vis-à-vis. Le buste était au centre, entouré par les états-majors. Le général Rouget, commandant le département, a prononcé un discours relatif à la cérémonie qui s'est terminé aux cris de : *Vive le Roi!* répétés par la troupe et un peuple immense. Le buste de S. M. couronné d'immortelles a été ensuite déposé dans un lieu apparent de la caserne, par le corps des officiers, accompagnés de la musique. L'illumination n'a pu avoir lieu à cause du mauvais temps.

M. le marquis de Guer est parti d'Agen pour Vannes, le 7 Mai. Il n'a resté dans ce département que six mois dix jours. Le même jour, M. Musnier de la Converserie, chevalier de Saint-Louis et de la Légion d'honneur, est arrivé. Il a été installé par MM. les conseillers de préfecture, dans la matinée du 8.[1]

Le temps est très dérangé depuis six mois ; l'hiver a été très pluvieux, ainsi que le commencement du printemps. Depuis le 20 Mars, il n'y a pas eu un seul jour beau fixe ; toujours pluie ou brouillard ; la Garonne a été toujours pleine et prête à déborder. La récolte souffre, on ne peut travailler les vignes ; le peuple est dans la consternation.

Le 13, il a été fait une procession générale, sur la demande que M. le maire a faite à M. l'Evêque, pour prier Dieu de faire cesser la pluie. M. l'Evêque y a assisté avec son chapitre et tout le clergé de la ville. La procession est sortie après la grand'messe. Elle s'est rendue à l'église de Notre-Dame où elle a fait une station ; de là, passant par la rue du Cat et celle de la Porte-Neuve, elle est entrée dans la chapelle de Notre-Dame du Bourg, où il a été fait des prières. Ensuite elle a suivi la Cornière et est rentrée à la Cathédrale.

---

[1] M. Musnier de la Converserie était un homme de mœurs très douces, né à Bergerac ou aux environs. Il dirigea les affaires du département pendant douze années, du 18 avril 1816 au 23 novembre 1828. De tous les préfets qui se sont succédés depuis 1800 dans le Lot-et-Garonne, seul M. Brun y avait rempli une plus longue magistrature (21 janvier 1833,—1er mars 1848).

On a jamais vu dans Agen autant de monde à la suite d'une procession. Elle s'est faite sans pluie. Il y aura, pendant six jours, des prières dans les quatre paroissses, à 6 heures du soir, jusqu'au 19 Mai inclusivement. Le Ciel a exaucé nos prières, le temps a bientôt changé et se soutient au beau.[1]

M. Lugat, maire et ses adjoints, MM. Chaudordy et Bory, fils, ayant été confirmés dans leurs fonctions, par ordonnance du roi, du 25 avril 1816, ont prêté serment au roi devant M. le Préfet, La Converserie, dans une salle de la mairie. Un détachement de la garde nationale précédé de la musique et des tambours, est allé chercher M. le Préfet dans son hôtel, et après la cérémonie, l'a accompagné chez lui. Il a été fait plusieurs décharges d'artillerie ; la cloche de la Commune a sonné pendant la cérémonie à laquelle ont assisté M. le général Rouget, le colonel et le lieutenant-colonel de la légion départementale.

Le nouveau préfet a passé la revue de la Garde nationale d'Agen le 19 mai, sur l'esplanade du Gravier, en présence du général, du colonel et du lieutenant-colonel de la légion qui y a assisté en armes. Le temps était très beau. Cette revue a eu lieu à l'issue de la messe militaire.

Les brigands de la bande de Florian, qui avaient été jugés pendant les assises du mois de mars dernier, s'étaient pourvus en cassation. Leur pourvoi a été rejetté. En conséquence douze d'entr'eux ont été exposés sur la place publique et flétris le 22 mai. L'officier de gendarmerie jugé avec eux, a subi seulement l'exposition à cause de son grand âge. Leurs complices, au nombre de six, condamnés en même temps, n'ont pas été exposés. Ils sont partis le même jour pour Limoges, où ils doivent être jugés pour d'autres crimes qui méritent la peine capitale. Pendant qu'on ramenait les autres dans la prison, et pendant qu'ils étaient exposés, non contents de crier sans cesse :

---

[1] De ce passage, comme de plusieurs autres que je n'ai pas relevés, il résulte manifestement que Proché, s'il prenait des notes tous les jours, au fur et à mesure des évènements, ne les mettait au net que plus tard. Il pleuvait encore le 12 quand la procession fut faite, mais il fallait évidemment qu'une suite de jours se fût passée pour qu'il pût dire avec raison que « bientôt le temps avait changé, » et surtout « qu'il se soutenait au beau. » Ceci eut dû être mis en note.

Vive l'Empereur ! ils ont proféré mille imprécations, et vomi des injures contre les personnes qui les regardaient, soit sur la place, soit en passant dans les rues ; mais leurs cris étaient étouffés par ceux du peuple qui leur répondait par ceux de : *Vive le Roi !* Dès qu'ils sont arrivés dans la prison, ils n'ont cessé de faire des tentatives pour s'évader, brisant leurs fers, rompant les barreaux et faisant des trous profonds dans les murs. Ils ont tenu la police en surveillance, nuit et jour. On leur a trouvé des outils, comme limes, marteaux, ciseaux, sans qu'on ait pu savoir comment ils se les étaient procurés.

Le 25 Avril, arrivée de M. le marquis du Barrail, maréchal de camp, nommé Grand Prévôt de la Cour Prévôtale de Lot-et-Garonne. Il a prêté serment en cette qualité, devant la Cour royale d'Agen le 27 Avril 1816.

Le 30 Mai installation de la Cour Prévôtale d'Agen dans la grande salle du Palais. Cette Cour était composée d'un président, du Grand Prévôt et de quatre juges du tribunal de première instance. Elle connaissait des crimes attribués aux Cours spéciales. Il y en avait une dans chaque chef-lieu de département. Ces cours n'ont subsisté que très peu de temps.

Assises du mois de Juin. Une jeune femme du canton de Castillonnès, nommée Catherine Dubois, femme de Pierre Meyniel, convaincue d'avoir tué son père, avec l'aide de son mari, est condamnée à mort, et à avoir préalablement le poing coupé. Meyniel est condamné aux travaux forcés à perpétuité et à la flétrissure. La femme s'est pourvue en cassation. Le mari a subi sa peine le 12 Juin.

Le 14 Juin, un violent orage qui a éclaté vers cinq heures de l'après-midi, a causé de grands ravages dans les communes de Lusignan et de Cardonet. Par l'effet des pluies abondantes qui sont tombées, les blés ont été renversés, les prés inondés et couverts de limon et de sable. Le vent avait passé au Nord dans la soirée du 16 ; il était si froid qu'on craignait la gelée pendant la nuit ; heureusement le temps s'est radouci dans la matinée. Personne n'a encore pensé à prendre des habits d'été, ni même de printemps.

Le 16 Juin, procession de la Fête-Dieu ; une des plus belles et des mieux ordonnées qu'on eût vues dans Agen. Un détachement de gendarmerie à cheval, ayant un trompette à sa tête ouvrait la marche ; ensuite marchaient deux compagnies de la Garde nationale formée par pelotons ; le reste de la milice bordait la haie, jusques vers le milieu de la procession, où se trouvaient les corps de métiers et les trois compagnies des pénitents. La Légion du département venait après environ vingt officiers sur deux lignes, deux pelotons de grenadiers ou soldats ; le reste escortait le clergé, composé du Séminaire, des curés et vicaires des quatre paroisses et du Chapitre, jusqu'au dais escorté par les grenadiers de la Garde nationale. M. l'évêque portait le Saint-Sacrement. Le général, le préfet, le colonel, le major, les officiers supérieurs, et les autres officiers de la Garde nationale et de la Légion, toutes les autorités en un mot, suivaient le dais. La Cour royale était en robes rouges. La marche était fermée par un autre détachement de gendarmerie à cheval. Les gendarmes à pied formaient une double haie autour du dais. A cette procession a paru, pour la première fois, la compagnie des sapeurs-pompiers, avec un costume particulier, et casque en tête. Elle était commandée par M. Bourrières, architecte de la ville.

La princesse Caroline de Naples qui doit épouser M. le duc de Berry, est débarquée à Marseille le 30 Mai 1816. La célébration du mariage a eu lieu le 17 Juin 1816, dans l'église Notre-Dame à Paris. Elle était arrivée le 16 dans cette capitale.

Le général Rouget passe en revue la Garde nationale d'Agen, sur l'esplanade du Gravier, le 9 Juin 1816.

Le 19 Juin, il part pour Villeneuve une compagnie de la Légion départementale, composée de quarante-cinq hommes, commandée par un capitaine et un lieutenant, pour aller faire le service de la maison de détention d'Eysses. Ce service a été fait par la Garde nationale de Villeneuve, depuis le licenciement de la Compagnie départementale, ce qui fatiguait beaucoup les habitants de cette ville.

J'ai déjà dit les motifs pour lesquels les Pénitents blancs qui, l'année dernière, se trouvaient de tour du poêle, n'avaient pu faire leur procession ; j'ai parlé de la délibération par laquelle les deux autres compagnies avaient consenti à la demande qu'ils avaient faite de la renvoyer à cette année. Cette procession a eu lieu le 23 Juin. Jamais les Pénitents n'en firent une aussi belle. Le temps était superbe, les compagnies très nombreuses, ayant chacune leurs enseignes, douze encensoirs, et autant de jeunes fleuristes très bien parés. Il y avait aussi un grand nombre de petits enfants vêtus en anges, ou couverts de peaux d'agneaux ; mais comme ils entravaient la marche et l'exercice des fleuristes, on a été obligé de les renvoyer autour des croix des autres compagnies. Le dais était escorté par une compagnie de grenadiers de la Garde nationale. Il y avait aussi, à la tête de la compagnie un détachement de grenadiers, précédé de la musique et des tambours de la Légion, commandé par un capitaine et un lieutenant. Entre autres reposoirs qu'on avait faits dans les rues où passait la procession, celui de la place Bourbon se faisait remarquer par son élégance et sa simplicité. M. de Cours, chanoine, portait le Saint-Sacrement. M. Uchard, ancien conseiller, prieur des pénitents, M. Mathieu, greffier de la cour Royale, maître de chapelle, M. Boë, négociant, sous-prieur, et un autre dignitaire tenaient les cordons du dais.

A l'occasion des fêtes qui ont lieu dans ce moment, à Paris, pour le mariage de M. le duc de Berry, le dimanche 23 Juin, à l'issue de la messe militaire, il y a eu sur le Champ-de-Mars, grande parade et des évolutions de la Garde nationale et de la Légion. Le général Rouget les a passées en revue, en présence de MM. le Maire et de ses adjoints. Le soir, grand bal donné par le colonel de la Légion dans la grande salle du cercle Biot, rue Garonne.

La Cour Prévôtale du département a tenu sa première séance le 27 Juin. Elle a jugé un jeune homme âgé d'environ onze ans, accusé de vagabondage et de vol avec escalade; il n'a été condamné qu'à deux ans de prison, à cause de son âge. Il était du ressort de la Cour, comme vagabond. Les arrêts de cette Cour sont en dernier ressort, ils sont exécutés dans les vingt-quatre heures.

Le 29 Juin, il a été célébré, à Agen, une fête religieuse et militaire pour l'anniversaire des événements des 27, 28 et 29 Juin de l'année dernière. La légion et la gendarmerie y avaient été invitées. Ce même jour, le buste de Louis XVIII a été inauguré solennellement à la mairie, après une messe qui a été dite dans l'église Notre-Dame, et l'*Exaudiat*, en reconnaissance des bienfaits de la providence divine qui nous a rendu notre Roi et préservé notre ville de tous les malheurs dont elle avait été menacée. Pour cette occasion, on avait construit sur la place Royale, un temple ou pavillon octogone, élégamment décoré, au milieu duquel était un trône, pour y placer le buste du Roi. Toutes les rues où devait passer le cortège, depuis la mairie, la place du Marché, les rues Molinier, du Pin, des Remparts, de Saint-Jean, du Temple, Saint-Gilis, Marché au blé, Sainte-Anguille, Porte-Neuve, du Cat et Pont-de-Garonne pour aller à l'église Notre-Dame, étaient ornées de guirlandes de chêne et de fleurs traversant les rues et se croisant en tous sens. On voyait en plusieurs lieux le buste du Roi, et les images des Bourbons. Des drapeaux blancs étaient à toutes les fenêtres. La fête avait été annoncée la veille par des décharges d'artillerie et le son de la cloche de la Commune. Les tambours battirent la retraite. Le lendemain à cinq heures du matin, il fut fait aussi plusieurs décharges, les tambours battirent aux champs, la cloche sonna toute la journée ; à dix heures, le cortège se rendit à la messe. Le buste du Roi, couronné de fleurs, fut placé dans le sanctuaire, où il avait été porté par quatre capitaines de la Garde nationale. Cette Garde, la Légion, les sapeurs-pompiers et la gendarmerie étaient formés par pelotons. Le buste était suivi par le général, les officiers, les membres des autorités civiles et un grand nombre d'autres personnes aussi fidèles du Roi, remplissant des fonctions publiques. La musique de la Garde nationale précédée de ses sapeurs et d'un détachement de gendarmerie à cheval, jouait les airs les plus analogues à la fête.[1] Celle de la Légion marchait à la tête de son régiment, après le buste et les officiers. Un peuple immense suivait et mêlait sa voix à celles des militaires qui ne cessaient de crier : *Vive le Roi ! Vivent les Bourbons ! Vive la Garde nationale ! Vive la Légion !* On n'a jamais fait paraître tant d'enthousiasme et de véritable joie. Le temps était superbe. Le cortège étant revenu sur la place Royale et la troupe étant rangée autour du pavillon, le buste fut déposé sur le trône ; on lui rendit tous les honneurs militaires, au milieu des acclamations générales. Le maire prononça un discours qui fut souvent interrompu par des applaudissements et par les cris de : *Vive le Roi !* Le buste resta exposé aux regards du peuple jusqu'au soir. Les militaires, ayant besoin de repos et de nourriture, laissèrent leurs

---

[1] Encore la phraséologie du temps. Les airs que joua la musique de la garde nationale ne *ressemblaient* pas plus à la fête qui en était l'occasion que le discours prononcé par M. Tropamer, le 9 juillet suivant, ne *ressemblait* à l'inauguration du Tribunal de première instance. Le mot « analogue » n'a plus aujourd'hui ce sens extensif, si ce n'est dans quelques discours de maires de campagne ou dans quelques menus articles de journaux, écrits à propos d'une mission ou d'une distribution de prix, mais combien d'autres aussi peu fondés en raison étymologique ont envahi la place et s'y pavanent ! Pour un qui s'en va, dix arrivent, non plus naïfs et prud'hommesques, mais crus, violents, de mauvais ton et, comme on dit, *tirés par les cheveux.*

armes en faisceaux autour du pavillon, sous la garde de plusieurs sentinelles.

A cinq heures, le tambour et la cloche rappellent chacun à son poste. Le buste est porté dans la salle des séances de la mairie où il a été accompagné par les officiers, reçu par les autorités et placé dans le lieu le plus apparent, au milieu des acclamations répétées au dehors par un peuple immense.

Cette cérémonie étant achevée, le cortège s'est rendu sur le Gravier, en passant par la rue Saint-Antoine. Là, les chefs des autorités ont allumé un feu de joie autour duquel il s'est formé des danses et *farandoles*,[1] auxquelles tous les spectateurs ont pris part ainsi que les militaires. Cette fête ne s'est terminée qu'à neuf heures du soir, elle a été complétée par une illumination générale.

Je ne dois pas omettre de dire que la Garde nationale avait fait distribuer, la veille, une grande quantité de pain aux pauvres. Cette distribution s'était faite en même temps dans les quatre paroisses, par le soin de MM. les curés qui avaient été priés de remplir cette mission.

Dans la nuit du 30 Juin au 1er Juillet, orage furieux, coups de tonnerres épouvantables, vent impétueux, grosses pluies. Cet orage a dérangé le temps, pendant plusieurs jours ; pluies, brouillards comme en hiver, ce qui a retardé la moisson ; les blés sont encore verts le 3 Juillet. Les figues, qui ordinairement commencent à poindre au commencement de Juin, ne paraissent pas encore, ce qui fait craindre qu'elles ne mûrissent pas cette année.

Le 30 Juin, départ de vingt-cinq hommes de la Légion du département de Lot-et-Garonne pour Paris, destinés à entrer dans la Garde royale.

Le 8 Juillet ; *Te Deum* chanté au sujet de l'anniversaire de la rentrée de Louis XVIII dans la capitale, après la défaite et le départ de

---

[1] Proché a souligné ce mot, probablement parce qu'il ne figurait pas dans la 5ᵉ édition du *Dictionnaire de l'Académie française*, qui est de 1798. Cette présomption m'est inspirée par le fait du mot « déboisement, » qu'on trouvera un peu plus bas, également souligné et qui manque dans la 6ᵉ édition, parue en 1835. Maître de pension et bibliothécaire, Proché se croyait tenu à l'absolu respect de la langue officielle ; il en suivait toujours la lettre, sinon l'esprit.

Napoléon. Toutes les autorités y ont assisté, avec la Garde nationale et la Légion. Les drapeaux blancs ont flotté à toutes les fenêtres. Après la cérémonie, la Garde nationale et la Légion sont allées sur l'esplanade du Gravier où elles ont défilé en présence du Préfet et du corps de tous les officiers.

Le Tribunal de première instance d'Agen, institué par ordonnance du roi, du 7 Juin 1816, est installé le 9 Juillet dans le lieu de ses séances, par M. Bergognié l'un des présidents de la Cour royale, qui a prononcé un discours analogue à cette installation, ainsi que M. Tropamer, président du Tribunal et M. Nebout, procureur du Roi.

Le temps est toujours dérangé, depuis l'orage du 1er Juillet, ce qui retarde la moisson. A peine coupe-t-on un peu de seigle. Les pluies renversent les blés. Le 9 Juillet, vers cinq heures du soir, un autre orage éclate, plus terrible que le précédent. La pluie tombe par torrents. Les eaux ne pouvant entrer par le pont d'Augoine, refluent vers les rues d'où elles coulaient. Plusieurs maisons sont inondées ; celle de M. Noubel avait huit pouces au-dessus de la dernière marche. Les caves voisines étaient presque pleines. L'eau qui venait de la rue Garonne et de la place du Palais refoulait vers la rue Saint-Antoine, pour aller se jeter dans l'aqueduc de la rue Maillé, ce qu'on n'avait jamais vu ; ce même jour, à la même heure, la grêle a ravagé les cantons de Mézin, Nérac, Lavardac, Astafort, Layrac, Valence, jusqu'à Moissac. Le blé, à la veille de la récolte, est entièrement perdu, dans ces cantons, ainsi que le vin.

Le sieur Sarreau, marchand à la Porte-du-Pin, qui comme je l'ai dit, avait joué un si grand rôle, pendant les cent jours, auprès du préfet Rouen des Mallets, et qui avait été arrêté et mis en prison, le 21 février dernier, par ordre du ministre de la police, a été mis en liberté le 9 Juillet.

Le 11 Juillet, la Cour Prévôtale juge trois auvergnats accusés de fabrication et émission de fausse monnaie. Le procureur du roi avait requis contre eux la peine de mort. La Cour les a condamnés seulement à payer une somme en argent, sextuple de celle qu'ils avaient émise en fausse monnaie.

Le mauvais temps subsiste encore ; on ne peut faire aucun travail à la campagne à cause des pluies continuelles. Si le ciel devient serein, un instant après survient un orage, accompagné de longues averses qui ravagent les blés et les champs. On n'a jamais vu un temps aussi inconstant et aussi désastreux. On ne se souvient pas d'une année où la pluie et la grêle aient été aussi fréquentes. On ne sait que penser d'une température aussi singulière, les uns l'attribuant à quelques dérangement dans le globe ; les autres à des *débo.'sements* de montagnes et de coteaux, d'autres enfin à certaines taches que les astronomes apperçoivent dans le disque du soleil, lesquelles intercceptent les rayons et la chaleur de cet astre. Pendant que nous nous plaignons ici du froid, les journaux annoncent qu'en Suède et en Russie on éprouve une chaleur et une sécheresse extraordinaires. Quoiqu'il en soit, malgré les prières que Mgr l'Evêque a fait faire pendant dix jours dans toutes les églises, à la fin du mois de Juillet, malgré l'oraison de quarante heures qui a eu lieu dans tout le diocèse et dans tout le royaume par ordre du roi, suivant sa lettre du 19 Juillet, qui a été lue au prône le 4 août, ainsi que le mandement de Mgr l'Evêque, le mauvais temps a duré plusieurs jours ; la moisson s'est mal faite, elle a été très médiocre, ainsi que celle du vin.[1] La livre de pain était montée à 6 sous, elle a diminué successivement, au moyen des grains qui sont arrivés de l'étranger.

La garde nationale d'Agen passa la revue de l'inspecteur général, M. Carbonié, sur le Gravier, le dimanche 21 Juillet. Toutes les compagnies étaient au complet et dans la plus belle tenue. L'inspecteur en a témoigné sa satisfaction à M. le Maire et aux officiers. Presque toute la population d'Agen était sur le Gravier.

Association religieuse formée au commencement du mois de Juin, dans la chapelle Notre-Dame-Dubourg. Les hommes et les jeunes gens y étaient seuls admis. Les assemblées se tenaient à huit heures du soir. Le but était disait-on, la restauration des mœurs ; cepen-

---

[1] On voit que Proché s'était trop hâté de conclure à l'efficacité de la procession du 13 Mai. Que de telles cérémonies, toujours respectables par l'intention, procurent ou non l'effet attendu, l'homme religieux et l'incrédule ne sauraient raisonnablement s'en prévaloir dans le sens de leurs idées. Vérité constamment et partout méconnue, comme tant d'autres vérités analogues, peut-être parce qu'elle est des plus simples et des plus naturelles.

dant la police jugea qu'il était prudent d'interdire ces assemblées qui cessèrent vers la fin du mois d'Août.[1]

La chaîne des condamnés aux travaux forcés, est arrivée par la Garonne, à Agen où elle a séjourné dans les prisons. On y a réuni ceux de la bande de Florian et plusieurs autres, au nombre de soixante venant des départements du Gers et des Pyrénées. La garde nationale a veillé toute la nuit autour des prisons. Les forçats ont été embarqués le lendemain matin 26, au nombre de cent vingt-cinq, pour Rochefort.

Au commencement du mois de Juillet, des bouchers, pour se soustraire aux droits d'octroi, s'établirent hors les limites de la commune. Il y avait une boucherie à Dangosse qui est dans la commune de Saint-Cyr, une autre vis-à-vis, de l'autre côté de route, commune de Foulayronnes ou Monbran, une autre sur le chemin de Bon-Encontre. Tous les habitants d'Agen y allaient faire leurs provisions de viande, parce qu'elle était moins chère. Cet état de choses nuisait aux intérêts de la Commune et surtout aux autres bouchers qui criaient contre cette innovation. Pour la faire cesser, on fit publier, dans la matinée du 26 Juillet, la défense d'entrer de la viande dans la ville, sans avoir payé les droits au bureau de l'octroi. En effet les commis aidés d'un appariteur, visitaient les paniers et linges que portaient les domestiques et autres personnes, et faisaient payer le droit d'un sou par livre de viande, dont on estimait le poids à l'œil, c'est-à-dire, d'une manière arbitraire. Malgré cet inconvénient, on préférait aller chercher la viande à ces boucheries, parce qu'elle était meilleure. Ces visites cessèrent bientôt, il fut loisible à chacun de s'approvisionner où il voulait.[2]

Catherine Dubois, femme Meyniel, condamnée pendant les assises du mois de Juin dernier à avoir le poing coupé et à la mort, pour crime de parricide, déboutée de son pourvoi, a été exécutée le 30

---

[1] Les exercices religieux étaient dirigés par l'abbé Collineau, qui devint plus tard, croyons-nous, curé de la paroisse Notre-Dame-des-Chartrons, à Bordeaux.

[2] Ces boucheries ont subsisté environ quatre ans, jusqu'à l'époque où il fut permis aux bouchers de s'établir où ils voudraient en 1820.

(*Note de Proché.*)

Juillet, hors la Porte-du-Pin. Un billot avait été préparé sur l'échafaud. L'exécuteur armé d'une hache, lui a coupé le poignet droit, en deux coups. Sa tête est tombée au même instant sous le fer fatal. Son mari partit avec la chaine des forçats, qui passa le 25 du courant.

Le 4 Août, orage. La grêle fait de grands ravages sur la rive gauche du Lot, depuis Fumel jusqu'à Aiguillon. La récolte des tabacs a été entièrement détruite.

Incendie de la manufacture Royale des tabacs, à Toulouse, le 3 Août. Trois personnes ont péri dans les flammes, victimes de leur dévouement ; douze hommes ont été blessés. Cet incendie a occasionné une perte évaluée à plus de deux millions, sans compter la valeur des bâtiments.

Le jeudi, 8 Août 1816, les dames d'Agen accomplirent le vœu qu'elles avaient fait au mois d'Avril 1815, au sujet du retour de la famille des Bourbons sur le trône de France. Ce vœu consistait à aller en procession à Notre-Dame de Bon-Encontre, offrir à la Sainte-Vierge une bannière et une statue la représentant, pour être mise à la place de celle qui, en 1793, avait été déplacée, outragée et profanée par les vandales et les spoliateurs sacrilèges de ces temps-là.

En tête de la procession, on voyait cette bannière brodée en or et en argent. Sur une des faces était l'image de la vierge, surmontée de l'écusson aux armes de France, le tout brodé en soie de couleur et parfaitement imité. On lisait au bas ces mots aussi brodés : « vœu « fait par les dames d'Agen, à l'occasion du retour du Roi et de la « conservation de la famille des Bourbons sur le trône de France. » Sur l'autre face était brodé un cœur enflammé, symbole de l'ardent désir qu'avait la ville d'Agen, de la restauration de cette auguste famille, et de la vive reconnaissance que ce bienfait avait excité dans le cœur de ses habitants pour la mère de Dieu, bienfait qu'on tenait de sa puissante protection, sous laquelle le royaume de France avait été solennellement mis, par le vœu de Louis XIII, en 1639.[1]

---

[1] Proché se trompe de date. Ce n'est pas en 1639, mais en 1638, le 10 Février, que Louis XIII mit la France sous la protection de la Sainte-Vierge. Cette consécration dite *vœu de Louis XIII* fut l'origine de la procession qui se fait ou se faisait tous les ans, le 15 Août, jour de l'Assomption.

A la suite de cette bannière dont les rubans étaient tenus par de jeunes vierges marchaient à la file, sur deux rangs, plus de quatre cents[1] jeunes filles, vêtues et voilées de blanc, la tête modestement baissée, les mains jointes, garnies de rosaires qu'elles récitaient en silence.

Après ces jeunes filles, venaient, dans le même ordre et en plus grand nombre, les femmes et les veuves précédées d'un Christ garni de superbes dentelles. Plusieurs portaient des cierges entourés de rubans ou de guirlandes de fleurs, que leur piété devait offrir à la bonne Vierge.

Vers le milieu de la procession, et en tête de la file des garçons, on voyait la statue de la Vierge, en terre cuite et blanchie, haute de trois pieds ou environ, très bien exécutée, mais lourde par sa matière et son massif, couronnée de lys dont elle tenait une tige à la main. Elle était placée sur une espèce de palanquin formant une croix grecque à quatre bras et à quatre colonnes couronnées et élégamment garnies de dentelles, que portaient quatre jeunes gens, uniformément vêtus, ayant une ceinture blanche en sautoir. Ils étaient relevés par vingt autres qui suivaient, et que le poids de la statue et la longueur du chemin rendaient nécessaires.

A la suite des garçons venait un chœur de jeunes filles répondant pieusement aux litanies de la Sainte Vierge que les enfants de chœur de la Cathédrale entonnaient; les hommes étaient derrière, marchant dans le meilleur ordre, chantant aussi les litanies. La procession était

---

[1] Proché donne aux femmes non mariées qui figuraient à la procession, des désignations en rapport avec leur âge. Les *jeunes vierges* étaient sans doute les personnes nubiles, les *jeunes filles*, presque des enfants. Tous les détails dans lesquels il entre sont curieux, bien que puérils, à titre de signes du temps. Ils ont, d'ailleurs, l'exactitude d'un procès-verbal d'inventaires d'un catalogue scrupuleux. On va lire tout à l'heure la description d'une statue de la vierge, « laquelle était en terre cuite et blanche, haute de trois pieds *ou environ.* » Ce *ou environ* a son pendant dans la mention d'un exercice à feu que la légion, un mois après, alla faire sur le rocher de Thibet. « *On croit*, dit Proché, qu'il fut tiré deux mille coups de fusil. » Il n'est point possible d'être exact avec plus de simplicité. Certes, on peut, quand Proché se trompe, dire bien haut que c'est de bonne foi.

terminée par dix ecclésiastiques en surplis ; le vicaire de la Cathédrale en étole la présidait. La croix de la paroisse était en tête.

Arrivée à Bon-Encontre, la procession se rendit à l'église, au milieu de laquelle on avait élevé un piédestal sur lequel on plaça la statue destinée à occuper la niche qui est au-dessus de la porte d'entrée. On entra dans la chapelle dédiée à la Vierge, on y suspendit la bannière et on y célébra le saint sacrifice de la messe. Il fut aussi célébré, tant à l'autel de la paroisse qu'à celui de la chapelle, plusieurs autres messes. Après l'évangile de la première, M. Mouran, un des directeurs du séminaire d'Agen,[1] est monté en chaire, et dans un discours succinct, mais pathétique, il a développé le motif du vœu, tendant à réparer les outrages faits à la mère de Dieu, pendant le délire révoutionnaire, à lui faire une solennelle réparation de tous nos excès, et à la prier de nous continuer sa protection spéciale, en conservant notre bon Roi et son auguste famille, en nous accordant des jours de paix et d'union, l'oubli du passé, la concorde fraternelle et les moyens de salut.

Le plus grand recueillement a recommandé cette édifiante procession composée de plus de deux mille personnes dont environ cent ont reçu la communion aux autels où l'on a dit les messes.

La cérémonie étant terminée, le *Te Deum* a été entonné et la procession s'est retirée dans le même ordre à la Cathédrale où elle est arrivée vers deux heures après-midi.

J'avais annoncé que les travaux du pont sur la Garonne étaient

---

[1] Joseph-Antoine Mouran est une des figures les plus respectables et les plus aimables de notre ancien clergé. Nulle vie ne fut aussi pleine, aussi agitée que la sienne. Né à Agen, le 18 Mars 1766, il entra jeune dans la congrégation des Lazaristes et, à peine âgé de vingt ans, professa la philosophie dans leur collège de Cahors. Quand la Révolution éclata, ses principes d'obéissance à l'Eglise et le refus de serment le firent condamner à la déportation. Il gagna l'Espagne, puis Rome où une chaire de théologie lui fut confiée, en même temps que la charge honorable d'examiner et de placer les prêtres chassés de France par la tourmente. Quand la capitale de la papauté fut elle-même en proie à la Révolution, il se sauva dans les montagnes, y vécut caché pendant quelque temps, puis se présenta hardiment devant le général Berthier qui commandait en chef le corps d'occupation, sollicitant pour ses confrères et lui la faveur d'un sauf-conduit. Sa prière fut accueillie

vraisemblablement suspendus pour longtemps. Cependant ils ont été repris le 10 Août, mais il ne s'agit que d'employer une somme de quatre mille francs, qui restait des fonds faits précédemment, et qui doit servir à mettre la seconde pile déjà commencée, encore enveloppée du caisson, à la hauteur de la première.

Le 13 Août, la Légion est allée au lieu de Thibet, au-dessus de l'Ermitage, pour faire l'exercice à feu, en présence du colonel M. Goujeon; on croit qu'il a été tiré deux mille coups de fusil. Le lendemain, la troupe a été menée sur le bord de la Garonne où tous les soldats se sont baignés devant leurs officiers, un peu au-dessus de l'hôpital de Las. Après les bains, l'appel a été fait, un soldat a manqué ; on a trouvé ses habits et ses souliers. On n'a pu savoir s'il s'est noyé, ou s'il a déserté.

Le 15 Août, procession du Vœu de Louis XIII, à laquelle ont assisté la Garde nationale et la Légion, avec chacune leur musique. Un détachement de gendarmerie à cheval, était à la tête, et un autre à la queue. La gendarmerie à pied et les sapeurs-pompiers escortaient les autorités. La procession présidée par Mgr l'Evêque, en

---

(Janvier 1798) et le sauf-conduit, devenu passeport, lui permit de passer, à travers l'archipel grec, à Smyrne d'abord, puis à Constantinople. Latiniste habile, il se fit grécisant et out la chance d'avoir pour élèves, dans les collèges de la congrégation, des enfants destinés à devenir célèbres sous les noms de Colocotroni, de Miollis et de Mavrocordato. Il eut probablement fini là sa carrière, honoré de l'estime des ambassadeurs de France et de ceux des autres Etats chrétiens, si Mgr Jacoupi, qui organisait le diocèse, ne lui eût, usant de son droit, intimé l'ordre de rentrer. C'était en 1812. A l'ouverture de l'année scolaire, le prélat le mit en possession de la chaire de dogme du séminaire diocésain, chaire qu'il occupa pendant treize ans consécutifs, même étant nommé supérieur en 1822. Ce dernier titre et la fonction qui lui est attachée lui appartinrent jusqu'en 1826, époque où sa santé, notablement affaiblie par le travail et par l'âge, réclama un repos qu'il avait si bien acquis. Des lettres de vicaire général honoraire lui furent alors conférées, digne hommage rendu à ses longs services, à son zèle éclairé et à son caractère. M l'abbé Delrieu, actuellement doyen du Chapitre de la Cathédrale, a raconté dans une notice pleine de faits intéressants, et dont cette note n'est qu'un très bref résumé, l'histoire de cette belle vie qui s'éteignit le 30 octobre 1844.

sortant de la Cathédrale, a passé sous la Cornière à droite, a suivi la rue Garonne, la place du Palais, la rue Daurée, a fait une station à la chapelle de Notre-Dame-du-Bourg ; elle a ensuite traversé le Marché au blé, et s'est rendue à la Cathédrale par la Cornière.

Le 25 Août, triple fête ; celle de Saint-Louis, la bénédiction des drapeaux donnés par le Roi à la Légion du département, et l'inauguration du buste du Roi pour la caserne de la gendarmerie. Le 24, au coucher du soleil, cette fête fut annoncée par trois décharges d'artillerie et par le son de toutes les cloches Le maire fait distribuer du pain aux indigents. Le maire et ses adjoints, avec l'état-major de la Garde nationale font une visite au général, et au colonel de la Légion, pour s'entendre avec eux sur les moyens d'ordre et d'exécution de la fête. Ces autorités auxquelles s'était réuni M. le préfet, escortées par un détachement de la Garde nationale, se rendent au Champ-de-Mars, pour allumer un feu de joie autour duquel ont dansé les citoyens des deux sexes, jusqu'à la nuit. A huit heures, grand concert chez M. le Préfet. Le 25, à cinq heures du matin, le son de toutes les cloches s'est fait entendre ; il a été fait des décharges d'artillerie sur toutes les places de la ville, au Gravier et sur la Plate-Forme. Les tambours ont parcouru la ville en battant aux champs, et les drapeaux blancs ont flotté à toutes les fenêtres. A dix heures, les autorités civiles et militaires, la Cour royale en robes rouges, ont assisté à la grand'messe qui a été célébrée par Mgr l'Evêque. L'*Exaudiat* a été chanté. A midi, la Garde nationale, ainsi que la Légion dont les officiers étaient vêtus de blanc pour la première fois, se sont rendues sur le Champ-de-Mars, avec leur musique et ont formé un carré dont l'un des côtés était occupé par une estrade élevée au milieu du quinconce, à l'ombre des arbres, pour les autorités et les dames invitées. Cette estrade était vaste, élégamment décorée, surmontée d'une grande couronne, au-dessous de laquelle, tous les spectateurs pouvaient aisément voir le buste de Louis XVIII. Mgr l'Evêque arriva en carosse avec ses vicaires-généraux et son secrétaire, et dans une autre voiture, les ecclésiastiques qui devaient l'assister dans cette cérémonie. MM. le général Rouget, le Préfet, le Maire et ses adjoints, se placèrent à côté de Mgr l'Evêque, sur des sièges disposés pour eux ; au-dessous était un grand nombre de dames sur deux rangs de sièges. Derrière l'infanterie était un corps de cavalerie, composé de citoyens les plus riches des quatre arrondissements de Lot-et-Garonne, au nombre de cent ;

cette troupe de cavalerie était sous les ordres de M. de Saint-Germe, chef de Légion. L'escadron d'Agen était commandé par M. le chevalier Secondat-Montesquieu, ceux de Nérac par MM. de Rolland et de Montaut, un peu plus loin étaient les gendarmes que le capitaine avait fait venir de tout le département. Le temps était très beau et l'air frais. On savait depuis quelques jours que le régiment des chasseurs de la Vienne, qui venait de se former à Auch, devait arriver ici le 25, en allant à Niort. Le colonel de la Légion avait écrit à celui des chasseurs pour l'inviter avec sa troupe, à la fête qui se préparait à l'occasion de la bénédiction des drapeaux. La veille le colonel lui avait envoyé un exprès pour l'engager à presser son départ de Lectoure. Dans la matinée, une députation des officiers de la Garde nationale et de la Légion, étaient partis en voiture, ainsi qu'un détachement des gardes à cheval, et étaient allés jusqu'au passage de Layrac, au devant du régiment des chasseurs. Ils arrivèrent au moment où la cérémonie allait commencer. Les Chasseurs y assistèrent et se placèrent sur la grande route, vis-à-vis l'estrade, rangés en bataille. Mgr l'Evêque, en habits pontificaux, bénit alors les deux drapeaux dont l'un était blanc; l'autre moitié blanc, moitié amarante, couleur des parements de la Légion. Les inscriptions étaient brodées en or. Après la bénédiction des drapeaux, Madame la marquise de Carbonié, femme de l'inspecteur de la Garde nationale, et Madame de Gougeon, femme du colonel de la Légion, y attachèrent les cravattes garnies de crépines et de glands en or. Elles avaient été chargées de cette honorable commission, par Madame la duchesse d'Angoulême. Le général et le colonel s'avancèrent auprès de l'estrade, baisèrent, à genoux, l'anneau pontifical, au doigt de Mgr l'Evêque qui, après avoir prononcé un discours, leur remit les drapeaux, et levant la crosse avec les deux mains, cria : *Vive le Roi !* ce cri fut répété par la troupe et la foule immense des spectateurs. Les musiciens de la Garde nationale, de la Légion et des Chasseurs faisaient retentir les airs d'accords harmonieux. Presque toute la population d'Agen était sur les promenades, autour du Champ-de-Mars, ainsi qu'un grand nombre d'habitants des villes voisines et de la campagne. Le général et le colonel ayant chacun un drapeau, se portèrent au milieu du carré. Là, le général adressa d'une voix forte et animée un discours au régiment, pour l'exhorter à conserver ses drapeaux, et à les défendre jusqu'à la mort. Le général remit les drapeaux au colonel qui les mit entre les mains des officiers chargés de les porter. On les fit passer sur toute la ligne de la Légion. Le sous-inspecteur aux revues,

M. Labarthe, fit prêter aux officiers et aux soldats, le serment de fidélité au Roi. On porta le buste de Louis XVIII devant toutes les troupes, qui ne cessaient de crier : *Vive le Roi !* Mgr l'Evêque se retira avec son clergé, vers trois heures. Alors toutes les troupes, même les Chasseurs qui venaient d'arriver, défilèrent dans le meilleur ordre, devant le général et les officiers supérieurs. Ensuite le buste du Roi, porté par des officiers de la garde nationale, de la gendarmerie et de la Légion, a été placé au centre ; les autorités civiles et militaires, l'environaient, et dans cet ordre, le cortège s'est rendu à la caserne de la gendarmerie où le buste a été inauguré avec solennité. Le capitaine des gendarmes, M. Ivernaut, a prononcé un discours à ce sujet.

Après cette cérémonie, chaque troupe s'est retirée, les chasseurs, ayant soigné leurs chevaux dans les écuries royales, sont allés chercher leurs logements. Vers cinq heures, il y a eu plusieurs banquets. Celui des officiers de la garde nationale et de la Légion réunis, était dans la cour des diligences [1] où l'on avait dressé une table de deux cent quarante couverts, à portée de l'hôtel de France, tenu par le sieur Gautier qui servait ce repas auquel étaient invités tous les officiers des chasseurs, les gardes à cheval, plusieurs officiers à demi solde. Le général Rouget y était aussi invité.

Les gendarmes étaient dans un long corridor de leur caserne ; le capitaine avait invité le préfet, le maire et quelques autres fonctionnaires qui étaient à la même table que les gendarmes. Là les convives étaient au nombre de cent trente-deux, servis par Laboulbène des *Trois-Princes*. Deux pièces d'artillerie chez Bosseront, et deux autres à la gendarmerie ont fait des fréquentes décharges. Il y a eu

---

[1] La cour des diligences occupait alors l'emplacement actuel du Café d'Agen et des deux suivants. Le coté sud de l'hémicycle que forme la place Saint-Antoine était rempli par des maisons dont la façade postérieure n'était séparée de ladite cour que par une étroite ruette. Encore y avait-il une grande différence de niveau entre celle-ci et la grande route, d'où la nécessité pour les chevaux, à l'arrivée des diligences, de donner un coup de collier qui n'était pas toujours sans danger. Cette cour, au reste, était spacieuse, mais assez peu large relativement à sa longueur. Le pâté de maisons qui continuait ainsi et très mal à propos la rue Saint-Antoine, au delà de la porte de ce nom, a été démoli, il y a environ trente ans.

des banquets ou réunions dans d'autres hôtels, et dans plusieurs maisons de la ville. Il n'y avait pas de famille un peu aisée qui n'eût ce jour là la poule au pot.

Il me reste à parler du banquet des soldats de la Légion, mêlés avec les chasseurs de la Vienne. Ils étaient au nombre d'environ, quatre cents servis sur quatre tables parallèles, placées à peu de distance l'une de l'autre, à l'ombre des arbres du pré de la caserne du séminaire. Il est impossible de dépeindre la beauté du coup d'œil, l'ordre, la cordialité, la joie qui ont régné dans ce repas. La viande et le vin y étaient en profusion, aussi est il arrivé ce qu'on pouvait prévoir. Bacchus s'est emparé de toutes les têtes. Ils ont cassé toute la vaisselle, se sont répandus dans le pré, ayant chacun une bouteille à la main, chantant et dansant. Plusieurs sont entrés dans la ville, en criant : *Vive le Roi !* Ceux qui sont restés dans le pré, ont distribué aux pauvres tout le pain et les viandes qu'on avait laissés. Ils ont ensuite formé de danses, au son des fifres et des tambours, auxquelles se sont jointes des femmes et des filles de la ville. Cependant les soldats et Chasseurs qui étaient entrés, se répandaient dans les cafés ou cabarets, où ils achevaient de perdre la raison. Quelques-uns se portaient dans les lieux de débauche, mais comme à leur approche, les personnes qui les habitaient, prenaient la fuite, ils renversaient et cassaient les meubles qui leur tombaient sous la main. Ces désordres auxquels les officiers ne pouvaient remédier, puisqu'ils étaient eux-mêmes à table, se sont prolongés jusques bien avant dans la nuit.

Les chasseurs devaient partir dans la matinée pour Villeneuve, les soldats leur ont fait compagnie, pendant la nuit ; en entrant dans la caserne, ils ont commis quelques actes d'insubordination, qui dans tout autre circonstance, les auraient exposés à de sévères châtiments. Tout a été pardonné. La journée du 25 Août s'est terminée par un bal que les officiers réunis ont donné aux dames d'Agen, et par une illumination générale.

Les Pénitents gris, qui ont saint Louis pour patron, avaient renvoyé la célébration de cette fête au 1re Septembre jour de dimanche. Ils l'ont célébrée, en effet, ce jour là avec plus de pompe et de solennité que jamais. Ils y avaient invité M. le Maire qui a assisté à la messe avec ses deux adjoints, escortés par la garde soldée. Après vêpres, le sermon et le Salut, les Pénitents sont allés faire une station à la croix de la mission, hors la Porte-du-Pin, portant dans une chasse bien décorée et surmontée de l'image dorée de saint Louis, une relique qu'ils prétendent être de ce saint Roi. Cette relique avait été conservée par les soins d'un de leurs confrères, lorsqu'elle fut égarée au commencement de la Révolution. Il l'avait rendue dans cette occasion.

Le 2 Septembre, le général Menne apprend officiellement que le roi, par ordonnance du 21 Août, l'avait adjoint au général Lanusse, inspecteur des troupes de ligne dans le 11e arrondissement, qui comprend celles qui se trouvent à Agen et à Toulouse. Cette nouvelle fait une grande sensation à Agen. Elle jette le découragement parmi les royalistes qui regardaient le général Menne comme disgracié à cause des opinions qu'il avait manifestées pendant et après les cent jours. On est étonné de cette espèce de faveur et de confiance. La garde nationale surtout fait éclater son mécontentement ; elle déclare qu'elle ne prendra jamais les armes sous ses ordres, et comme on prévoyait qu'elle refuserait d'aller à la messe militaire, le général Carbonié, inspecteur, de concert avec le maire, prend un ordre du jour portant que la garde nationale n'assisterait pas à la messe militaire, de sorte que le dimanche 8 Septembre, la Légion seule y assista. Au reste le général Menne n'a eu la visite que des militaires qui la lui devaient. Le colonel de la Légion envoie sur sa porte, suivant l'ordonnance, un piquet de quinze hommes, il n'en garde que quatre. Cet évènement donne lieu à des propos, et à des rixes entre les deux partis. Deux officiers de la Légion, natifs de cette ville, qui, dans le temps, avaient été dénoncés, disait-on, au général Lapoype par le général Menne, comme chauds partisans du roi, refusent d'aller le voir avec le corps des officiers. Le 9 Septembre, ce général passe en revue la Légion départementale, sur le pré de la caserne ; il invite à dîner le colonel, le lieutenant colonel et douze autres officiers qui n'étaient pas venus le voir ; ils n'osent pas s'y refuser. Peu de jours après, le général Menne se rend à Toulouse, où bientôt il reçoit l'ordre d'aller à Périgueux pour y faire sa résidence. Il y arrive au commencement d'Octobre.

Le lieutenant général Clauzel, contumax, est condamné à mort, par une commission militaire, le 12 Septembre. Il était accusé d'avoir trahi le roi, d'avoir attaqué la France à main armée. Il commandait la 11e division où sont situés Bordeaux et Agen, lors de l'évasion de Bonaparte de l'île d'Elbe.

Ordonnance du roi du 5 Septembre qui dissout la Chambre des députés, diminue le nombre de ses membres, veut qu'ils soient âgés de quarante ans, fixe les prochaines assemblées électorales au 25

Septembre et l'ouverture de la session des Chambres au 4 Novembre. Les quatre-vingt-six départements doivent élire deux cent cinquante-huit députés.

La deuxième pile du pont sur Garonne est finie, dépouillée du caisson, et mise à la hauteur de la première ; on a commencé à y travailler le 7 Septembre. Cet ouvrage a été terminé vers la fin d'Octobre. Les travaux du pont sont suspendus indéfiniment, et vraisemblablement pour longtemps, vu l'état des finances.

La Légion de Lot-et-Garonne part pour Périgueux le 18 Septembre ; elle doit y rester en garnison.

Tous les collèges électoraux d'arrondissement se sont réunis en France, le 25 Septembre, pour la nomination des candidats à la Chambre des députés ; celui d'Agen s'est assemblé dans une des salles de la Préfecture, sous la présidence de M. Teulon, d'Aiguillon, ci-devant député à la Chambre. Le collège avait trois candidats à nommer. Le nombre des votants était de quatre-vingt-onze. Au premier tour de scrutin, M. Rivière, avocat général, M. Nebout, procureur du Roi, près le Tribunal civil d'Agen, et M. Lugat, Maire, ont obtenu la majorité des suffrages et ont été proclamés candidats par le président.

Mme Clairville, actrice du théâtre de Bordeaux, donne plusieurs représentations sur celui d'Agen, vers la fin du mois de Septembre. Cette actrice, quoique d'un âge avancé, plaît encore par la force et la fraîcheur de sa voix, la vivacité de son jeu et par l'art qu'elle a de paraître jeune. Cependant tout son talent n'a pu empêcher que la troupe, au secours de laquelle elle était venue, ne soit partie, clandestinement, laissant beaucoup de dettes.

Les collèges électoraux de département s'assemblent le 4 Octobre ; celui de Lot-et-Garonne, à la Préfecture, présidé par M. le comte Dijon, nommé à cet effet par Sa Majesté. Le 5, le bureau a été organisé ; M. Dijon et M. Rivière, avocat général, ont été nommés députés. Le 6, M. Vassal de Monviel, Maire de Villeneuve, a été nommé troisième député. Les opérations du collège étant terminées, les électeurs se sont séparés aux cris de : *Vive le Roi !*

Mort de Mgr Primat, archevêque de Toulouse, le 7 Octobre, en faisant la visite de son diocèse. Ce prélat est généralement regretté.

En exécution d'une lettre du Roi à tous les archevêques et évêques du royaume et conformément au mandement de Mgr l'Evêque d'Agen, il sera célébré tous les ans, le 16 Octobre, un service solennel, en mémoire de S. M. Marie-Antoinette, femme de Louis XVI. Ce service a eu lieu, cette année, dans l'église Cathédrale d'Agen. Il a été annoncé la veille et le jour même, par le son de toutes les cloches. Toutes les autorités y ont assisté, ainsi que les chevaliers de Saint-Louis, de la Légion d'honneur, et la Garde nationale. Les chevaliers des Ordres Royaux se tenaient aux angles du catafalque, l'épée nue. Mgr l'Evêque environné de tout le clergé de la ville, a célébré l'office divin, et présidé aux cérémonies funèbres. Après l'Evangile, un des vicaires généraux a lu, suivant les intentions du Roi, la lettre que la Reine avait écrite, quelques heures avant sa mort, à Madame Elisabeth sa belle-sœur, qui était prisonnière comme elle, au Temple. Pendant la cérémonie, Madame veuve Léonard, accompagnée par M. le baron Rouget, commandant le département, et Madame Labarthe, épouse du sous-inspecteur aux revues, ont fait une quête destinée à secourir les veuves et orphelins des chevaliers de Saint-Louis.

La publication du ban des vendanges n'a été faite à Agen que le 25 Octobre. On ne se rappelle pas que jamais elles aient été aussi retardées, ce qu'on doit attribuer au dérangement des saisons.[1] Plusieurs espèces de raisins n'ont pu parvenir à leur maturité, et il aurait été inutile de différer plus longtemps, à cause des fortes gelées survenues ces jours derniers. On s'attend à faire du vin de mauvaise qualité.

---

[1] Le ban des vendanges, c'est-à-dire l'autorisation officielle de cueillir les fruits de la vigne pour en faire du vin est un legs de la féodalité à l'administration communale. Laurière (*Glossaire du Droit Français*, au mot BANDÉE-explique ainsi l'existence de ce droit: « La première raison est qu'un particulier, en recueillant ses raisins avant l'ouverture des vendanges, donne occasion aux larcins et au domage des bestes. La seconde, qu'il est de l'utilité publique que lon ne vendange point avant la maturité des fruits et que le vin du terroir soit estimé. La troisième, pour la commodité des seigneurs dominans, en sorte que les gentilshommes et les ecclésiastiques ne soient pas exempts du ban. Comme ce ban est de police, il appartient au seigneur haut-justicier et en quelques lieux aussi aux seigneurs inférieurs. » Très négligé sous le gouvernement de la Restauration, le ban des vendanges fut régulièrement proclamé à Agen à partir de 1830 et, pour la dernière fois, le 17 septembre 1837. Depuis cette dernière date, on n'en trouve plus aucune

Crue subite de la Garonne dans la nuit du **28** au **29** Octobre. Elle a commencé vers dix heures du soir, et, dans l'espace de quelques heures, elle a augmenté de quinze pieds. La Garonne, qui auparavant était très basse, a été sur le point de sortir. Plusieurs bateaux chargés de marchandises, ont été entraînés par les courants ; trois ont été brisés auprès du Port-Sainte-Marie. Personne n'a péri. Les hommes qui veillaient dans les bateaux à l'ancre, pendant la nuit, se sont sauvés à la nage. On attribue cette augmentation si rapide, à une montagne de neige qui est tombée des Pyrénées.

Un commissaire envoyé par le Gouvernement, à la fin du mois de Septembre fait détruire tous les canons qui se trouvaient dans le département. A Villeneuve d'Agen, il y en avait quatre en fer. Ils ont été cassés et jetés dans le Lot. On ne sait que penser de cette mesure ; on assure qu'elle a été générale en France.

La croix en fer placée sur la place Saint-Hilaire, a été plantée à la fin du mois d'Octobre 1816, par les soins de M. de Grave, curé, et de MM. les Fabriciens.

Le moulin de Blagnac, à quatre meules, situé à demi-lieue de Toulouse, a été consumé par un incendie dans la nuit du 27 au 28 Octobre. On n'aperçut la flamme qu'à deux heures du matin ; malgré tous les secours qu'on y a portés, ce moulin, a été entièrement consumé par le feu, personne n'a péri. Quatre grands édifices ont été brûlés, en très peu de temps, à Toulouse. Le moulin du Bazacle, le magasin à poudre, la manufacture de tabac et le moulin de Blagnac. On ne peut douter que ce ne soit l'effet de la malveillance ; il est bien fâcheux qu'on n'en puisse découvrir les auteurs.

M. Illy, juge de paix du 2ᵉ arrondissement du canton d'Agen, et premier suppléant du tribunal de première instance, est mort subitement d'apoplexie, le 5 Novembre, âgé d'environ 70 ans. Il était prêtre et avait été chanoine et archidiacre de la Cathédrale. Il avait renoncé à toutes les fonctions sacerdotales depuis le commencement de la

---

trace dans les registres des arrêtés, à ce que me dit un honorable employé de la Mairie, M. Pénavayre, qui m'assure d'ailleurs qu'à Bon-Encontre cette mesure de police n'était pas abolie vers 1850. On continue à l'appliquer dans certaines communes du Lot, notamment à Puy-l'Evêque, et cela avec l'assentiment à peu près général, des propriétaires des vignes, qui n'ont pas encore adopté, du moins sur cette question, le principe de la liberté commerciale.

Révolution. M. Noël-Joseph Proché, son suppléant, remplira provisoirement celles de juge de paix ; il les a remplies pendant deux ans.[1]

Le 4 Novembre, la Garde nationale d'Agen célèbre la fête de Saint-Charles, patron de M. le comte d'Artois, colonel général des gardes nationaux du royaume. Plusieurs gardes nationaux à cheval, du département, sont venus se réunir à ceux d'Agen. A dix heures, il a été dit une messe, dans l'église de Notre-Dame, à laquelle ont assisté la garde à pied et à cheval avec leur drapeau et la musique, M. le préfet, M. le général Rouget, M. le marquis de Dampierre, sous-inspecteur de la Garde nationale, M. le maire d'Agen, et autres fonctionnaires. Après la messe, la troupe s'est rendue sur le Champs-de-Mars, où elle a été passée en revue devant M. de Dampierre. Dans l'après-midi ce sous inspecteurs a donné un dîner aux chefs des autorités, à tous les officiers, et à deux sous-officiers ou soldats par compagnie de la Garde nationale. Les convives étaient au nombre de cent dans l'hôtel de Mme Castan. A l'entrée de la nuit, plusieurs gardes nationaux précédés des tambours, se sont promenés dans la ville, en criant : *Vive le Roi !*

La cathédrale a été reblanchie, dans l'intérieur, pendant les mois d'Octobre, Novembre et Décembre 1816. L'autel de la paroisse, à côté de la chaire, dédié à Notre-Dame, a été fait à neuf dans les mois de Mars et Avril 1817. Le devant d'autel et les autres ornements en marbre sont faits par le sieur Galinié, sculpteur, et la peinture par le sieur Rigal, d'Astaffort, Italien d'origine.[2] Cet autel a été fini le 15 Mai 1817. La première messe y a été célébrée le 25 Mai, jour de la Pentecôte, après avoir été béni par Mgr l'Évêque.

---

[1] Voilà une particularité de la vie publique de Proché, que nous avions perdue de vue en écrivant les quelques lignes qui servent d'introduction aux *Annales*. Ajoutons qu'ici encore se trouve la preuve de ce que nous disions plus haut sur sa façon de procéder à l'exécution de cet ouvrage. La dernière partie de la phrase, mentionnant un fait postérieur de deux ans a celui qui est indiqué dans la première, eût dû être consigné en note.

[2] Cet autel, qui était le maître-autel, fut démoli vers 1840, à l'occasion des réparations qu'on dût faire subir à l'église, après quoi, comme de raison, il reprit dans le chœur sa place naturelle. La peinture dont parle Proché, chef-d'œuvre du sieur Rigal, occupait la partie du mur où se trouve aujourd'hui la toile de Claudius-Lavergne, représentant la *Lapidation de saint Etienne*, patron du diocèse. C'était une imitation grossière d'une com-

— 276 —

Sédition à Toulouse le 8 et le 11 Novembre, sujet des subsistances. Le général commandant, Parthoneau et le Préfet sont obligés de se transporter sur les lieux où se formaient les rassemblements. Ils sont atteints de coups de pierre lancées par le peuple. Les troupes de la garnison et la Garde nationale prennent les armes. On amène quatre pièces de canon sur la place du Capitole. Douze des plus coupables sont arrêtés, et livrés à la Cour Prévôtale pour être jugés. La plupart ont été condamnés aux travaux forcés, ou à la prison,

Réparations faites à la fontaine de Raché,[1] commencées en Octobre, continuées en 1817 et 1818 et terminées au commencement de 1819. Les éboulements survenus, les murs de soutènement qu'on

---

position célèbre des loges du Vatican, *Dieu débrouillant le chaos,* de Raphaël ; mais ici Dieu était vu de face et en buste seulement, ou plutôt en haut de corps. On le voyait surgir d'une masse épaisse de nuages consistants, qu'il manipulait de ses bras tendus, à la façon d'un boulanger en train de pétrir sa pâte. Un petit détail montrera qu'en fait d'ingéniosité le Raphaël d'Astaffort n'était pas le premier venu. Il avait armé d'une paire de lunettes, tracées en noir vigoureux, les yeux du Père éternel. Pourquoi ? Cela est bien simple. Cette qualité d'éternel, impliquant une extrême vieillesse, l'affaiblissement de la vue et le besoin de lunettes devaient naturellement s'en suivre.

[1] Le millésime de l'année où commencèrent les travaux de restauration de la fontaine de Raché, a été omis par Proché. Cette fontaine, aujourd'hui réduite à la forme et aux proportions d'une borne-fontaine, a été jusqu'aux environs de 1830 et depuis le seizième siècle, assez importante pour donner son nom à une rue et presque à un quartier. Un registre de jurade de la ville d'Agen (BB. n° 5, p. 172) nous apprend que « l'an mil cinq cens quarante et le dix neufiesme jour du moys de May, à Agen et maison commune d'icelle et a la salle ou se traictent les affaires de la dite ville, par Messeigneurs sire Jehan Lombard, Thomas Sevin, Martial de Nort, maistres Jehan Fiquepal et François de Costa, consulz de la cité d'Agen, a esté dit et arresté que l'édiffice de la fontaine de Ratges déjà commencé, seroit parachevé au plus brief que se pourra faire et que l'argent qui a esté levé et donné par plusieurs et divers personnaiges et aussi l'argent qu'est à lever pour ce dit ediffice faire, seroit levé et le tout seroit mys et employé au dit ediffice. Et le restant de ce que y fauldra fournir et frayer, le dit Sevin, consul susdit, promet aus dits seigneurs consulz de faire la fourniture que y conviendra et après promettent les dits consulz au dit Sevin de le rembourser de ce qu'il aura fourni et luy sera deu, sur les deniers communs de la dite ville, veu que la dite réparation du dit ediffice estoit bien nécessaire et util de

a été obligé de faire pour contenir les terres et les changements faits au bassin, ont rendu cet ouvrage très coûteux.

Vol avec escalade fait à l'évêché dans la nuit du 8 au 9 Octobre. Il n'a été enlevé qu'une cueiller d'argent et une tête de volaille morte. La même nuit, des voleurs se sont introduits dans la boutique du sieur Roux, boulanger, rue Porte-du-Pin, ont porté dans la rue Traverse une table et son comptoir, ont emporté quelque monnaie et ont laissé la table sur la rue. Les voleurs ne sont pas connus.

Chute de dix toises de mur de ville du côté gauche de la Porte Saint-Georges, le 17 Décembre 1816, à 3 heures après-midi. La maison du sieur Forges, chaudronnier,[1] a été écrasée sur le derrière. Cet éboulement a été causé par le recurement trop profond du fossé qui conduit les eaux qui passent à côté de ce mur et conduisent les eaux du pont de Saint-Georges à la Garonne.

Le sieur Forges a bientôt rétabli sa maison. On lui a permis d'appuyer sur le mur de ville. Ordonnance du Roi du 24 Décembre 1816 portant que, lorsque S. M. ou les princes de sa famille séjourneront dans le département de Lot-et-Garonne, les gardes nationaux fourniront une garde d'honneur, conjointement avec sa maison militaire, etc., etc.

Dans le préambule de cette ordonnance, S. M. fait la déclaration suivante, bien honorable pour les gardes nationaux de ce département :

---

faire. » — La famille de Sevin possédait à cette époque la grande et vieille maison voisine de la fontaine, qu'on appelle actuellement *le château* et qui portait alors le nom de *maison du baillif*, ce qui explique l'intérêt qu'elle portait à sa construction.

Le mot *edifice*, qu'emploie le secrétaire des consuls, ne paraît qu'à demi exagéré pour qui a vu l'état des lieux avant la transformation que nous avons indiquée. La source coulait au fond d'un bassin d'un niveau extrêmement bas. On y arrivait par un double escalier d'au moins vingt-cinq marches. Une grande et forte grille de fer l'entourait des deux côtés, c'est-à-dire vers les deux rues qui, de l'Est à l'Ouest, aboutissent à la fontaine. Nous avons vu, enfant, un jour d'inondation de la Garonne, un homme se noyer dans le bassin devenu comme un petit lac.

[1] La maison Forges, encore existante, était, au côté est de la rue Saint-Georges, la dernière de la ville. Sa façade latérale nord s'appuyait au mur d'enceinte sous lequel, dans l'axe de la rue, s'ouvrait la porte Saint-Georges.

« Les gardes nationales du département de Lot-et-Garonne nous ont donné, dans les derniers malheurs de la monarchie des preuves touchantes de leur fidélité. Nous nous rappelons, avec reconnaissance, la conduite ferme et courageuse qu'elles ont tenue dans les journées des 27, 28 et 29 Juin 1815, lorsque, bravant les dangers qui s'opposaient à la manifestation de leurs vœux, elles arborèrent aux yeux des agents de l'usurpation, les antiques couleurs de la France. Le zèle que ces braves gardes nationaux apportent à leur organisation et à leur service, leur acquiert tous les jours de nouveaux titres à notre bienveillance. »

Isabeau Magne, de Casseneuil, convaincue de tentative d'empoisonnement et condamnée à la peine de mort, aux assises du mois de Décembre dernier, s'était pourvue en cassation. Son pourvoi ayant été rejeté, elle a subi son jugement le samedi 1er Février, hors la Porte-du-Pin. Jusqu'au lieu du supplice, elle a paru très résignée et attentive aux exhortations du prêtre qui l'accompagnait ; mais à la vue de l'échafaud, elle a crié qu'elle était innocente, et n'a cessé de proférer ces paroles, que lorsque sa tête est tombée. Malheureusement, il a fallu remonter le couteau fatal, le premier coup n'ayant pas entièment tranché la tête.

Le 12 Février, mort de M. l'abbé Gravières, prêtre âgé de 82 ans, on l'appelait le poète garçon, à cause de quelques pièces de vers patois, qu'il avait faites dans sa jeunesse, mais encore plus à cause de son originalité. Il y avait plus de quarante ans qu'il ne disait pas la messe. Il se l'était interdite lui-même. Il avait la manie de rimer, mais il ne faisait plus rien de bon, depuis les pièces dont j'ai parlé ci-dessus.[1] Ce qu'il a fait de mieux, c'est qu'il a donné aux pauvres,

---

[1] « L'abbé Gravières, dont j'ai parlé, » dit Proché. Proché se trompe, il n'en a point parlé du tout et c'est à regretter. Ce qu'il n'a pas fait, nous allons le faire. Il s'appelait Jean-Patrice, était né à Agen en 1732, et y mourut le 13 février 1817. Entré dans les ordres avant la Révolution, il quitta l'habit, comme tant d'autres membres du clergé, et ouvrit, dans la rue de la Loi, au coin de la rue Porte-Neuve, un petit commerce de grains, dont il vécut modestement. C'était un de ces hommes qui ne voient de la vie que les bons côtés, un gai compagnon toujours en train. On cite de lui nombre de traits piquants dont quelques-uns mériteraient qu'on les racontât, mais à huis clos, bien qu'ils n'aient pas, au fond, de grossièreté. Les négo-

tout ce qu'il avait, consistant en une petite maison, située au coin de la rue des prisons, et quelques vieux meubles.

La société de la Grande-Horloge se rétablit vers la fin de Février 1817, sous le nom de Cercle de l'Union, avec l'autorisation du ministre de l'Intérieur, du préfet et du maire. Le 6 Avril, la Société quitte le local qu'elle occupait dans la rue de la Grande-Horloge, et s'établit dans une maison de M. Goulard-Dayrie, sur la place du Marché-au-blé.

Disparition du sieur Illy, agent de change, le 27 Février, vers dix heures du soir. Le lendemain, dans la matinée, on aperçut une lévite,

---

ciants des *Cornières* étaient d'habitude l'objet de ses malices, un surtout, M. Moustapha, qui, d'ailleurs, ne se gênait pas pour les lui rendre avec usure. Ce personnage ayant été volé, toute la police se mit en campagne et comme il arrive souvent, ne découvrit pas le voleur. — « Voulez-vous parier que je le trouve, dit Gravières? Suivez-moi et vous jugerez que j'ai à moi seul plus d'esprit que vous n'en avez tous ensemble. » Il les mène à la cathédrale, dans un coin du transept où l'écho des voûtes résonne plus fort qu'ailleurs et se met à crier, en enflant sa voix avec lenteur : « Qui a volé Moustapha? » — « Moustapha, » répond l'écho qui rend jusqu'au ton gouailleur dont le nom avait été redit. Tout le monde se mit à rire et le volé comme les autres. C'était alors de bonne guerre, parce qu'on savait s'amuser. Une autre fois, il joua un tour non moins malin à un fabricant d'encre de la rue des Embans qui, lui ayant vendu fort cher de la mauvaise marchandise, avait refusé de la reprendre. — « Allez tout de suite chez lui, dit-il, à un de ses voisins, et dites-lui qu'il vienne en hâte, c'est pour une affaire importante. » Le marchand d'encre, occupé, le fit attendre jusqu'au soir. — « Ma foi! fit Gravières qui soupait, tant pis, si je l'ai dérangé, mais je ne comptais plus sur lui. Je voulais faire ce matin du vinaigre des quatre-voleurs et je n'avais que trois personnes. Quand j'ai vu qu'il ne venait pas, j'ai pris M. X..... en sa place. Dites-lui qu'il peut s'en aller. » Gravières rimait facilement, assez même pour improviser des quatrains plaisants, surtout des épigrammes qui sont restées dans la mémoire de la plupart de ses contemporains, et ont passé dans celle de leurs fils. On a de lui : « *Jean ou lou cousinè del seminari d'Agen, pëmo burlesqué en dus chants et bers patois fey per Jean-Patriço Graviéros, prestre (annado 1762mo) imprimat pel prume cop a Agen, chez Quillot. en 1825*. C'est un in-16 de 22 pages qui se vendait chez Cérès, libraire, près la Grande-Boucherie, et qui est devenu très rare.

un gilet de soie noire, qu'on reconnaît lui appartenir. La montre d'or est trouvée dans une des poches du gilet. On croit qu'il s'est noyé à cause du mauvais état de ses affaires, dérangées, dit-on, par une banqueroute considérable qui vient d'avoir lieu à Agen. Les créanciers du sieur Illy font mettre le scellé sur tous ses papiers et sur ses meubles, par le juge de paix. Le 3 Mars, le Tribunal de commerce le déclare failli, et nomme un commissaire et trois agents provisoires. Bien des personnes doutaient que le sieur Illy se fût noyé, on s'attendait toujours à le voir reparaître, surtout après le rapport avantageux que les agents avaient fait de l'état de ses affaires, mais un procès-verbal envoyé à la préfecture par le maire de la commune de Sainte-Bazeille, le 25 Mars, constatant l'état d'un cadavre trouvé sur le bord de la Garonne, avec tous les signes que c'était celui du sieur Illy, n'a plus laissé aucun doute sur sa mort. Il a été enterré sur le bord de la rivière. L'état de putréfaction et la mauvaise odeur n'ont pas permis de le transporter plus loin.

Mlle Delbès, habitante de cette ville, rue Molinier, meurt le 26 février, âgée d'environ 66 ans. C'était une fille très pieuse et très charitable, elle se tenait le plus souvent à l'hôpital, et rendait aux malades les mêmes services que les sœurs. Elle a donné par son testament, une grande métairie, située auprès de Bon-Encontre, à l'hôpital et le reste de ses biens à sa nièce, femme de M. Guenin, négociant de cette ville.

Mort de M. Cazabonne-Lajonquière, président en la cour Royale d'Agen, le 12 Avril, âgé d'environ 72 ans. C'est encore un des bienfaiteurs de l'hôpital. Il lui lègue par son testament, douze mille francs et cinq cents sacs de blé, payables en dix ans, par portions égales. Il donne la somme de dix mille francs au bureau du bouillon des pauvres. Il a été enterré, sur sa demande, dans le cimetière des pauvres de l'hôpital.[1]

Séminaire d'Agen. — D'après une ordonnance du roi du 18 Septembre 1816, les bâtiments de l'ancien séminaire, affectés par décret

---

[1] M. Cazabonne-Lajonquière avait été précédemment conseiller en la Cour des Aides de Montauban. Il possédait et habitait l'hôtel de la Place Saint-Louis, qui est aujourd'hui la propriété de MM. de Calmels-Puntis, conseillers en la Cour d'Agen.

du 19 Juillet 1810, au casernement des troupes, est mis à la disposition de M⁰ʳ l'évêque d'Agen, pour l'établissement de son Séminaire diocésain. En conséquence, le décret du 19 juillet 1810 est rapporté, et le séminaire construit par M. de Mascaron revient à sa première destination. Un officier du génie, de service à Bordeaux, a été délégué pour faire évacuer tous les objets militaires qui étaient à la caserne ; il les fait déposer provisoirement à la préfecture. M⁰ʳ l'Evêque est mis en possession le 11 Avril 1817. Cependant, les professeurs et les élèves du séminaire restent encore dans la maison, rue Porte-Neuve[1] au cy-devant couvent des Religieuses de la Visitation, jusqu'à la Toussaint. Tout le terrain est rendu au Séminaire, à l'exception de la moitié du jardin, autrefois en vigne, qui a été réuni au parc de la Préfecture.

Le temps est très dérangé, depuis environ deux mois ; le froid, la sécheresse, des coups de vent très violents font périr la récolte. Le pain est à 6 sous et demi la livre, le peuple est alarmé. On fait des prières dans toutes les églises pour demander à Dieu un temps plus propice. Ces prières commencent le 27 Avril et doivent durer huit jours.

Le 1ᵉʳ Mai, il commence à pleuvoir, ce qui radoucit l'air, mais le temps est toujours variable

Mort du père Joseph Delpech, ancien prieur des Carmes déchaussés, le 15 Mai, âgé de 70 ans. C'était un homme recommandable par la Sainteté de ses mœurs, et grand pénitentier. Le chapitre et le séminaire assistent à ses funérailles. Son convoi est suivi d'un grand nombre de personnes dévotes.

Le premier autel, à la romaine, dressé dans l'église de Notre-Dame d'Agen, a été commencé dans le mois d'Avril, et fini vers la fin d'octobre de cette année.[1] La première messe y a été célébrée le 1ᵉʳ Novembre 1817, par M⁰ᵉ Champier, curé de cette paroisse.

---

[1] Proché entend parler, sans doute, des autels en style Pompadour qui, antérieurement à la restauration dirigée par M. Licht, faisaient un si navrant effet dans le beau vaisseau de l'église Notre-Dame. On a eu déjà, dans une note, quelques détails les concernant.

Procession de la Fête-Dieu le 8 Juin. La cloche de l'Hôtel-de-Ville ne sonne point à cause des réparations qu'on fait à la tour.

Après des pluies abondantes qui ont duré plusieurs jours, un violent orage a éclaté le 13 Juin. La foudre tombe sur la maison du sieur Girard, commis aux contributions indirectes, rue Caillou, sans qu'on ait pu connaitre par quel endroit elle était entrée. De la cuisine où vraisemblablement, elle était tombée par la cheminée, elle monte dans la chambre au premier, par un trou de la grosseur d'un œuf, qu'elle fait à un chevron, endommage un placard dont elle enlève plusieurs morceaux répandus dans la chambre, passe dans le grenier, et sort entre la cheminée et le toit. Heureusement, il n'y avait personne dans la maison.

Troubles et conspirations en plusieurs endroits du royaume, au sujet ou sous prétexte des subsistances, vers le commencement du mois de Juin. Cependant la tranquillité règne à Agen et dans notre département, malgré la cherté du blé. La livre de pain est à 6 sous le 18 Juin. Le 16 du même mois, il a été formé un atelier de charité pour faire travailler les pauvres qu'on occupe à curer les fossés de ville le long de la Plate-Forme, à élever et à aplanir le chemin au moyen des décombres qu'on porte de la ville. Les fonds pour cet atelier ont été imposés sur les habitants de la commune, à raison de cinq centimes par franc des contributions. Il a été levé, pour cet objet, une somme de 15,000 francs. Plusieurs personnes avaient refusé de payer ce surcroît de contributions, mais elles y ont été contraintes.

Le 20 Juin, après deux jours de vent du sud très violent, il s'élève, vers une heure après midi, un orage accompagné de fortes pluies, pendant le reste de la journée, la nuit et les deux jours suivants, qui ont fait beaucoup de mal à la récolte. Les blés ont été renversés, la Garonne a été sur le point de sortir. Les trois jours suivants, dans la matinée, jusques vers neuf heures, il y avait un brouillard, comme à la fin de l'automne.

Vers la fin du mois de Mai, on répare la couverture de l'église des cy-devant Cordeliers, qui depuis quelques années sert de magasin pour les fourrages de la gendarmerie. On parle depuis longtemps, et tout le monde convient qu'on devrait transporter dans cette église très vaste et solidement voûtée, le service de la paroisse Saint-Hilaire qui n'étant pas achevée, et soutenue par des piliers de bois, en forme de potence, serait plus propre à un magasin.[1] Il ne s'agirait que d'en faire la demande au gouvernement qui accorde facilement tout ce qui peut contribuer à rendre à la religion son ancien éclat; mais personne ne faisant aucune démarche pour cet objet, ce changement n'aura peut-être jamais lieu, quoique très convenable. Je désire de me tromper.

Le 29 Juin, anniversaire de la fête établie l'année dernière, à l'occasion des évènements des 27, 28 et 29 Juin 1815. Elle a été célébré de la même manière que l'année dernière.

Un orage des plus terribles a éclaté le 3 Juillet, vers cinq heures du soir, après trois jours d'une vive chaleur. Cet orage a duré toute la nuit, et semblait s'être fixé sur la ville et ses environs. Le tonnerre n'a cessé de gronder d'une manière épouvantable. La foudre est tombée, vers neuf heures du matin, sur la maison de M. Caussade, négociant, rue Saint-Gillis.[2] Elle est entrée, par une fenêtre, dans le comptoir où il travaillait avec un de ses commis, a passé au milieu d'eux, sans leur faire aucun mal, est sortie dans la cour, est rentrée dans la maison par une lucarne, a parcouru la cuisine; elle est remontée jusqu'au troisième étage où elle a fendu un mur, et enfin est ressortie dans la cour et, en se retirant, elle a frappé et endommagé l'entablement de la maison voisine. Pendant l'orage, il est tombé, à diverses reprises, une pluie abondante.

Le 8 Juillet, à deux heures du matin, la diligence allant de Bordeaux à Toulouse, est arrêtée sur les hauteurs qui dominent Moissac, portant neuf voyageurs, par un seul homme qui, après avoir disposé

---

[1] Le jugement porté par Proché sur la destination logique de l'ancienne église Saint-Hilaire a reçu confirmation. La *Droguerie du Sud-Ouest*, appartenant à MM. Jaille et Thomas, en occupe actuellement l'entier vaisseau et les dépendances. On a naturellement supprimé *ces piliers de bois en forme de potence*, auxquels, au jour de la Saint-Jean et durant l'octave de ce saint, les Pénitents blancs appendaient leurs drapeaux à crépines d'or.

[2] Cette maison, passée par succession entre les mains de M. Auguste Barsalou, puis de M. le docteur Louis Amblard, a été acquise, il y a quatre ou cinq ans, par M. Guignard, négociant. Elle a été pendant quelques années l'hôtel de la subdivision militaire et la résidence du général de brigade commandant le département.

des cordes sur le chemin de manière à arrêter les chevaux, avait placé deux manequins formés de ceps de vigne, couverts d'une chemise et d'un chapeau, à chaque côté de la route. Dès que la diligence fut à portée, ce brigand crie au postillon de s'arrêter, celui-ci veut continuer, un coup de feu est tiré, la charge passe entre les voyageurs et le postillon. Alors il s'approche, fait descendre le conducteur et les voyageurs après avoir placé le postillon devant ses chevaux, avec défense de faire un mouvement, sous peine de mort. Il fait ranger les autres dans un fossé, la face contre terre, avec menace de poignarder celui qui lèverait la tête. Il monte dans la voiture, prend tout l'argent qu'il trouve dans les caissons, se fait donner celui des voyageurs et disparait. Les deux manequins qu'on prenait pour des hommes, inspirent une telle terreur, qu'un quart d'heure s'écoula, après le départ de ce brigand, sans qu'aucun des voyageurs osât quitter la position où il avait été placé. Cet homme nommé Giovani Gasparini est italien. Il est arrêté quelques jours après et conduit dans les prisons de Toulouse où il fit plusieurs tentatives pour se détruire, sans pouvoir y réussir. Il fut enfin jugé le 15 Novembre 1817 par la Cour prévôtale de la Haute-Garonne, qui le condamne aux travaux forcés à perpétuité et à être marqué. Ce misérable conserva son audace jusques sur l'échafaud. Il bravait le peuple et insultait ceux qui le regardaient. Cependant, soit par remords, soit dans l'espoir de quelque secours, étant encore dans les prisons, il offrit de découvrir le lieu où il avait caché l'argent volé. Il y fut conduit ; on y trouva la moitié de la somme. On ne put trouver le reste qu'il avait, dit-il, déposé dans des saules, au bord du Tarn. On assure qu'avant de partir de Toulouse il se fit donner deux mille francs.

Le sieur Godeau se disant le premier funambuliste et acrobate de l'Europe, a donné à Agen six représentations de ses exercices, la première, le 5 Août. Il a prouvé qu'il n'était pas au-dessous du titre qu'il a pris. Il ne le cède à Mlle Saqui, ni en agilité, ni en adresse. On pense même qu'il la surpasse, aussi a-t-il été très suivi et très applaudi.

Le 25 Août, fête de saint Louis. Elle est annoncée la veille par vingt et un coups de canon, le son de toutes les cloches et les tambours de la Garde nationale. Le 25, les drapeaux blancs flottent à toutes les fenêtres, les maisons sont ornées de guirlandes. Toutes les autorités escortées par la Garde nationale à pied et à cheval, assistent à la grand'messe célébrée par Mgr l'Evêque. La Garde nationale, après avoir accompagné les autorités, se rend sur le champ de Mars où elle est passée en revue par le général Rouget. Banquets en plusieurs endroits. Feu de joie sur le Gravier. Mat de cocagne. Ballon qui, au départ, poussé par un grand vent, ne peut s'élever, s'embarrasse aux branches des arbres où il se brûle entièrement. Il était huit heures, lorsque le cortège s'est retiré.

Le 28 Août, on reçoit à Agen le Concordat, ou convention entre le pape Pie VII et S. M. Louis XVIII, daté de Rome le 11 Juillet 1817 avec la liste des Archevêchés et Evêchés de France. Mgr Jacoupy reste évêque d'Agen. L'évêché d'Agen, devient, comme avant, suffragant de Bordeaux, au lieu que cy-devant il était suffragant de Toulouse. Ce concordat n'a eu aucune suite. Les choses sont encore dans le même état à la fin de 1821.

Au mois d'Août, on construit une petite maison, hors la Porte-du-Pin, pour y établir le bureau de l'octroi municipal, qui auparavant était à l'entrée de la ville, à gauche. Peu de jours après, on en construit une pareille, pour le même objet, au bout de la grande allée de Saint-Antoine, auprès de la croix de la mission.

La façade de la maison du concierge des prisons criminelles est rebâtie à neuf au mois de Septembre.[1] Elle est reculée de trois pieds et demi, ce qui élargit d'autant la rue qui auparavant était très étroite. On a rebâti en même temps le mur de clôture de la cour des prisons, du côté de la place du Palais.

Le 14 Septembre, le blé est à 33 fr. le sac. Le pain est à 5 sous et demi la livre. Cette cherté presque sans exemple, au moment de la récolte, donne des alarmes pour l'avenir. Il est certain qu'elle a été mauvaise, en toute sorte de grains. Le chanvre seul a réussi, la vigne a souffert de la gelée et du mauvais temps qui a régné pendant le printemps et une partie de l'été ; cependant le beau temps qui lui a succédé a favorisé la maturité des raisins, et il y a eu plus de vin qu'on n'avait lieu de l'espérer.

Le dépôt de mendicité est supprimé au mois d'Août. Cet établisse-

---

[1] C'est l'ancienne petite maison faisant face à l'hôtel de la ville, à l'entrée de la rue de la Loi, où se trouve actuellement le bureau central de l'octroi.

ment n'a jamais été bien formé ; il s'y commettait beaucoup d'abus ; la dépense pour les chefs et pour les employés excédait celle du reste de la maison. Par ces considérations, le Conseil général du département en a demandé et obtenu la suppression. Ce dépôt était destiné à renfermer les mendiants, et le nombre en était le même dans les villes et dans les campagnes.

Le sieur Lavigne, un des meilleurs chanteurs de l'académi de musique de Paris, a donné, avec la troupe de comédiens qui se trouve ici, quatre représentations suivies d'un concert où il a déployé toute l'étendue et les agréments de sa voix. La salle a toujours été pleine. Le sieur Lavigne a été comblé d'éloges et d'applaudissements. La première représentation a eu lieu le 21 Octobre, la dernière le 28. La troupe qui était ici est partie avec lui pour Montauban.

Après le départ du sieur Lavigne, le sieur Bienvenu, professeur de physique expérimentale, étale sur le théâtre un magnifique cabinet de physique, et donne plusieurs représentations de ses expériences toujours variées qui ont excité l'admiration des connaisseurs. Sa dernière représentation a eu lieu le 9 Novembre 1817.

J'ai déjà dit que l'ancien séminaire, après avoir servi de caserne pendant la Révolution, avait été rendu à sa première destination. En conséquence, après les réparations convenables, les supérieurs, professeurs et séminaristes sont partis le 6 Novembre du local qu'ils occupaient dans l'ancien couvent des Religieuses de la Visitation, rue Porte-Neuve, et se sont rendus processionnellement à l'ancien séminaire, où ils ont été installés par Mgr l'Evêque qui a présidé à cette cérémonie, accompagné de ses vicaires généraux. La maison de la Visitation, prend le nom de petit-séminaire ; là seront instruits les jeunes gens qui se destinent à l'état ecclésiastique, jusqu'à ce qu'ils aient l'âge et les connaissances requises pour être admis au grand-séminaire.

M. Claude Parades, chanoine et théologal de la cathédrale d'Agen, ancien père de l'Oratoire, et principal du collège de cette ville, est mort subitement le 12 Novembre, âgé de 78 ans. Il n'est pas douteux que la confession [1] à laquelle il s'était voué depuis quelques années, n'ait avancé la fin de ses jours. Il est généralement regretté.

---

[1] Il faut entendre sans doute *profession* : ce doit être un *lapsus plumæ*.

La diligence de Bordeaux à Toulouse a été arrêtée le 11 Novembre, vers une heure du matin, auprès de Moissac, par huit hommes armés de fusils à bayonnette, qui ont fait descendre les voyageurs, les ont fait mettre à genoux, au milieu de la route, ainsi que le conducteur et le postillon, leur ont pris l'argent qu'ils avaient dans leurs poches, montant à la somme de mille francs. Ils ont ensuite demandé la clé de la malle au conducteur. Ils y ont trouvé 7,046 fr. qu'ils ont enlevés. Pendant que deux de ces brigands fouillaient dans la voiture, les autres veillaient sur les voyageurs et les menaçaient de les tuer, s'ils faisaient le moindre mouvement ou proféraient une parole. Les fusils dont ils étaient armés avaient été volés, peu de jours auparavant, dans le corps-de-garde de Valence-d'Agen. Ces huit brigands, ont été arrêtés, quelques jours après, et conduits à Montauban pour être jugés par la cour prévôtale de Tarn-et-Garonne. L'un d'eux qui passait pour être le chef de la bande, s'est pendu dans sa maison.[1] Les autres ont été condamnés aux travaux forcés a perpétuité, et à la flétrissure, le 30 Janvier 1818. Ils ont été exécutés le le lendemain.

Le 21 Octobre, vers huit heures du soir, on s'aperçut que la porte de la Cathédrale, du côté de l'ouest, était ouverte. Le sacristain, en ayant été informé, s'y rendit avec d'autres personnes ; les voleurs avaient disparu. On trouva les portes de quelques armoires des chanoines forcées et ouvertes, et des outils sur le grand autel, avec lesquels ils se proposaient, sans doute, d'enfoncer le tabernacle. On ne sait si on avait négligé de fermer les portes, ou si les voleurs les avaient ouvertes à l'aide de fausses clés.

Mort de M. Darguil, chanoine de la Cathédrale, âgé de 83 ans, le 3 Janvier 1818, d'une attaque d'apopléxie. C'était un homme d'une grande érudition. Il avait été supérieur du séminaire d'Auch, sa patrie, grand archiprêtre de cette métropole, avant la Révolution, et grand vicaire de Tarbes. M. l'abbé Passenaud, missionnaire, a été nommé à sa place, trois mois après, et installé le 28 Juin en qualité de théologal ; il a fait sa démission au bout de quelques jours, pour avoir la liberté de prêcher partout où il voudrait.

---

[1] Encore un *lapsus* probable. C'est dans la prison, non dans sa maison, que ce misérable dut se pendre.

Le béfroi, ou charpente qui supportait la cloche de l'hôtel de ville a été refait à neuf, à la fin du mois de Janvier ; l'horloge a été réparée ; les petites tours ont été recouvertes en ardoise. La cloche qui ne sonnait pas depuis huit ans, et l'horloge ont recommencé à se faire entendre le 18 Février 1818.

Mgr l'Evêque adresse une lettre pastorale le 5 Janvier 1818 à MM. les curés de son diocèse, par laquelle il permet l'usage de la viande trois jours de la semaine, pendant le carême prochain, à cause de la disette et de la cherté des denrées, comme il l'avait permis l'année dernière pour les mêmes raisons. Il impose une aumône en faveur du sacristain. Le blé est à 32 et 33 fr. le sac ; la livre de pain à 5 sous et demi.

Le 15 Février, jour de dimanche, vers cinq heures du soir, la moitié de la population d'Agen était sur le Gravier, pour voir l'ascension d'un aérostat le plus grand qu'on eût vu dans cette ville. Le temps était clair et serein ; il soufflait un petit vent de sud ; le ballon était à demi-plein, lorsque tous les regards se sont portés vers un météore lumineux qui a paru tout à coup. Il était alors 6 heures un quart. Environ deux minutes après on a entendu un bruit sourd, semblable au roulement éloigné de plusieurs tambours. Il a duré près d'une minute. Le météore s'est dissipé insensiblement, comme un nuage. Ce phénomène a effrayé plusieurs personnes qui craignaient une chute de pierres, semblable à celle du 5 Septembre 1814 ; mais on n'a pas su qu'il en soit tombé. Le ballon n'est pas parti.

Une école d'enseignement mutuel est établie à Agen par la Société d'Agriculture de cette ville, dans une salle du ci-devant couvent des Religieuses du Chapelet.[1] Elle est dirigée par M. Cube, qui l'a ouverte

---

[1] La proposition de fonder à Agen une école d'après la méthode d'enseignement mutuel, toute nouvelle alors et qui faisait grand bruit, fut présentée à la séance du 10 janvier 1818. Le préfet de Lot-et-Garonne, ancien sous-préfet de Nérac, en avait déjà établi une dans cette ville, dont le succès était très encourageant. Le chef-lieu du département pouvait-il rester en arrière? La proposition fut adoptée et une Commission nommée pour étudier sérieusement la question et préparer un projet. Cette Commission se composait de MM. de Godailh, ancien capitaine du génie, de Saint-Genis, ingénieur en chef des ponts et chaussées, Lafont du Cujula et Casimir de Saint-Amans, secrétaire perpétuel de la Société. On y fit entrer en même

le 20 Février 1818 Mlle Comminal, maîtresse de pension, établit aussi une pareille école pour les jeunes demoiselles.

Le 13 mars 1818, un violent orage éclate vers dix heures du matin ; éclairs, tonnerre, grêle de la grosseur de noisettes. La foudre tombe dans la commune de Ségougnac, près Moirax, entre par une che-

---

temps M. Samuel de Laffore, qui possédait sur la question des idées nettes et pratiques.

Le rapport de la Commission, communiqué le 14 Janvier, fut soumis à une discussion approfondie et adopté, sauf quelques amendements. En voici la teneur :

« Article 1er. — La Société d'agriculture, sciences et arts d'Agen fournira le matériel nécessaire à une école de 200 élèves. Ce matériel se composera de tables et bancs, cercles en fer, ardoises et crayons d'ardoise, tableaux, table de l'instituteur, et de diverses menues fournitures.

« Art. 2. — Elle paiera le loyer de la salle s'il n'est pas possible de s'en procurer une gratuite, jusqu'à ce que le bénéfice net de l'instituteur soit de 125 fr. par mois. Cette salle devra être capable de contenir 300 élèves.

« Art. 3. — Jusqu'à ce que l'établissement ait atteint le revenu net ci-dessus indiqué, la Société fournira à l'instituteur le supplément nécessaire pour porter son traitement à ladite somme de 125 fr.

Art. 4. — Au delà des termes fixés dans les trois articles précédents, la Société ne fournira plus rien à l'instituteur. Il prendra l'établissement à son compte. Toutes les augmentations qu'il y fera lui appartiendront, mais la Société se réserve la propriété du mobilier énoncé dans l'article premier. L'instituteur s'engage à entretenir ce mobilier et à le représenter en totalité, quand il en sera requis.

« Art. 5. — Si, dans la suite, la Société, voulant fonder d'autres écoles pour exciter entr'elles une utile émulation, juge à propos d'y employer le prix de ce mobilier, elle pourra faire une retenue de la moitié de la somme excédant le bénéfice net de 125 fr. par mois, jusqu'à ce que la valeur du mobilier lui soit remboursée par ces acomptes successifs.

« Art. 6. — L'école sera gratuite d'abord pour 20 élèves que la Société se réserve d'y placer dès l'ouverture de l'établissement. Lorsque le nombre des élèves sera tel que le produit net surpassera 125 fr. par mois, la Société pourra constamment y faire entrer *gratis* un nombre d'élèves formant le quart de celui qui excédera la quantité de ces élèves produisant 125 fr., pendant tout le temps que l'instituteur conservera la direction de l'Ecole et même dans les cas prévus par les articles 4 et 5 ci-dessus.

« Art. 7. — La rétribution des élèves payans est provisoirement fixée à

minée, parcourt une chambre où étaient assises deux femmes, sans leur faire aucun mal. Pendant le même orage, la foudre tombe aussi sur le clocher de Sainte-Colombe, auquel elle fait une grande brêche. Ce clocher venait d'être réparé, et la cloche récemment fondue. Depuis ce jour-là, le temps a été très dérangé ; il pleut continuellement, tandis qu'en Provence, on fait des prières pour demander la pluie ; il y règne depuis longtemps une sécheresse alarmante.

---

1 fr. 75 par mois, pour apprendre à lire, écrire et compter. L'instituteur ne pourra excéder ce taux sous quel prétexte que ce puisse être, sans l'autorisation de la Société.

« Art. 8. - Il percevra cette rétribution et fournira, par ce moyen, papier, encre, plumes, etc., à tous les élèves indistinctement. De la différence entre ces diverses dépenses réunies au loyer de la salle, et le produit de la distribution, résultera le revenu net dont il est parlé plus haut.

« Art. 9. L'instituteur tiendra, pour la recette et pour la dépense, des comptes qui seront contrôlés par les Commissaires de la Société toutes les fois qu'ils le jugeront à propos, et balancés tous les mois, pour en appliquer le résultat à l'accomplissement des conditions posées ci-dessus.

« Art. 10. — Il sera tenu de se conformer, pour la direction de l'école, pour la méthode d'enseignement, ainsi que pour les principes de religion, de fidélité au roi et de morale à professer, à tout ce que lui prescrira la Société par l'organe de ses commissaires. Elle exercera une entière et continuelle surveillance sur l'établissement.

« Art. 11. — L'instituteur s'engage à diriger l'école pendant un an au moins. De son côté, la Société s'oblige à ne point lui substituer d'autre instituteur, à moins de mécontentements graves sur lesquels elle prononcerait en assemblée générale.

« Il est délibéré, en outre, dans la vue d'accélérer l'école d'enseignement mutuel et faciliter l'exécution des articles ci-dessus, que la Commission, restant composée des membres actuels, est, dès aujourd'hui, revêtue du pouvoir d'agir au nom de la Société pour tout ce qui peut être relatif à l'établissement de l'école ; de passer, à cet effet, avec l'instituteur, toute police prélable ; de faire toutes démarches nécessaires pour le loyer de la salle et d'ordonner la confection du mobilier, s'il y a lieu, etc., etc., etc., sauf à en référer à la Société si le loyer de la salle excède la somme de 400 fr. et si les frais du mobilier dépassent celle de 450 fr. Délibère aussi que la Commission est autorisée à nommer tous les élèves qui seront admis dans l'école à titre gratuit, et qu'elle demeure chargée d'une surveillance aussi active que soutenue sur l'observation rigoureuse des règlements

Le *Journal de Lot-et-Garonne*, n° 1260, 25 Mars 1818, renferme une adresse de M. Lécussan, maire de Moirax, tendant à ne reconnaître de mariages que ceux qui auront été faits suivant le rit de la religion des époux, à considérer seulement l'acte civil comme conservateur de l'ordre des familles et à dégager des liens du mariage, tous ceux qui, dans ce moment, se trouvent liés seulement par l'acte civil. Cette pétition a été lue publiquement le 14 Mars, dans la Chambre des députés, qui a passé à l'ordre du jour.

Le 26 Mars, vers quatre heures de l'après-midi, quatre hommes furent écrasés et six autres blessés par la chute de deux planchers d'un magasin de tabac, à Damazan. On attribue ce malheureux événement à l'ébranlement de l'édifice, occasionné par un grand coup de vent qui eut lieu au moment de l'affaissement du plancher. M. le Préfet et M. le Sous-Préfet de Nérac, ont fait distribuer des secours aux familles des morts et des blessés, et en sollicitent de plus considérables du gouvernement. On apprend, peu de jours après, que le Directeur général des Contributions indirectes a fait distribuer une somme de 1,200 fr. aux familles des ouvriers qui ont péri dans cette occasion.

L'enseignement mutuel se perfectionne dans la ville d'Agen. Les enfants y font des progrès surprenants. (Avril 1818.) Plusieurs instituteurs de cette ville ou des environs suivent les exercices de l'école

---

et sur la police de l'école, s'en remettant, d'ailleurs, à son zèle pour tout ce qui peut contribuer à l'avantage de cet établissement et en assurer le succès. »

Dans la séance du 13 février, la Commission rendit compte des dispositions qu'elle avait prises pour hâter l'organisation de l'école d'enseignement. M. le Préfet avait offert la jouissance provisoire d'une salle vaste et commode dans l'ancien couvent du Chapelet; les réparations pour la rendre propre à cette destination étaient commencées. Le Maire ayant témoigné le plus vif intérêt à l'établissement naissant, la Commission crut devoir lui déférer la nomination des vingt élèves qu'elle était autorisée à faire entrer à titre gratuit. L'Ecole ne tarda pas à être ouverte et à fonctionner. On voit, par le procès-verbal de la séance du 18 Avril, qu'à cette date son état était des plus prospères et que M. Cube, qui la dirigeait, se proposait de diriger aussi, mais gratuitement, celle qu'on pensait établir à l'hospice Saint-Jacques pour l'instruction des enfants trouvés.

du Chapelet, pour instruire leurs élèves sur cette méthode que cependant bien des personnes se plaisent à décrier comme trop *libérale*.

La Mission qui a lieu ordinairement tous les sept ans dans l'église de Saint-Hilaire, fondée par mesdames Desportes et Lascombes, a été faite, cette année, et a commencé le dimanche 5 Avril ; les prêtres qui en sont chargés, sont M. l'abbé Passeneau, qui prêcha le carême l'année dernière à la Cathédrale, M. l'abbé de Saint-Pierre, qui l'a prêché cette année et M. l'abbé Fossat, de Moissac. La Mission a commencé après vêpres par une procession à laquelle ont assisté les trois missionnaires, M. le curé accompagné de plusieurs prêtres et de vingt séminaristes, et les membres de la Fabrique. M. le maire avait été invité à cette cérémonie et s'y est trouvé avec les adjoints et le commissaire de police, tous en costumes et précédés de la bannière de la commune. Un chœur d'hommes et un autre chœur de jeunes filles vêtues de blanc étaient au centre. Celles-ci chantaient des cantiques ; les hommes chantaient des hymnes avec le clergé. La procession sortit de l'église, passa par la porte Saint-Georges et se rendit, par le pont, à la Croix de la Mission, sous Prouchet, en chantant le *Veni Creator*. Là elle fit une station, on dit une oraison à la vierge, et on entonna l'hymne *Ave maris stella*, qu'on continua en revenant par le grand chemin ; on rentra par la porte et la rue Saint-Antoine, on suivit les rues Maillé, Delquillou et de Saint-Hilaire, et l'on s'arrêta devant la croix qui est sur la place. Cette croix n'avait pas encore été bénite, quoique plantée depuis environ un an ; elle l'a été dans cette occasion par M. l'abbé Fossat, l'un des missionnaires qui présidait à la cérémonie. La procession entra dans l'église, non sans beaucoup de peine, à cause de la foule qui l'avait remplie. M. Fossat parvint difficilement jusqu'à la chaire, où il prononça un discours pour faire connaître les avantages de la Mission et les dispositions qu'on devait y apporter pour en retirer du fruit. La cérémonie fut terminée par la bénédiction donnée par M. l'abbé Passeneau.

Cette mission qui avait commencé le 5 Avril a fini par un discours prononcé par M. Passeneau ; il a fait tant en son nom, qu'au nom de ses collègues, ses adieux aux Agenais, après avoir loué le zèle et l'empressement avec lequel ils ont assisté aux diverses instructions qui ont été faites. MM. Fossat et Vincent de Saint-Pierre ont ensuite conduit processionnellement les fidèles au pied de la même croix, sous Prouchet, où, à l'ouverture de la mission, on était allé implorer les bénédictions du ciel et l'assistance de la sainte Vierge. Un grand nombre de jeunes filles, précédées d'une bannière richement décorée, chantaient des cantiques ; les femmes, vêtues de noir, marchaient deux à deux, dans le plus grand ordre, récitant des prières. A leur suite étaient les hommes et les garçons, les Pénitents blancs avec leurs drapeaux, le clergé composé de plusieurs prêtres et séminaristes, et les fabriciens de l'église Saint-Hilaire, portant chacun un cierge. M. le maire et ses adjoints fermaient le cortège, escortés par la garde soldée, et sivis d'un peuple immense. Cette cérémonie fut dérangée par un orage qui menaçait depuis la matinée et qui éclata au moment où les Missionnaires étant arrivés au pied de la croix, M. Fossat commençait un discours que la pluie abondante qui tombait et le tumulte obligèrent d'interrompre. Alors chacun cherche un abri sous les arbres ou dans les maisons voisines, et la procession se retire dans le plus grand désordre. La fabrique a compté à chacun des missionnaires la somme de six cents francs.

Le 8 Avril, M. le Préfet et M. le Maire d'Agen accompagnés de plusieurs fonctionnaires publics, visitent l'école d'enseignement mutuel, fondée par la Société des sciences et arts de cette ville. Ils ont été très satisfaits des exercices dont ils ont été les témoins et des progrès des élèves. Ils ont visité ensuite les écoles des demoiselles Comminal. Plusieurs instituteurs de l'arrondissement d'Agen sont venus se former à l'école de M. Cube et ont suivi, pendant plusieurs jours ses exercices. M. le Préfet leur a accordé, dans cette séance, des brevets de capacité

L'église paroissiale de Notre-Dame d'Agen n'avait, depuis sa restauration, qu'une petite cloche qui se cassa, ce qui obligea les fabriciens à en faire une autre. Ils envoyèrent les débris de cette cloche à Marmande où un fondeur avait alors son atelier, et lui en demandèrent une du poids d'environ six quintaux. Cette cloche arriva à Agen par bateau au commencement du mois d'Avril 1818 ; elle fut déposée dans l'église où elle fut bénite le dimanche 19 Avril par M. Champier, curé, assisté de plusieurs autres prêtres. Le parrain fut M. Parades, gendre de M. Bazon ; la marraine, Mme Cazabonne, veuve de M. Cazabonne, l'un des présidents de la Cour royale d'Agen, remplacée, pour cause de maladie, par Mme de Galibert, supérieure du bouillon des pauvres, fondatrice et supérieure de la Congrégation et membre de plusieurs autres établissements pieux. La cloche fu montée le 20 Avril et commença à sonner le même jour.

Depuis quelque temps, M. le Curé et le Conseil de fabrique de Saint-Hilaire, se proposaient de demander l'église voisine des cydevant Cordeliers pour y transférer le service de la paroisse, mais l'affluence des fidèles qui s'est portée à la mission, et l'insuffisance de l'église actuelle qui ne pouvait contenir la moitié de ceux qui se présentaient, les ont engagés à hâter cette demande. En conséquence, avec l'assentiment de M. le Préfet, de Mgr l'Evêque et de M. le Maire, ils ont fait une pétition qui a été signée par tous les paroissiens et l'ont adressée à M. le Maire, avec prière de la transmettre au Gouvernement, dans l'objet d'obtenir l'église des cydevant Cordeliers, soit pour la grandeur et la beauté de l'édifice, soit pour la commodité des habitants d'Agen, qui, avant la révolution, avaient vingt-quatre églises et qui n'en ont maintenant que quatre, et trois oratoires ; savoir, la petite chapelle Notre-Dame-du-Bourg, l'Hôpital et les Orphelines. Cette pétition a été adressée au Ministre de l'Intérieur, vers la fin de Mai 1818.

Le 31 Mai 1818, l'état-major de la Légion de Lot-et-Garonne arrive à Agen avec le cadre du deuxième bataillon, composé de sergents et de caporaux. Ce bataillon doit être composé ici des levées qui vont se faire dans le département. M. de Mesgrigni lieutenant-colonel, commande ce corps, M. de Gougeon, colonel, ayant obtenu de rester à Nantes avec la Légion. Peu de jours après, elle quitte Nantes pour aller à Blaye, d'où elle est partie pour Brest, vers la fin de Mars 1820.

Le 5 Juin 1818, il a été célébré, dans l'église cathédrale, un service funèbre en l'honneur de M. le prince de Condé, mort à Paris, le 13 Mai dernier, âgé de 81 ans. Toutes les autorités ont assisté à cette cérémonie à laquelle Mgr l'Evêque a présidé. Un catafalque était élevé au milieu de la nef de l'église ; il était environné des chevaliers des Ordres de Saint-Louis et de la Légion d'honneur, et d'un grand nombre de militaires de tous grades.

Cette année, il n'a été fait aucune mention, comme les années précédentes, des journées 27, 28 et 29 Juin 1815. On a jugé avec raison qu'il fallait tacher d'en effacer le souvenir.[1]

---

[1] Voyez aux 29 Juin 1816 et 1817.

Mort de M. Mathieu, greffier en chef de la Cour royale d'Agen, le 4 Juillet 1818, âgé de 72 ans. Il occupait la place de greffier depuis environ cinquante ans, soit au présidial et sénéchal, soit au tribunal civil du département, soit à la Cour d'appel, etc.

Le 9 Juillet, M. Rivière, l'un des députés de ce département et avocat général de la Cour royale, reçoit une ordonnance du Roi, du premier de ce mois, qui le nomme procureur général près la même Cour d'Agen, à la place de M. Mouysset à qui le Roi accorde le titre de président honoraire.

Le 12 Juillet, M. Delong, l'un des présidents de la Cour royale d'Agen, député du département du Gers, reçoit une ordonnance qui le nomme premier Président de cette Cour, en remplacement de M. Lacuée, qui conservera le titre de premier président honoraire.

Le 1er Juillet, on reprend les travaux du pont sur Garonne. On commence à construire la troisième pile, qui sera portée à la hauteur des deux qui existent déjà, et de la culée de droite. Les ingénieurs chargés de cet ouvrage n'ont, dit-on, que 15,000 fr. à dépenser pour cette campagne. Il y a deux ans qu'on n'y a pas travaillé. Avec une telle lenteur, ce pont sera fini bien tard ; il est vrai que l'état actuel des finances ne permet pas au gouvernement de faire mieux.

M. Delong, nommé premier président de la Cour royale d'Agen et M. Rivière, procureur général, ont prêté serment, chacun en sa qualité, devant M. le Préfet de Lot-et-Garonne, délégué à cet effet par le Roi; ce serment a été prêté à la préfecture, le 24 Juillet. Le 27 du même mois, ces deux magistrats ont été installés dans la grande salle du palais de justice, toutes les chambres assemblées, en robes rouges, sous la présidence de M. Bergognié,[1] l'un des présidents de

---

[1] Bergognié, Pierre, né à Layrac, le 3 juillet 1754, mort à Paris en 1841, fut successivement conseiller à la Cour sénéchale et présidiale d'Agen (1785), juge au tribunal du district de cette ville (1790), juge au tribunal civil du département de Lot-et-Garonne (1795), vice-président du tribunal d'appel (1800), et président de chambre à la Cour en 1811. Il conserva jusqu'à la fin de sa carrière active les traditions de la Cour présidiale, traditions empreintes d'une sorte de morgue solennelle qui n'était pas, au reste, dans son caractère. C'est ainsi qu'il ne consentit jamais à recevoir directement des

chambre, et sur le réquisitoire de M. Lèbé, avocat général,[1] qui a prononcé un discours, ainsi que M. Delong et M. Rivière. Ces trois discours ont été imprimés dans le *Journal de Lot-et-Garonne*, n° 1296.

Il a fait, pendant les mois de Juillet et d'Août, des chaleurs très fortes et très soutenues, mais sans orage; le ciel toujours serein; le vent nord, ou nord-ouest; la moisson s'est très bien faite. On n'avait pas eu depuis plusieurs années un été semblable. Cependant la récolte a été très médiocre. Outre cela les longues chaleurs ont fait périr les menus grains. On a vu avec étonnement, au milieu de cette sécheresse, la Garonne augmenter très rapidement, les 19 et 20 Juillet, de telle sorte qu'elle a été sur le point de sortir. On a su bientôt que cette crue subite venait des orages qui ont eu lieu dans le département de l'Ariège au-dessus de Toulouse, et de la chute des neiges des montagnes qui forment les frontières de ce département, du côté de l'Espagne. Le 25 Juillet, vers cinq heures du soir, orage; la grêle a fait beaucoup de mal dans les communes de Sainte-Colombe, Moirax, Aubiac, Pleichac et circonvoisines.

Les chenilles font de grands ravages dans la partie de notre département qui avoisine les Landes, pendant les chaleurs des mois

---

mains d'un huissier quel qu'il fût, une pièce de procédure. Quand un de ces officiers ministériels en avait une à lui remettre, il la posait auprès de lui, sur une table ou un fauteuil. Le magistrat en prenait connaissance et, avec une négligence affectée, la laissait tomber à terre où l'huissier, humblement, la ramassait. M. Bergognié a publié une *Table analytique et raisonnée des Jugements de la Cour de Cassation* et des pièces de poésie dont deux figurent dans le Recueil des travaux de la Société d'Agriculture, Sciences et Arts d'Agen, 1re série, t. I, p. 245, et t. II, p. 430.

[1] Lèbé, Jean-Baptiste-Louis-Pascal, né à Condom, le 31 Mars 1782, mort à Agen, le 29 Novembre 1869, après avoir été conseiller-auditeur à la Cour d'Agen en 1808, devint avocat-général en 1811, procureur-général en 1830 et premier président en 1854. On a de lui plusieurs mercuriales dont la forme est aussi brillante que la pensée est élevée et forte. Les mêmes qualités distinguent quelques discours prononcés aux séances publiques de la Société d'Agriculture, Sciences et Arts d'Agen, qui n'eût pas de membre plus assidu et plus dévoué à ses intérêts.

de Juillet et d'Août, les arbres à liége surtout, ont beaucoup souffert.

Le duc de Glocester, neveu du roi d'Angleterre, venant de Bordeaux, a passé à Agen le 23 Août, à 2 heures après-midi ; il voyage pour voir la France.

Procession du vœu de Louis XIII le 15 Août ; les filles de la Congrégation y ont assisté pour la première fois. Elles marchaient en tête, après la bannière de l'Hôtel-de-Ville. La Garde Nationale, quoique convoquée, n'y a point assisté.

Le 6 Août, procession générale pour demander à Dieu la fin de la sécheresse qui dure depuis deux mois et qui a fait périr tous les menus grains et les pommes de terre, lesquelles auraient été d'un grand secours, la récolte en blé étant très médiocre. Mgr l'évêque assistait à la procession, qu'ont suivie M. le maire, ses adjoints et une grande affluence de peuple, qui n'est jamais aussi pieux que dans les temps de calamité. Il y aura des prières, pendant huit jours, dans toutes les églises de la ville et du diocèse.

Le 9 Août, après une vive chaleur, vers six heures du soir, il a éclaté un orage suivi de pluie qui a duré pendant une heure. Le 12, dans la matinée, le ciel était couvert de nuages qui l'ont tellement obscurci, qu'on pouvait à peine distinguer les objets ; les éclairs se succédaient rapidement. Le tonnerre a enfin décidé la pluie qui est tombée par torrents pendant une heure. L'eau qui venait des rues au pont d'Angoine est entrée dans les maisons voisines de cet aqueduc, comme cela arriva en 1816. Cet orage et la grande quantité d'eau ont fait beaucoup de mal aux terres en pente, surtout dans le vallon de Combemingué ; des rangs de vigne ont été arrachés et entraînés dans les bas fonds, ainsi que les arbres fruitiers ; la commune de Saint-Cyr a aussi beaucoup souffert. La grêle a causé de grands dégâts en plusieurs endroits. Depuis cette époque, les chaleurs n'ont plus été aussi vives.

M. Potier, acteur très renommé du Théâtre des Variétés de Paris, donne deux représentations sur le théâtre d'Agen, avec la troupe de Mme Marigny. La 1re, le 9 Août ; la 2e le 11 ; tous les amateurs de spectacle se sont empressés d'aller admirer le talent original de cet acteur. La salle a toujours été pleine. M. Potier étant attendu à Toulouse, n'a pu faire un plus long séjour à Agen.

Le 30 Août, les chaleurs recommencent et surpassent celles du mois de Juillet, quoique les jours soient plus courts. La vigne aurait besoin de pluie. Elle souffre beaucoup; il est à craindre que la récolte en vin ne soit aussi médiocre que celle du blé. Enfin, le 1ᵉʳ Septembre, à la suite d'un violent orage, il est tombé une grande pluie qui a fait de grands dégâts dans la commune de Notre-Dame et les environs. La grêle a ravagé les vignes et les tabacs dans la commune d'Aiguillon et autres circonvoisines.

La Cour d'assises d'Agen avait condamné, le 9 juin dernier, à la peine de mort, les nommés Bernard Pignol, jeune, et Antoine Glady, habitants de Villeneuve-d'Agen, convaincus d'avoir assassiné le nommé Gayral dit Trenty. Ces condamnés s'étaient pourvus en cassation. Leur pourvoi ayant été rejeté, ils ont été traduits le 1ᵉʳ Septembre à Villeneuve, comme l'arrêt le portait, où ils ont été exécutés à leur arrivée, à trois heures après-midi. On ne saurait assez admirer le courage et le dévouement de M. Malrou, aumônier des prisons, qui a accompagné ces malheureux jusqu'au lieu de leur supplice, depuis les prisons d'Agen, renfermé dans la même voiture et par une chaleur excessive.

La statue équestre d'Henri IV, qui avait été détruite pendant la révolution, a été rétablie à Paris le 25 Août 1818, en présence de Louis XVIII et de la famille royale.

Le 15 Septembre, la Cour royale, en audience solennelle, toutes les Chambres assemblées, en robe rouge, a entériné les lettres de grâce, accordées par le roi à douze prisonniers de la maison de détention d'Eysses, condamnés à diverses peines, au nombre desquels étaient quatre femmes. Amenés par des gendarmes dans la salle, ils ont entendu la lecture des lettres de grâce, et ont été mis sur-le-champ en liberté. Cette faveur a été accordée aux détenus qui s'étaient le mieux comportés dans la maison d'Eysses. Il en a été de même dans toutes les maisons de détention.

Cérémonie religieuse et funèbre, anniversaire de la mort de la reine Marie-Antoinette, le 16 Octobre. Toutes les autorités y ont assisté. Mgʳ l'Evêque a officié.

Par une convention du 9 Octobre 1818, entre les souverains des puissances alliées, qui occupent le territoire français depuis trois ans, les troupes étrangères doivent en sortir dans le courant du mois de Novembre prochain. Elles sortent, en effet, à cette époque. Elles occupaient les places fortes du nord de la France, depuis trois ans, c'est-à-dire depuis le traité de paix fait le 20 Novembre 1815.

M. Daribeau-Lacassagne est mort à Agen, le 29 Octobre, âgé d'environ 77 ans. Il a fait bâtir la tour qui renferme le salon des illustres Agenais, dans son domaine, sur le chemin du Pont-du-Casse ; ainsi que la tour carrée à côté de sa maison, rue Pont-de-Garonne. Les deux tours appartiennent maintenant à M. Martinelly aîné, qui a épousé la fille unique de M. Daribeau.[1]

La Cour d'assises de Lot-et-Garonne, dans sa séance du 4 Septembre, avait condamné à mort les nommés Labonne et Dumas convaincus d'être entrés de force, avec quatre autres personnes, dans la maison d'un riche propriétaire de Lévignac, dans l'intention de la piller, munis d'armes dont ils se seraient servis, s'ils n'en avaient été empêchés par des gendarmes qui, prévenus de cette attaque, s'étaient cachés, avaient paru au moment où les accusés se disposaient à user de violence et les avaient désarmés et arrêtés. Labonne et Dumas s'étaient pourvus en cassation ; leur pourvoi ayant été rejeté, ils ont été exécutés, hors la Porte-du-Pin, le 31 Octobre. Leur jeunesse et la résignation avec laquelle ils sont allés au supplice, l'air calme et docile avec lequel ils écoutaient le prêtre qui les accompagnait, ont vivement ému tous les spectateurs. Leurs quatre complices sont condamnés à vingt ans de travaux forcés.

M. Joanny, acteur tragique très estimé, a donné plusieurs représentations sur le théâtre d'Agen, dans lesquelles il a bien soutenu la réputation dont il jouit. Il a débuté le 8 Novembre par le rôle de *Coriolan*, et a fini, le 26 du même mois, par celui de *Manlius* de Lafosse. Il a donné dix représentations.

---

[1] Cette tour, dans l'intérieur de laquelle M. Daribeau avait réuni, avec les bustes et les portraits gravés des illustres Agenais, une belle collection de livres, existe encore, mais appauvrie de ce qui en formait l'intérêt principal, auprès du château, reconstruit à neuf, de La Cassaigne. M. de Boëry, gendre de feu M. Benjamin Martinelly, est le propriétaire actuel de ce domaine que ses eaux vives et ses frais ombrages faisaient désigner dans les vieux titres sous le nom de *La Cassaigne-Verte*. Quant à la tour de la rue Pont-de-Garonne, que son élévation rend visible d'assez loin pour qui arrive de Bordeaux ou de Toulouse, elle continue à dominer le vieux quartier pittoresque dont la ruette de Beauville, avec ses maisons à étages surplombants, est le centre passablement curieux.

Vol fait dans la nuit du 11 au 12 Novembre, à l'église cathédrale, de la somme de 200 fr. en gros sous que les voleurs ont pliés dans un mouchoir qu'ils ont trouvé dans l'armoire d'un chanoine. C'est la troisième fois, dans l'espace d'un an, que pareille chose arrive dans cette église. Peu de jours après ce dernier vol, l'argent pris dans la caisse des marguilliers, a été porté aux sœurs de l'hospice, par une personnne qu'elles ont dit ne pas connaitre ; elles l'ont déposé à la Mairie qui l'a remis aux marguilliers.

M. le baron Mouysset, chevalier de la Légion d'honneur, cy-devant procureur général de la Cour royale d'Agen, mourut à Bagnières, le 12 Octobre 1818. Sa famille lui a fait faire un service funèbre, le 11 Septembre dans l'église cathédrale ; la Cour royale y a assisté, en robes noires.

M. Barret, ancien chanoine de Vabres, est mort A Agen, le 27 Décembre, âgé de 84 ans.

Une ordonnance du Roi du 8 Décembre, réduit la Cour royale d'Agen à trois chambres, au lieu qu'auparavant, elle en avait quatre.

M. Delong, député du Gers, est nommé premier président. MM. Bergognié père, Bory père et Lafontan, présidents de chambre. M. Rivière, député, procureur général ; MM. Lèbé ainé et Barret-Lavedan fils, avocats généraux ; vingt conseillers, six auditeurs, et M. Diché ainé, greffier en chef. La Cour a été installée, et tous les membres ont prêté serment entre les mains de M. Bergognié qui, lui même, l'avait prêté entre les mains de M. le Préfet, ainsi que M. Lèbé, avocat général. Cette installation a eu lieu le 15 Janvier 1819, en présence de tous les corps civils et militaires. Mgr l'Evêque assisté de ses vicaires généraux a entonné le *Veni Creator* au pied de l'autel, dans la chapelle du palais de justice ; il a commencé la messe du Saint-Esprit, qui a été continuée par un de MM. les Vicaires généraux. Après la messe, toutes les autorités sont entrées dans la grande salle et ont pris les places qui leur étaient réservées dans l'intérieur du parquet. Le reste de la salle était occupé par une foule de citoyens des deux sexes. Alors, la Cour est entrée, ayant à sa tête M. Bergognié, président ; là, il a été prononcé plusieurs discours analogues à la cérémonie.[1]

---

[1] Voyez le cahier de mes notes, pages 190 et suivantes.—(*Note de Proché.*)

Mort de Mlle Lamothe-Vedel, âgée de 101 ans, huit mois, le 12 Janvier 1819. Elle avait été rarement malade et avait conservé, jusques bien avant dans sa vieillesse, la fraîcheur de son teint.

Par ordonnance du roi du 20 Janvier 1819, rendue sur les délibérations du Conseil général du département en 1817 et 1818, concernant le dépôt de mendicité, une délibération de l'Administration des hospices de la ville d'Agen, du 15 Avril 1818 ; une délibération du Conseil municipal du 20 Avril 1818, et l'avis du préfet du 25 Juillet suivant, le Dépôt de mendicité créé le 9 Octobre 1810 dans la maison Delage, ancienne manufacture, est supprimé ; les bâtiments et dépendances de cet hospice seront réunis aux hospices réunis d'Agen, dans l'état où ils se trouveront, avec le mobilier, tel qu'il est, sous la condition expresse que l'hospice Saint-Jacques sera transféré à la maison De Las. Les bâtiments de l'hospice Saint-Jacques seront cédés en toute propriété à la ville d'Agen qui en disposera soit pour le casernement, soit pour tout autre service municipal. Les sœurs de l'hospice ont commencé à occuper la maison De Las vers la fin de février 1819, et le changement s'est opéré entièrement dans les mois de Mars et Avril, même année.

M. le duc de Richelieu, pair de France, cy-devant ministre des affaires étrangères, et président du Conseil des ministres, est arrivé à Agen le 16 Février, vers une heure après-midi. En sortant de sa voiture, il est allé se promener avec son secrétaire, jusqu'à la maison de Las, d'où il est allé voir M. le Préfet qui l'a accompagné à l'hôtel de France où il était logé. Quelques moments après, il a reçu la visite de M. le Maire. Il est parti le lendemain pour Toulouse, n'ayant pour toute suite qu'une calèche avec deux domestiques. Quel contraste avec l'entrée brillante que fit dans Agen, il y a soixante ans, le maréchal de Richelieu, son grand-père !

On dit que le petit fils voyage dans le midi de la France pour rétablir sa santé.[1]

M. le comte de Cessac-Lacuée, lieutenant général de division est arrivé à Agen, sa ville natale, le 24 mars 1819. C'est à lui que notre

---

Il est mort à Paris le 17 mai 1822, âgé de 53 ans, sans postérité.
(*Note de Proché.*)

ville doit une grande partie des établissements dont elle jouit. Il a aussi rendu service à plusieurs particuliers. Aussi a-t-il été vu avec plaisir par tous les habitants. Il est parti pour Paris le 14 Avril.

Une jeune dame du Port-Sainte-Marie, habitante de la ville d'Agen, depuis environ un an, avec son mari et son beau-père, conseiller à la Cour royale d'Agen, Mme G..., atteinte d'une cruelle maladie, meurt le 27 Avril, rue des Arènes, maison Tarry, et comme elle avait refusé de recevoir les secours spirituels qu'on lui avait offerts, le curé de la Cathédrale ne permet pas qu'on sonne les cloches et ne veut pas lui donner la sépulture ecclésiastique, ce qui cause une grande rumeur dans la ville. M. le Maire en est informé ; il fait des démarches inutiles auprès du curé ; il s'adresse à Mgr l'Evêque qui, après un synode tenu chez lui, répond que cette dame est morte hors de l'Eglise, qu'ainsi elle n'a aucun droit aux cérémonies de la religion. Le Maire est obligé de se contenter de ces raisons, et pour éviter un plus grand trouble, il fait porter le cadavre au cimetière, à la pointe du jour, sous la surveillance du commissaire de police.

M. Lemaître, receveur général du département de Lot-et-Garonne, quitte la ville d'Agen et passe à la recette générale de la Corrèze, dont Tulle est le chef-lieu, en 1819. M. Pernot de Fontenoy lui succède et lève l'exercice de 1820. M. Lemaître avait fait bâtir une belle maison dans la rue Porte-Neuve, qu'il vend trois ans après pour l'agrandissement du Petit-Séminaire qui occupe maintenant tout le local appartenant autrefois aux Religieuses de la Visitation, par la vente faite aussi par Mme veuve Lannes, de la maison achetée par son mari, dépendante du même local, de sorte que le Petit Séminaire, après avoir fait les réparations convenables à son établissement, l'occupe en entier en 1823. Le Conseil général du département a accordé tout ce qui a été demandé pour cet objet. Il a été fait, la même année, des réparations au Grand-Séminaire.

ERRATA.

Page 4. — Renaud ; *lisez* : Renaut.
— Fumel-Montaigu ; *lisez* : Fumel-Monségur.
103. — De Themisses ; *lisez* : Thémines.
115. — Sicars-Lagardelle ; *lisez* : sieurs La Gardelle.
124. — Baquet ; *lisez* : Boquet.
130. — Guillou ; *lisez* : Guillon.
136. — Hôpital Saint-Jean ; *lisez* : Hôpital Saint-Jacques.
211. — Maison de Dax ; *lisez* : de Las.
235. — Gaujon ; *lisez* : Goujon.
300. — Maison Delaage ; *lisez* : de Las.

1. — Table des noms de personne.

A

Abadie 179, 207
Aiguillon (duc d').........   3
Allègre   20
Amanieu 219
Amblard 124, 283
Andrieu 55, 121, 167, 217
Angoulême (duc d')... 154, 233, 283
— (duchesse d').. 268
Apparent (de l') 149, 150, 152, 153
Arbanère 129
Argenton 23, 52 92, 94
Assolent 154, 232, 236
Audebard de Ferrussac (d') 154
Aunac 243
Auzac (d') 5, 150, 154

B

Badiou-Meaux 244
Baradat 156, 247
Barbier-Lasserre   55
Barge 103
Barène   39
Barennes   11
Barrail (du) 255
Barsalou. 5, 22, 31, 55, 58, 97, 128, 144, 154, 163, 197, 283
Barret 70, 300
Barret-Lavedan.... 117, 229, 235, 242, 300
Barrière 215
Baze 112
Basignan. 150, 154, 163, 184, 186, 195, 197
Baudot   29

Baudus 195
Bazon 120, 293
Beaumont 110
Belille Phélipeaux 3, 102
Belloc 108, 142
Bergognié. 82, 130, 191, 260, 295, 300
Berrou   17
Berthier   74
Bertin-Riols   49
Besaucèle 234
Bessières 194, 210, 215, 216
Bienvenu 299
Biot 257
Bladé 155
Boë 209, 210
Boëry 299
Boindin 105
Bonaparte. 75, 77, 78, 79, 95, etc.
Bonneaux 225
Bonnet 215, 241
Bonot 154, 227
Boquet 101, 124, 220
Bory.. 4, 5, 6, 9, 14, 82, 84, 90, 92, 96, 141, 184, 194, 218, 254, 300
Bory-Saint-Vincent.. 154, 155, 156, 163, 197
Bosc 101
Bossuet 249
Bouchou 148, 254
Bourran 3, 107, 168
Bourrières 117, 177, 256
Bourrousse de Laffore.... 136, 289
Bousquet   81

Boussion	3, 51, 82, 140, 232
Boyer-Fonfrède	238, 250
Branhacan	98
Brécy	38, 81
Brie	63
Broc	97
Brock (M• de) *sive* princesse Hortense	105
Brostaret	14
Brun	112, 253
Brun (le)	79
Brunel	19
Buchet de Chateauville	184
Buhan	128

C

Cabanac	197
Calmels	43, 68
Calmon	29
Cambacérès	79, 107
Canuet	82, 90, 103
Carrière	65
Carrieu	104
Carbonnié	261, 268
Casse	141, 187, 243
Cassaignoles	159
Castan	87, 90, 97, 105, 150, 182, 184, 194, 195, 223, 274
Castanos	234
Castelnaud	70, 76
Caussade	283
Cayla	143
Caylard	62
Cazabonne-Lajonquière	6, 70, 293
Cérès	279
Cessac-Lacuée	4, 121, 168, 201
Champié	89, 293
Chapelle	159
Châteaurenard	218, 220
Chaubard	154
Chaudordy	82, 92, 141, 145, 194, 195, 213, 214, 218, 254

Chaudron	29
Clairville	90, 272
Clausel	197, 207, 208, 214, 242, 271
Clerc	169
Colbert	233
Colchen	196
Colocotroni	266
Cominal	207
Condé	294
Conor	181
Constant	10
Contat	77
Cormenin (La Haye de)	150
Cornier	96
Costa	276
Courpon	5
Cours	257
Coutelle	64
Couturier	61
Cruzel	154, 211, 217
Cube	288, 291, 298
Currius	215

D

Damas	182
Dampierre	234, 274
Darnaudat	87
Darribeau-Lacassaigne	299
Dartigoeyte	29
Darguil	286
Daubert	3
Daubrée	177
Daurée	169, 184, 219
Dauront de La Palisse	118
Dauttanc	165
Debelmas	104
Decaen	154
Delard	53, 252
Delbez	280
Delbourg	15, 183, 194, 212
Delmas	117, 133, 300
Delong	295, 296

Delpech	281
Delrieu	266
Delsoert-Lalaurencie	64, 123
Delzolliez	177
Desbarrat *dit* Condom	17
Descouloubre, V. Escouloubre (d').	
Descressonnières	191, 220
Desmirails	128, 141
Desmolin	248
Despalais, V. Espalais (d').	
Despans	21, 198
Despeaux	151
Despeyroux	243
Desplats	143
Desportes	292
Dessoles	58
Devèze	137
Diché	17, 67, 300
Dijon	232
Doche	177
Dubois	61, 255, 262
Ducos	77
Dudevant	112, 168
Duffaut	106
Dumas	30, 299
Dumon	80, 212; 244
Dupront	192
Durand	135, 251
Dutrouilh	55, 82, 89, 90
Duvigneau	62

E

Épernon (d')	89
Éon (d')	33
Escars (d')	163
Escouloubre (d')	128, 141
Escousse de Pelusat	3
Espalais (d')	120
Estrades (d')	59
Eymeric	32

F

Fabre	125
Fabry	166, 252
Falagret	79, 83, 150, 183
Faucher, frères	237
Faucon	179, 215, 244
Ferrère	102
Fesch	130
Fizelier	55
Florian	155, 156, 212, 215, 246, 254
Fonfrède	167
Fontanier	31
Forcade	97, 178, 179
Forges	277
Fossat	292, 293
Fournetz	3, 9
Fournier	240
Fraigneau	32
François	3
Fulton	250
Fumel-Monségur	3, 4

G

Gaillard	196
Galibert	293
Galinié	275
Gantheaume	74
Garin	246
Garraud	24, 48
Garric	33
Gasc	192, 194, 218
Gasparini	284
Gaucher	184
Gaussard	148, 150, 152, 160, 162, 163, 178, 179, 186, 188, 192, 195
Gauthier	17, 269
Gayral *dit* Trenty	298
Gélas	39
George	95
Géraud	31, 131

Gignoux..................	212
Girard....................	282
Glady	298
Glocester.................	297
Gobet	10
Godailh 62, 96, 160, 168, 232, 236,	288
Godeau...................	284
Goujon 235, 243, 266,	274
Goulard..................	244
Graulhié	302
Grave. 17, 118,	274
Gravières................. 278,	279
Grenier . 82, 96, 140, 191, 201,	232
Gros......................	249
Grousset	218
Groussou.	184
Guers, V. Marnière de Guers.	
Guérineau.	131
Guiche................... 163,	225
Guillon 108,	130
Guillotin.	26

H

Haillan...................	130
Hauradou	177
Hébert 39,	108
Himounet 17,	18
Huart.	62

I

Illy	274
Ivernaut..................	269

J

Jacoupy. 86, 93, 96, 119, 127, 141, 160, 266,	285
Jaille et Thomas	283
Jalabert..................	242
Jarente	62
Jasmin...................	251

Jauréguy.................	119
Johanny................. 170,	299
Joly...................... 118,	119
Jounqua	89
Jouve....................	104

L

Labarthe. 10, 269,	273
Labastide-Fossat.........	236
Labatut..................	198
Labesque	19
Labie.....................	252
Laboissière....	4
Labonne	299
Laborde. 89,	227
Laboubée	21
Laboulbène...............	269
Labrunie............. 11, 63,	104
Lacépède.. 9, 11, 16, 53, 143, 168, 178,	190
Lacombe................. 43,	46
Lacoste. 62,	143
Lacuée... 11, 22, 82, 96, 103, 116, 121,	163
Ladavière	52
Ladevèze.	141
Lafargue.	235
Lafaugère	22
Laffore (Voir Bourrousse de)	
Lagrange	8
La Haie de Cormenin, V. Cormenin.	
Lalaurencie-Delsoert..... 64,	123
Lalyman.................	32
Lamarque...............	58
Lamartillère 97, 102, 125,	129
Lamothe-Vedel	301
Lamouroux. 5, 9, 54, 66, 134,	154
Lamer.	103
Landié...................	184
Lanes............. 108, 212,	301
Lannes de Montebello."... 118,	125

Lapoussée. 23
Lapoype... 181, 186, 188, 190, 271
Laroche. 62, 130
Laroche-Monbrun. 4, 5, 184
Larue 117
Lassalle. 21, 194, 201
Latour. 170
Laurent. 61
Lavergne. 55
Lavigne. 286
Lèbé. 296, 300
Lécussan. 96, 291
Lefèvre. 105
Leignac 64, 243
Lemaître. 144, 302
Léotard. 169
Léonard. 184, 273
Lespés. 83, 129
Leyris. 29
Lisch. 104, 281
Lombard. 276
Lomet. 17, 62, 68, 170, 252
Lugat... 50, 80, 95, 136, 150, 154,
             230, 232, 254, 272
Luquote. 193

M

Macary. 115
Magne. 276
Malateste de Beaufort. . . . 3
Malebaysse. 100
Malzou. 298
Mansonville 5
Marat. 37
Marchand. 194
Marchant 9
Marie-Antoinette. 37
Maréchal. 224, 239
Marescot. 164, 165
Marigny. 297
Marnière de Guers.. 236, 238, 242,
                       252, 253

Marraud. 5, 66 90, 96
Martinelly. 70, 105, 227, 232, 236,
                                      299
Martinez 119
Mascaron 281
Mascard. 26
Massias. 125
Mathieu. 83, 257, 295
Mavrocordato. 266
Menat. 5
Menne. 55, 82, 140, 188, 194, 204,
                                 232, 271
Merle-Massonneau. 230
Mesgrigny. 294
Meyniel. 255, 262
Mignot. 50
Milleret. 143
Miollis. 266
Miquel. 99
Mirail (du). 246
Moncaut 184
Monestié. 29, 41, 42, 45, 46
Monié. 52
Montalembert 104
Montaut. 266
Montels. 121
Montesquieu 81
Moullié 117, 141
Mouran 265
Moustapha 279
Moutou 43
Mouysset. 9, 14, 82, 96, 144, 295,
                                      300
Musnier de la Converserie. 253
Murat. 238

N

Napoléon.. 96, 100, 106, 109, 122,
                                 143, etc.
Narbonne. 98, 100, 101, 132
Nebout.. . . 198, 221, 224, 260, 272
Ninon. 197

Nort..................... 276
Noubel.. 4, 11, 22, 25, 31, 55, 100, 141, 214, 260

P

Paga...... 112
Paganel........ .... 24, 29 31
Paillard................. 111
Panbrun 125
Parades............ 120, 128, 286
Parfait-Lumière 62
Pasquier................. 215
Passelaïgue............. 4
Passenaud.............. 287, 292
Paulin 133
Pégot.................... 210
Pénavayre............... 274
Pélissier................. 133
Pérès 62, 64, 176
Périé-Nicole 179
Pernot de Fontenoy 301
Phiquepal........... 62, 165, 576
Pichegru................. 95
Pie VII...... .... 96, 143
Pieyre............ 86, 96, 98, 100
Pignol 208
Pinet.................... 29
Platelet 64
Pléneselve............... 234
Podenus................. 159
Pons.................... 198
Potier................... 297
Pouyagut................ 19
Pozzy................... 64, 190
Preissac................. 160, 163
Primat.................. 272
Printemps *Alias* Serres.. 100, 106, 108, 111, 120
Proché... 25, 43, 63, 64, 123, 180, 249, 255, 259, 261, 275
Puissant 62

Q

Quillot.................. 279

R

Rangouze........ 94, 117, 118, 154
Ratery 8
Ravel.................... 127
Ravez................... 102
Pauly.................... 96, 100
Raymond... 55, 65, 66, 67, 91, 92, 117
Redon 5
Reguis................... 94
Renaut................... 3, 4
Richelieu.......... 30, 40, 301
Rigal.................... 275
Rives-Moustié 26
Rivière... 203, 230, 232, 240, 272, 295, 296
Robineau 115
Roche................... 133
Rodes.................... 124
Roger-Ducos............. 79
Rolland................. 140, 268
Romainville 90
Romme.................. 47
Roquefort-Secondat 113, 118
Roquevert............... 211
Rouen des Malets... 191, 195, 216, 262
Rouget... 234, 235, 256, 257, 273, 274, 285
Rous 129, 143
Rousseau................ 29
Roux 97
Roy 115
Ruau 113

S

Sabatié................. 198
Saint-Amans... 4, 14, 32, 62, 96, 154, 171, 288

Saint-Genès	141
Saint-Germe..............	268
Saint-Phélip.............	4, 9, 126
Salives..................	210
Saqui...................	137, 284
Sarrau..................	244, 260
Saubés..................	198. 236
Secondat-Montesquieu...	81, 107, 110, 111, 112, 186, 268
Sembauzel	55
Sérougne................	99
Serres, *dit* Printemps.	100, 106, 108, 111, 120
Sevin..	6, 7, 59, 62, 95, 110, 119, 141, 145, 160, 163, 197, 228, 230, 276
Sevin-Talives............	104
Sevin-Piscille	246
Sigalas..................	215
Sire (le)	139
Sylvestre................	232

T

Tallien..................	29, 31
Tamizey de Larroque	218
Tarry...................	301
Tascher de La Pagerie ...	123
Termes	3
Teulon............	230, 232, 272
Thémines	102
Tholin...................	41, 80. 93
Thomasson..............	84
Timbrune de Valence	120
Tissender	219

Toussaint	210
Treilhard................	51
Trincaud de la Tour	236
Tropamer...........	22, 258, 260
Turelly	109

U

Usson de Bonnac (d').	3, 8, 105, 111
Uchard..................	119, 257

V

Valdec-Boudignon	134
Valence (Voyez Timbrune).	
Varret	242
Vassal	232, 278
Vayssières...............	199
Vergès..................	128
Vérone..................	45
Vidalot..	73, 82, 204, 226, 229, 233
Vignes..........	82, 140, 232, 236
Vigué...................	53, 175
Villeneuve...............	86
Villeneuve-Bargemont.	98, 106, 111, 112, 135, 163, 191, 195, 216, 218, 219, 220, 224, 225, 236, 238
Vincent-de-Saint-Pierre...	292
Vivens.	154

Y

Ysabeau.................	29
Yot.....................	141

2. — Index topographique.

A

Aiguillon. 11, 30 152, 157, 165, 202, 221, 263, 298
Annonciades (Couvent des). V. Visitation.
Artigues 55
Astaffort. 137, 152, 157, 165, 200, 202, 211, 217, 260
Aubiac.................. 296
Augustins (Couvent des).. 6
Austerlitz 103
Auvillars......... 58, 72, 116, 137

B

Bac de la Garonne, à Agen, 181 ; à Layrac.......... 181
Bains Devèze 137
Bajamont 155
Beaumont................ 74
Beauville................ 143, 218
Bellegarde............... 27
Bellevue 109
Boë 55, 76, 118
Bon-Encontre (Notre-Dame-de). 118, 196, 262, 263, 265, 274, 280, 298
Bonnel 59
Borde-Basse 177
Boulevart Sylvain-Dumon. 126
— Scaliger. 61
Bourbon 124
Brax.................... 113
Breton 177
Buzet................... 56

C

Café de la Comédie....... 113
— Saubès....... 198, 236, 240
Caïssac 55
Cale-Abadie.............. 207
Cambes.................. 107
Cancon.................. 200
Capelette (la) 55, 142
Capucins (Couvent des)... 53, 71
Cardounet 255
Carmes (Couvents des). 16, 53, 54, 66, 134
Carmélites (Couvent des). 51, 123, 127
Casernes. 23, 189, 230, 269
Cassaigne (la)........... 299
Casseneuil............... 278
Cassou.................. 55
Casteljaloux..... 20, 107, 160, 247
Castelmoron 141, 170
Castelsagrat. 72
Castillonnès........ 139, 200, 255
Cathédrale (église), V. Saint-Étienne, puis Saint-Caprais, à partir de la page................ 93
Causac.................. 218, 219
Champ-de-Mars du Gravier.. 7, 8, 19, 25, 28, 38, 47, 56, 61, 70, 91, 160, 168, 179, 257, 267, 275, 285
Chapelet (Couvent du). 35, 55, 84, 226, 288
Cimetières 126, 183, 184, 193
Clairac............ 165, 202, 250

Clocher de Saint-Étienne.. 19, 38, 43, 222
Colayrac 17
Collège ancien..... 21, 30, 75, 215
— nouveau..... 132, 146, 196
Collégiale. V. Saint-Caprais.
Combemingué 297
Conques................ 105, 106
Cordeliers (Chapelle de). 6, 11, 23, 56, 282, 294
Cornières... 12, 131, 189, 190, 267
Côte-du-Grézel. 134
Coste-drète. 92
Courborieu 23, 138, 147
Cour prévôtale 128, 255
Coutures 113
Croix de la Porte-du-Pin.. 99
— de Prouchet 112, 292
— de Saint-Caprais... 244
— de Saint-Hilaire.... 274
Cugnos 124

D

Damazan 65, 107, 245, 291
Dangosse................ 147
Dax..................... 46
Dépôt de mendicité. V. Hôpital ou maison De Las.
Digue de la Garonne 80, 231
Dolmayrac 55
Duras................... 81

E

Ecole centrale 62
— ecclésiastique...... 178
Ecuries nationales ou royales. 89, 135, 267
Embrun................ 234
Ermitage de St-Vincent... 32, 266
Evêché................. 101
Eylau.................. 103

Eymet.................. 81
Eysses. 110, 168, 170, 234, 256, 298

F

Fargues................ 65
Fauguerolles. 138
Ferrensac 139
Foire de Saint-Antoine. 91, 102, 179
— du Gravier...... 93, 98, 199
— des Jambons.... 95
— de la porte du Pin. 101
Font-de-Raché.......... 276
Fontanes............... 127
Fontaine du Gravier.. 68, 137, 170
Foulayronnes........... 55, 262
Frespech............... 82
Fumel............. 58, 138, 263

G

Gaillard................ 71
Gavaudun.............. 242
Gascou (Le)............ 177
Gendarmerie............ 23
Gènevois............... 111
Glogau................. 101
Gontaud............. 138, 247
Grande-Motte.......... 127
Gravier. 4, 5, 18, 25, 52, 54, 76, 77, 80, 92, 101, 112, 128, 137, 170, 179, 186, 233, 239, 243, 252, 254, 259, 260, 261, 285, 288

H

Ha (Fort du).... 44
Halle 81
Hôpital ou maison de Las. 1, 21, 56, 118, 122, 126, 208, 215, 235, 301
— Saint-Jacques 21, 22, 52, 136, 294, 301

Hôtel de France (Gautier). 228, 269
— du Petit-Saint-Jean
(Castan)....... 87, 90, 97,
105, 150, 182, 184,
194, 195, 223, 274
— des Trois-Princes... 196, 269
Hôtel départemental, V.
Préfecture.
Hôtel-de-Ville. 8, 146, 154, 189, 200,
201, 202, 205, 222, 288
Horloge (Grande)........ 41

I

Iles de la Garonne....... 23

J

Jacobins, V. Notre-Dame
des Jacobins.
Jardin de M. Lomet...... 252
— des plantes..,..... 62

L

Lamassas............... 121
Laplume............... 200, 201
Lauzun................. 10, 82
Lavardac............... 260
Layrac (ville de)....... 44, 76, 97
157, 202, 260
— (Chemin de)...... 71
— (Passage de)...... 152
Légion d'honneur (Palais
de la)................ 63, 127
Lévignac.............. 299
Lusignan.............. 255
Lycée d'Agen.......... 31

M

Maison Abadie-Faucon-Pé-
rié....,..... 179, 207
— Biot-Sabatié...... 198, 204
— Barsalou......... 128, 144
— Bouchou......... 148, 244
— Brunet-Labesque-
Pouyagut..... 19
— Castan. 87, 90, 97, 105, 150,
182, 184, 194, 195, 223, 274
— Caussade......... 283
— Cazabonne-Calmels-
Puntis. 43, 68, 170, 280
— Couturier........ 61
— Darribeau-Marti-
nelli......... 299
— Daurée-Clerc..... 113
— Delbourg........ 183
— Descressonnières. 191, 220,
221
— Faucon-Currius-Si-
galas......... 215
— Géraud.......... 131
— Gignoux-Dumon-
Lannes....... 212
— Goulard-Deyries-
Maux........ 244, 279
— Guérineau........ 131
— Labatut.......... 198
— Lacué-Montels.... 121
— Lamouroux...... 134
— Lapoussée-Ran-
gouse-Argen-
ton........ 23, 92, 94
— Lemaitre......... 144
— Laurent.......... 61
— Lomet........... 252
— Narbonne-Lacépè-
de, Vigué.... 53, 101
— Noubel.......... 260
— Pozzy...... 190
— Reynal.......... 169
— Rivière.......... 240
— Robineau........ 115
— Secondat-Montes-
quieu........ 81

— Secondat - Roquefort..........	113	— des Jacobins..	1, 4, 8, 10, 11, 12, 16, 41, 84, 88, 89, 103, 104, 142, 166, 178, 196, 198, 240, 247, 257, 274, 281, 293
— Sevin - Dumirail - Garin........	246		
— Sevin-Casse-Aunac	243		
— Timbrune de Valence.........	120		
— Villot............	43		
Malauze................	86	Ormes (Les)............	235
Manufacture des tabacs..	129	Orphelines (Couvent) des..	52, 294
— des toiles peintes..	53		
— des toiles à voiles...	53	Palais de Justice.	8, 82, 129, 164, 255, 300
Marché au blé...........	127	Passage d'Agen (Le).	55, 154, 157, 161, 227
Marmande.	8, 32, 41, 81, 107, 124, 165, 198, 211, 247		
Marsac............	109, 225, 245	Pauillac................	55
Mérens................	55, 107	Paulin (Couvent de)......	21, 32
Mézin.................	172, 260	Pech-Redon............	241
Miramont..............	102, 246	Pénitents.	6, 22, 35, 47, 85, 164, 196, 198, 231, 270
Monbran.............	55, 105, 262		
Monbusc..............	55, 139	Penne.................	107
Montagnac-sur-Lède......	242	Pépinière de la ville......	144
Montaigut.............	58, 116	Perpignan.............	27
Montauban.......	37, 58, 114, 238	Piliers du pont-neuf......	23
Montclar...........	65, 172, 245	Pilori.................	143
Montflanquin........	26, 138, 242	Place Bourbon..........	32, 72
Montignac.............	10, 11	— des Augustins......	43
Montpezat.........	171, 172, 202	— de la Halle........	7, 41
Montréal...............	55	— du Marché.	12, 143, 257, 279
Moirax.....	76, 138, 289, 291, 296	— du Palais.	12, 113, 200, 201, 206, 213, 260, 267
Moissac.....	65, 86, 260, 283, 292		
Moulin de Cajar.........	96	— du Poids-de-la-Ville.	12
— de Saint-George...	61	— Paulin.............	32
Musée d'Agen...........	31, 41	— Porte-Neuve.......	202
		— Publique...........	30
N		— Royale............	257
		— Saint-Antoine......	269
Nérac....	26, 65, 98, 107, 161, 260	— Saint-Hilaire.......	12
Nicole.................	124, 155	— Sainte-Foy........	22, 99
Notre-Dame-du-Bourg..	41, 52, 85, 124, 170, 260, 267, 294	— du Roi de Rome....	32, 72
		Plateforme........	53, 75, 76, 282

Pleichac..... 296
Port-de-Goux............. 17
Port Sainte-Marie.... 13, 113, 147, 274, 302
Pont d'Aiguillon.... 112, 144, 146
— d'Angoyne.. 12, 190, 260, 297
— de Garonne. 52, 112, 132, 138, 139, 144, 146, 164, 175, 178, 187, 272, 295
— des Gendarmes..... 130
— long............... 52
— de Saint-George..... 277
— canal.............. 109
Pont-du-Casse.... 42, 55, 59, 101, 106, 299
Porte de la Grande Horloge. 201, 222
— Neuve.. 53, 75, 111, 162, 224
— du Pin. 24, 37, 47, 71, 85, 137, 144, 182, 192, 224, 225, 260, 262, 270, 285
— du Pont-long 52
— De Saint-Antoine. 25, 47, 85, 225
— de Sainte-Foy....... 85, 111
— de Saint-George. 61, 216, 277, 290
— de Saint-Louis. 53, 54, 75, 85
Prayssas................ 207
Préfecture (Hôtel de la). 17, 31, 111, 116, 157, 163, 189, 196, 206, 224, 225, 233, 234
Prisons................. 113, 226
Promenades......... 56, 130, 149
Prouchet............ 23, 207, 292
Puits du Pont-long 70
Puymirol.. 8, 172, 223, 240-41, 245

R

Riols..... 83
Roquecor.............. 11, 58
Rouquet 71

Rue des Acacias.. 25, 54, 80, 149
— des Amours........ 35
— de l'Angle-droit..... 171, 103
— de l'Annonciade..... 103
— des Arènes......... 162
— des Augustins...... 22
— Cago-l'auco......... 61
— Caillou............ 61, 282
— du Cat. 96, 103, 235, 246, 257
— des Colonels........ 96, 103
— Daurée (de Cessac, du bourg Sainte-Marie)........ 149, 219, 267
— de la Font-Nouvelle.. 6, 35
— de la Font-de-Raché. 61
— de Garonne... 115, 198, 199, 260, 267
— de la Grande - Horloge......... 21, 131, 215
— Grenouilla.......... 212
— des Juifs.......... 240
— Lacépède........... 149
— Lamouroux.. 54, 66, 80, 134
— de la Loi.......... 278, 285
— Londrade........... 22, 81
— Maillé...... 92, 215, 260, 290
— du Marché-au-blé... 257
— des Martyrs......... 22, 193
— Molinié.... 40, 212, 257, 280
— Moncorny.......... 191
— Neuve du Chapelet.. 35
— de la Paix......... 53, 71
— Palissy.... 25, 53, 54, 66, 80
— Paulin 124
— du Pin............. 257, 277
— du Pont-de-Garonne. 115, 257
— de la Porte-Neuve... 108, 124, 178, 204, 257, 278
— del Quillou......... 292
— du Rempart........ 257
— des Rondes......... 149
— de Roques......... 80

— Roussanes.......... 212
— Sainte-Anguille..... 236, 257
— Saint-Antoine. 22, 81, 92, 94, 206, 207, 259, 292
— Saint-Caprais....... 35, 40
— Sainte-Catherine.... 206, 228
— Saint-François...... 125
— Saint-Gillis.... 196, 257, 283
— Saint-Hilaire........ 280
— Saint-Jacques....... 22
— Saint-Jean 225, 257
— Saint-Jérôme... 22, 120, 128
— Saint-Jolifort....... 22
— Saint-Louis......... 53, 120
— Saint-Martial....... 43
— Saint-Pierre......... 130
— Sainte-Quitterie..... 22
— de Strasbourg....... 76
— du Temple..... 22, 225, 247
— Traverse 277

S

Saint-Antoine (Allées de).. 61, 86, 169, 213, 226, 231
Saint-Caprais (Eglise de). 7, 8, 39, 40, 52, 72, 85, 93, 95, 118, 127, 159, 161, 165, 166, 169, 171, 181, 195, 223, 233, 236, 244, 252, 267, 273, 275, 287. 294, 300
Saint-Cirq............... 4, 262
Sainte-Colombe........... 290, 296
Saint-Denys............. 55
Saint-Etienne. 7, 15, 40, 52, 79, 80, 85, 93
Saint-Ferréol 55
Sainte-Foy (Eglise ou paroisse de). 52, 85, 114, 166, 196, 197, 198, 237
Sainte-Foy de Jérusalem.. 155

Saint-Hilaire (Eglise ou paroisse de) 28, 44, 52, 85, 109, 114, 119, 166, 171, 196, 197, 198, 216, 223, 282, 292, 294
Saint-Jean-de-Thurac..... 200
Saint-Julien............. 55
Saint-Martin de Metges... 55
Saint-Pierre de Gaubert... 55
Sainte-Radegonde........ 55, 237
Saint-Robert............ 218
Sainte-Ruffine 55
Saint-Vincent-des-Corbeaux.............. 55
Salle de spectacle. 49, 50, 114, 117, 163, 170, 224, 238, 286, 297
Ségougnac.............. 289
Séminaires. 21, 108, 178, 229, 280, 286, 302
Serres.................. 55
Seyches................ 246
Société ou Cercle Biot. 198, 204, 226
— de la Grande-Horloge.. 243
Sos.................... 82

T

Tannerie Broc.......... 96
Temple (Le)............ 172
Temple de la décade.... 37
Thibet................. 226
Tonneins... 124, 129, 198, 211, 250
Tour du bourreau....... 43
— de la Bretonnerie... 43
— de Saint-Côme...... 126
— de M. Darribeau..... 299
— de la Mairie... 206, 222, 288
— de Marmande....... 43
Tournon............... 57, 59, 96
Trénac (Cours).......... 76
Tuilerie Casse.......... 187

V

Valence-d'Agen. 58, 72, 82, 87, 116, 120, 260
Villefranche 247
Villeneuve-d'Agen.. 208, 230, 256, 270, 274, 298
Villeréal................... 99
Visitation (Couvent de la). 12, 170, 286, 302

www.ingramcontent.com/pod-product-compliance
Lightning Source LLC
Chambersburg PA
CBHW070628160426
43194CB00009B/1394